国家出版基金资助项目

全国高校出版社主题出版项目

重庆市出版专项资金资助项目

经济引擎

——中国城市群

肖金成　袁朱　主编

刘福垣　审稿

JINGJI YINQING

ZHONGGUO CHENGSHIQUN

重庆大学出版社

内容提要

本书阐述了城市群理论、世界级城市群、城市群规划等,对全国 16 个城市群的范围、发展现状、核心城市、都市圈进行了比较系统的介绍,分析了城市群存在的问题,提出了促进城市群产业结构调整、空间布局优化、基础设施完善、生态环境保护、都市圈同城化发展、一体化发展等对策建议,还对城市群未来人口分布、城市化发展趋势、未来人口的流动方向和分布格局等做了预测。城市群是中国的经济引擎和共和国大厦的重要支柱。本书为促进中国城市群经济高质量发展、生态环境可持续发展、区域协调发展、提升城市群竞争力、加快城镇化进程提供了重要参考。

图书在版编目(CIP)数据

经济引擎:中国城市群 / 肖金成,袁朱主编. --
重庆:重庆大学出版社,2022.3
(改革开放新实践丛书)
ISBN 978-7-5689-3142-7

Ⅰ.①经… Ⅱ.①肖… ②袁… Ⅲ.①城市群—经济
发展—研究—中国 Ⅳ.①F299.21

中国版本图书馆 CIP 数据核字(2022)第 022056 号

改革开放新实践丛书
经济引擎
—— 中国城市群

主 编 肖金成 袁 朱
策划编辑:马 宁 尚东亮 史 骥

责任编辑:马 宁 史 骥 版式设计:史 骥
责任校对:夏 宇 责任印制:张 策
*
重庆大学出版社出版发行
出版人:饶帮华
社址:重庆市沙坪坝区大学城西路 21 号
邮编:401331
电话:(023) 88617190 88617185(中小学)
传真:(023) 88617186 88617166
网址:http://www.cqup.com.cn
邮箱:fxk@cqup.com.cn(营销中心)
全国新华书店经销
重庆升光电力印务有限公司印刷
*
开本:720mm×1020mm 1/16 印张:31.75 字数:457 千
2022 年 3 月第 1 版 2022 年 3 月第 1 次印刷
ISBN 978-7-5689-3142-7 定价:99.00 元

《经济引擎——中国城市群》撰写人员名单

主　编：肖金成　　袁　朱

各章执笔人：

绪　论　肖金成　洪　晗

第一章　马燕坤

第二章　申现杰

第三章　袁　朱

第四章　李博雅

第五章　张学良　王雨舟　贾文星　许基兰

第六章　林芳莹

第七章　郑长德　钟海燕

第八章　汪阳红　李　智

第九章　孙中叶　郭　力　马晓翱　邵亚笛

第十章　马学广　张　钊

第十一章　王雅莉

第十二章　施晓丽　马明申　黄阳平

第十三章　兰　峰

第十四章　李红　王心雨

第十五章　周国华　崔树强

第十六章　周加来　李　刚

第十七章　李爱民

第十八章　高志刚　刘雅轩　雷　军　陈　静　朱　磊

第十九章　郭爱君

丛书编委会

主　任:

王东京　中央党校(国家行政学院)原副校(院)长、教授

张宗益　重庆大学校长、教授

副主任:

王佳宁　大运河智库暨重庆智库创始人兼总裁、首席研究员

饶帮华　重庆大学出版社社长、编审

委　员(以姓氏笔画为序):

车文辉　中央党校(国家行政学院)经济学教研部教授

孔祥智　中国人民大学农业与农村发展学院教授、中国合作社研究院院长

孙久文　中国人民大学应用经济学院教授

李　青　广东外语外贸大学教授、广东国际战略研究院秘书长

李　娜　中国国际工程咨询有限公司副处长

肖金成　国家发展和改革委员会国土开发与地区经济研究所原所长、教授

张志强　中国科学院成都文献情报中心原主任、研究员

张学良　上海财经大学长三角与长江经济带发展研究院执行院长、教授

陈伟光　广东外语外贸大学教授、广东国际战略研究院高级研究员

胡金焱　青岛大学党委书记、教授

以历史视角认识改革开放的时代价值

——《改革开放新实践丛书》总序

改革开放是决定当代中国命运的关键一招。在中国共产党迎来百年华诞、党的二十大将要召开的重要历史时刻,我们以历史的视角审视改革开放在中国共产党领导人民开创具有中国特色的国家现代化道路中的历史地位和深远影响,能够更深刻地感悟改革开放是我们党的一个伟大历史抉择,是我们党的一次伟大历史觉醒。

改革开放是中国共产党人的革命气质和精神品格的时代呈现。纵观一部中国共产党历史,实际上也是一部革命史。为了实现人类美好社会的目标,一百年来,中国共产党带领人民坚定理想信念,艰苦卓绝,砥砺前行,实现了中华民族有史以来最为广泛深刻的社会变革。这一壮美的历史画卷,展示的是中国共产党不断推进伟大社会革命同时又勇于进行自我革命的非凡过程。

邓小平同志讲改革开放是中国的"第二次革命",习近平总书记指出,"改革开放是中国人民和中华民族发展史上一次伟大革命"。改革开放就其任务、性质、前途而言,贯穿于党领导人民进行伟大社会革命的全过程,既是对具有深远历史渊源、深厚文化根基的中华民族充满变革和开放精神的自然传承,更是中国共产党人内在的革命气质和精神品格的时代呈现,因为中国共产党能始终保持这种革命精神,不断激发改革开放精神,在持续革命中担起执政使命,在长期执政中实现革命伟业,引领中华民族以改革开放的姿态继续走向未来。

改革开放是实现中国现代化发展愿景的必然选择和强大动力。一百年来,我们党团结带领人民实现中国从几千年封建专制向人民民主的伟大飞跃,实现中华民族由近代不断衰落到根本扭转命运、持续走向繁荣富强的伟大飞跃,实现中国大踏步赶上时代、开辟中国特色思想道路的伟大飞跃,都是致力于探索中国的现代化道路。

改革开放,坚决破除阻碍国家和民族发展的一切思想和体制障碍,让党和人民事业始终充满奋勇前进的强大动力,孕育了我们党从理论到实践的伟大创造，走出了全面建成小康社会的中国式现代化道路，拓展了发展中国家走向现代化的途径，为解决人类现代化发展进程中的各种问题贡献了中国实践和中国智慧。党的十九大形成了从全面建成小康社会到基本实现现代化，再到全面建成社会主义现代化强国的战略安排，改革开放依然是实现中国现代化发展愿景的必然选择和前行动力，是实现中华民族伟大复兴中国梦的时代强音。

改革开放是顺应变革大势集中力量办好自己的事的有效路径。习近平总书记指出，"今天，我们比历史上任何时期都更接近、更有信心和能力实现中华民族伟大复兴的目标。中华民族伟大复兴，绝不是轻轻松松、敲锣打鼓就能实现的。"当前，我们面对世界百年未有之大变局和中华民族伟大复兴战略全局，正处于"两个一百年"奋斗目标的历史交汇点。

改革开放已走过千山万水，但仍需跋山涉水。我们绝不能有半点骄傲自满，故步自封，也绝不能有丝毫犹豫不决、徘徊彷徨。进入新发展阶段、贯彻新发展理念、构建新发展格局，是我国经济社会发展的新逻辑，站在新的历史方位的改革开放面临着更加紧迫的新形势新任务。新发展阶段是一个动态、积极有为、始终洋溢着蓬勃生机活力的过程，改革呈现全面发力、多点突破、蹄疾步稳、纵深推进的新局面，要着力增强改革的系统性、整体性、协同性，着力重大制度创新，不断完善和发展中国特色社会主义制度，推进国家治理体系和治理能力现代化；开放呈现全方位、多层次、宽领域，要着力更高水平的对外开放，不断推动共建人类命运共同体。我们要从根本宗旨、问题导向、忧患意识，完整、准确、全面贯彻新发展理念，以正确的发展观、现代化观，不断增强人民群众的获得感、幸福感、安全感。要从全局高度积极推进构建以国内大循环为主体、国际国内双循环相互促进的新发展格局，集中力量办好自己的事，通过深化改革打通经济循环过程中的堵点、断点、瘀点，畅通国民经济循环，实现经济在高水平上的动态平衡，提升国民经济整体效能；通过深化开放以国际循环提升国内大循环效率和水平，重塑我国参与国际合作和竞争的新优势。

由上观之，改革开放首先体现的是一种精神，始终保持改革开放的革命精神，我们才会有清醒的历史自觉和开辟前进道路的勇气；其次体现的是一种方略,蕴藏其中的就是鲜明的马克思主义立场观点方法,始终坚持辩证唯物主义和历史唯物主义,才会不断解放思想、实事求是,依靠人民、服务人民;再次体现的是着眼现实,必须始终从实际出发着力解决好自己的问题。概而言之,改革开放既是方法论,更是实践论,这正是其时代价值所在,也是其永恒魅力所在。

重庆大学出版社多年来坚持高质量主题出版,以服务国家经济社会发展大局为选题重点,尤其是改革开放伟大实践。2008年联合《改革》杂志社共同策划出版"中国经济改革30年丛书"(13卷),2018年联合重庆智库共同策划出版国家出版基金项目"改革开放40周年丛书"(8卷),在2021年中国共产党成立100周年、2022年党的二十大召开之际,重庆大学出版社在重庆市委宣传部、重庆大学的领导和支持下,联合大运河智库暨重庆智库,立足新发展阶段、贯彻新发展理念、构建新发展格局,以"改革开放史"为策划轴线,持续聚焦新时代改革开放新的伟大实践,紧盯中国稳步发展的改革点,点面结合,创新性策划组织了这套"改革开放新实践丛书"(11卷)。丛书编委会邀请组织一批学有所长、思想敏锐的中青年专家学者,围绕长三角一体化、粤港澳大湾区、黄河流域生态保护和高质量发展、海南自由贸易港、成渝地区双城经济圈、新时代西部大开发、脱贫攻坚、乡村振兴、创新驱动发展、中国城市群、国家级新区11个选题,贯穿历史和现实,兼具理论与实际,较好阐释了新时代改革开放的时代价值、丰硕成果和实践路径,更是习近平新时代中国特色社会主义思想在当代中国现代化进程中新实践新图景的生动展示,是基于百年党史背景下对改革开放时代价值的新叙事新表达。这是难能可贵的,也是学者和出版人献给中国共产党百年华诞、党的二十大的最好礼物。

中央党校(国家行政学院)原副校(院)长、教授　　　　重庆大学校长、教授

2021年7月　　　　　　　　　　　　　　　　　2021年7月

前　言

　　我接触到"城市群"这一概念是在 1998 年,与时任国家发展改革委宏观经济研究院副院长刘福垣教授合作,共同承担时任国家计委主任曾培炎主编的《新中国经济 50 年:1949—1999》①一书中的"中国的城市化过程"一章,在这项研究中我关注到一个新的形态,就是城市群。我发现一些学者介绍了国外的城市群,并在研究中国的城市群,所以我在报告中提出"城市群是中国城市化的重要载体"的观点。

　　2005 年,河南省发展改革委委托国家发展改革委宏观经济研究院编制《中原城市群规划》,刘福垣副院长任课题组组长,我和周海春、王青云任副组长,我负责空间布局和城镇体系研究专题。我带课题组调研了中原城市群九个城市,提出了"一核三圈,两轴两带"的空间布局设想:"一核"即郑州核心城市;"三圈"即郑州都市圈、九市核心圈和辐射圈,辐射圈的范围与后来提出的"中原经济区"相吻合;"两轴"即郑汴洛发展轴和新郑徐漯发展轴;"两带"即新焦济经济带和洛平漯经济带。规划研究完成后,河南省人民政府组织编制并批准了《中原城市群规划》。我则组织人员对研究报告进行修改完善,出版了《中原城市群战略与规划》②一书。

　　2006 年,"十一五"规划纲要明确提出城市群是城市化的主体形态,我便组织所内研究人员对城市群理论和中国的城市群进行研究,研究报告 30 多万字,经我修改后出版了《中国十大城市群》③一书,书中的十大城市群除了长三角、珠三角、中原、山东半岛之外,其他名称均是我命名的,如京津冀、长江中游、海

---

① 曾培炎.新中国经济 50 年:1949—1999[M].北京:中国计划出版社,1999.
② 刘福垣,周海春,等.中原城市群战略与规划[M].北京:经济科学出版社,2011.
③ 肖金成,袁朱,等.中国十大城市群[M].北京:经济科学出版社,2009.

峡西岸、辽中南、川渝、关中等,除川渝城市群的名称没有被接受,其他均已在国家批准的规划中被正式使用。

2015 年,我接受国家发展改革委规划司和地区司的委托,主持研究成渝城市群和哈长城市群的规划。其中根据研究报告修改完善的《哈长城市群规划研究》①一书已由经济科学出版社于 2020 年正式出版。通过近 20 年的研究和思考,尤其是实地调研与规划研究,我对城市群对中国城市化和中国经济发展所发挥的作用有了一个比较系统全面的认识。我认为,中国的城市群已成为中国经济发展的重要支柱和引擎。同时我也感到社会各界对城市群异常关注,当然认识不太一致,更多的是把城市群当作一群城市。因此,我在多种场合利用多种机会,阐述城市群这一概念,力求使更多的人准确理解并使用这一概念。

重庆大学出版社邀请我组织编写一本介绍中国城市群的书,作为中国共产党成立 100 周年和党的二十大将要召开之际"改革开放新实践丛书"中的一部。一开始,我比较犹豫,一是时间紧,不到半年时间;二是对城市群的认识差异大,容易出现五花八门的情况;三是国家关于城市群的规划已批复颁布 11 个,地方政府也组织编制了八九个,数量很多,有的范围很大,照本宣科,意义不大。但我很想借此机会把我对城市群的认识及多年的研究成果展示给公众,另外也给对城市群感兴趣的读者提供一些比较专业的材料。所以我犹豫再三,还是鼓足勇气承担了这一任务。

接受任务之后,我不敢怠慢,马上组织对城市群有一定研究基础的学者参与写作。我了解到上海财经大学张学良教授组织各大学编撰了一套关于城市群的书,已接近完成,就利用此原班人马,将每一本书浓缩为一章。我一一与各城市群的主编联系,得到了他们的支持与配合。参与该书编写的多是大学教授,有些是校长和院长,工作都很忙。话又说回来,把一本书浓缩为一章谈何容易。好在他们按时提交大纲,按时提交初稿,按时提交修改稿。从提交给出版

---

① 肖金成,李爱民,等.哈长城市群规划研究[M].北京:经济出版社,2020.

社的稿子来看,和我的预想基本一致,那就是浓缩的都是精华。

　　全书共十九章。绪论,中国城市群人口空间分布与发展趋势,由国家发展改革委国土开发与地区经济所原所长肖金成研究员和洪晗博士后(中国邮政储蓄银行工作站、中国人民大学博士后流动站)共同起草;第一章,城市群理论,由国家发展改革委经济体制与管理研究所副研究员马燕坤博士起草;第二章,世界级城市群,由国家发展改革委宏观经济研究院经济研究所助理研究员申现杰博士起草;第三章,城市群规划,由国家发展改革委国土开发与地区经济研究所副研究员袁朱起草;第四章,京津冀城市群,由北京物资学院讲师李博雅博士起草;第五章,长三角城市群,由上海财经大学教授张学良博士和他的博士研究生王雨舟、贾文星、许基兰共同起草;第六章,粤港澳大湾区城市群,由哈尔滨工业大学(深圳)林芳莹博士起草;第七章,成渝城市群,由西南民族大学经济学院教授郑长德博士和西南民族大学经济学院教授钟海燕博士共同起草;第八章,长江中游城市群,由国家发展改革委国土开发与地区经济研究所研究员汪阳红、助理研究员李智博士共同起草;第九章,中原城市群,由河南工业大学经济贸易学院院长孙中叶教授与河南工业大学经济贸易学院经济学系主任郭力博士和其硕士研究生马晓翱、邵亚笛共同起草;第十章,山东半岛城市群,由南开大学周恩来政府管理学院马学广教授和中国海洋大学国际事务与公共管理学院硕士研究生张钊共同起草;第十一章,辽中南城市群,由东北财经大学国民经济管理研究所所长王雅莉教授起草;第十二章,海峡西岸城市群,由集美大学财经学院院长黄阳平教授和集美大学财经学院副教授施晓丽博士、集美大学财经学院教师马明申博士共同起草;第十三章,关中城市群,由西安建筑科技大学管理学院副院长兰峰教授起草;第十四章,北部湾城市群,由广西大学商学院李红教授与硕士研究生王心雨共同起草;第十五章,长株潭城市群,由湖南师范大学地理科学学院副院长周国华教授和博士研究生崔树强共同起草;第十六章,江淮城市群,由安徽财经大学副校长周加来教授和安徽财经大学李刚教授共同起草;第十七章,哈长城市群,由国家发展改革委国土开发与地区经济研究所城镇发展研究室副主任、副研究员李爱民博士起草；第十八章，天山北坡城市群，由新疆财经大学副校长高志刚教授和新疆财经大学副教授刘雅轩博士、中国科学院新疆生态与地理研究所雷军研究员、新疆财经大学讲师陈静、新疆农业大学副教授朱磊共同起草；第十九章，兰西城市群，由兰州大学经济学院院长郭爱君教授起草。我对各章提出了修改意见，并对书稿进行了修改定稿。国家发展改革委国土开发与地区经济研究所副研究员袁朱对各章进行了审阅并编辑成书。国家发展改革委宏观经济研究院副院长刘福垣教授审阅书稿并提出了修改意见，他认为城镇化概念容易遭到误解，改为城市化更准确，更易理解和把握。我采纳了刘教授的意见，将本书中的"城镇化"改为"城市化"，因为这两个概念具有同一性，两种不同的表述无本质的区别。刘教授的其他修改意见如长三角城市群的范围太大，不可能涵盖沪苏浙三省市，兰西城市群也不是真正意义的城市群等，因时间关系，没有时间进行修改和调整，只能算作一个遗憾了。本书绪论是发表在《经济纵横》杂志上的一篇文章，代表了我的观点，和书中的城市群名称、范围、数量不太一致，如绪论中提到的"珠三角城市群"，书中则是"粤港澳大湾区城市群"。城市群规划中的"关中平原城市群"，绪论和书中为"关中城市群"，原因是规划范围有所不同，故采用不同的称谓。

最后，对参加编写的各位学者，无论是教授还是学生，无论是领导还是老师，在春节前后如此宝贵的时间内付出的艰辛努力，我表示衷心的感谢，并希望我们可以再度合作。对组织出版这套书的重庆大学出版社表示衷心的感谢！对书中所引文献，虽通过脚注和参考文献尽可能注明，但难免有疏漏、遗漏之处，请谅解。书中存在的问题和不足，请读者不吝赐教。

肖金成

2021 年 3 月 2 日

目　录

中国城市群人口空间分布与发展趋势①

①　肖金成,洪晗.城市群人口空间分布与城镇化演变态势及发展趋势预测[J].经济纵横,2021(1):2,19-30.转载于本书作为绪论,有改动。

改革开放的深化及差异化区域政策的实施,使我国人口流动十分频繁,人口的空间分布也呈现出不同的特征,全国出现了产业比较密集、人口比较密集、城市比较密集的多个城市群。国家"十一五"规划纲要就提出要把城市群作为推进城市化的主体形态。《国家新型城市化规划(2014—2020年)》也提出以城市群为主体,促进大中小城市和小城镇协调发展。作为城市化的重要载体、国家经济发展的重心和区域发展的战略支点,城市群的发展有利于打破行政区划的藩篱,提高产业集聚与关联度,促进不同层级城市的优势互补,如促进区域经济发展、提供就业岗位、承载人口增长、提高城市化水平等。基于城市群在我国经济社会发展中的重要作用与主导地位,厘清城市群的人口空间分布特征及未来发展趋势,有助于认识人口空间分布的客观规律,对制定合理、科学的人口和区域发展战略,促进区域协调发展具有重要意义。

一、城市群范围界定与研究方法

以下内容采用的数据主要来源于各省(自治区、直辖市)以及地级市的统计年鉴与统计公报,人口普查年份的数据来源于当年的人口普查分县资料。研究对象为中国15个城市群,共涵盖了148个行政单元,以下简称"地市"。

(一)城市群范围界定

目前,关于城市群的界定主要有政府和学术两个角度。政府视角以其所发布的城市群规划为主。"十三五"规划纲要提出后,正式被政府部门公认的城市群有19个,其中大多数都有相应的发展规划,也明确了各城市群的行政范围。考虑到对周边地区经济的拉动作用和促进跨区域合作的需求,政府部门对城市群的规划范围普遍较大。而从学术研究的角度,对城市群的数量和范围的界定则不尽相同。考虑到各地区的实际发展情况,有些地区与城市群的核心城市距离甚远,城市之间经济、社会联系都不强,或不适合纳入城市群的范围,或还不是名副其实的城市群,因此笔者参考了前期学者的相关研究,以主要城市的辐

射范围为参考依据。具体来说,城市人口规模超过 1 000 万人,辐射半径为 200
千米;城市人口 500 万~1 000 万人,辐射半径为 150 千米;城市人口 300 万~500
万人,辐射半径为 100 千米。再辅以定性分析的方法对各地区进行具体分析,
确定了 15 个城市群及具体范围(表 1)。

表 1　15 个城市群的范围界定及基本情况

(2018 年)

序号	名称	区域范围	土地面积 /万平方千米	人口 /万人	GDP /亿元
1	长三角城市群	上海、南京、无锡、常州、苏州、南通、湖州、扬州、泰州、杭州、镇江、嘉兴、绍兴、舟山、台州、宁波	11.39	11 247.99	149 091.36
2	珠三角城市群	广州、佛山、肇庆、深圳、东莞、惠州、珠海、中山、江门	5.5	6 300.99	81 048.5
3	京津冀城市群	北京、天津、张家口、承德、唐山、秦皇岛、沧州、廊坊、衡水、保定、石家庄、邯郸、邢台	21.86	11 034.42	84 359.35
4	山东半岛城市群	济南、泰安、淄博、莱芜、滨州、潍坊、东营、青岛、烟台、威海、日照	9.43	5 692.59	56 209.61
5	成渝城市群	重庆、成都、自贡、泸州、德阳、绵阳、遂宁、内江、乐山、南充、眉山、宜宾、广安、雅安、资阳	22.3	9 443.49	55 824.88

续表

序号	名称	区域范围	土地面积 /万平方千米	人口 /万人	GDP /亿元
6	长江中游城市群	武汉、黄石、鄂州、黄冈、孝感、咸宁、随州、荆门、荆州、信阳、岳阳、九江、仙桃、潜江、天门	14.78	6 004.64	38 337.75
7	关中城市群	西安、宝鸡、咸阳、渭南、商洛、铜川	7.47	2 665.24	15 911.91
8	中原城市群	郑州、开封、洛阳、平顶山、新乡、焦作、许昌、漯河、济源	5.88	4 384.27	28 528.73
9	海峡西岸城市群	福州、厦门、泉州、漳州、宁德、莆田	5.54	3 150	29 249.05
10	辽中南城市群	沈阳、抚顺、本溪、辽阳、鞍山、营口、盘锦、铁岭、大连、丹东	9.76	3 334.3	22 450.23
11	哈长城市群	哈尔滨、大庆、绥化、长春、吉林、四平、辽源、松原	19.81	3 823.02	22 786.7
12	江淮城市群	合肥、蚌埠、淮南、芜湖、滁州、六安	5.79	2 766.8	17 039.2
13	长株潭城市群	长沙、株洲、湘潭、衡阳、益阳、娄底、岳阳、常德、萍乡	10.07	4 428.66	29 955.39
14	北部湾城市群	南宁、北海、防城港、钦州、玉林、崇左、来宾、贵港	9.88	2 778.4	11 723.23

续表

序号	名称	区域范围	土地面积/万平方千米	人口/万人	GDP/亿元
15	天山北坡城市群	乌鲁木齐、石河子、昌吉市、吐鲁番、五家渠、阜康、奎屯	10.27	574.03	4 686.36

注:若无特别说明,本文的人口均指常住人口。

　　这15个城市群中,有10个已是较为成熟的城市群(长三角、珠三角、京津冀、山东半岛、成渝、长江中游、关中、中原、海峡西岸、辽中南城市群),2018年十大城市群土地面积共113.91万平方千米,占全国陆地面积的11.87%,人口占比45.33%,GDP占比61.03%。也就是说,十大城市群以1/10左右的土地,承载了近1/2的人口,创造了近2/3的GDP,成为支撑我国经济社会发展的重要支柱。除此之外,以长沙为核心的长株潭城市群、以合肥为核心的江淮城市群、以哈尔滨和长春为核心的哈长城市群、以南宁为核心的北部湾城市群、以乌鲁木齐为核心的天山北坡城市群,未来都有希望发展成为规模较大、较为成熟的城市群。2018年,这5个城市群占全国陆地面积的5.82%,人口占比10.3%,GDP占比9.38%,这些城市群也是我国经济社会发展的重要支柱,从GDP所占比重来看,其承载人口的潜力还很大。15个城市群合计土地面积占全国比重17.68%,常住人口占全国比重55.63%,GDP占全国比重70.4%。

(二)研究方法

1.人口分布结构指数

　　人口分布结构指数可以用来考察一个地区人口分布的集聚程度,通常由人口分布不均衡指数、集中指数构成,二者的计算公式分别为

$$U = \sqrt{\frac{\sum_{i=1}^{n}\left[\frac{\sqrt{2}}{2}(x_i - y_i)\right]^2}{n}}$$

$$C = \frac{1}{2} \sum_{i=1}^{n} \left| x_i - y_i \right|$$

式中　U——人口分布不均衡指数；

　　　x_i——第 i 单元人口与城市群总人口的比值；

　　　y_i——第 i 个城市群的土地面积与城市群总土地面积的比值；

　　　n——研究单元个数；

　　　C——集中指数。

U 和 C 的值越大，表明人口分布越集中。

2.人口总量与城市化水平的预测方法

①Logistic 模型。Logistic 模型可以模拟人口增长的 S 形曲线，即一开始人口呈指数增长，随着人口逐渐饱和，增长速度开始变慢，最后达到成熟状态，增长速度近乎停滞。同时，Logistic 模型适用于预测大部分满足指数增长的事物。根据美国地理学家诺瑟姆对世界各国城市化的研究，城市化的发展可以分为三个阶段，符合 Logistic 曲线的分布规律。因此，本书采用 Logistic 模型预测城市群总人口和城市化趋势。模型可表示如下：

$$Y = \frac{x_m}{1 + \alpha e^{-rt}}$$

$$\alpha = \frac{x_m}{x_0} - 1$$

式中　Y——预测值；

　　　x_0——初始值；

　　　x_m——最大值；

　　　r——变量的变化速率；

　　　t——时间。

可利用 Logistic 模型拟合人口以及城市化水平曲线，并预测其趋势。

②等维递补灰色预测模型。等维递补灰色预测模型的基本思想是将一组原始数据经过若干次累计相加，生成一组规律较强的数列，对累加生成的序列

建模,再反过来累减还原预测值。

设原始数列为

$$x^{(0)} = (x^{(0)}(1), x^{(0)}(2), \cdots, x^{(0)}(n)), x^{(0)}(k) \geq 0, k = 1, 2, \cdots, n$$

做一次累加,形成累加序列:

$$x(1) = (x^{(1)}(1), x^{(1)}(2), \cdots, x^{(1)}(n))$$

其中, $x^{(1)}(k) = \sum_{i=1}^{k} x^{(0)}(i)$, $k = 1, 2, \cdots, n$。

等维递补灰色预测模型的白化方程可以写为

$$x^{(0)}(k) + az^{(1)}(k) = b$$

a, b 为参数,设

$$z(1)(k) = 0.5 \times [x^{(1)}(k-1) + x^{(1)}(k)], k = 1, 2, \cdots, n$$

为 $x(1)$ 的近邻值生成序列值,则

$$z(1) = (z^{(1)}(2), z^{(1)}(3), \cdots, z^{(1)}(n))$$

若 $\hat{a} = [a, b]^T$ 为参数列,则

$$Y = [x^{(0)}(2), x^{(0)}(3), \cdots, x^{(0)}(n)]^T$$

$$B = \begin{bmatrix} -Z_{(2)}^{(1)} & -Z_{(3)}^{(1)} & \cdots & -Z_{(n)}^{(1)} \\ 1 & 1 & \cdots & 1 \end{bmatrix}$$

根据最小二乘法,有

$$\hat{a} = [a, b]^T = (B^T B)^{-1} B^T Y$$

将参数 $k = 1, 2, \cdots, n-1$ 代入到模型中得到 $x^{(1)}$ 序列预测模型为

$$\hat{x}^{(1)}(k+1) = \left(x^{(0)}(1) - \frac{b}{a} \right) \times e^{-ak} + \frac{b}{a}$$

$x^{(0)}$ 的还原模型为

$$\hat{x}^{(0)}(k+1) = x^{(1)}(k+1) - x^{(1)}(k), k = 1, 2, \cdots, n-1$$

最后,采用 Logistic 模型与等维递补灰色预测模型的平均值作为城市群人口的最终预测值。

③经济模型法。在预测城市群城市化水平时,考虑到经济发展对城市化的

推动作用,在 Logistic 模型与等维递补灰色预测模型的基础之上,加入经济模型法来预测城市化水平,最终取三个模型的平均值作为城市群城市化水平的最终值。经济模型法主要以过去的数据,预估经济增长与城市化水平的关系,并且假设这一关系在未来保持不变,即可预测出未来城市化水平,这一方法也是预测城市化水平的常用方法之一。经济模型法预测城市化水平的优点是可以通过经济增长与城市化水平之间的关系,预测城市化未来的趋势,比较符合实际发展情况。但缺点是受到数据的可获得性限制,进入回归方程中的经济因素较少,并且这一模型并不能像 Logistic 模型一样,直接得到预测值,而要首先对经济因素进行预测,才能进一步得到城市化水平的预测值,这导致模型估计预测值的误差可能会被放大。

本书采用对数线性模型估计国内生产总值对城市化水平的拉动作用,并在此基础上估测未来城市化水平。模型的基本形式为

$$\ln U = a \ln \text{GDP} + c$$

其中,U 为城市化水平,$\ln U$ 为城市化水平的对数值,GDP 为国内生产总值,$\ln \text{GDP}$ 为国内生产总值的对数值,a 和 c 为参数。考虑到时间序列数据可能具有非平稳性,因此在进行最小二乘回归之前,先对时间序列数据进行单位根检验、平稳性检验、协整检验等,选定合适的方式进行回归。利用 GDP 指数对名义 GDP 做出平减得到实际 GDP,GDP 的增长率通过时间序列预测法得出。

二、15 个城市群人口分布格局特征与城市化演变态势

广义的人口分布包含了人口增长、城乡人口分布、人口密度等。15 个城市群所处地理位置、经济发展状况、资源禀赋等都不尽相同,其人口空间分布特征也有较大差别。接下来从广义的人口分布角度出发,对 15 个城市群的人口分布特征进行研究。

（一）人口分布格局特征

1.城市群人口总量不断增长,但各城市群人口增长幅度差异明显

2000 年 15 个城市群常住人口为 67 053.59 万人,占全国总人口的比重约为 51.77%;2018 年,城市群常住人口上升至 77 627.57 万人,占全国总人口的比重为 55.63%(表 2)。19 年间城市群常住人口共增加 10 573.98 万人,年均增长约 587.44 万人。而在城市群之外,人口总量由 2000 年的 62 479.41 万人下降至 2018 年的 61 910.43 万人,表明人口向城市群迁移、集中的趋势愈加明显,城市群已经成为承载我国人口的重要载体。

各城市群人口数量差异较大,长三角、京津冀城市群的常住人口增加最多,其次是成渝、珠三角、长江中游城市群,而位于西北部的天山北坡城市群人口最稀疏,增长较为缓慢。从增速来看,在不同的时间段,各城市群人口数量变化呈现不同特点,但总体上,2000—2010 年城市群人口的年均增长率普遍高于 2010—2018 年城市群人口的年均增长率。2000—2010 年,天山北坡、珠三角和长三角城市群常住人口的年均增长率最高,同时期,长江中游、成渝城市群常住人口呈现负增长。2010—2018 年,大多数城市群常住人口的年均增长率呈下降趋势,尤其是哈长城市群,年均增长率为 −0.068%,成为这一时期唯一一个常住人口年均增长率为负值的城市群,反映出东北地区较为严重的人口流失情况。而长江中游、成渝、江淮、长株潭、北部湾等城市群的常住人口年均增长率则较 2000—2010 年有上升趋势。

表 2　15 个城市群人口变化情况

(2000—2018 年)

城市群名称	行政单元/个	人口/万人			年均增长率/%	
		2000 年	2010 年	2018 年	2000—2010 年	2010—2018 年
长三角城市群	16	8 743.12	10 763.27	11 247.99	2.31	0.56

续表

城市群名称	行政单元/个	人口/万人			年均增长率/%	
		2000 年	2010 年	2018 年	2000—2010 年	2010—2018 年
珠三角城市群	9	4 287.91	5 611.83	6 300.99	3.09	1.54
京津冀城市群	13	9 010.23	10 440.45	11 034.42	1.59	0.71
山东半岛城市群	11	4 993.95	5 429.65	5 692.59	0.87	0.61
辽中南城市群	10	3 108.24	3 313.23	3 334.3	0.66	0.08
中原城市群	9	3 798.51	4 153	4 383	0.93	0.69
关中城市群	6	2 418.53	2 554.15	2 665.24	0.56	0.54
长江中游城市群	15	5 837.15	5 727.72	6 004.64	-0.19	0.60
海峡西岸城市群	6	2 602.3	2 918.57	3 150	1.22	0.99
成渝城市群	15	9 379.73	9 029.12	9 443.49	-0.37	0.57
江淮城市群	6	2 504.47	2 597.17	2 766.8	0.37	0.82
哈长城市群	8	3 599.33	3 849.28	3 823.02	0.69	-0.068
长株潭城市群	9	3 974.69	4 193.61	4 428.66	0.55	0.7
北部湾城市群	8	2 398.86	2 584.77	2 778.4	0.78	0.94
天山北坡城市群	7	396.57	533.99	574.03	3.47	0.94
合计	148	67 053.59	73 699.81	77 627.57	0.99	0.67

注:2000 年数据不包括五家渠市,下同。

2.城市群人口分布不均,整体呈集中趋势

利用人口分布不均衡指数、集中指数分析 2000—2018 年 15 个城市群人口分布的集散趋势。从人口分布结构指数来看,15 个城市群的人口分布结构指数

不断上升(表3),其中,人口分布不均衡指数由2000年的0.021 384上升至2018年的0.024 461;集中指数也由2000年的0.159 732上升至2018年的0.189 534。两项指数持续增长表明我国城市群人口空间分布不均,人口集中趋势明显。人口主要流向长三角、珠三角、京津冀三大城市群,2018年,三大城市群常住人口为28 583.4万人,占城市群总人口的比重为36.82%,15个城市群中超过1/3的人口在此集聚。

表3　中国15个城市群人口分布结构指数

(2000—2018年)

年份	不均衡指数	集中指数
2000年	0.021 384	0.159 732
2010年	0.023 956	0.184 019
2018年	0.024 461	0.189 534

3.人口密度分布的"极化效应"日趋显现

人口密度是反映人口总体分布情况的一种表现形式。一直以来,我国人口的空间分布较为稳定,若以胡焕庸线为界,胡焕庸线东南侧一直是人口稠密地带,西北侧则是人口稀疏地带。2000年、2010年和2018年,我国平均人口密度分别为134人/平方千米、143人/平方千米、145人/平方千米。根据各城市群人口密度的统计结果,除天山北坡城市群外,其他14个城市群的人口密度都超过了所在年份的全国平均人口密度。根据人口密度的高低,将人口密度划分为5个等级,并统计15个城市群人口密度及其分级情况:高密度(人口密度高于1 000人/平方千米)、较高密度(人口密度为500~1 000人/平方千米)、中密度(人口密度为200~499人/平方千米)、较低密度(人口密度为100~199人/平方千米)和低密度(人口密度低于100人/平方千米)(表4)。

表4　15个城市群人口密度及分级

（2000—2018年）

人口密度分级	城市群名称	人口密度/（人·平方千米⁻¹）			增长率/%
		2000年	2010年	2018年	
高密度	珠三角城市群	780	1 020	1 146	46.92
较高密度	长三角城市群	774	953	995	28.55
	中原城市群	646	706	745	15.33
	山东半岛城市群	530	576	604	13.96
	海峡西岸城市群	470	527	569	21.06
	京津冀城市群	412	478	505	22.57
中密度	江淮城市群	433	449	478	10.39
	长株潭城市群	395	416	440	11.39
	成渝城市群	421	405	423	0.48
	长江中游城市群	395	388	406	2.78
	关中平原城市群	324	342	357	10.19
	辽中南城市群	318	339	342	7.55
	北部湾城市群	243	262	281	15.64
较低密度	哈长城市群	182	194	193	6.04
低密度	天山北坡城市群	39	52	56	43.59

　　我国城市群的人口密度整体以较高密度、中密度为主,2018年,人口较高密度的城市群共有5个,中密度的城市群共有7个,而高密度的城市群只有1个,低密度的城市群也只有1个。城市群人口分布的"极化趋势"日趋明显。珠三角、长三角、京津冀等城市群的人口密度最高、人口增长较快,表明人口向这些城市群集聚的趋势明显;而辽中南、哈长、天山北坡城市群的人口密度相对较低,且人口增速较慢。这是因为珠三角等城市群较为成熟,所处地理位置优越,在就业机会、基础设施、公共服务等方面具有明显的比较优势,吸引周边人口、资本不断向此集聚,使极化趋势日益明显。高速铁路等交通工具的快速发展,不仅改善了交通运输条件,也加大了人口的流动强度。而哈长、天山北坡等城

市群的产业结构单一,同时面临产业结构升级的困境,第三产业发展较为缓慢,现有的产业结构难以支撑劳动力的就业需求,种种因素使得这些城市群对劳动人口的吸引力不强,人口分布较为稀疏。

(二)城市化演变态势

根据诺瑟姆对城市化发展阶段的划分,分别将城市化水平低于30%、30%~70%和高于70%定义为低城市化水平、中城市化水平和高城市化水平。对城市群城市化水平分时期比较发现,2000—2018年各城市群的城市化水平不断提升,高城市化水平的城市群数量不断增多,城市群之间的城市化水平差距有所缩小。

2000年,大部分城市群的城市化水平低于50%。15个城市群共有城镇人口28 285.46万人,占全国城镇人口的60.32%(表5),表明全国多数城镇人口都集中在这15个城市群内。从空间分布来看,城市化水平的高值区域分布在珠三角、辽中南、长三角城市群,其他城市群的城市化水平均低于50%,整体呈现沿海地区城市群的城市化水平高、内陆地区城市群城市化水平偏低的格局。

2000—2010年,城市群的城市化水平增长速度较快,2010年城市群的城市化水平较2000年普遍有较大幅度提升,其中,珠三角城市群的城市化水平高达82.72%,步入城市化后期发展阶段;长三角、辽中南、天山北坡城市群的城市化水平也都超过60%。京津冀、海峡西岸等城市群的城市化水平增长速度较快,突破了50%的城市化水平大关;低城市化水平的城市群数量减少,15个城市群的城市化水平皆超过40%。

2018年,多个城市群进入高城市化水平发展阶段,15个城市群城镇人口上升至49 817.38万人,较2000年增加21 531.92万人。除珠三角城市群外,长三角、辽中南、天山北坡城市群的城市化水平也在2018年超过70%,进入高城市化水平阶段。与此同时,各城市群的城市化水平进一步提升,大部分城市群的城市化水平都越过了50%。从空间格局来看,东部沿海城市群依然是城市化水平的高值区域,内陆地区城市群次之。值得注意的是,长江中游和成渝等城市群城市化水平提升迅速。

表 5　15 个城市群城市化水平变化情况

（2000—2018 年）

城市群名称	城市化水平/%			城镇人口/万人			城市化水平变化量/%	城镇人口变化量/万人
	2000 年	2010 年	2018 年	2000 年	2010 年	2018 年		
长三角城市群	57.84	69.7	75.65	5 057.02	7 502	8 509.10	17.81	3 452.08
珠三角城市群	68.95	82.72	85.86	2 956.51	4 642.11	5 410.03	16.91	2 453.52
京津冀城市群	39.04	56.74	66.46	3 517.59	5 923.91	7 333.48	27.42	3 815.88
山东半岛城市群	45.78	46.92	66.59	2 286.23	2 547.59	3 790.70	20.81	1 504.47
辽中南城市群	60.7	67.87	71.87	1 886.70	2 248.69	2 396.36	11.17	509.66
中原城市群	31.03	46.1	58.77	1 178.68	1 914.53	2 575.89	27.74	1 397.21
关中城市群	35.92	47.59	59.59	868.74	1 215.52	1 588.22	23.67	719.48
长江中游城市群	38.27	48.41	59.34	2 233.88	2 772.79	3 563.15	21.07	1 329.28
海峡西岸城市群	42.74	59.23	67.77	1 112.22	1 728.67	2 134.76	25.03	1 022.53
成渝城市群	30.78	46.73	58.65	2 887.08	4 219.31	5 538.61	27.87	2 651.53
江淮城市群	31.18	50.57	61.89	780.89	1 313.39	1 712.37	30.71	931.48
哈长城市群	40.16	44.09	44.68	1 445.49	1 697.15	1 708.13	4.52	262.63
长株潭城市群	32.15	48.51	60.7	1 277.86	2 034.32	2 688.20	28.55	1 410.33
北部湾城市群	26.6	41.36	51.47	638.10	1 069.06	1 430.04	24.87	791.95
天山北坡城市群	52.92	60.98	75.77	209.86	325.63	434.94	22.85	225.08

注：2018 年哈长城市群和天山北坡城市群只公布户籍城镇化水平数据，为保持数据的连贯性和可比较性，2000 年和 2010 年的数据也采用户籍城镇化水平，相应的城镇人口为户籍城镇人口。

　　进一步对各城市群内地市、人口数量及其占比情况进行统计,可以看出城乡人口的分布呈现"中间高,两头低"的格局,城市化水平处于30%～70%的中城市化水平的地市数量最多,人口分布也最为密集,高、低城市化水平的地市和人口数量都相对较少(表6)。2000—2010年,高城市化水平的地市数量只增加了7个,人口却增加了6 522.63万人,高城市化水平的地市数量和人口规模快速增长;中城市化水平的地市数量在这期间同样增长迅速,2010年共吸引城市群内76.77%的人口在此集聚;低城市化水平的地市和人口数量不断减少,2010年人口占比为2.26%,比2000年下降20个百分点。2010—2018年,中、低城市化水平的地市及人口数量都有不同幅度的降低,而高城市化水平的人口比重快速增长。2018年,37个高城市化水平的地市承载了近3亿人口,人口占比37.74%,较2010年增长近17个百分点;除哈长城市群内还有1个低城市化水平的地市外,城市群内绝大多数地市都迈入了中、高城市化水平的行列。

表6　15个城市群不同城市化水平的地市、人口数量及比重

(2000—2018年)

	2000 年			2010 年			2018 年		
	地市/个	人口/万人	人口比重/%	地市/个	人口/万人	人口比重/%	地市/个	人口/万人	人口比重/%
高城市化水平	13	8 930.58	13.32	20	15 453.21	20.97	37	29 293.07	37.74
中城市化水平	86	30 327.07	45.23	122	56 580.68	76.77	110	47 851.67	61.64
低城市化水平	48	14 923.31	22.26	6	1 666.05	2.26	1	484.1	0.62

三、2025—2035 年 15 个城市群人口分布与城市化趋势

(一)人口分布趋势

1.城市群人口总量持续增长,但城市群间人口数量差距拉大

以 Logistic 模型和等维递补灰色模型,对 15 个城市群 2025—2035 年的常住

人口数量进行预测,同时根据联合国人口司 2018 年在 *World Population Prospects* 中所公布的中国人口预测值,计算 2025—2035 年城市群人口占全国总人口的比重。结果显示,2025 年,长三角和京津冀城市群依然是人口数量最多的城市群;常住人口数量高于 5 000 万人但低于 1 亿人的城市群有成渝、珠三角、山东半岛、长江中游城市群,人口数量较少的为天山北坡城市群。2035 年,成渝城市群的常住人口也突破 1 亿人大关,15 个城市群中,除辽中南、哈长城市群人口呈负增长外,其他城市群的人口规模都呈上升趋势,但人口增速整体较 2000—2018 年普遍有所放缓,其中,人口增长速度最快的是珠三角城市群,其次为海峡西岸城市群,人口向发达地区城市群集中的趋势更加明显(表 7)。

表 7　15 个城市群人口总量及占比情况预测

(2025—2035 年)

城市群名称	人口/万人		变化量/万人	年均增长率/%	人口占比/%	
	2025 年	2035 年			2025 年	2035 年
长三角城市群	11 686.7	12 375.8	689.1	0.59	8.12	8.63
珠三角城市群	7 151.78	8 778.52	1 626.74	2.27	4.97	6.13
京津冀城市群	11 328.15	11 933.55	605.4	0.53	7.87	8.32
山东半岛城市群	6 069.02	6 655.65	586.63	0.97	4.22	4.64
成渝城市群	9 878.53	10 563.35	684.82	0.69	6.87	7.37
海峡西岸城市群	3 385.32	3 764.52	379.2	1.12	2.35	2.63
长江中游城市群	6 119.92	6 373.43	253.51	0.41	4.25	4.45
关中城市群	2 793.42	3 062.97	269.55	0.96	1.94	2.14
中原城市群	4 635.1	5 045.97	410.87	0.89	3.22	3.52
辽中南城市群	3 313.97	3 279.19	−34.78	−0.1	2.3	2.29
北部湾城市群	2 958.55	3 239.97	281.42	0.95	2.06	2.26
哈长城市群	3 742.04	3 577.16	−164.88	−0.44	2.6	2.5
天山北坡城市群	622.31	701.58	79.27	1.27	0.43	0.49

续表

城市群名称	人口/万人		变化量 /万人	年均增长率 /%	人口占比/%	
	2025 年	2035 年			2025 年	2035 年
江淮城市群	2 930.35	3 187.85	257.5	0.88	2.04	2.22
长株潭城市群	4 600.02	4 910.17	310.15	0.67	3.2	3.43
合计	81 215.18	87 449.68	6 234.5	0.77	56.45	61

2.人口分布结构指数持续上涨,城市群人口分布不均衡现象加剧

根据测算,2025—2035 年,人口分布结构指数将继续呈上升趋势(表 8),其中人口分布不均衡指数将从 2025 年的 0.032 83 上升至 2035 年的 0.033 493,集中指数也将由 0.263 581 上升至 0.266 505,二者的共同上升表明我国城市群人口分布的不均衡现象将进一步加剧,人口集中趋势愈加明显。2025—2035 年,人口将继续向长三角、珠三角、京津冀等城市群集聚,除此之外,中原、成渝等城市群的人口数量也呈较快增长趋势。

表 8　15 个城市群人口分布结构指数

(2025—2035 年)

年份	2025 年	2035 年
不均衡指数	0.032 83	0.033 493
集中指数	0.263 581	0.266 505

3.人口"极化倾向"进一步加剧,主要流向高密度城市群

2025 年,珠三角、长三角城市群依然是人口密度最高的城市群,两个城市群的人口密度将突破 1 000 人/平方千米。除珠三角、长三角外,人口密度超过 500 人/平方千米的城市群有中原、山东半岛、海峡西岸、京津冀和江淮城市群。其他城市群的人口密度均低于 500 人/平方千米,其中,天山北坡城市群的人口密度低于 100 人/平方千米。2035 年,多数城市群的人口密度较 2025 年有所提高,其中增幅较大的为珠三角、海峡西岸、中原、江淮、成渝等城市群,而哈长、辽中南城市群的人口密度有下降趋势(表9)。整体来说,2025—2035年,人口将继续流向发达地区的城市群,长三角、珠三角等城市群的人口密度进一步提高,而哈长、辽中南、天山北坡等城市群的人口密度增速较慢;随着东部沿海地区城市群人口承载力逐渐逼近上限,中部、西南等地区的城市群人口密度也会快速上升,成为吸纳人口的重要区域。从城市群人口密度的发展趋势来看,大多数城市群的人口承载力还有很大空间,未来城市群的发展方向应当以吸引人口为主,而不是盲目扩大城市群范围和土地面积。

表9 15个城市群人口密度及分级

(2025—2035年)

人口密度分级	城市群名称	人口密度/(人·平方千米$^{-1}$)	
		2025年	2035年
高密度	珠三角城市群	1 300	1 596
	长三角城市群	1 034	1 095
较高密度	中原城市群	783	852
	山东半岛城市群	644	706
	海峡西岸城市群	611	680
	京津冀城市群	523	551
	江淮城市群	506	551
中密度	长株潭城市群	457	488
	成渝城市群	443	474
	长江中游城市群	416	434
	关中城市群	374	410
	辽中南城市群	340	336
	北部湾城市群	299	328
较低密度	哈长城市群	189	181
低密度	天山北坡城市群	61	68

（二）城市化趋势预测

2025 年,将有 6 个城市群的城市化水平超过 70%,分别是长三角、珠三角、京津冀、辽中南、海峡西岸、天山北坡城市群,它们均进入城市化发展的成熟阶段,其他城市群的城市化水平大多高于 50%。2035 年,除上述 6 个城市群外,山东半岛、中原、关中、长江中游、成渝、江淮、长株潭城市群的城市化水平也将相继突破 70% 大关,进入城市化的后期阶段。从增速上看,2025—2035 年,关中、中原、北部湾、成渝城市群为城市化水平增长最快的地区,位于东北和西北地区的哈长、辽中南及天山北坡城市群的城市化水平则增长较慢(表 10)。整体来看,城市群之间的城市化水平差距将进一步缩小。

表 10　15 个城市群城市化水平及变化值

（2025—2035 年）

城市群	城市化水平/%		变化量/%
	2025 年	2035 年	
长三角城市群	79.11	83.85	4.74
珠三角城市群	88.45	91.86	3.41
京津冀城市群	71.5	77.71	6.21
山东半岛城市群	68.77	73.63	4.86
辽中南城市群	73.08	75.28	2.2
中原城市群	68.19	77.05	8.86
关中城市群	67.04	76.32	9.28
长江中游城市群	65.09	71.63	6.54
海峡西岸城市群	72.38	76.46	4.08
成渝城市群	67.25	75.3	8.08
江淮城市群	67.66	72.83	5.17
哈长城市群	45.15	46.28	1.13
长株潭城市群	68.22	75.31	7.09
北部湾城市群	56.67	64.69	8.02
天山北坡城市群	81.82	85.63	3.81

对城市群内不同等级城市化水平的地市、人口数量及其占比情况进行统计发现,2025—2035 年,高城市化水平的地市和人口数量大量增加,而中城市化水平的地市和人口数量大幅减少(表 11),表明随着城市化的推进,城市群的城市化水平将会进一步提升,人口也越来越倾向于向高城市化水平的地区流动,未来,城市群内 95% 以上的地市都将处于中、高城市化水平,步入城市化中后期发展阶段。

表 11　15 个城市群不同城市化水平的地市、人口数量及比重
(2025—2035 年)

	2025 年			2035 年		
	地市/个	人口/万人	人口比重/%	地市/个	人口/万人	人口比重/%
高城市化水平	54	42 982.13	52.92	97	66 957.3	76.57
中城市化水平	93	37 844.1	46.6	49	19 840	22.69
低城市化水平	1	480.6	0.59	2	656.21	0.75

四、结论与建议

(一)主要结论

上述内容对 2000 年以来中国 15 个城市群的人口空间分布状况进行了分析,并预测了 2025—2035 年城市群内人口分布及城市化的演进趋势,考察了各城市群人口分布的时空差异。

2000—2018 年,城市群的人口数量和密度不断增长,但各城市群增长幅度不一,个别城市群人口出现负增长;城市群之间人口分布具有较明显的非均衡性,集中趋势明显,人口整体上向高密度和高城市化水平区域集中,人口空间分布的极化趋势日趋明显。各城市群的城市化水平快速提高,城市群之间的城市化水平差异有所缩小,截至 2018 年,城市群内大多数地市都迈入了中、高城市化水平的行列。城市群内中城市化水平的地市、人口数量占比最高,整体呈纺锤形结构分布。

2025—2035 年,各大城市群的人口数量进一步提高,人口分布结构指数持续上升,城市群人口分布不均衡现象加剧,人口"极化倾向"越来越明显。随着东部沿海地区城市群的人口逐渐接近承载力上限,中部、西南地区城市群的人口数量显著增加,有望成为新的人口集中区。城市群的城市化水平将进一步提高,城市群内高城市化水平的地市、人口数量占比最高。城市群之间的城市化水平差距将会缩小,多数城市群将处于高城市化水平,步入城市化发展的中后期阶段,中部和西南地区的城市群将成为推进我国城市化发展的主力军。

（二）政策建议

城市群是我国人口集聚的重要载体,也是现阶段城市化的主体形态。随着城市群的不断发展,各城市群的城市化水平快速提高,在今后一段时间内,城市群的人口空间分布将会呈现新的特征,城市化水平也将进入发展的成熟期。面对未来城市群人口与城市化发展的新趋势,提出以下政策建议。

1.应在保持现有城市群范围大致不变的情况下,对城市群分类施策

推动长三角、珠三角、京津冀等城市群提质减量,提高对外开放水平及全球竞争力,提升对周边区域的辐射力和全球影响力。结合"一带一路"倡议和长江经济带战略交汇点的支撑作用,推动成渝城市群的发展,打造我国西部大开发重要引擎和我国经济增长、社会发展的第四极;关注哈长等人口增长较慢的城市群,结合城市群自身特色,打造特色产业,引领城市群结构升级,提升城市群品质;优化发展长江中游、中原、关中等城市群,培育新的经济增长极,促进区域协调发展。

2.进一步发挥城市群内核心城市的辐射带动作用,加速多核心城市体系的形成

以单核心为主的城市群结构使人口向核心城市快速集聚,对核心城市的人口承载力提出挑战,出现了"大城市病"等问题,导致资源环境压力加大。城市群在发展的过程中,应当注重核心城市对周边地区的辐射带动作用,优化产业

结构,加强交通网络的建设,促进经济要素在城市群之间合理流动,避免极化效应给城市群发展带来的负面影响,形成人口与经济、资源、环境相适应、相协调的空间格局。

绪论执笔:肖金成(国家发展改革委国土开发与地区经济所原所长、中国宏观经济研究院研究员)

洪　晗(中国邮政储蓄银行博士后工作站和中国人民大学博士后流动站博士后)

第一章

城市群理论

1

城市群研究具有深厚的思想渊源和理论基础。法国地理学家吉恩·戈特曼(Jean Gottmann)是系统性研究城市群的先驱。我国学者对城市群的研究起步于 20 世纪 80 年代,研究成果斐然。随着经济全球化和区域经济一体化的推进,城市群逐渐成为国家经济社会发展的支柱和引领区域经济社会发展的中心。作为空间组织的一种重要形态,以都市为核心的城市群逐渐成为国家和地区乃至全球范围内经济最为活跃的区域,并作为国家和地区参与国际竞争的基本单元,开始主导国家经济甚至世界经济。本章在梳理国内外城市群相关研究成果的基础上,界定了城市群的概念及其内涵,然后分析了城市群的主要特征,最后提出了城市群范围的界定方法。

第一节　城市群研究概述

追随吉恩·戈特曼的"脚步",一些欧美学者研究了本国的城市群现象。我国学者对城市群的研究起步于 20 世纪 80 年代,研究成果斐然。

一、城市群研究的缘起

城市群思想萌芽于 19 世纪末期。英国学者霍华德(E. Howard)[①]最早从"城镇集群"(Town Cluster)的视角研究城市,并于 1898 年在其《明日:一条通往真正改革的和平道路》一书中提出著名的"田园城市"模式,之后,多国学者从不同角度、不同层次对城市地理结构进行了理论和实证方面的研究(表 1.1)。然而,对城市群的系统性研究要归功于法国地理学家吉恩·戈特曼。

---

① 埃比尼泽·霍华德(Ebenezer Howard,1850—1928),20 世纪英国著名社会活动家、城市学家、风景规划与设计师,"花园城市"之父,英国"田园城市"运动创始人。他了解、同情贫苦市民的生活状况,针对当时大批农民流入城市,造成城市膨胀和生活条件恶化,于 1898 年出版《明日:一条通往真正改革的和平道路》一书,提出建设新型城市的方案。1902 年修订再版,更名为《明日的田园城市》。

表 1.1 城市群思想和基础理论研究概览

学者	国家	研究成果
霍华德(E. Howard)	英国	最早从"城镇集群"(Town Cluster)的视角研究城市,1898 年在其《明日:一条通往真正改革的和平道路》一书中提出著名的"田园城市"模式
格迪斯(P. Geddes)	英国	1915 年在其《进化中的城市》(*Cities in Evolution*)中,首创运用区域综合规划的方法,提出城市演化的形态,其中集合城市被看作拥有卫星城市的大城市
恩温(R. Unwin)	英国	1922 年提出卫星城市理论
克里斯泰勒(W. Christaller)	德国	1933 年提出著名的中心地原理,首次将区域内的城市体系系统化
杰斐逊(M. Jefferson)	美国	1939 年对城市群体的规模分布展开理论上的探讨,提出了著名的城市首位律(Law of the Primate City),具有开创性意义
沙里宁(E. Saarinen)	芬兰	1942 年提出有机疏散理论
齐普夫(Z. K. Zipf)	美国	1942 年首次将万有引力定律引入城市的空间分析,提出著名的城镇位序-规模分布法则
维宁(R. Vining)	加拿大	1942 年从经济学角度研究了城市发展的意义,并进一步从理论上阐明了城市存在的合理性
邓肯(O. Duncan)	美国	1950 年在其《大都市与区域》中首次引入"城市体系"(Urban System,又译作"城镇体系")的概念

资料来源:秦尊文.城市群的形成机理和演化过程[M].长春:吉林人民出版社,2006.

在考察美国东北海岸城市密集区 15 年后,戈特曼于 1957 年在 *Economic Geography* 上发表了具有里程碑意义的论文 *Megalopolis or the Urbanization of the Northeastern Seaboard*,为城市地理学研究开辟了一个崭新的领域。戈特曼在论文中用希腊词汇"Megalopolis"来描述美国东北海岸城市密布区域,范围包括从新罕布什尔州（New Hampshire）的希尔斯布鲁县（Hillsborough County）到弗吉尼亚州（Virginia）的菲尔法克斯县（Fairfax County）之间的区域。"Megalopolis"一词在希腊语中为巨大城邦的意思。"Megalopolis"对城市群体概念的表述是全新的，它不是简单指一个很大的城市或者都市地区，而是由几个都市地区相连接的范围相当大的、庞大人口规模分布于其中的城市连绵区域。该城市连绵区域通过集聚作用（Coalescence）形成，且每一个都市区都以一个强大的城市核（Urban Nucleus）来发展，这种广袤范围的超级都市连绵区特征（Super-metropolitan Character）是有史以来人类观察到的最伟大的城市增长现象。就尺度（Size）和集聚（Mass）情况而言，城市连绵区域不仅是一个异常生长（Exceptional Growth）的区域，而且在一个国家和地区中起着先锋作用①。

二、国外城市群研究综述

戈特曼是城市群研究的先驱。他率先研究了美国东北海岸城市密集区域，发表的论文《大都市带：美国东北海岸的城市化》（*Megalopolis or the Urbanization of the Northeastern Seaboard*）成为城市群研究的里程碑。

1976 年，戈特曼发表《全球大都市带体系》（*Megalopolitan Systems around the World*），进一步用"Megalopolis"一词深入研究了美国东北大西洋沿岸城市密集区域，这一区域北起波士顿和纽约，向南经普罗维登斯、哈特德、纽黑文、费城、巴尔的摩等一系列大城市至华盛顿，城市沿主要交通干线连绵分布，城市间分工明确、联系密切，南北绵延 970 千米，宽度达 50~160 千米，居住人口超过 3 000 万人，被称为美国东北部大都市带（the American Northeastern Megalopolis）②。

戈特曼对"Megalopolis"进行了笼统性概括：一是国家的核心区域，承担着国家对外交往的枢纽性作用；二是交通基础设施网络发达，快速便捷；三是区域

---

① GOTTMANN J. Megalopolis or the urbanization of the northeastern seaboard [J]. Economic Geography, 1957, 33 (3): 189-200.

② GOTTMANN J. Megalopolitan systems around the world [J]. Ekistics, 1976, 41(243): 109-113.

一体化水平高,城市分布密集,拥有一个或几个承担核心功能的大都市;四是人口规模庞大,在 2 500 万人以上。根据这一标准,戈特曼认为当时世界范围内还存在四个"大都市带",分别是美国从芝加哥向东经底特律、克利夫兰到匹兹堡的五大湖大都市带(the Great Lakes Megalopolis),日本东京、横滨经名古屋、大阪到神户的东海道大都市带(the Tokaidao Megalopolis),英国伦敦经伯明翰到曼彻斯特、利物浦的英格兰大都市带(the Megalopolis in England)和荷兰阿姆斯特丹到德国鲁尔和法国西北部工业聚集体的欧洲西北部大都市带(the Megalopolis of Northwestern Europe),并预言中国以上海为核心的城镇密集区将发展成为世界第六大都市带。

1987 年,戈特曼出版《再访大都市带:二十五年之后》(*Megalopolis Revisited: Twenty-five Years Later*)一书,在世界有关城市体系理论研究史上具有新的里程碑意义。戈特曼认为,在美国东北海岸这一巨大的城市区域内,支配空间经济形式已经由单一的大都市转变为由若干个都市组成的在人口和经济活动等方面有着密切联系的巨大整体。这一巨大整体的基础功能是汇集人口、物资、资金、观念、信息等各种有形和无形的要素,在国家经济、文化、金融、通信、贸易等方面的主要活动中占据主导地位,甚至成为影响全球经济活动的重要力量。与此同时,其高密度的要素集聚还能带来各种创新活动的出现,使各种新思想、新技术不断涌现,作为孵化器对其他地区的经济发展具有导向功能[1]。

戈特曼将大都市带的形成和发展划分为四个阶段[2][3]。一是孤立分散阶段。所有城市都以行政和贸易功能为主,独立发展,地域空间结构非常松散,然而,港口城市的迅速发展逐渐凸显出对外交流功能以及相应的外向型经济职能的重要性。二是区域性城市体系形成阶段。以钢铁为主的重化工业发展带动了制造业大发展,并使城市规模迅速扩大,与此同时,铁路交通网络的形成,强

---

① GOTTMANN J. Megalopolis revisited: Twenty-five years later [M]. Maryland: University of Maryland, 1987.

② 史育龙,周一星.戈特曼关于大都市带的学术思想评介[J].经济地理,1996,16(3):32-36.

③ 肖金成,袁朱,等.中国十大城市群[M].北京:经济科学出版社,2009.

化了城市间的经济联系,形成区域发展轴线,城市化水平迅速提高,各个城市的建成区基本定型。三是大都市带的雏形阶段。核心城市的人口规模进一步壮大,单个城市的向心集聚达到顶点。汽车和石油业大发展,使城市间的经济联系更为紧密,第三产业发展呈现出强劲势头,城市体系的枢纽作用得到充分体现。四是大都市带的成熟阶段。郊区化现象出现,大都市区的空间范围再一次扩展,各区域通过交通轴线紧密相连,在第三产业发展的同时,依托于第二产业发展起来的以信息采集、处理、传输为主的第四产业逐渐在社会经济生活中扮演的角色越加重要,城市群的形态演化和枢纽功能逐渐走向成熟。

戈特曼的研究首先引起了欧美学者的关注。欧美不少学者紧随其后,对城市群现象开展了研究,但是对人口在特定地域集聚的命名、概念、内涵等方面的认识上存在较大差异,诸如超级都市区、大都市伸展区、巨型城市区等,名称和观点不一(表 1.2)。

表 1.2　国外城市群相关概念的比较

概念	代表学者	主要观点
大都市带 (Megalopolis)	戈特曼 (J. Gottmann) (1957)	具有一定规模和密度;具有数量可观的以大城市为核心形成的都市区;通过便捷的交通走廊,城市之间产生紧密的经济社会联系
超级都市区 (Megaurban Region)	麦吉 (T. G. McGee) (1989)	自下而上与自上而下相结合的城市化模式,造成农业活动和非农活动并存,以逐渐融合为特征的城乡交错(Desa-kota)区域出现
大都市伸展区 (Extended Metropolitan Region)	金斯伯格 (N. Ginsburg) (1991)	大城市周边产业化进程的加快和城乡相互作用的加剧,使城乡交错区逐渐延伸,与周边地区的城市组成一个密切联系的区域

续表

概念	代表学者	主要观点
城市区 （Citistate）	尼尔·皮尔斯 （N. Peirce） 柯蒂斯·约翰逊 （C. Johnson） （1993）	城市区是实际存在的事物，它可以是一个劳动力市场，一个上下班通勤范围，一个广播收听区域，一个优秀报纸的发行区域。总的来说，就是城市经济活动所形成的区域
巨型城市区 （Mega-City Region）	霍尔 （P. Hall） （1999）	城市生产性服务业之间的相互联系，使区域形成多中心网络状结构，即由20~50个功能性区域组成，每个功能性区域围绕一个城市，在实体空间上彼此分离，但在功能空间上形成网络，且围绕一个或几个更大的核心城市集聚，通过一种新的功能性劳动空间分工推动经济增长
巨型区域 （Megaregions）	美国区域 规划协会 （ARPA） （2004）	区域经济发展、生态环境保护、基础设施建设一体化；生产性服务业在核心城市集聚和分工，而外围地区在制造业分工，并为核心城市提供市场；区域结构稳定，经济繁荣，可持续发展

资料来源：张晓明.长江三角洲巨型城市区特征分析[J].地理学报,2006,61(10):1025-1036.

21世纪初，美国学者开始对美国正在出现的其他类似区域进行了系统化研究，提出了"巨型区域"（Megaregions）的概念，并指出美国已存在皮埃蒙特大西洋巨型区域（Piedmont Atlantic Megaregion）、东北部巨型区域（Northeastern Megaregion）、佛兰特山脉巨型区域（Front Range Megaregion）等11个巨型区域（表1.3）。这些巨型区域并不全是戈特曼所说的"Megalopolis"，但可能是潜在的"Megalopolis"。

表 1.3　美国 2010 年巨型区域基本情况

名称	县的数量/个	面积/平方英里①	人口/万人
皮埃蒙特大西洋巨型区域 （Piedmont Atlantic Megaregion）	121	59 525	1 761.12
东北部巨型区域 （Northeastern Megaregion）	142	61 942	5 233.21
佛兰特山脉巨型区域 （Front Range Megaregion）	30	56 810	546.76
南加利福尼亚巨型区域 （Southern California Megaregion）	10	61 986	2 436.16
北加利福尼亚巨型区域 （Northern California Megaregion）	31	47 928	1 403.76
五大湖巨型区域 （the Great Lakes Megaregion）	388	205 452	5 552.53
得克萨斯三角巨型区域 （Texas Triangle Megaregion）	101	85 312	1 972.82
南佛罗里达巨型区域 （Southern Florida Megaregion）	42	38 356	1 727.26
墨西哥湾巨型区域 （Gulf Coast Megaregion）	75	59 519	1 341.49
卡斯凯迪亚巨型区域 （Cascadia Megaregion）	34	47 226	836.75
亚利桑那州巨型区域 （Arizona Sun Corridor Megaregion）	8	48 803	565.38
巨型区域总计	**962**	**772 860**	**20 678.05**
剩余县总计	**2 115**	**2 245 370**	**7 350.88**
总计	**3 077**	**3 018 230**	**28 028.93**
巨型区域占比	**31%**	**26%**	**74%**

资料来源：黄征学.城市群的概念及特征分析[J].区域经济评论,2014(4):141-146.

---

① 1 平方英里≈2.6 平方千米,余同。

三、国内城市群研究综述

我国学者对城市群问题的研究起步较晚。1983 年,我国学者于洪俊和宁越敏在《城市地理概论》一书中首次介绍了戈特曼的思想,把"Megalopolis"译作"巨大都市带"①。

随着我国城市化的推进和城市地理结构的演变,国内学者对城市群相关问题开展了大量研究,陆续提出了巨大都市带、(大)都市区、(大)都市圈、(大)都市连绵区、城市经济区、城镇群体、都会经济区、城市经济带、城市联盟等诸多用来描述城市和城镇群体化现象的概念,并进行了界定(表 1.4)。

表 1.4　国内城市群研究的部分相关概念及其界定

概念名称	学者	定义
巨大都市带	于洪俊,宁越敏 (1983)	具有世界最大的城市现象、有政治经济上的中枢作用及超级城市和国际港口的核心作用
(大)都市区	周一星 (1986)	都市区是与核心城市具有密切社会经济联系的、以非农经济为主的县域单元间的组合
	刘君德 (2003)	都市区是规模较大的一个或二三个核心城市和外围与核心城市紧密相连的若干小城市的地域空间,在很多情况下,都市区和都市圈可以相互通用
	宁越敏 (2003)	大都市区是城市功能区的概念,它由具有一定人口规模的核心城市与周边与之有密切联系的县域组成,核心城市是核心区,周边县域是边缘区
	胡序威 (2003)	都市区的概念可以超越市区界,是一个以大中城市为中心,由外围与其联系密切的工业化和城市化水平较高的县、市共同组成的区域,内含众多城镇和大片半城市化或城乡一体化区域,大都市区往往是跨城市行政区的区域联合

① 于洪俊,宁越敏.城市地理概论[M].合肥:安徽科学技术出版社,1983.

续表

概念名称	学者	定义
(大)都市圈	高汝熹 (1990)	都市圈是指以经济比较发达的城市为中心,通过经济辐射和经济吸引,带动周围城市和农村,形成统一的生产和流通经济网络空间
	周起业,刘再兴 (1991)	大都市圈是指按经济中心来组织管理地区经济,即以大城市为依托,有计划地发展中小城镇,在各大城市周围形成若干以中小城市为主的中小型经济中心。它们使大城市同中小城镇和农村相联系,大中小城市与其分别联系的农村相交织,组成全国的经济网络。经济网络以大城市为依托,组成大城市经济圈,按大城市经济圈来安排地区生产布局
	复旦大学研究院 (1993)	大都市圈是指某一城市突破行政区划的局限同它邻区划或外围化的地区形成紧密经济联系的一体化经济区
	罗明义 (1998)	都市圈是指以经济比较发达并具有较强城市功能的核心城市为核心,同其有经济内在联系和地域相邻的若干周边城镇所覆盖的区域组成的,其经济吸引和经济辐射能力能够达到并能促进相应地区经济发展的最大地域范围的、跨区域的经济圈和社会圈
	张京祥 (2001)	都市圈是指一个或多个核心城镇,以及与这个核心具有密切社会经济联系的、具有一体化倾向的邻接城镇与地区组成的圈层式结构
(大)都市连绵区	周一星 (1991)	大都市连绵区是指以都市区为基本组成单元,以若干大城市为核心并与周围地区保持强烈交互作用和密切的社会经济联系,沿一条或多条交通走廊分布的巨型城乡一体化区域
	沈立人 (1993)	大都市地区是指以大都市为核心,超越原来边界而延伸到邻近地区,不断强化相互的经济联系,最后形成有机结合甚至一体化的大区域,大都市地区也是大都市连绵区

续表

概念名称	学者	定义
(大)都市 连绵区	胡序威 (2003)	都市连绵区是指在经济发达人口稠密的地区,随着城市化的不断进展,原先彼此分离的多个都市区逐渐在更大地区范围内紧密连成一体而形成的城镇密集地区,是城镇密集地区城市化向高级阶段发展后所出现的空间结构形态
	诺大建 (2003)	大都市连绵区是指吸纳较多人口,城市化水平达到70%以上,各城市具有合理的层级关系,承担不同的功能,具有发达的区域性基础设施网络,在国家和世界经济中具有枢纽作用的区域
城市经济区	顾朝林 (1991)	从结构形态看,城市经济区是以大、中城市为核心,与其紧密相连的广大地区共同组成的经济上紧密联系、生产上互相协作的城市地域综合体。核心城市和周围腹地是构成城市经济区不可缺少的两大要素
城镇群体	张京祥 (2000)	城镇群体是指一定空间范围内具有密切社会、经济、生态等联系,而呈现出群体亲和力及发展整体关联性的一组地域毗邻的城镇。其区别于一般区域内多城镇分布的表象是其内部空间要素较为紧密的联系,这种联系的紧密程度又直接导致城乡混合区、都市区、都市连绵区等多种城镇群体空间亚形态的出现
都会经济区	薛凤旋等 (2005)	都会经济区以国家的最大城市(也是最大港口和首都)为核心,包括接收核心市扩散活动的邻近省、县级行政单元等外圈
城市经济带	杨凤,秦书生 (2007)	城市经济带是在某个特定区域范围内,依托于某交通网络干线,服从于某种地理边界的划分,以一个或两个以上的超大城市为核心,联合附近其他相邻城市和城镇,逐渐形成城市间和产业间频繁的人流、物流、资金流、信息流、技术流交互作用,同时具有特色的狭长的带状城市群体

续表

概念名称	学者	定义
城市联盟	王稼祥 (2008)	城市联盟是以经济、社会、自然、资源等联系密切的区域为基础单元,以区域经济一体化为目标,通过构建城市协商、对话、沟通、交流、合作和协调的多层次平台,逐步实现特定区域的城乡规划统一实施、生产要素有机结合、基础设施共享共建和各类资源优化配置,从而实现城市和区域共同发展

资料来源:陈美玲.城市群相关概念的研究探讨[J].城市发展研究,2011,18(3):5-8.

姚士谋是国内最早使用城市群概念的学者。1992年,他与陈振光、朱英明等合著《中国城市群》一书,对我国城市地理现象进行了深入系统研究,提出并定义了城市群(Urban Agglomeration)的概念①。之后,国内不少学者就城市群概念进行了重新定义(表1.5)。

表1.5 学者们对城市群概念的不同定义

学者	城市群概念
姚士谋等 (1992)	在特定的地域范围内具有相当数量的不同性质、类型和等级规模的城市,依托一定的自然环境条件,以一个或两个超大或特大城市作为地区经济的核心,借助现代化的交通工具和综合运输网的通达性,以及高度发达的信息网络,发生与发展着城市个体之间的内在联系,共同构成一个相对完整的城市集合体
吴启焰 (1999)	在特定地域范围内具有相当数量不同性质、类型和等级规模的城市,依托一定的自然环境条件,以一个或两个特大或大城市作为地区经济的核心,借助综合运输网的通达性,发生于城市个体之间、城市与区域之间的内在联系,共同构成一个相对完整的城市地域组织②

---

① 姚士谋,陈振光,朱英明,等.中国城市群[M].合肥:中国科学技术大学出版社,1992.
② 吴启焰.城市密集区空间结构特征及演变机制:从城市群到大都市带[J].人文地理,1999,14(1):11-15.

续表

学者	城市群概念
郁鸿胜 (2005)	在具有发达的交通条件的特定区域内,由一个或几个大型或特大型中心城市率领的若干个不同等级、不同规模的城市构成的城市群体①
肖金成,袁朱等 (2007)	在特定的区域范围内云集相当数量的不同性质、类型和等级规模的城市,以一个或几个特大城市为中心,依托一定的自然环境和交通条件,城市之间的内在联系不断加强,共同构成一个相对完整的城市集合体
方创琳 (2009)	在特定地域范围内,以一个特大城市为核心,至少以三个都市圈(区)或大中城市为基本构成单元,依托发达的交通、通信等基础设施网络,所形成的空间相对紧凑、经济联系紧密,并最终实现同城化和一体化的城市群体②
黄征学 (2014)	以一个或几个有竞争力的大城市为中心,依托交通、通信等基础设施条件,形成经济社会联系紧密,且空间结构、职能结构和规模结构合理的城市"综合体"

资料来源:根据相关资料整理所得。

2005 年,郁鸿胜在《崛起之路:城市群发展与制度创新》一书中,对城市群进行了制度经济学分析,侧重于从政策、制度角度研究城市群的制度创新,提出了"一个框架、两大平台、三项政策",构建了"土地集约化、农民市民化、区域一体化和政策协调化"的城市群基本框架③。

2007 年,肖金成和袁朱在《中国经济时报》上发表了《中国将形成十大城市群》一文,文中提到的十大城市群分别是以上海为核心的长三角城市群、以北京和天津为核心的京津冀城市群、以广州和深圳为核心的珠三角城市群、以济南和青岛为核心的山东半岛城市群、以重庆和成都为核心的川渝城市群、以沈阳和大连为核心的辽中南城市群、以武汉为核心的长江中游城市群、以郑州和洛

① 郁鸿胜.崛起之路:城市群发展与制度创新[M].长沙:湖南人民出版社,2005.
② 方创琳.城市群空间范围识别标准的研究进展与基本判断[J].城市规划学刊,2009(4):1-6.
③ 郁鸿胜.崛起之路:城市群发展与制度创新[M].长沙:湖南人民出版社,2005.

阳为核心的中原城市群、以福州和厦门为核心的海峡西岸城市群和以西安为核心的关中城市群①。他们还认为,以长株潭为核心的湖南中部、以长春和吉林为中心的吉林省中部、以哈尔滨为中心的黑龙江西南部、以南宁为中心的北部湾、以乌鲁木齐为中心的天山北坡等地区都有希望发展成为新的规模较大的城市群。2009 年,他们编著出版《中国十大城市群》一书,对我国十大城市群进行了系统的研究。

2005 年,刘福垣、肖金成、王青云和周海春受河南省人民政府的委托,编制《中原城市群规划》,对中原城市群进行了系统研究。2011 年,他们编著出版了《中原城市群战略与规划》一书②。

方创琳提出我国城市群选择与培育的重点方向为:以问题为导向,深刻反思检讨中国城市群选择与发育中暴露出的新问题;以城市群为主体,重点推动形成"5+9+6"的中国城市群空间结构新格局;以城市群为依托,重点推动形成"以轴串群、以群托轴"的国家城市化新格局;以国家战略需求为导向,继续深化对城市群形成发育中重大科学问题的新认知,包括深入研究城市群高密度集聚的资源环境效应,科学求解城市群高密度集聚的资源环境承载力,创新城市群形成发育的管理体制和政府协调机制,研究建立城市群公共财政制度与公共财政储备机制,研究制定城市群规划编制技术规程与城市群空间范围界定标准等③。

第二节　城市群的内涵和特征

随着经济全球化和区域经济一体化程度的日益加深,城市群逐渐成为国家和地区参与国际经济竞争的基本单元,同时也成为支撑国家经济社会发展的战

---

① 肖金成,袁朱.中国将形成十大城市群[N].中国经济时报,2007-03-29(A01).

② 刘福垣,周海春,等.中原城市群战略与规划[M].北京:经济科学出版社,2011.

③ 方创琳.中国城市群研究取得的重要进展与未来发展方向[J].地理学报,2014,69(8):1130-1144.

略高地和引领区域经济社会发展的经济引擎。作为城市空间组织的一种重要形式,以大都市为核心的城市群逐渐成为国家和地区乃至全球范围内经济最为活跃的区域,并作为国家和地区参与国际竞争的基本单元,开始主导国家经济甚至世界经济。

一、城市群的概念

城市群属于经济社会发展水平较高的区域,交通、通信等基础设施发达,城市发育水平高、分布密集、联系紧密。综合多位学者的观点,我们将城市群定义为:在特定的区域范围内密集分布一定数量的性质、类型和规模各异的城市,以一到几个超大城市、特大城市或辐射带动功能强的大城市为核心,依托比较便捷的交通条件,城市间经济联系比较密切的城市集合体。简言之,城市群就是若干都市圈与城市圈相互耦合的区域。

二、城市群概念的基本内涵

城市群概念主要包括四个方面的基本内涵:一是城市群的核心城市是超大城市、特大城市或辐射带动功能强的大城市,即存在至少一个都市作为城市群的核心城市;二是城市群的辐射核一般情况下有两个甚至三个及以上,有可能是两个实力相当的辐射核,也有可能是一主一次或一主多次;三是城市群内经济联系比较密切,主要是产业链上下游联系和市场联系;四是城市群的空间范围大于都市圈①。

---

① 马燕坤,肖金成.都市区、都市圈与城市群的概念界定及其比较分析[J].经济与管理,2020,34(1):18-26.

三、城市群的主要特征

（一）核心城市具有强大的国际竞争力

城市群作为一种城市分布的空间形态,是一个国家和地区参与国际竞争的重要形式。作为区域经济发展的强大引擎,核心城市在引领城市群参与国际竞争中扮演的角色越来越重要,从某种意义上说,核心城市的国际竞争力基本上决定了城市群的整体竞争力[①]。城市群的核心城市在国家经济中占据重要的地位,一般是具有国际竞争力和世界影响力的城市,是全球城市网络体系中非常重要的一环。例如,美国纽约、英国伦敦和日本东京并称为世界三大金融中心;上海是我国第一大城市,也是亚太地区金融中心之一。

（二）人口规模大

城市群不仅是经济较为发达的区域,而且是城市化水平较高的区域,人口密度高、规模大。戈特曼认为,城市群的人口规模在 2 500 万人以上。而在我国,城市群的人口规模可达 1 亿人以上。长三角是我国发育最为成熟的城市群,被公认为世界第六大城市群,空间范围包括上海、南京、苏州、无锡、常州、镇江、扬州、泰州、南通、杭州、宁波、嘉兴、湖州、绍兴、舟山、台州共 16 市,土地面积 10.32 万平方千米,2018 年常住人口达 1.12 亿人。其中,上海是超大城市,南京和杭州是特大城市,苏州、无锡、常州、扬州、南通、宁波、绍兴和台州是大城市。

（三）基础设施网络体系发达

城市群内密切的经济社会联系离不开发达的基础设施网络体系。因此,基础设施网络体系发达是城市群非常重要的特征。国外城市群大多拥有由高速公路、铁路、航道、通信干线、油气管道、电力输送网和市政管网体系构成的基础

---

① 黄征学.城市群:理论与实践[M].北京:经济科学出版社,2014.

设施网络,其中,发达的高速公路、铁路构成了城市群空间结构的骨架。例如,美国波士华城市群(美国东北部城市群,北起波士顿,南至华盛顿)形成了以高速公路为主、轨道交通为辅的城际交通体系;日本东海道城市群建设了以新干线为主的快速轨道交通网络。

(四)空间结构相对合理

城市群不仅拥有一个或多个经济发展水平高、人口规模大和辐射能力强的核心城市,而且在这些核心城市周边还密集分布着规模不一的二级、三级城市,以及数量众多的小城镇。从总体上看,城市群的规模结构和功能结构相对合理,城市间功能互补、密切协作。例如,在美国的波士华城市群,纽约是全球商业和金融中心,波士顿是美国思想、智力和技术中心,费城是美国制造业中心,巴尔的摩是美国重要的海港城市,城市功能非常明确。此外,城市群内部城市间在实体空间上彼此分离,生产、生活、生态空间格局相对合理。

(五)城市功能比较完善

城市群空间高度集聚,集贸易物流、金融商务、现代工业、文化教育于一身,成为区域政治、经济和文化的核心,支配着区域的经济社会发展,在全国乃至全球的政治、经济、贸易和文化发展中都占据着难以替代的中枢地位。例如,美国的波士华城市群、英国的英格兰城市群、日本的东海道城市群分别是美国、英国和日本集政治、经济、文化等多种功能于一身的核心区域。

第三节　城市群的范围界定

城市是区域的中心,与周边地区存在经济联系,形成圈域经济。当城市发展成为都市时,城市圈发展成为都市圈。当都市圈与相邻的都市圈、城市圈实现空间耦合,就形成了城市群。

一、城市与城市圈

我国实施地市合并以后,市变成一个行政区概念,包括城市和乡村地区,如直辖市、地级市和县级市。其实,市的中心区才是真正意义的城市。市不仅包括城市,也包括农村,其下辖的县城、县级市城区、城镇的镇区属于城市的范畴,但不属于一个城市。

(一)城市

从经济学意义上来讲,城市是指非农人口、非农产业和非农经济活动集中的地域。城市和乡村是一对相对概念,是一个国家或区域内有明显区别的两种地域景观,在产业、基础设施、生产生活方式等方面都有很大的差异。

城市是"城"与"市"两种概念的统一体[①]。"城"是城市的硬件,包括城墙(古代十分重要而现在已消失)、道路、供水、供电等基础设施,生产生活用的各种公用设施和房屋及建筑,承载城市及其活动的人工设施和一切自然环境和条件等;"市"是城市的软件,包括交换的主体——人、交换的客体——生产要素和生活资料,以及交换的场所、制度和工具等。

城市是区域的重要组成要素,是区域经济和社会活动的聚集体,是区域经济的增长极和发动机,也是区域的政治、经济、文化与精神生活重心[②]。城市发展离不开区域,区域发展依托于城市。

(二)城市圈

城市是所在地区的中心,每一个城市都会对其周边地区产生辐射带动作用。首先,城市是周边地区农产品的消费市场。杜能的农业区位论认为,在城市附近一般会种植运费高、笨重、体积大的作物,或者是容易腐烂、应在新鲜时消费的农产品,而随着与城市距离的增加,则会生产相对于价格而言运费较低

---

① 魏后凯.现代区域经济学[M].北京:经济管理出版社,2006.
② 同①。

的作物,最终在城市的周围,形成以某一种农作物为主呈环状分布的圈层结构,即所谓的"杜能环"。杜能环的形成是因为这些农产品的消费指向是位于中心位置的城市。在现实中,由于交通、存储、保鲜等技术的进步,虽然很难找到完全意义上的杜能环,但是几乎所有城市都是周边地区农产品的消费市场,促进了周边地区农业的发展,提高了周边地区农民的收入水平。

其次,城市为周边农业地区提供工业品和服务。城市是工业和服务业的集中地,不仅为本城市居民提供工业品和服务,也为周边农村居民提供工业品和服务。根据输出基础理论的观点,城市经济分为两个部门,所有的以外部需求为导向的产业活动被称为基础部门,而所有的以内部需求为导向的产业活动被称为非基础部门。该理论认为,城市经济的增长取决于基础部门的增长,外部需求的扩大是城市经济增长的基本动力。城市提供的工业品和服务不仅能够提高周边农村居民的生活水平,而且能够提高周边地区农业发展的生产技术水平。

根据 2014 年国务院发布的城市规模划分新标准,城区常住人口 1 000 万人以上的城市称为超大城市,城区常住人口 500 万~1000 万人的城市称为特大城市,城区常住人口 100 万~500 万人的城市称为大城市。城市规模划分新标准还把大城市划分为两个类型:城区常住人口 300 万~500 万人的城市称为 I 型大城市,城区常住人口 100 万~300 万的城市称为 II 型大城市。考虑到我国城市经济社会发展水平普遍较低的现实背景,界定都市的人口规模标准为 300 万人以上,也就是说都市包括超大城市、特大城市和 I 型大城市。

任意一个城市对周边地区农产品的消费和为周边地区提供工业品和服务共同构成了以该城市为核心的圈域经济,称为城市圈。城市规模越大,其辐射力越强,对周边地区辐射带动的空间范围一般也越大。城市人口超过 300 万人,可称为都市,当一个城市发展成为都市时,其城市圈也随之称为都市圈。大都市是一种习惯说法,无论是大都市还是大都市圈均不是规范概念。按照逻辑学,有大都市肯定有小都市,有大都市圈肯定有小都市圈,但在现实中却没有小都市和小都市圈。

二、都市圈范围界定

都市的人口规模更大、辐射力更强、辐射距离更远,因此都市圈的空间范围一般要比城市圈更大,涵盖了周边不少城市。都市对周边地区的辐射带动作用不仅包括对周边地区的农产品消费、工业品和服务供给,而且包括对周边城市的产业转移、产业分工以及产业链的延伸。都市圈的空间范围受都市规模、距离远近、地理条件、交通条件、技术进步、历史文化、行政体制等因素的综合影响。因此,在界定都市圈空间范围的过程中,不仅要考虑这些因素的影响,而且要选择科学合理的界定方法,还要基于现实需要遵循一定的界定原则,从而增强都市圈范围界定的科学性和合理性。

(一)都市圈范围的决定因素

都市规模。作为都市圈的核心城市,都市对周边地区的辐射力主要取决于其规模所积聚的经济势能。这种经济势能包括城市人口数量、经济发展水平、城市基础设施、城市环境质量、商品流通、文明程度等许多因素[1]。但是,都市的经济势能主要取决于人口规模和经济规模两个方面。其实,一个城市的人口规模与经济规模是息息相关的、相辅相成的。一般来说,一个都市的人口规模和经济规模越大,其经济势能就越强,其辐射带动的空间范围也越大。

地理距离。都市对周边地区的辐射力遵循距离衰减规律。也就是说,与都市的地理距离越近,受到都市的辐射就越强,反之,则越弱。随着科技进步,距离对经济联系的影响趋于缩小。但是,对于都市对周边地区的辐射带动作用来说,地理距离仍是一个不能回避或忽略的重要因素。

自然地理条件。对现代经济社会发展来说,自然地理条件仍是十分重要的。如果一个地区或城市与都市之间存在高山或大河,大都市对它的辐射力衰减速度要比对直接相连的平原地区快得多。尽管现代科技进步使桥梁和隧道

---

[1] 罗明义.中国城市圈域经济发展态势分析[J].思想战线,1999,25(3):7-14.

的建设容易了很多,也快了很多,但是,仍需要付出不小的代价和成本。即使有了桥梁和隧道,区域间和城市间的经济联系活动仍不如平原地区方便和便捷。因此,在有高山或大河阻隔的地方,都市的辐射距离相对较短。

交通设施的便利程度。交通设施对区域间、城市间经济联系的影响是不言而喻的。比如,在我国,在东部沿海地区,地势较为平坦,国道、省道、高速公路、铁路等交通基础设施密布,大大加强了区域间和城市间的经济联系。21世纪以来,我国建设的高速铁路,使区域间和城市间的经济联系更加紧密。对于都市来说,哪个方向的交通方式越便捷、越多样,其对那个方向的辐射力也就越强,辐射距离就越远。

通信技术进步及应用。在都市圈形成的早期阶段,都市对周边地区和城市的辐射作用主要来源于制造业上下游联系和市场吸引力。随着都市的发展壮大和经济转型,都市辐射周边地区和城市发展的动力来源也在发生转变,生产性服务业在都市发挥辐射功能中的角色越来越重要。通信技术的快速进步和大规模普及,使都市为周边地区和城市提供生产性服务变得更加便捷和有效,进一步深化和强化了都市对周边地区和城市的辐射作用。

历史文化因素。历史文化是影响都市辐射距离远近的深层次原因。方言也是一种文化,具有历史性。方言的多样性阻碍了知识和技术的传播,进而阻碍经济增长[1]。反过来说,如果都市所在区域地缘相接,文化相近,人缘相亲,经济交流方便、有效,则有利于都市对周边地区和城市的经济辐射和产业扩散。以江苏省省会南京来说,在明朝时期其是首都或留都,在清朝初期是江南省[2]的省会,安徽省的江淮地区在历史上与南京经济联系紧密,在文化上也比较接近,

---

① 徐现祥,刘毓芸,肖泽凯.方言与经济增长[J].经济学报,2015,2(2):1-32.
② 清朝初期,江南省的范围大致包括今江苏省、上海市和安徽省以及江西省婺源县、湖北省英山县、浙江省嵊泗列岛等地。1661年(清顺治十八年),江南省一分为二,东称"江南右布政使司",西称"江南左布政使司"。1667年(清康熙六年),江南右布政使被改为江苏布政使司,江南左布政使被改为安徽布政使司。江苏取江宁、苏州二府首字而来,而安徽取安庆、徽州二府首字而来。1760年(清乾隆二十五年),江宁府被定为江苏省省会,安庆府为安徽省省会。至此,江苏、安徽两省行政区划大致与今日相同。

至今与南京的经济联系仍很密切。

行政体制因素。在我国,行政体制因素能够影响都市对周边地区和城市的辐射作用。基于政绩考核的考虑,囿于"一亩三分地"的观念和思维,都市所在行政区的地方政府会想方设法阻碍本地企业迁移出其行政区范围。越是计划经济色彩浓厚的地区,地方政府越会阻挠企业的迁移。这样一来,就大大弱化了都市对周边地区和城市的带动作用。京津冀地区就非常典型,北京和天津都是人口规模千万左右的大都市,但对河北地区的辐射带动作用都不明显,河北的经济社会发展普遍滞后,城市规模普遍较小,形成悬殊的经济社会发展落差,因此京津冀协同发展需要中央政府的强力推动。

(二)都市圈范围的界定方法

经济动力学理论认为,物理学的万有引力定律也适用于经济学领域,可以用来测度城市间的经济联系,即在一定区域内城市间在经济上也存在着相互吸引的规律,从而形成城市间的经济联系。城市间的相互吸引力由城市间的物质流、人流、能量流、技术流、信息流、服务流等流空间集合的强度和频度组成[1]。这些流空间所集合的强度和频度越大,城市间的相互吸引力越强。与万有引力的计算公式相类似,城市间的相互吸引力与两个城市的质量和城市间的距离有关。其中,城市质量包括城市的人口规模和经济规模,城市间距离指经济距离。

城市的人口规模和经济规模都可以从统计年鉴中直接获取或用其他统计数据代替,任意两城市间的地理距离可以通过地图软件测量得来。城市间的经济距离由两个城市间交通运输方式的便捷性、多样性和经济发展水平的差距来决定。

经济落差综合反映了城市经济发展水平的差异。若城市间的经济落差太大,城市间的产业关联和经济沟通就比较困难,容易出现"城沟"或"断裂带",

---

① 李廉水,STOUGH R R,等.都市圈发展:理论演化·国际经验·中国特色[M].北京:科学出版社,2007.

大城市很难对周边中小城市和小城镇产生较强的经济辐射带动作用；若城市间的经济落差较小，城市间比较容易形成密切的产业关联和经济联系，从而有利于城市间经济一体化发展。经济落差权重的设定原则根据都市周边某一个城市的人均地区生产总值与都市的比值大小而定。

（三）都市圈范围的界定原则

以地级市为基本单元。城市对周边地区的辐射半径一般在 50 千米以上，都市的辐射半径均在 100 千米以上，最远可达 200 千米左右，辐射距离主要取决于都市规模的大小。在都市经济辐射的空间范围内，存在数量可观的大中小城市和小城镇。为了降低数据计算的烦琐性，且保证计算结果的有效性，本书选择地级市作为研究的基本对象，根据都市圈范围的界定方法，如果该城市被划入都市圈范围，则其管辖的行政区全部划入都市圈范围。

辐射距离有限性。都市的经济社会联系是开放的。都市不仅可能与周边地区和城市之间存在经济社会联系，而且可能与国内其他地区和城市甚至国外的地区和城市之间存在广泛而又密切的经济社会联系。都市圈是以都市为核心，以辐射距离为半径形成的空间范围。都市圈内的地区和城市接受大都市的辐射，经济联系更加紧密，但这种辐射作用的强度是随距离延伸而衰减的，不可能无限延伸。因此，要依据都市规模的大小，科学合理地选择相应的地理距离，以其为半径，以都市为核心，在此空间范围内运用上述界定方法来合理界定都市圈范围。

在地理上保持连续性。都市圈是在地理上连续的区域。因为本研究选择以地级市为研究对象，所以可能会出现距离大都市较远的行政区被划入都市圈的空间范围，而较近的行政区却不能划入都市圈范围的现象。在这种情况下，基于都市圈在地理上保持连续性的考虑，距离都市较近的行政区也应划入都市圈范围。

生态、流域和产业的现实相关性。生态安全和用水安全对于都市来说至关重要。在某些都市的周边地区，可能存在部分地区和城市地处都市的"上风上水"位置,即可能是都市的生态屏障,或可能是都市所在流域的上游或水源地。这些地区和城市的经济活动直接影响着该都市的生态安全和用水安全。这些地区的经济发展水平和城市发育水平一般较低,尽管不能通过界定方法将其划入都市圈范围,但是出于保障都市生态安全和用水安全的考虑,也应把它们划入都市圈范围。

三、城市群范围界定

在地理、区位、交通等条件较好的地区,会率先出现都市圈,且随着区域经济社会不断发展和城市化水平不断提高,都市圈及其周边的城市圈都会逐步向外扩展。当一个都市圈的空间范围与周边的城市圈和都市圈连在一起时,即实现了空间耦合,形成了城市群。

借鉴其他学者的方法,考虑到我国的城市化水平仍偏低、城市发育水平普遍较低的情况,对我国都市圈的范围界定适当放宽一点。如果是超大城市,其都市圈的圈域半径确定为 200 千米左右;如果是特大城市,其都市圈的圈域半径确定为 150 千米左右;如果是 I 型大城市,其都市圈的圈域半径确定为 100 千米左右;如果是 II 型大城市,则把其城市圈的圈域半径设定为 50 千米。其他规模等级的城市的辐射半径可忽略不计。

根据上述都市圈范围的界定方法,对一个特定区域的城市圈域范围进行界定,如果某一个都市圈与周边的都市圈或城市圈实现了空间耦合,就形成了城市群。城市群的范围由该都市圈和与之耦合的若干城市圈的范围共同构成。如果都市圈周边的城市圈没有与其发生耦合,即存在断裂带,那么,这些城市圈都不应划入城市群范围。现实中存在城市群范围无限放大的情况,这是因为很多城市希望享受国家的支持政策,但事实上城市群只是一种空间形态,和国家区域政策无关。城市群规划是防止恶性竞争促进城市之间分工合作的约束性规划,任意扩大城市群范围的做法是没有什么意义的。从政策上来说,国家更应支持城市群之外区域的发展。

本章执笔:马燕坤(经济学博士,国家发展和改革委员会经济体制与管理研究所
　　　　副研究员)

参考文献:

[1] 秦尊文.城市群的形成机理和演化过程[M].长春:吉林人民出版社,2006.

[2] GOTTMANN J. Megalopolis or the urbanization of the northeastern seaboard[J].
Economic Geography, 1957, 33 (3): 189-200.

[3] GOTTMANN J. Megalopolitan systems around the world[J]. Ekistics, 1976, 41
(243): 109-113.

[4] GOTTMANN J. Megalopolis revisited: Twenty-five years later[M]. Maryland:
University of Maryland, 1987.

[5] 史育龙,周一星.戈特曼关于大都市带的学术思想评介[J].经济地理,1996,
16(3):32-36.

[6] 肖金成,袁朱,等.中国十大城市群[M].北京:经济科学出版社,2009.

[7] 张晓明.长江三角洲巨型城市区特征分析[J].地理学报,2006,61(10):
1025-1036.

[8] 于洪俊,宁越敏.城市地理概论[M].合肥:安徽科学技术出版社,1983.

[9] 姚士谋,陈振光,朱英明,等.中国城市群[M].合肥:中国科学技术大学出版
社,1992.

[10] 吴启焰.城市密集区空间结构特征及演变机制:从城市群到大都市带[J].
人文地理,1999,14(1):11-15.

[11] 郁鸿胜.崛起之路:城市群发展与制度创新[M].长沙:湖南人民出版
社,2005.

[12] 方创琳.城市群空间范围识别标准的研究进展与基本判断[J].城市规划学
刊,2009(4):1-6.

[13] 肖金成,袁朱.中国将形成十大城市群[N].中国经济时报,2007-03-29

（A01）.

［14］刘福垣,周海春,等.中原城市群战略与规划［M］.北京:经济科学出版社,2011.

［15］方创琳.中国城市群研究取得的重要进展与未来发展方向［J］.地理学报,2014,69(8):1130-1144.

［16］马燕坤,肖金成.都市区、都市圈与城市群的概念界定及其比较分析［J］.经济与管理,2020,34(1):18-26.

［17］黄征学.城市群:理论与实践［M］.北京:经济科学出版社,2014.

［18］魏后凯.现代区域经济学［M］.北京:经济管理出版社,2006.

［19］罗明义.中国城市圈域经济发展态势分析［J］.思想战线,1999,25(3):7-14.

［20］徐现祥,刘毓芸,肖泽凯.方言与经济增长［J］.经济学报,2015,2(2):1-32.

［21］李廉水,STOUGH R R,等.都市圈发展:理论演化·国际经验·中国特色［M］.北京:科学出版社,2007.

2

世界级城市群

本章概述了世界级城市群的研究缘起、演进与形成机理。世界级城市群一般具有巨大的人口和经济规模，城市之间专业化分工程度较高，核心城市一般为世界城市，作为连接国内外的流动空间，世界级城市群的一体化程度相对较高。从其形成来看，其主要经历了先扩展规模后提升功能，核心城市与腹地互为支撑并承担国家内部均衡发展和全球竞争的载体功能。

第一节　世界级城市群概述

国际上比较典型的世界级城市群主要有英格兰城市群、波士华城市群、五大湖城市群、东海道城市群、欧洲西北部城市群以及我国的长三角城市群。上述世界级城市群的形成和发展是世界工业化、城市化与全球化多重作用下地域空间重塑的产物，是技术进步、要素流动、区位交通、国家引导等综合作用的结果，是世界主要国家工业革命以来发展的重心所在，在代表国家参与全球竞争、推动国家内部均衡发展、引领国家乃至全球创新变革等方面发挥着较为突出的作用。

一、世界级城市群的提出

城市群与世界级城市群的概念最先由法国地理学家戈特曼提出，戈特曼将美国东北部包含十几个城市的共有 3 000 万人口左右的城市密集区定义为"Megalopolis"（城市群），并将其视为城市化发展高级阶段的区域形态。在《美国东北部海岸地区的城市群》一文中，戈特曼将城市群的基本特征和功能界定为：城市群是国家的核心区域，是国家对外交往的枢纽性地区，内部城市较为密集，核心城市与外围地区的经济一体化程度较高，有较为快速便捷的交通网络。一是人口规模较大，戈特曼设定了 2 500 万人的城市群人口标准。二是城市化水平较高，面积仅占全国的 1.5%，人口却占美国总人口的 16%。三是资源与功能高度集中,是美国的政治、金融、文化、信息中心。1976年,戈特曼又以2 500万人口这一规模标准提出了世界级城市群的概念,认为在当今世界有六个超过2 500万人口的城市群,分别为美国东海岸城市群与五大湖城市群、日本东海道城市群、英格兰城市群、欧洲西北部城市群和以上海为核心的长三角城市群。这六个城市群具有以下特征:一是都市区的人口密度较高;二是由有形基础设施与无形流动要素等形成的联系叠加网络使区域更加紧密地联结在一起并形成相互依存的关系;三是由城市、城镇和农村地区所组成的具有多样性与复杂性的空间结构;四是具有良好的生态系统①,使居民拥有更多的闲暇时间、更多的户外休闲、更多的社会流动与空间流动。戈特曼的研究在世界学术界有广泛的影响。

二、从世界城市到世界级城市群

从世界级城市群这一概念的字面含义来看,"世界"体现的是全球性,"级"的含义为"层次"与"等次",说明城市群对世界经济社会发展产生重大影响。戈特曼提出的世界六大城市群与当今全球化条件下在世界舞台上具有较大影响和功能层次的城市群基本吻合。戈特曼虽然从规模的角度分析了具有世界级规模的城市群的特征,但是其所在的20世纪50年代尚缺乏20世纪80年代以来的经济全球化背景。20世纪七八十年代,跨国公司的多国资源配置使国际分工体系发生了巨大变化,国际经济联系日渐紧密,新的国际劳动分工成为将跨国公司经济活动和世界城市体系联系起来的桥梁。1982年,约翰·弗里德曼与G.沃尔夫发表了《世界城市的形成:一项研究和行动的议程》一文,该文指出经济全球化催生了全球新的国际劳动分工,推动了作为全球经济协调和控制中心的世界城市的产生。沙森认为生产的全球扩散与管理服务的全球集中推动了世界城市的诞生,世界城市是专业服务和金融活动的世界中心,是全球资本

---

① 原文为城市群必须包含由高密度廊道所形成的绿带,它不应该是由水泥、钢材、砖和汽车所组成的毫无希望的拥挤图像。

汇集的场所,是跨国公司全球生产运营体系的中心,在全球经济中具有高层次的管理和行政职能,跨国公司通过这些城市控制遍及整个世界的生产活动①。1995 年,约翰·弗里德曼对世界城市的研究进行了回顾,对世界城市研究的共同点做了五点总结:第一,世界城市连接了较大区域的国家的和国际的经济体,是服务全球资金、劳动力、信息、商品和其他相关经济要素的全球流动的组织节点;第二,世界城市作为一个全球资本汇集的空间,在全球层面承担着一系列国家经济和区域经济资本的汇集;第三,世界城市是一个较大规模的城市,超越行政管理界限与周边城市有着较为密切的相互联系;第四,区域-全球系统的控制节点被纳入空间节点的等级体系,主要基于它们所控制的经济权力;第五,世界城市的主导文化是国际化的,具有控制被誉为跨国资产阶级这一社会阶层的能力。

随着世界城市研究的不断深化,西方学术界开始反思这种单一城市的地理空间模式是否能够反映当代世界经济地理格局的真实面貌,尤其是其缺乏对世界城市与周边腹地的深入分析,忽视了本地化发展进程中的内生力量。艾伦·斯科特(Allen J. Scott)在世界城市概念的基础上延伸提出了全球城市的概念,将其定义为由都市区及其周围的腹地扩展组成的空间组织,其自身具有分散化特征,内部经济和政治关系以一种复杂形式进行紧密连接,并且具有广泛的超国家关系②。之后,艾伦·斯科特扩展了传统都市区的空间范围,认为以世界城市为核心的城市区域规模可以非常大,使很多中小城市可以成为城市区域的一部分③。随着经济全球化与区域经济一体化的深化,城市群的发展已经脱离了

① 霍尔和弗里德曼等人在研究中使用了世界城市的概念,而沙森和泰勒等人则使用了全球城市的概念。关于世界城市与全球城市的区别,主要是因为沙森认为世界城市在几个世纪或更早以前就已经存在,而今天意义上的全球城市很可能并非完整意义上的世界城市,即全球城市兴起于现代。其表述见其 2001 年发表的论文 Global Cities and Global City-Regions: A Comparison。因此本文将全球城市等同于当今全球化背景的世界城市,下文将其统称为世界城市。

② SCOTT A J. Global city-region: Trends, theory, policy[M]. Oxford: Oxford University Press, 2001.

③ SCOTT A J. Global city-regions and the new world system[D]. Los Angeles: University of California, Los Angeles, 2008.

其原有的国家城市体系范畴,受到经济全球化的深刻影响。因此,对城市群的研究需要在全球化与区域化互动中予以重新审视。城市区域的地理结构具有明显的多中心性,主要包括传统中心城区、较新的商务中心、内边缘城市、外边缘城市、最外围边缘城市、专门化的郊区中心等,与全球化下的城市群这一载体基本一致①。J. Harrison 与 M. Hoyler 指出在过去的 20 年中,戈特曼的城市群已经成为东亚新兴经济体和美国巨型区域规划思想的一种主导性思想,并在形式上显示为具有地缘经济特征的城市区域②。

因此,基于上文对世界城市、城市区域与戈特曼的世界级城市群的综合分析,我们将传统研究视角下城市区域的空间尺度予以放大,借鉴斯科特的城市区域概念的实质内涵,将世界级城市群定义为由高级别世界城市与周边多个大中小城市共同组成,在经济、社会、文化等方面基于空间临近性而发生密切交互作用,能够依托其巨大规模经济效应和高层次功能,在全球经济层面发挥具有超国家影响力的城市群。

三、世界级城市群形成的机理

资源要素主要向规模效应较大、开放程度较高的地区集中。在向某一地区集中的过程中,高端要素一般向核心城市集中,而一般性要素则向其邻近地区比如卫星城汇集,这样既可以获取规模经济效应,也可以获取专业分工效应。经济全球化表现为要素的全球流动,人口流动在全球层面上往往受到限制,而资本的流动条件则相对宽松。在全球分工体系扩张和产业转型升级过程中,城市群吸纳外部资源的多少和承接全球流动要素的频率受所在国开放程度与所在国市场规模、人口规模与开放水平等因素的制约。只有开放的大国才能为城市群集聚更大范围的全球要素资源提供基础。只有全球资源集聚水平较高的

① 顾朝林.2020 年国家城市体系展望[J].未来与发展,2009(6):2-7.
② HARRISON J, HOYLER M. Megaregions:Globalization's new urban form? [M]Cheltenham:Edward Elgar, 2015.

城市群和全球流动频率较强的城市群,才能将单个城市的特定优势与其他城市的优势汇聚起来,使之成为一种世界性的优势;通过城市群内部、外部巨大的对外流量,才能将城市群内不同地区的优势联合起来,促进城市群各城市的协同发展,实现功能最大化与价值最大化,以更加有效地参与全球分工。因此,世界级城市群必须产生于经济大国,尤其是在分工网络中占据全球价值链高端环节的国家,这样可以有效地集聚全球高端要素,发挥在全球层面的重要影响力。在全球化条件下,当城市群核心城市集聚越来越多的跨国公司总部机构,并能通过管控指挥其分支机构在周边乃至跨越国界进行生产分工的时候,跨国公司与资本集聚、流动所在地的世界级功能也就由此诞生。

第二节　世界级城市群的基本特征

结合世界城市、城市群的特征与功能,世界级城市群有以下五个特征。

一、具有巨大的人口与经济规模

城市群是一个国家比较发达的地区,它集聚了大量不同规模的城市,拥有优质的人力资本和物质资本,单位面积集聚了众多的人口和较高的经济产出,人口和经济规模在一个国家或区域中占有较高比重,具有巨大的综合效益和市场潜力[①]。因此,巨大的人口规模、人口密度与经济规模、经济密度是衡量城市群规模等级的重要指标。人口密集是产业高度密集的结果,当前以波士华、五大湖、英格兰、东海道、长三角为代表的世界级城市群,是世界上最发达的城市区域,具有庞大的人口和经济规模。

---

① 汪阳红,张燕.深化对城市群认识的若干问题研究[J].中国物价,2014(7):33-37.

二、专业化分工程度较高

城市群是不同规模和不同功能的专业化与多样化城市协同发展的空间组织,基于城市网络之上的分工整合是城市群的精髓。诚如沙森所指出,美国巨型区域(城市群)应超越大规模集聚经济产业的规模经济,其精髓在于区域之间整合后的多样化发展,以同时满足多元目标追求①。她认为,巨型区域(城市群)应实现的理想场景是:生产性服务业在中心地区集聚,制造业扩散至外围地区,中心地区生产性服务业的发展能够依托外围地区的市场而获得持续繁荣,而外围地区通过参与分工进而实现振兴;中心城市与外围地区的地域分工,使区域能够实现规模经济和多样化发展,突破了以往所强调的城市经济范畴,建构了区域内部合作的经济基础,从而更有效地参与全球化背景下的区域竞争②。

三、核心城市为世界城市

世界级城市群以世界城市为核心,只有这样才能体现城市群在世界经济中的控制和指挥、价值链核心、专业化服务与金融中心功能。在国家内部的次区域层面为城市群,城市群的核心是服务能级较高的核心城市,而这些核心城市往往能够依托周边腹地即城市群的发育和国家的外向经济发展成为支撑国家战略的世界城市,基于国家在世界经济中的重要地位,它们在全球经济中能够代表国家发挥协调和控制作用。从美国波士华城市群、英格兰城市群与日本东海道城市群来看,这些世界级城市群之所以能够在全球发挥重大的影响力,离不开城市群核心城市作为顶级世界城市而在全球发挥的巨大影响力。因此,世

---

① SASSEN S. Mega-regions: Benefits beyond sharing trains and parking lots[J]. The Economic Geography of Mega-regions, 2007: 59-83.
② 李少星.全球化背景下的地域分工与城市化空间格局研究:以长江三角洲地区为例[D].南京:南京大学,2009.

界级城市群的核心城市应为世界城市,世界城市应该成为世界级城市群的一大特征(表2.1)。

表 2.1　世界城市与所在城市群

世界城市	地理位置	所在城市群	贸易中心	航运中心	金融中心	政治中心	科技中心
伦敦	泰晤士河穿城而过,与欧洲蓝香蕉地带隔海相望,并有海底隧道连接	英格兰城市群	世界贸易中心	世界航运中心	世界金融中心	欧洲政治中心	欧洲科技中心
纽约	哈德逊河入海口,天然良港,内部运河与铁路枢纽	波士华城市群	世界贸易中心	世界航运中心	世界金融中心	世界政治中心	北美科技中心
东京	濒临太平洋东岸	东海道城市群	世界贸易中心	世界航运中心	世界金融中心	国家政治中心	国家科技中心
新加坡	地处马六甲海峡要道,太平洋与印度洋交汇之处	—	世界贸易枢纽	世界航运枢纽	世界金融中心	国家政治中心	否
香港	世界航道要脉,航线通达五大洲、三大洋	粤港澳大湾区城市群	世界贸易枢纽	世界航运枢纽	世界金融中心	否	否
法兰克福	莱茵河和多瑙河的中转站,欧洲中央银行所在地	莱茵鲁尔城市群	区域交通枢纽	河运中转站	区域金融中心	否	国际科技中心

资料来源:余秀荣.国际金融中心历史变迁与功能演进研究[M].北京:中国金融出版社,2011:142-143.

四、连接国内外的流动空间

城市群是全球生产要素与信息集聚的中心地,是参与全球经济竞争的重要空间单元,是国家对内对外联系的门户地区,具有较强的要素集聚功能和扩散功能。因此,城市群一方面充当起全球经济网络的重要节点,对现有和即将到来的全球竞争提供资金、生产管理、控制与服务等功能;二是充当起国内区域经济发展中心的角色,在整合各区域资源和强化区域内城市经济联系,推动区域均衡发展和提升产业竞争力上发挥引导、协调与管理功能。

五、经济一体化程度较高

一体化最初的概念是指企业的组合关系。随后这一概念被用来描述地理相近或相邻的地区之间为获取区域内聚集经济效应和互补效应而建立的跨地区性经济体系。城市群依托各种交通、通信等基础设施与文化、传统等非物质网络关系,将功能节点(城市)以及节点间的"流"相互联结起来,实现城市之间群内与群外各种流的交换,形成城市间经济社会联系相对紧密、功能有机整合的城市网络①。城市群内的各城市通过基础设施一体化、市场一体化、功能一体化和利益协同化的网络,推进城市功能之间的相互交流、融合、互补与分工,使城市群内各城市均能获取集聚与分工的好处,实现城市群协同发展的利益最大化。

第三节 世界级城市群的形成

世界级城市群基本分布在已有和新崛起的世界经济增长重心地区。世界经济大国在崛起过程中,经济增长速度快,经济活力强,是世界经济的引擎。世界级城市群是世界经济大国核心能量集聚的高度体现,巨大经济总量必然使城市群达到较高的能级。从世界经济发展的历程来看,19世纪中叶,受第一次工业革命的影响,英国取得了世界工厂和全球贸易的垄断地位,推动了以伦敦为核心连带周边地区的世界级城市群的形成。19世纪末20世纪初,在第二次工业革命的推动下,美国取代英国位居世界贸易首位,出口的增长带动了美国波

---

① 汪阳红,张燕.深化对城市群认识的若干问题研究[J].中国物价,2014(7):33-37.

士华城市群核心城市——纽约的中转贸易与金融的发展,推动了美国东北部大西洋沿岸地区世界级城市群的形成。20 世纪 60—70 年代,随着日本经济崛起,日本位于东海道的京滨都市圈、阪神都市圈和名古屋都市圈也迅速崛起成为世界级城市群。

一、以伦敦为核心的英格兰城市群

英国是世界上第一个工业化国家,也是第一个城市化国家。英国经济在 18 世纪中叶以后保持了长达 100 多年的快速发展,最先成为世界经济增长的中心。在英国工业化、城市化进程中,基于伦敦在英国的地理交通枢纽和政治经济中心这一条件,人口迅速向伦敦集聚。在英国辉煌的 100 年中,伦敦人口从 1801 年的 95.9 万人上升到 1901 年的 453.6 万人,多于巴黎,是美国纽约人口的三倍,占英格兰和威尔士人口总和的 12% 以上,成为当时世界上最大的城市。1800—2000 年,伦敦建成区面积增长了 63 倍,从 36 平方千米到 2 300 平方千米。2014 年,伦敦市的人口已经达 1 019 万人,占英国城市人口总和的 19.18%。

不断扩大的人口规模,使伦敦的城市空间日益外延,城区居住拥挤、环境污染成为影响伦敦持续发展的重要问题之一。第二次世界大战期间,伦敦遭受德国的空袭,毁坏严重,在关于城市如何重建上,1940 年英国发布了关于英国工业人口将来如何重新分布的《巴洛报告》,以图解决伦敦人口的过度拥挤问题。战后,英国政府又颁布了《产业分配法》,以推动伦敦城区的制造业向周边地区主要是东南部地区的转移。1964 年,英国政府又颁布了《1961—1981 年东南部地区研究报告》,指出要发展对伦敦具有"反磁力效应"的第三代新城,这些新城主要设置在南安普敦-朴次茅斯、米尔顿·凯恩斯地区。1968 年,英国又开始在英格兰东南部建设米尔顿·凯恩斯、北安普敦和彼得伯勒等新城。随着新城的不断建设和发展,伦敦与新城之间的关系日益紧密。2000 年英国制定了东南部地区发展战略《建立一个世界级的区域——英格兰东南部区域》,提出了一系列维持英格兰东南部区域参与世界竞争的措施。2006 年,英国东南部区域经济发展署认为英国东南部必须保持和加强其在国际上的竞争力,特别是在全球总部经济、研发机构设立和产出、劳动密集型的工厂和办公室经济等领域的竞争力。

伦敦与东南部地区互动非常密切。伦敦与英格兰东南部区域的主要关系可以总结为以下四个方面:一是伦敦是英格兰东南部区域的主要服务和产品市场。《大伦敦规划(2011—2030)》指出,为深化与周边区域的关系,伦敦与东南部地区在交通、物流及其他基础设施(如开放性空间、教育、医疗以及其他服务)上对接,通过一体化的区域政策实现伦敦与周边地区的可持续发展。二是伦敦所需要的各种服务经济为英国东南部区域的公司提供了发展机遇,而伦敦各种娱乐设施为东南部地区居民提供了服务的条件。三是在通勤上,伦敦20%的就业人员生活、居住在东南部地区。依据伦敦政府网站数据,英格兰东南部和东部到伦敦的人口通勤量最大,占比分别为50.7%和40.4%,大东南部地区占比为91.1%,在伦敦就业份额上,大东南部地区占比为22.4%,在劳动者份额上占比为17.8%。四是互补性的商务网络与领域[①]。由于伦敦的全球连接性较强和面对面交流、规模等因素的存在,非标准化的、具有高复杂性的、专业性强的办公机构基本放在伦敦中心,而在东南部地区的生产性服务业多数为一些专业性不太强的分支办公机构,主要服务次区域的市场需求,这些机构与伦敦中心的办公机构有着较为紧密的联系互动和知识层面的共享,并非竞争关系而是互补关系[②]。

二、以纽约为核心的美国东北部波士华城市群

美国东北部波士华城市群的范围,一般被认为是美国东北部大西洋沿岸自波士顿至华盛顿的一个狭长区域。波士华城市群具有庞大的人口和经济规模及世界影响力,是美国经济、信息等领域的控制中心和主要支撑带。波士华城市群以95号高速公路为纽带,以各大航空港和海港为对外口岸,连接了20多

---

① 于立,周长林.走向可持续发展的英格兰东南部地区[J].国际城市规划,2007(5):42-49.

② PAIN K. Examining 'core-periphery' relationships in a global city-region: The case of London and south east England[J]. Regional Studies, 2008, 42(8): 1161-1172.

个城市，虽占全国国土面积不到2%，但集聚了全国近18%的人口和25%以上的生产总值，形成了以金融保险、房地产、教育医疗、信息出版、专业和技术服务等知识密集型产业为核心的产业体系，是美国参与全球竞争的重要空间载体。

18世纪70年代，美国开始了工业化进程。美国沿海且交通方便的纽约等大城市开始成长为引领海外贸易的中心城市。随着1825年伊利运河的开通及1851年运河沿线铁路的通车，东北部地区城市交通网络逐渐形成。美国内战终结了美国的地方分割，随着西部地区的开发和全国铁路的修筑，美国的区际贸易也得到进一步加强。大量的南部黑人移民和欧洲移民为东北部工业化提供了大量的劳动力。依托广阔的西部内陆腹地，到19世纪80—90年代，东北部的纺织、皮革、制鞋、服装等支柱产业逐渐发展并成熟。在工业化的推动下，城市化水平达50%以上，主要港口城市成为重要的人口集聚中心和生产服务中心，与分布在其周边80~160千米内的卫星城一起组成完整的城市体系。到19世纪末，城市群占全国工业生产的80%以上，第二次世界大战后还占3/4，成为全美制造业的心脏地带，与内陆的其他资源型地区形成了明显的核心边缘结构，其辐射范围以纽约为中心呈扇形向美国大陆全面展开。

（一）波士华城市群空间形成过程

伴随经济发展所带来的人口大量集聚，纽约等中心城市的拥挤成本开始大幅上升。在19世纪90年代由电车和火车组成的快速、大容量交通系统下，城市开始由紧凑式的空间布局转向放射状发展，郊区有特殊经济地理意义的活动中心逐渐形成。1897年，纽约州立法将曼哈顿、布朗克斯、国王郡（包括布鲁克林）、皇后郡和里士满郡合并成一个较大的城市，称为纽约城。随着纽约影响力的日渐提升，纽约与周边地区的关系也日渐紧密，纽约大都市区的概念应运而生。例如，狭义上的纽约大都市区指纽约—纽瓦克—泽西大都市区，广义上的是纽约—纽瓦克联合统计区，其空间涉及纽约州、新泽西州、康涅狄格州以及宾夕法尼亚州。与纽约大都市区类似，一些大都市区经过空间的扩张，逐渐连接为一个整体，华盛顿和巴尔的摩联合成为一个大都市区。纽约—纽瓦克联合统计区、费城—雷丁—卡姆登联合统计区、波士顿—伍斯特—普罗维登斯联合统计区的发展也是一种基于中心城市沿交通走廊互相扩展重合的"点—线—网—面"扩展过程,三个联合统计区的相互融合又促成了由原先的串珠状到城市群的连绵状的空间扩展过程,也就是大致上的美国波士华城市群。

(二)波士华城市群的内部联系

1835 年,华盛顿和巴尔的摩之间修建了铁路,3 年后铁路就延伸到了纽约。1846—1847 年,纽约与奥尔巴尼、波士顿和布法罗被沿着伊利湖向前延伸的铁路干线连接了起来,1846 年又与克利夫兰、底特律和芝加哥连接在一起。铁路与运河的建设使波士华城市群整体框架最终形成。以高速公路和铁路干线为主的区域交通系统将波士顿、纽约、费城、巴尔的摩、华盛顿五大城市及沿线城市连接起来。20 世纪 90 年代末,美国实行了高速铁路改善计划,对东北走廊铁路进行升级,大幅改善了铁路设施。到 1999 年年底,整个东北走廊完全实现了电气化运输。2000 年 12 月 11 日,美国第一条高速铁路在东北走廊开通,时速达 240 千米/小时,从波士顿到纽约仅需 3 小时,从纽约到华盛顿仅需 2.75 小时。除高速铁路外,还有多条通勤铁路线运行[1]。

(三)波士华城市群的分工

随着美国国内统一市场建设的不断推进,具有区位交通优势的纽约一跃成为美国最大的商业中心、金融中心及工业中心。波士顿由于受到纽约的挑战,国内贸易又远离西部和南部腹地的限制,商业优势不复存在,转而发展自身的工业经济,在城市周边建设了一系列的工业城,如洛厄尔纺织城等。费城也在港口城市上发展成为重要的工业城市,除了纺织业外,还与西部煤炭铁矿等资源的铁路相联系,其冶金业、机械制造业也有较大的发展。20 世纪 70 年代以后,伴随着阳光地带的西部和南部等新兴地区的蓬勃发展,以及全球化下日本、欧

---

① 上海财经大学区域经济研究中心,张学良.2013 中国区域经济发展报告:中国城市群的崛起与协调发展[M]北京:人民出版社,2013.

洲等地区经济实力的增强,作为美国传统工业区中心的波士华城市群,其制造业受到不同程度的结构性冲击,但东北部波士华城市群仍是全美最大的城市群。

三、以东京为核心的日本东海道城市群

东海道城市群包含东京、横滨、名古屋、大阪、神户等城市,是东京到大阪的沿太平洋东岸一字排开的带状区域,长度为 600 千米,平均宽度为 30~40 千米,总面积为 10 万平方千米,占日本总面积的 26.6%,其人口占总人口的 61%,集聚的工业企业和就业岗位大约为全国总量的 2/3,工业产值大约为全国总量的 3/4,国民收入大约为全国总量的 2/3。东海道城市群是日本的管理中枢、经济核心、资本和劳动集聚区,是战后日本成长为经济大国的主要承载区。日本经济的崛起主要得益于与美国的贸易,进而推动了日本东海岸城市群的崛起。

(一)生产要素加速集聚

20 世纪 50—70 年代,伴随着日本的经济崛起,日本的城市化水平大幅度提高,大量的农业劳动力被释放出来。日本利用进口原料来替代生产,比如煤炭和钢铁,使其在原材料上能形成对国际要素的集聚能力,逐步摆脱了区位和资源不足的束缚。在第二产业、第三产业的快速增长下,日本的电子、交通、通用机械和材料产业快速发展。与此同时,日本在全国范围内建设高速铁路,大幅降低了运输成本,推动具有规模效应的大城市吸引了较多的人口、产业。尤其是 1964 年后连接城市群内部三大都市圈的东海道新干线开通之后,城市群之间的人口、产业与资金流动更为便捷,人口开始从中心向外围扩散。

(二)集聚空间由中心城市向周边地区扩展

20 世纪 70 年代,为了减少太平洋沿线地带与其他区域的经济差距,日本在中心城市之间及其与太平洋沿岸地带建设高速交通体系,尤以东京为重中之重,加强了原先一些城市与东京的经济联系。20 世纪 80 年代后期,为了解决人口、产业在东京过度集聚的问题,日本强调在全国主要城市间构建一日交通圈

以及发挥东京都市圈的国际作用及建设东京世界城市的目标,东京都市圈的区域范围由此不断扩大,通勤范围超过 100 千米,若利用新干线可达 200 千米以上[①]。从 20 世纪 90 年代中期开始,仅有东京大都市区的人口处于增长状态。2014 年,东京都市圈的人口达 3 783.29 万人,占日本总人口的 30%,是世界上最大的城市集合体。

(三)东海道城市群的交通联系

为了扩展城市群内部城市之间的联系,日本政府在进行全国综合开发建设时,针对内外交通运输网络进行了五次统一规划。东海道城市群快速交通走廊有三种交通模式:高速公路、东海道新干线、普通铁路。不同快速走廊提供不同的出行方式,可以为城市群的中心城市与周边城市之间提供多样化的出行方式[②]。日本东海道新干线是连接东京车站与新大阪车站的新干线高速铁路线,已经成为一条来往关东及近畿地区的极重要铁路线。东海道新干线是世界上第一条载客运营的高速铁路系统,它在 2.5 小时之内将东京、横滨、名古屋、京都、大阪等日本沿海主要城市连接起来[③],使人员和物质流通环境大幅度改善,有力地推动了东海道城市群的发展。

(四)东海道城市群的分工

在 20 世纪 50—90 年代的发展历程中,制造业首先在东京、大阪与名古屋核心区域快速增长,然后在核心城市周边的次核心区域中的城市快速增长,接着在外围区域增长。但是,制造业的劳动生产率始终是核心区域最高,外围区域最低,区域间制造业迁移出现了一种雁行模式。在日本东海道城市群中,东京是日本的政治、经济、金融、管理中心,主导产业为信息、金融等生产性服务业。横滨、川琦、名古屋的工业比较发达,是日本重化工业、精密制造业、造船

---

① 柴彦威,史育龙.日本东海道大都市带的形成、特征及其研究动态[J].国外城市规划,1997(2):16-22.
② 李仁涵.我国大都市交通圈发展模式的研究:以上海大都市为例[D].上海:同济大学,2007.
③ 2009 年从东京到大阪的新干线距离为 550 千米,新干线运营时间为 2.5 小时,运行速度为每小时 220~240 千米,民航时间为 1 小时。

业、汽车制造业等工业的主要生产基地。横滨、神户、名古屋也是日本重要的贸易港口城市。大阪是日本的经济、贸易、文化中心,第二大港口城市,其家电、石化和钢铁产业比较发达。京都是文化古都,主导产业为陶瓷与纺织业,濑户是陶瓷制造城市。

四、以芝加哥为核心的五大湖城市群[1][2]

五大湖城市群位于美国、加拿大交界处的五大湖沿岸,从芝加哥向东延伸至匹兹堡,东西长约 700 千米,面积约 24.5 万平方千米,以芝加哥、底特律、克利夫兰、匹兹堡为主,一大批专业化的典型中小工业城市分布城市周边,总人口5 400 多万人。

五大湖地区地势平坦,土地肥沃,水资源丰富,周边拥有丰富的铁矿石、煤炭、石灰石、木材等资源。伊利运河将哈德逊河与五大湖、纽约市连接起来以后,大批人口移民至此发展农牧业,建立了一系列商业、城镇和农畜产品加工工业,兴建了运河、铁路网和公路网(是当时世界上最大的国际内陆航运系统之一),为工业和城市的发展创造了条件,随即出现了以芝加哥为首的一些大中城市。苏必尔湖区开始大规模开发铁矿,所采集矿石经过五大湖和铁路线向东运往五大湖沿岸各大港口,极大地推动了重工业的发展,成为美国的重工业基地。19 世纪初,芝加哥还是人迹罕至之处,到 1880 年人口已达 50 万人,1890 年跨过 100 万人大关,1900 年达 200 多万人。

五大湖城市群集中了美国大约 70% 的制造业,是世界知名的特大工业化区域。芝加哥是美国第三大城市,是美国中部政治、经济、文化和交通中心。芝加哥是美国的重工业基地和钢铁工业的发源地,历经半个世纪的产业结构调整,芝加哥已经形成了多门类、多产业的经济组合。工业门类比较齐全,重工业依

① 陈雪明,周江评,姚恩建,等.国际大城市带综合交通体系研究[M].北京:中国建筑工业出版社,2013:72-134.
② 巴曙松,杨现领.城镇化大转型的金融视角[M].厦门:厦门大学出版社,2013:85-87.

然占有优势,轻工业也很发达,拥有美国第二大证券市场,金融服务业实力也较为雄厚。底特律是密歇根州的最大城市,是世界闻名的汽车城。印第安纳波利斯是印第安纳州首府和最大城市,其制造业和服务业实力雄厚。哥伦布是俄亥俄州首府,拥有较强且多样化的经济,教育医疗与银行业较为发达。克利夫兰是五大湖地区的货物转运中心以及制造业中心,在大型工业衰退之后转型为区域金融、保险、法律和医疗中心。匹兹堡曾经是美国著名的钢铁工业城市,有世界钢都之称。随着钢铁工业的退化,匹兹堡逐渐转型为以高技术产业为主导,冶金、生物制药、化工、计算机、信息、金融等共同发展的多元化产业结构。辛辛那提机器制造工业十分发达,托莱多玻璃工业和汽车配件工业实力较强。

五、以巴黎为核心的欧洲西北部城市群①

欧洲西北部城市群包括巴黎、阿姆斯特丹、鹿特丹、海牙、安特卫普、布鲁塞尔、科隆等城市,拥有 10 万人以上的城市有 40 多个,总面积 14.5 万平方千米,总人口 4 600 万人。在欧洲西北部城市群发展初期,为了改善原有的单一中心大城市人口过于集中、交通拥堵、生态环境恶化、失业人口增加等问题,各国政府将产业和人口向大城市周围的地区扩散,采用多中心布局方式在地域上由发达的交通系统组成一个相互关联、相互依赖的城市群体,在法国大巴黎地区、德国莱茵—鲁尔地区、荷兰和比利时的中部地区,以巴黎、布鲁塞尔、阿姆斯特丹、波恩等大城市为核心形成了西北部城市群。

城市群综合交通网络较为发达。公路交通和铁路交通连接了欧洲西北部城市群内各城市的主要综合运输通道,尤其是高速公路和高速铁路。法国、荷兰、比利时、德国的高速公路修建时间相对较早,道路网络四通八达,国与国之间相互衔接,为城市间的相互联系提供了基础支撑。铁路上,法国高铁系统对欧洲西北部城市群的城际出行产生了积极的影响。德国高铁虽然起步较晚,但

---

① 陈雪明,周江评,姚恩建,等.国际大城市带综合交通体系研究[M].北京:中国建筑工业出版社,2013:213-251.

发展也较快。西北高速列车穿越法国、比利时、德国和荷兰这四个国家,主要目的地为巴黎、布鲁塞尔、科隆、阿姆斯特丹、安特卫普等地。在巴黎与布鲁塞尔之间有高达 25 次的发车数,行驶时速达 300 千米,车行时间为 1 小时 22 分钟。巴黎至阿姆斯特丹每日有 8 次发车,车行时间为 4 小时 13 分钟。巴黎至科隆每日有 6 次发车,车行时间为 3 小时 50 分钟。布鲁塞尔至阿姆斯特丹的车行时间仅为 2 小时 44 分钟。

六、以上海为核心的中国长三角城市群

长三角是长江三角洲的简称,长江三角洲是一个地理概念,指以江苏仪征为顶点,向东沿扬州、泰州、海安、栟茶一线为北界,向东南沿大茅山、天目山东麓至杭州湾北岸一线为西南界与南界的冲积平原,面积约 4 万平方千米①。广义的长江三角洲则超出上述范围,是一个不断扩展的经济空间概念。2010 年,国家发展改革委编制的《长江三角洲地区区域规划》以上海市和江苏省的南京、苏州、无锡、常州、镇江、扬州、泰州、南通,浙江省的杭州、宁波、湖州、嘉兴、绍兴、舟山、台州 16 个市为核心区,统筹两省一市发展,辐射泛长三角地区。2016 年,国家发展改革委、住房城乡建设部发布的《长江三角洲城市群发展规划》在原有 16 市基础上增加了盐城、金华、合肥、芜湖、马鞍山、铜陵、安庆、滁州、池州、宣城 10 市,提出将长三角城市群发展为我国最具活力和国际竞争力的世界级城市群。2019 年,中共中央、国务院印发的《长江三角洲区域一体化发展规划纲要》在原有空间上将安徽(面积 22.5 万平方千米)纳入,辐射带动三省一市联动发展,再次提出要"加强长三角都市圈间合作互动,高水平打造长三角世界级城市群"。

上海开埠之前,长三角地区是长江东西航道与大运河南北航道重要的交汇地区,紧邻太湖的苏州、扬州依托运河而率先成为经济中心。上海开埠后,海运

---

① 刘雅媛,张学良."长江三角洲"概念的演化与泛化:基于近代以来区域经济格局的研究[J].财经研究,2020,46(4):94-108.

的兴起与漕运的逐渐废弃,铁路、公路和航运等综合交通体系的改善,促使上海发展成为全国贸易中心,上海也逐渐成为长三角的经济中心,周边地区逐渐成为与上海有着紧密关系的经济腹地。以长三角区域内埠际贸易货值为例,1936年,向上海输出的货物占该地输出总货物一半以上的地区有南京、杭州、苏州、宁波、温州,而由上海输入货物占该地区输入货物80%以上的地区包括芜湖、苏州、杭州、宁波、温州。新中国成立之后的很长一段时间,长三角地区成为国内重要的劳动力、技术、资本的输出地。改革开放之后,上海国营单位的技术人才弥补了江浙一带的乡镇企业缺乏技术人才的短板,使苏州、无锡、常州地区成为上海智力及技术技能资源的强辐射区。1990年,上海浦东开发开放之后,上海引领区域发展的中心地位进一步夯实。随着高速公路、高速铁路、城际轨道等交通设施的不断完善,上海与苏南、杭州湾、苏北等相邻地区的经济联系进一步加强,并在对外开放中共同形成了价值链上的梯度分工关系,在城市功能上相互连接与交互,形成了上海都市圈、南京都市圈和杭州都市圈。

上海按照打造世界级城市群核心城市的要求,加快提升上海核心竞争力和综合服务功能,加快建设具有全球影响力的科技创新中心,发挥浦东新区引领作用,推动非核心功能疏解,推进与苏州、无锡、南通、宁波、嘉兴、舟山等周边城市协同发展,引领长三角城市群一体化发展,提升服务长江经济带和长三角一体化等国家战略的能力。

第四节　世界级城市群形成的经验与启示

世界级城市群是区域经济集中化的产物,是现代经济的集聚地。区域经济发展越快,经济实力越强,城市化水平越高,城市群发育也就越成熟。世界经济大国巨大的经济增量和经济规模必然在区域上产生高能级的城市群。城市群能级越高,它在一国或世界经济中的地位也就越高,所起到的作用也就越大,进而在国家对外战略下参与全球化的程度就越高。

一、核心城市与腹地互为支撑

区位交通条件较为突出的地区,或者是在政治上享有特殊地位的地区或城市,在国家通过扩大进出口规模或者采取降低关税等贸易壁垒的情况下,会导致一国对外一体化水平的提升,进而推动国内外资源要素向这些具有特殊优势的地区集聚。借助现代化的交通网络组织,地域空间相互临近的几个大城市或都市圈的空间辐射范围不断扩展,逐渐覆盖彼此之间原先相互分割的区域,促使几个都市能够彼此按照一定的分工融合在一起,实现要素的快速流动和资源共享,增强彼此之间空间相互作用。尤其是以这些特殊地区为核心的快速交通网络体系的构建,能够便利国内其他地区人口、产业等要素资源向这些特殊地区集聚,形成集聚经济效应,进而促进规模、共享与创新的出现,提升这些地区或城市的功能,最终促使城市群全球影响力的形成。

二、先扩展后提升功能

世界级城市群的发展都经历了规模化集聚与多样化功能提升等阶段,先是通过产业集聚了较大规模的人口,在此基础上逐渐形成各城市的专业化分工,形成各个城市产业、经济功能互补的空间结构。专业化体现了城市经济活动的效率,城市群内不同城市的专业化分工推动城市群内部形成一个相互依赖的多样化(功能空间布局)城市网络,经济活动之间的相互推动,使城市功能之间互补融合,进而又提升了城市功能,尤其是核心城市的全球要素配置功能。世界级城市群的核心城市一般为世界城市,尤其像伦敦、纽约这样的世界城市,巨大的人流、物流与信息流促使上述城市成为全球资源获取、配置与创新引领及维系高价值获取能力的核心载体。

三、承担国家功能

世界级城市群作为全球化进程的主要节点,其全球化与国家范围内的区域化再配置是同一过程。世界城市及其与周边腹地关系形成具有不可替代的作用。一国政府将建设世界级城市群提升为国家战略,往往赋予其参与全球竞争和内部协同发展的角色,并运用政策优先对其进行资源配给,以使其能够按照国家的战略目标要求及战略步骤并根据自身发展阶段的特点,实现在全球分工层次上的跨越。中国通过世界城市与城市群战略的组合,推动区域形态演进与关系重构,进而优化城市群内部与外部的要素使用结构,实现城市群内部核心城市与外围各城市优势的分工整合,提升国家内部主要区域在全球化时代的全球竞争优势,实现我国城市群在全球区域分工尺度上的跃升,推动城市群从全球价值链低端环节逐步向全球价值链高端环节演进,进而提升国家经济的创新力,使城市群在全球经济中发挥经济中心、创新中心、金融中心、贸易中心与航运中心的职能,进而提升国家经济在全球经济中的影响力和竞争力。

四、融入全球市场

在经济全球化背景下,世界级城市群以世界城市为依托,与外部环境进行贸易的成本较低,与世界其他国家和地区的经济联系较强。世界级城市群作为全球经济中的核心地区:一是能够吸引全球各个领域的精英,构建起能够影响全球的精英人才网络;二是城市群内的城市具有世界级产业集群,在全球经济某一领域中占有独特地位;三是基于区位、规模和历史,城市群的核心城市能够引领全球经济的发展趋势和潮流;四是城市群中的城市能够在全球经济周期变化中维持自身在全球已有的市场地位;五是城市群具有全球领先的知识和创新文化,拥有在全球经济中的高水平人力资源、产品、技术方法和创意;六是城市群开放程度较高并具有对全球高端人才和企业总部的吸引力;七是城市群内拥有最为现代化的基础设施,全球联通性较强,与世界多个地区有密切联系;八是具备吸引整合国内外的各种资源并纳入自身经济增长战略的能力;九是城市群中各个城市的资源与功能能够得到互补整合,全球竞争力较强,并享有较多的国际品牌和较高的知名度。

本章执笔:申现杰(经济学博士,国家发展改革委宏观经济研究院经济研究所
助理研究员)

参考文献:

[1] 彼得·霍尔,凯西·佩恩.多中心大都市:来自欧洲巨型城市区域的经验[M].
罗震东,等译.北京:中国建筑工业出版社,2010.

[2] 柴彦威,史育龙.日本东海道大都市带的形成、特征及其研究动态[J].国外
城市规划,1997(2):16-22.

[3] 计小青.基于条件分析的上海国际航运中心建设对策研究[J].科学发展,
2011(9):40-54.

[4] 李少星.全球化背景下的地域分工与城市化空间格局研究:以长江三角洲地
区为例[D].南京:南京大学,2009.

[5] 李文丽.论彼得·霍尔的世界城市理论[D].上海:上海师范大学,2014.

[6] 沈金箴,周一星.世界城市的涵义及其对中国城市发展的启示[J].城市问
题,2003(3):13-16.

[7] "我国大城市连绵区的规划与建设问题研究"项目组.中国大城市连绵区的
规划与建设[M].北京:中国建筑工业出版社,2014.

[8] 汪阳红,张燕.深化对城市群认识的若干问题研究[J].中国物价,2014(7):
33-37.

[9] 俞正梁.国家在全球化中的位置[J].山西大学学报(哲学社会科学版),2002
(5):23-31.

[10] 余秀荣.国际金融中心历史变迁与功能演进研究[M].北京:中国金融出版
社,2011.

[11] 于立,周长林.走向可持续发展的英格兰东南部地区[J].国际城市规划,
2007(5):42-49.

[12] 余丹林,魏也华.国际城市、国际城市区域以及国际化城市研究[J].国外城
市规划,2003(1):47-50.

[13] 上海财经大学区域经济研究中心,张学良.2013中国区域经济发展报告:
中国城市群的崛起与协调发展[M].北京:人民出版社,2013.

[14] 周振华.崛起中的全球城市:理论框架及中国模式研究[M].上海:上海人
民出版社,格致出版社,2008.

[15] 陈雪明,周江评,姚恩建,等.国际大城市带综合交通体系研究[M].北京:

中国建筑工业出版社,2013.

[16] 巴曙松,杨现领.城镇化大转型的金融视角[M].厦门:厦门大学出版社,2013.

[17] SCOTT A J. Global city-region: Trends, theory, policy[M]. Oxford: Oxford University Press, 2001.

[18] ADES A F, GLAESER E L. Trade and circuses: Explaining urban giants[J]. Quarterly Journal of Economics, 1995, 110 (1): 195-227.

[19] PARNREITER C. Global cities in global commodity chains: Exploring the role of Mexico city in the geography of global economic governance[J]. Global Networks, 2010, 10(1): 35-53.

[20] CURRID E. New York as a global creative hub: A competitive analysis of four theories on world cities[J]. Economic Development Quarterly, 2006, 20(4): 330-350.

[21] GOTTMANN J. Megalopolitan systems around the world[J]. Ekistics, 1976, 41(243): 109-113.

[22] GOTTMANN J. Megalopolis or the urbanization of the northeastern seaboard[J]. Economic Geography, 1957, 33(3): 189-200.

[23] PAIN K. Examining 'core-periphery' relationships in a global city-region: The case of London and South East England[J]. Regional Studies, 2008, 42 (8): 1161-1172.

[24] BRENNER N. Global cities, glocal states: Global city formation and state territorial restructuring in contemporary Europe[J]. Review of International Political Economy, 1998, 5(1): 1-37.

3

城市群规划

《国家新型城镇化规划（2014—2020年）》提出了高效、协调、可持续的城镇空间发展思路，并提出编制各城市群的规划。国家发展改革委于2014年开始组织编制跨省市的城市群规划，省级政府组织编制本省范围内的城市群规划。截至2019年，已完成规划编制的19个城市群，土地面积占全国陆地面积的1/3，常住人口占全国总人口的3/4，地区生产总值占全国总量的近90%，整体上看，数量比较多，规划范围比较大。

随着城市化与工业化进程的不断加快，城市群已经成为我国经济发展格局中最具活力和潜力的核心区域，起着战略支撑点的作用，发挥着各种要素流的汇聚与扩散功能，是支撑全国经济增长、促进区域协调发展和参与国际竞争合作的重要平台。

第一节　国家关于城市群的部署

1990年以来，我国进入城市化加速阶段，资源要素以更大的规模、更快的速度向各等级城市集聚，小城市发展为中等城市，中等城市发展为大城市，城市的规模不断扩大，数量和空间密度不断增加，城市之间、城市与周边地区之间的相互作用不断增强，经济社会联系日益密切，相互之间对要素的竞争越来越激烈。进入21世纪，我国已初步形成一批城市群，城市群逐渐成为我国推进城市化的主体形态。

一、"十一五"规划明确城市群是城市化的主体形态

随着城市群对国家经济社会发展的作用越来越明显，2006年，《中华人民共和国国民经济和社会发展第十一个五年规划纲要》明确提出以城市群作为推进城镇化的主体形态，并形成高效、协调、可持续的城镇化空间格局的思路。

专栏 3.1　形成合理的城镇化空间格局

要把城市群作为推进城镇化的主体形态,逐步形成以沿海及京广京哈线为纵轴,长江及陇海线为横轴,若干城市群为主体,其他城市和小城镇点状分布,永久耕地和生态功能区相间隔,高效协调可持续的城镇化空间格局。

已形成城市群发展格局的京津冀、长江三角洲和珠江三角洲等区域,要继续发挥带动和辐射作用,加强城市群内各城市的分工协作和优势互补,增强城市群的整体竞争力。

具备城市群发展条件的区域,要加强统筹规划,以特大城市和大城市为龙头,发挥中心城市作用,形成若干用地少、就业多、要素集聚能力强、人口分布合理的新城市群。

人口分散、资源条件较差、不具备城市群发展条件的区域,要重点发展现有城市、县城及有条件的建制镇,成为本地区集聚经济、人口和提供公共服务的中心。

资料来源:《中华人民共和国国民经济和社会发展第十一个五年规划纲要》。

二、"十二五"规划强调提升城市群的辐射作用与空间拓展

经过 30 多年的发展,我国工业化、城市化水平提高很快,2011 年年末,全国城市化平均水平接近 50%,基本进入以城市社会为主的新阶段,城市群已经成为我国最有发展潜力的区域,并将成长为国民经济的重要支撑,对引领区域和国家经济社会发展、培育参与全球竞争的主体力量、提升国家竞争实力意义重大且极为迫切。2011 年,《中华人民共和国国民经济和社会第十二个五年规划纲要》颁布,较之"十一五"规划,进一步阐述了发挥城市群的辐射带动作用,促进若干城市群沿重点发展通道轴线拓展与合理布局,并首次提出加强各城市群的科学规划。

> **专栏 3.2　形成辐射作用大的城市群**
>
> 　　按照统筹规划、合理布局、完善功能、以大带小的原则,遵循城市发展客观规律,以大城市为依托,以中小城市为重点,逐步形成辐射作用大的城市群,促进大中小城市和小城镇协调发展。构建以陆桥通道、沿长江通道为两条横轴,以沿海、京哈京广、包昆通道为三条纵轴,以轴线上若干城市群为依托、其他城市化地区和城市为重要组成部分的城市化战略格局,促进经济增长和市场空间由东向西、由南向北拓展。
>
> 　　在东部地区逐步打造更具国际竞争力的城市群,在中西部有条件的地区培育壮大若干城市群。科学规划城市群内各城市功能定位和产业布局,缓解特大城市中心城区压力,强化中小城市产业功能,增强小城镇公共服务和居住功能,推进大中小城市基础设施一体化建设和网络化发展。积极挖掘现有中小城市发展潜力,优先发展区位优势明显、资源环境承载能力较强的中小城市。有重点地发展小城镇,把有条件的东部地区中心镇、中西部地区县城和重要边境口岸逐步发展成为中小城市。
>
> 　　资料来源:《中华人民共和国国民经济和社会发展第十二个五年规划纲要》。

三、《国家新型城镇化规划（2014—2020 年）》提出编制实施城市群规划

　　2012 年,党的十八大提出,要推动信息化和工业化深度融合、工业化和城市化良性互动、城市化和农业现代化相互协调,走中国特色新型工业化、信息化、城市化、农业现代化道路,城市化第一次被赋予了与工业化同等重要的地位。2013 年,中央城市化工作会议提出推进城市化的主要任务,强调城市化发展要"稳中求进",努力实现"人的城市化"等方针。2013 年,中共中央、国务院印发《国家新型城镇化规划(2014—2020 年)》,标志着中国城镇化发展的重大转型,为我国新型城镇化进行了战略部署,即以人的城镇化为核心,以城市群为主体,

以综合承载能力为支撑,以体制机制创新为保障,有序推进农业转移人口市民化,促进城乡要素平等交换和公共资源均衡配置,提升资源利用效率和城市可持续发展水平,把生态文明理念融入城市化进程,形成具有文化脉络的城市化发展模式。同时,明确优化提升东部地区城市群,培育发展中西部地区城市群,建立城市群协调发展机制、统筹制定实施城市群规划等。

专栏3.3　优化提升东部地区城市群

东部地区城市群主要分布在优化开发区域,面临水土资源和生态环境压力加大、要素成本快速上升、国际市场竞争加剧等制约,必须加快经济转型升级、空间结构优化、资源永续利用和环境质量提升。

京津冀、长江三角洲和珠江三角洲城市群是我国经济最具活力、开放程度最高、创新能力最强、吸纳外来人口最多的地区,要以建设世界级城市群为目标,继续在制度创新、科技进步、产业升级、绿色发展等方面走在全国前列,加快形成国际竞争新优势,在更高层次参与国际合作和竞争,发挥其对全国经济社会发展的重要支撑和引领作用。科学定位各城市功能,增强城市群内中小城市和小城镇的人口经济集聚能力,引导人口和产业由特大城市主城区向周边和其他城镇疏散转移。依托河流、湖泊、山峦等自然地理格局建设区域生态网络。

东部地区其他城市群,要根据区域主体功能定位,在优化结构、提高效益、降低消耗、保护环境的基础上,壮大先进装备制造业、战略性新兴产业和现代服务业,推进海洋经济发展。充分发挥区位优势,全面提高开放水平,集聚创新要素,增强创新能力,提升国际竞争力。统筹区域、城乡基础设施网络和信息网络建设,深化城市间分工协作和功能互补,加快一体化发展。

资料来源:《国家新型城镇化规划(2014—2020年)》。

专栏3.4　培育发展中西部地区城市群

中西部城镇体系比较健全、城镇经济比较发达、中心城市辐射带动作用明显的重点开发区域,要在严格保护生态环境的基础上,引导有市场、有效益的劳动密集型产业优先向中西部转移,吸纳东部返乡和就近转移的农民工,加快产业集群发展和人口集聚,培育发展若干新的城市群,在优化全国城市化战略格局中发挥更加重要的作用。

加快培育成渝、中原、长江中游、哈长等城市群,使之成为推动国土空间均衡开发、引领区域经济发展的重要增长极。加大对内对外开放力度,有序承接国际及沿海地区产业转移,依托优势资源发展特色产业,加快新型工业化进程,壮大现代产业体系,完善基础设施网络,健全功能完备、布局合理的城镇体系,强化城市分工合作,提升中心城市辐射带动能力,形成经济充满活力、生活品质优良、生态环境优美的新型城市群。依托陆桥通道上的城市群和节点城市,构建丝绸之路经济带,推动形成与中亚乃至整个欧亚大陆的区域大合作。

中部地区是我国重要粮食主产区,西部地区是我国水源保护区和生态涵养区。培育发展中西部地区城市群,必须严格保护耕地特别是基本农田,严格保护水资源,严格控制城市边界无序扩张,严格控制污染物排放,切实加强生态保护和环境治理,彻底改变粗放低效的发展模式,确保流域生态安全和粮食生产安全。

资料来源:《国家新型城镇化规划(2014—2020年)》。

专栏3.5　建立城市群发展协调机制

统筹制定实施城市群规划,明确城市群发展目标、空间结构和开发方向,明确各城市的功能定位和分工,统筹交通基础设施和信息网络布局,加快推进城市群一体化进程。加强城市群规划与城镇体系规划、土地利用规划、生态环境规划等的衔接,依法开展规划环境影响评价。中央政府负责跨省级行政区的城市群规划编制和组织实施,省级政府负责本行政区内的城市群规划编制和组织实施。

建立完善跨区域城市发展协调机制。以城市群为主要平台,推动跨区域城市间产业分工、基础设施、环境治理等协调联动。重点探索建立城市群管理协调模式,创新城市群要素市场管理机制,破除行政壁垒和垄断,促进生产要素自由流动和优化配置。建立城市群成本共担和利益共享机制,加快城市公共交通"一卡通"服务平台建设,推进跨区域互联互通,促进基础设施和公共服务设施共建共享,促进创新资源高效配置和开放共享,推动区域环境联防联控联治,实现城市群一体化发展。

资料来源:《国家新型城镇化规划(2014—2020 年)》。

中共中央城市化工作会议明确提出"把城市群作为主体形态",标志着我国城市群规划研究和编制工作全面展开。从 2014 年开始,国家发展改革委组织编制跨省市城市群规划,共编制完成了 11 个规划,并陆续得到国务院的批复。省级政府负责本省范围内的城市群规划,在"十三五"期间陆续编制完成并履行了批准程序。截至 2019 年,全国共编制完成 19 个城市群规划,意味着全国共有 19 个城市群。

第二节　国务院批准实施的城市群规划

2015 年 3 月,国务院批准实施《长江中游城市群发展规划》,湖北、湖南、江西三省的大部分城市被纳入城市群规划范围,这是国务院批准的第一个城市群规划。2015 年 4 月,中共中央政治局召开会议,审议通过了《京津冀协同发展规划纲要》(视同京津冀城市群规划)。2016 年 3 月,国务院批准实施《哈长城市群发展规划》;2016 年 4 月,批准实施《成渝城市群发展规划》;2016 年 5 月,批准实施《长江三角洲城市群发展规划》;2016 年 12 月,批准实施《中原城市群发展规划》;2017 年 1 月,批准实施《北部湾城市群发展规划》;2018 年 1 月,批准实施《关中平原城市群发展规划》;2018 年 2 月,批准实施《呼包鄂榆城市群发展规划》《兰州—西宁城市群发展规划》;2019 年 2 月,批准实施《粤港澳大湾区发展规划纲要》(视同粤港澳大湾区城市群发展规划)。城市群发展规划一般由规划背景、总体要求、主要目标、定位与布局、建设内容、组织实施等部分构成。规划背景包括发展基础、机遇挑战、重要意义;总体思路包括指导思想、战略定位、基本原则、发展目标等。除论及城市群建设的重要意义外,还包括产业发展、空间布局、城乡统筹、基础设施、生态文明、公共服务、对外开放、区域合作等内容。

一、京津冀城市群发展规划

2014 年 2 月 26 日,中共中央总书记、国家主席、中央军委主席习近平在北京主持召开座谈会,专题听取京津冀各省市的工作汇报,强调实现京津冀协同发展,是面向未来打造新的首都经济圈、推进区域发展体制机制创新的需要,是探索完善城市群布局和形态、为优化开发区域发展提供示范和样板的需要,是探索生态文明建设有效路径、促进人口经济资源环境相协调的需要,是实现京津冀优势互补、促进环渤海经济区发展、带动北方腹地发展的需要,是一个重大国家战略,要坚持优势互补、互利共赢、扎实推进,加快走出一条科学持续的协同发展路子来。2015 年 4 月 30 日,中共中央政治局召开会议,审议通过《京津冀协同发展规划纲要》(视同京津冀城市群规划)。

(一)规划范围

京津冀城市群的规划范围包括北京、天津两市和河北全省,河北省的张家口、承德、秦皇岛、唐山、沧州、衡水、廊坊、保定、石家庄、邢台、邯郸 11 个地级市全部在列(图 3.1)。2014 年,京津冀城市群土地面积为 21.6 万平方千米,占全国的 2.25%;2014 年,常住人口为 11 052.2 万人,占全国的 8.08%;实现地区生产总值 66 474.5 亿元, 占全国的 10.44%(表 3.1)。

图 3.1 京津冀城市群规划范围

表 3.1 京津冀两市一省基本情况表

(2014 年)

省级行政区	土地面积 /平方千米	常住人口 /万人	地区生产总值 /亿元	三次产业结构
北京市	16 411	2 151.6	21 330.8	0.7 : 21.4 : 77.9
天津市	11 917	1 516.8	15 722.5	1.3 : 49.4 : 49.3
河北省	187 693	7 383.8	29 421.2	11.7 : 51.1 : 37.2
合计	216 021	11 052.2	66 474.5	5.7 : 41.2 : 53.1
全国	9 600 000	136 782	636 463	9.2 : 42.6 : 48.2
全国占比	2.25%	8.08%	10.44%	—

（二）战略定位

京津冀整体定位是"以首都为核心的世界级城市群、区域整体协同发展改革引领区、全国创新驱动经济增长新引擎、生态修复环境改善示范区"。

北京市的功能定位：全国政治中心、文化中心、国际交往中心、科技创新中心。

天津市的功能定位：全国先进制造研发基地、北方国际航运核心区、金融创新运营示范区、改革开放先行区。

河北省的功能定位：全国现代商贸物流重要基地、产业转型升级试验区、新型城市化与城乡统筹示范区、京津冀生态环境支撑区。

（三）空间布局

《京津冀协同发展规划纲要》确定了"功能互补、区域联动、轴向集聚、节点支撑"的布局思路，构建以"一核、双城、三轴、四区、多节点"为骨架，以重要城市为支点，以战略性功能区为载体，以交通干线、生态廊道为纽带的网络型空间格局。

1．"一核、双城"

一核：北京。北京是我国的首都，其主要功能是政治中心、文化中心、国际交往中心、科技创新中心，要把有序疏解北京非首都功能、优化提升首都核心功能、解决北京"大城市病"问题作为京津冀协同发展的首要任务。

双城：北京、天津。北京、天津是京津冀两大国际化大都市，是京津冀协同发展的主要引擎，要进一步强化京津联动，演好"双城记"，全方位拓展合作广度和深度，加快实现同城化发展，共同发挥高端引领和辐射带动作用。

2．"三轴、四区"

三轴：京津发展轴（北京、廊坊、天津市区及天津滨海新区）、京保石发展轴（北起北京，经保定、石家庄、邢台到邯郸）、京唐秦发展轴（西起北京，经宝坻、唐山到秦皇岛）是支撑京津冀协同发展的主体框架，是产业发展带和城镇聚集轴。

未来,经济要素将向发展轴上的城市和城镇聚集,尤其是向节点城市聚集。

四区:中部核心功能区(北京、天津、保定的平原地区和廊坊市)、东部滨海发展区(京津冀沿海地区)、南部功能拓展区(冀中南地区,包括石家庄、邢台、邯郸的平原地区和衡水所辖区域)、西北部生态涵养区(太行山区和燕山山区)。

3.“多节点”

河北省11个地级城市均是节点城市,包括石家庄、唐山、保定、邯郸、张家口、承德、廊坊、秦皇岛、沧州、邢台、衡水。节点城市重点提高综合承载能力和服务能力,有序推动产业和人口聚集。同时,立足于三省市比较优势和现有基础,加快形成定位清晰、分工合理、功能完善、生态宜居的现代城市体系,走出一条绿色低碳智能的新型城市化道路。

二、长三角城市群发展规划

长三角城市群全称长江三角洲城市群,是我国经济最具活力、开放程度最高、创新能力最强、吸纳外来人口最多的区域之一,是“一带一路”与长江经济带的重要交汇地带,在国家现代化建设大局和全方位开放格局中具有举足轻重的战略地位。为优化提升长三角城市群,在更高层次参与国际合作和竞争,进一步发挥对全国经济社会发展的重要支撑和引领作用,国家发展改革委依据《国家新型城镇化规划(2014—2020年)》《长江经济带发展规划纲要》《全国主体功能区规划》《全国海洋主体功能区规划》,编制了《长江三角洲城市群发展规划》,作为长三角城市群一体化发展的指导性、约束性文件。该规划经国务院批准,于2016年6月发布,规划期为2016—2020年,远期展望到2030年。

(一)规划范围

长三角城市群在上海市、江苏省、浙江省、安徽省范围内,由以上海为核心及其联系紧密的26个市组成,包括上海市,江苏省的南京、无锡、常州、苏州、南通、盐城、扬州、镇江、泰州,浙江省的杭州、宁波、嘉兴、湖州、绍兴、金华、舟山、台州,安徽省的合肥、芜湖、马鞍山、铜陵、安庆、滁州、池州、宣城 26 市,土地面积 21.17 万平方千米,2014 年地区生产总值 12.67 万亿元,总人口 1.5 亿人,分别约占全国的 2.2%、18.5%、11.0%(图 3.2)。

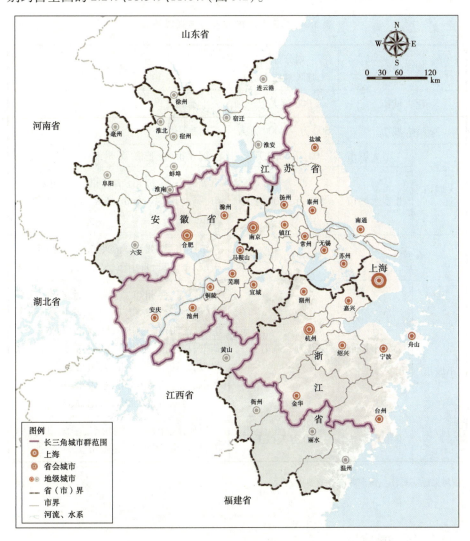

图 3.2　长三角城市群规划范围

（二）城市体系

长三角城市群大中小城市齐全,拥有 1 个超大城市、1 个特大城市、13 个大城市、9 个中等城市和 42 个小城市,各具特色的小城镇星罗棋布,城镇分布密度达 80 多个/万平方千米,是全国平均水平的 4 倍,城市化水平达 68%。城市间联系密切,区域一体化进程较快,多层级、宽领域的协商沟通比较通畅(表 3.2)。

表 3.2　长三角城市群各城市规模等级

规模等级		划分标准 (城区常住人口)	城市
超大城市		1 000 万人以上	上海市
特大城市		500 万~1 000 万人	南京市
大城市	Ⅰ型大城市	300 万~500 万人	杭州市、合肥市、苏州市
	Ⅱ型大城市	100 万~300 万人	无锡市、宁波市、南通市、常州市、绍兴市、芜湖市、盐城市、扬州市、泰州市、台州市
中等城市		50 万~100 万人	镇江市、湖州市、嘉兴市、马鞍山市、安庆市、金华市、舟山市、义乌市、慈溪市
小城市	Ⅰ型小城市	20 万~50 万人	铜陵市、滁州市、宣城市、池州市、宜兴市、余姚市、常熟市、昆山市、东阳市、张家港市、江阴市、丹阳市、诸暨市、奉化市、巢湖市、如皋市、东台市、临海市、海门市、嵊州市、温岭市、临安市、泰兴市、兰溪市、桐乡市、太仓市、晋江市、永康市、高邮市、海宁市、启东市、仪征市、兴化市、溧阳市
	Ⅱ型小城市	20 万人以下	天长市、宁国市、桐城市、平湖市、扬中市、句容市、明光市、建德市

资料来源:《长江三角洲城市群发展规划》。

(三)战略定位

顺应时代潮流,服务国家现代化建设大局,从战略高度优化提升长三角城市群,打造改革新高地、争当开放新尖兵、带头发展新经济、构筑生态环境新支撑、创造联动发展新模式,建设面向全球、辐射亚太、引领全国的世界级城市群。

1.最具经济活力的资源配置中心

围绕上海国际经济、金融、贸易、航运中心建设以及中国(上海)自由贸易试验区建设,加快制度创新和先行先试,成为资源配置效率高、辐射带动能力强、国际化市场化法治化制度体系完善的资源配置中心。

2.具有全球影响力的科技创新高地

瞄准世界科技前沿领域和顶级水平,建立健全符合科技进步规律的体制机制和政策法规,最大程度激发创新主体、创业人才的动力、活力和能力,成为全球创新网络的重要枢纽,以及国际性重大科学发展、原创技术发明和高新科技产业培育的重要策源地。

3.全球重要的现代服务业和先进制造业中心

加快推进产业跨界融合,重点发展高附加值产业、高增值环节和总部经济,加快培育以技术、品牌、质量、服务为核心的竞争新优势,打造若干规模和水平居国际前列的先进制造产业集群,形成服务经济主导、智能制造支撑的现代产业体系。

4.亚太地区重要国际门户

服务国家"一带一路"倡议,提高开放型经济发展水平,打造在亚太乃至全球有重要影响力的国际金融服务体系、国际商务服务体系、国际物流网络体系,在更高层次参与国际合作和竞争。

5.全国新一轮改革开放排头兵

在提升利用外资质量和水平、扩大服务业对外开放、集聚国际化人才、探索建立自由贸易港区等方面率先突破,加快探索形成可复制可推广的新经验新模式,形成引领经济发展新常态的体制机制和发展方式。

6.美丽中国建设示范区

优化国土空间开发格局,共同建设美丽城镇和乡村,共同打造充满人文魅力和水乡特色的国际休闲消费中心,形成青山常在、绿水长流、空气常新的生态型城市群。

（四）空间布局

发挥上海龙头带动的核心作用和区域中心城市的辐射带动作用，依托交通运输网络培育形成多级多类发展轴线，推动南京都市圈、杭州都市圈、合肥都市圈、苏锡常都市圈、宁波都市圈的同城化发展，强化沿海发展带、沿江发展带、沪宁合杭甬发展带、沪杭金发展带的聚合发展，构建"一核五圈四带"的网络化空间格局(图3.3)。

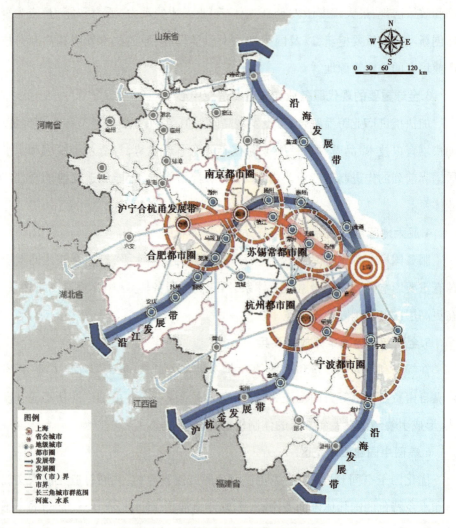

图 3.3　长三角城市群空间格局示意图

1."一核"

上海。加快提升上海核心竞争力和综合服务功能,加快建设具有全球影响力的科技创新中心,发挥浦东新区引领作用,推动非核心功能疏解,推进与苏州、无锡、南通、宁波、嘉兴、舟山等周边城市协同发展,引领长三角城市群一体化发展,提升服务长江经济带和"一带一路"等国家倡议的能力。

2."五圈"

①南京都市圈,包括南京、镇江、扬州三市。

②杭州都市圈,包括杭州、嘉兴、湖州、绍兴四市。

③合肥都市圈,包括合肥、芜湖、马鞍山三市。

④苏锡常都市圈,包括苏州、无锡、常州三市。

⑤宁波都市圈,包括宁波、舟山、台州三市。

3."四带"

①沪宁合杭甬发展带。依托沪汉蓉、沪杭甬通道,发挥上海、南京、杭州、合肥、宁波等中心城市要素集聚和综合服务优势,积极发展服务经济和创新经济,成为长三角城市群吸聚最高端要素、汇集最优秀人才、实现最高产业发展质量的中枢发展带,辐射带动长江经济带和中西部地区发展。

②沿江发展带。依托长江黄金水道,打造沿江综合交通走廊,促进长江岸线有序利用和江海联运港口优化布局,建设长江南京以下江海联运港区,推进皖江城市带承接产业转移示范区建设。

③沿海发展带。坚持陆海统筹,协调推进海洋空间开发利用、陆源污染防治与海洋生态保护。合理开发与保护海洋资源,积极培育临港制造业、海洋高新技术产业、海洋服务业和特色农渔业,推进江海联运建设,打造港航物流、重化工和能源基地,有序推进滨海生态城镇建设。

④沪杭金发展带。依托沪昆通道,连接上海、嘉兴、杭州、金华等城市,发挥开放程度高和民营经济发达的优势,以中国(上海)自由贸易试验区、义乌国际贸易综合改革试验区为重点,打造海陆双向开放高地,建设以高技术产业和商贸物流业为主的综合发展带。

三、粤港澳大湾区城市群发展规划

2019 年 2 月,中共中央、国务院印发《粤港澳大湾区发展规划纲要》,该发展规划纲要可以看作粤港澳大湾区城市群发展规划。粤港澳大湾区原称珠江三角洲,是我国开放程度最高、经济活力最强的区域之一,在国家发展大局中具有重要战略地位。建设粤港澳大湾区,既是新时代推动形成全面开放新格局的新尝试,也是推动"一国两制"事业发展的新实践。规划近期至 2022 年,远期展望到 2035 年。

(一)规划范围

粤港澳大湾区包括香港特别行政区、澳门特别行政区和广东省的广州市、深圳市、珠海市、佛山市、惠州市、东莞市、中山市、江门市、肇庆市(以下称珠三角九市),土地面积 5.6 万平方千米,2018 年末总人口 7 115.98 万人。

(二)战略定位

1.充满活力的世界级城市群

在构建经济高质量发展的体制机制方面走在全国前列、发挥示范引领作用,加快制度创新和先行先试,建设现代化经济体系,更好地融入全球市场体系,建成世界新兴产业、先进制造业和现代服务业基地,建设世界级城市群。

2.具有全球影响力的国际科技创新中心

瞄准世界科技和产业发展前沿,加强创新平台建设,大力发展新技术、新产业、新业态、新模式,加快形成以创新为主要动力和支撑的经济体系;扎实推进全面创新改革试验,破除影响创新要素自由流动的瓶颈和制约,进一步激发各类创新主体活力,建成全球科技创新高地和新兴产业重要策源地。

3."一带一路"倡议的重要支撑

更好发挥港澳在国家对外开放中的功能和作用,提高珠三角九市开放型经济发展水平,促进国际国内两个市场、两种资源有效对接,在更高层次参与国际经济合作和竞争,建设具有重要影响力的国际交通物流枢纽和国际文化交往中心。

4.内地与港澳深度合作示范区

依托粤港澳良好合作基础,充分发挥深圳前海、广州南沙、珠海横琴等重大合作平台作用,探索协调协同发展新模式,深化珠三角九市与港澳全面务实合作,促进人员、物资、资金、信息便捷有序流动,为粤港澳发展提供新动能,为内地与港澳更紧密合作提供示范。

5.宜居宜业宜游的优质生活圈

坚持以人民为中心的发展思想,践行生态文明理念,充分利用现代信息技术,实现城市群智能管理,优先发展民生工程,提高大湾区民众生活便利水平,提升居民生活质量,为港澳居民在内地学习、就业、创业、生活提供更加便利的条件,加强多元文化交流融合,建设生态安全、环境优美、社会安定、文化繁荣的美丽湾区。

(三)空间布局

坚持极点带动、轴带支撑、辐射周边,推动大中小城市合理分工、功能互补,进一步提高区域发展协调性,促进城乡融合发展,构建结构科学、集约高效的发展格局。

1.极点带动

发挥香港—深圳、广州—佛山、澳门—珠海强强联合的引领带动作用,深化港深、澳珠合作,加快广佛同城化建设,提升整体实力和全球影响力,引领粤港澳大湾区深度参与国际合作。

2.轴带支撑

依托以高速铁路、城际铁路和高等级公路为主体的快速交通网络与港口群和机场群,构建区域经济发展轴带,形成主要城市间高效连接的网络化空间格局。更好发挥港珠澳大桥作用,加快建设深(圳)中(山)通道、深(圳)茂(名)铁路等重要交通设施,提高珠江西岸地区发展水平,促进东西两岸协同发展。

3.优化提升中心城市

以香港、澳门、广州、深圳四大中心城市作为区域发展的核心引擎,继续发挥比较优势,做优做强,增强对周边区域发展的辐射带动作用。

香港:巩固和提升国际金融、航运、贸易中心,国际航空,全球离岸人民币业务枢纽地位,强化国际资产管理中心及风险管理中心功能,推动金融、商贸、物流、专业服务等向高端高增值方向发展,大力发展创新及科技事业,培育新兴产业,建设亚太区国际法律及争议解决服务中心,打造更具竞争力的国际大都会。

澳门:建设世界旅游休闲中心、中国与葡语国家商贸合作服务平台,促进经济适度多元发展,打造以中华文化为主流、多元文化共存的交流合作基地。

广州:充分发挥国家中心城市和综合性门户城市引领作用,全面增强国际商贸中心、综合交通枢纽功能,培育提升科技教育文化中心功能,着力建设国际大都市。

深圳:发挥作为经济特区、全国性经济中心城市和国家创新型城市的引领作用,加快建成现代化国际化城市,努力成为具有世界影响力的创新创意之都。

4.建设重要节点城市

支持珠海、佛山、惠州、东莞、中山、江门、肇庆等城市充分发挥自身优势,深化改革创新,增强城市综合实力,形成特色鲜明、功能互补、具有竞争力的重要节点城市。增强发展的协调性,强化与中心城市的互动合作,带动周边特色城镇发展,共同提升城市群的发展质量。

5.发展特色城镇

充分发挥珠三角九市特色城镇数量多、体量大的优势,培育一批具有特色优势的魅力城镇,完善市政基础设施和公共服务设施,发展特色产业,传承传统文化,形成优化区域发展格局的重要支撑。建设智慧小镇,开展智能技术应用试验,推动体制机制创新,探索未来城市发展模式。

6.促进城乡融合发展

建立健全城乡融合发展体制机制和政策体系,推动珠三角九市城乡一体化发展,全面提高城市化发展质量和水平,建设具有岭南特色的宜居城乡。加强分类指导,合理划定功能分区,优化空间布局,促进城乡集约发展。提高城乡基础设施一体化水平,因地制宜推进城市更新,改造城中村、合并小型村,加强配套设施建设,改善城乡人居环境。

四、成渝城市群发展规划

成渝城市群是西部大开发的重要平台,是长江经济带的战略支撑,也是国家推进新型城市化的重要示范区。《成渝城市群发展规划》依据《全国主体功能区规划》《国家新型城镇化规划(2014—2020年)》和《国务院关于依托黄金水道推动长江经济带发展的指导意见》进行编制,是培育发展成渝城市群的指导性、约束性文件。规划期为2016—2020年,远期展望到2030年。

(一)规划范围

成渝城市群规划范围包括重庆市的渝中、万州、黔江、涪陵、大渡口、江北、沙坪坝、九龙坡、南岸、北碚、綦江、大足、渝北、巴南、长寿、江津、合川、永川、南川、潼南、铜梁、荣昌、璧山、梁平、丰都、垫江、忠县27个区(县)以及开县、云阳的部分地区,四川省的成都、自贡、泸州、德阳、绵阳(除北川县、平武县)、遂宁、内江、乐山、南充、眉山、宜宾、广安、达州(除万源市)、雅安(除天全县、宝兴县)、资阳15个市,总面积18.5万平方千米,2014年,常住人口9 094万人,地区生产总值3.76万亿元,分别占全国的1.92%、6.65%和5.49%。

(二)战略定位

1.全国重要的现代产业基地

加快推进新型工业化进程,培育壮大新动能,加快发展新经济,实施"互联网+"行动计划,创新承接产业转移,发展壮大先进制造业和现代服务业,打造全国重要的先进制造业和战略性新兴产业基地,建设世界级文化旅游目的地、全国重要的商贸物流中心、长江上游地区金融中心等现代服务业高地,建成产业链完善、规模效应明显、核心竞争力突出、支撑作用强大的现代产业基地。

2.西部创新驱动先导区

充分发挥重庆、成都国家创新型城市和绵阳国家科技城等创新资源优势,聚焦重点领域和关键技术,促进创新资源综合集成,加快区域创新平台建设,推进全面创新改革试验,健全技术创新市场导向机制,激发企业、大学和科研机构创新活力,强化科研成果转化,推动军民融合发展,建设成为西部创新驱动先导区。

3.内陆开放型经济战略高地

充分发挥长江上游开放高地优势,依托长江黄金水道强化对内合作,依托西南西北通道强化对外开放。完善开放体系,健全开放平台,创新内陆开放模式,建成西南地区国际交往中心、国家向西开放战略支点,打造推动长江经济带与丝绸之路经济带联动发展的战略性枢纽。

4.统筹城乡发展示范区

深化重庆、成都全国统筹城乡综合配套改革试验区建设,重点突破农业转移人口市民化、农村产权流转交易、新型农业经营体系构建、城乡要素自由流动、城乡统筹规划、农村基层治理创新等方面的体制机制障碍,总结推广行之有效的经验做法,全域推进城乡统筹发展,形成以工促农、以城带乡、工农互惠、城乡一体的新型工农、城乡关系。

5.美丽中国的先行区

推进生态文明建设,优化国土开发空间,构建生态安全格局,打造长江上游生态屏障。依托江河湖泊丰富多样的生态要素,发挥历史文化遗存、风景资源丰富和山水聚落独特的优势,建设显山露水、透绿见蓝的区域开敞空间,建设有历史记忆、文化脉络、地域风貌、民族特点的美丽城市,形成城在绿中、道在林中、房在园中、人在景中的山水城市群。

(三)空间格局

发挥重庆和成都双核带动功能,重点建设成渝发展主轴、沿长江和成德绵乐城市带,促进川南、南遂广、达万城镇密集区加快发展,提高空间利用效率,构建"一轴两带、双核三区"空间发展格局。

1.打造成渝发展主轴

依托成渝北线、中线和南线综合运输通道,积极推进重庆两江新区和四川天府新区建设,加快推动核心城市功能沿轴带疏解,辐射带动资阳、遂宁、内江、永川、大足、荣昌、潼南、铜梁、璧山等沿线城市发展,打造支撑成渝城市群发展的"脊梁"。支持沿线中心城市拓展发展空间,提高人口经济集聚能力。

2.培育沿江城市带

依托长江黄金水道及沿江高速公路、铁路,充分发挥重庆的辐射带动作用,促进泸州、宜宾、江津、长寿、涪陵、丰都、忠县、万州等节点城市发展,培育形成沿江生态型城市带。有序推进岸线开发和港口建设,增强泸州、宜宾、涪陵、长寿、万州等产业园区支撑作用,建设临港产业、特色产业和现代物流基地。强化沿江生态保护和修复,统筹流域环境综合治理。

3.优化成德绵乐城市带

依托成绵乐城际客运专线、宝成—成昆铁路和成绵、成乐、成雅高速公路等构成的综合运输通道,发挥成都辐射带动作用,强化绵阳、德阳、乐山、眉山等城市的节点支撑作用,带动沿线城镇协同发展,提升人口综合承载能力,建成具有国际竞争力的城镇集聚带。

4.提升重庆核心功能

强化重庆大都市区西部开发开放战略支撑和长江经济带西部中心枢纽载体功能,充分发挥长江上游地区经济中心、金融中心、商贸物流中心、科技创新中心、航运中心的作用,加快两江新区建设,全面增强集聚力、辐射力和竞争力。

5.提升成都核心功能

增强成都西部地区重要的经济中心、科技中心、文创中心、对外交往中心和综合交通枢纽功能,加快天府新区和国家自主创新示范区建设,完善对外开放平台,提升参与国际合作竞争层次。加快与德阳、资阳、眉山等周边城市的同城化进程,共同打造带动四川、辐射西南、具有国际影响力的现代化都市圈。

6.培育川南城镇密集区

包括自贡、内江、泸州、宜宾的市区和部分县(市),促进自贡—内江联合发展、泸州—宜宾沿江协调发展,建设成为成渝城市群南向开放、辐射滇黔的重要门户。

7.培育南遂广城镇密集区

包括南充、遂宁、广安的市区和部分县(市),加强与重庆协作配套发展,建设成为成渝城市群跨区域协同发展示范区。

8.培育达万城镇密集区

包括达州市部分地区、万州、开县和云阳部分地区,加快达万综合通道建设,促进万开云一体化融合发展,建设成为成渝城市群向东开放的走廊。

五、长江中游城市群发展规划

长江中游城市群承东启西、连南接北,是长江经济带的重要组成部分,也是实施促进中部地区崛起战略、全方位深化改革开放和推进新型城市化的重点区域,在我国区域发展格局中占有重要地位。为大力促进中部地区崛起、加快将长江流域打造成中国经济新支撑带,根据国务院《关于大力实施促进中部地区崛起战略的若干意见》《关于依托黄金水道推动长江经济带发展的指导意见》《国家新型城镇化规划(2014—2020 年)》的有关要求,国家发展改革委编制了《长江中游城市群发展规划》。规划期为 2015—2020 年,远期展望到 2030 年。

(一)规划范围

长江中游城市群的规划范围包括湖北省的武汉市、黄石市、鄂州市、黄冈市、孝感市、咸宁市、仙桃市、潜江市、天门市、襄阳市、宜昌市、荆州市、荆门市,湖南省的长沙市、株洲市、湘潭市、岳阳市、益阳市、常德市、衡阳市、娄底市,江西省的南昌市、九江市、景德镇市、鹰潭市、新余市、宜春市、萍乡市、上饶市及抚州市、吉安市的部分县(区),土地面积 31.7 万平方千米,2014 年实现地区生产总值 6 万亿元,年末总人口 1.21 亿人,分别约占全国的 3.3%、8.8%、8.8%。

（二）战略定位

1.中国经济新增长极

加快转变经济发展方式,实施创新驱动发展战略,发展壮大先进制造业,提升现代服务业发展水平,积极培育战略性新兴产业,大力发展现代农业,把长江中游城市群建设成为具有全球影响的现代产业基地和全国重要创新基地,提升城市群综合实力和竞争力,打造长江经济带发展重要支撑,带动中西部地区加快发展。

2.中西部新型城市化先行区

推动城市群集约集聚发展,调整城镇行政区设置,优化城市空间形态和空间布局,提高城镇综合承载能力,促进城镇发展与产业支撑、转移就业和人口集聚相统一,建设与山脉水系相融合的宜居宜业城市,打造农业转移人口就近城市化典范,促进城乡融合互动,推动城市群一体化发展。

3.内陆开放合作示范区

以长江黄金水道和重要交通通道为纽带,依托中心城市和产业基地,畅通内外联系,加强与长三角、珠三角、成渝等地区合作互动,构建统一开放的市场体系和高水平的对外开放平台,深化全球合作和国际交流,打造内陆地区全方位、多层次开放合作的先行示范区。

4."两型"社会建设引领区

加快资源节约型与环境友好型社会建设,推动形成绿色低碳生产生活方式和城市建设管理模式,建立跨区域生态建设和环境保护的联动机制,扩大绿色生态空间,打造具有重要影响力的生态型城市群,为全国"两型"社会和生态文明建设积累新经验,提供典型示范。

（三）空间格局

1.构建多中心协调发展格局

强化武汉、长沙、南昌的中心城市地位,合理控制人口规模和城镇建设用地面积,进一步增强要素集聚、科技创新和服务功能,提升现代化、国际化水平,完善合作工作推进制度和利益协调机制。

2.强化发展轴线功能

依托沿江、沪昆和京广、京九、二广"两横三纵"重点发展轴线,形成沿线大中城市和小城镇合理分工、联动发展的格局,建成特色鲜明、布局合理、生态良好的现代产业密集带、新型城镇连绵带和生态文明示范带。

①沿江发展轴。充分发挥长江黄金水道优势,加快沿江铁路、高速公路和集疏运体系建设,合理推进岸线开发和港口建设,构建内通外联的综合运输体系。增强武汉的辐射带动功能,提升宜昌、荆州、岳阳、鄂州、黄冈、咸宁、黄石、九江等沿江城市的综合经济实力。

②沪昆发展轴。加快沪昆高速铁路建设,以长沙、南昌为中心,发展和培育城镇集聚区,推进上饶高铁经济试验区、株洲创新发展试验区发展,加快沿线上饶、鹰潭、景德镇、新余、宜春、萍乡、株洲、湘潭、娄底等城市的产业集群和基地建设,加强旅游合作发展,构建贯通城市群东部和西南地区的联动发展轴,成为连接东中西地区的重要通道。

③京广发展轴。提高京广通道综合运输能力,以武汉、长沙为龙头,增强沿线孝感、咸宁、岳阳、株洲、衡阳等重要节点城市的要素集聚能力,带动沿线城镇协同发展,构建沟通南北的经济发展轴,进一步加强与京津冀、珠三角、中原经济区等地区的经济联系。

④京九发展轴。依托京九通道,加快城市快速通道建设,发挥南昌、九江辐射带动作用,推进昌九一体化发展,提升沿线麻城、蕲春、武穴、黄梅、德安、共青城、永修、丰城、樟树、新干、峡江等中小城镇的综合经济实力,成为联系京津冀、珠三角和海峡西岸等地区的重要通道。

⑤二广发展轴。以二广高速、焦柳铁路及蒙西至华中煤运铁路为依托,以襄阳、荆门、宜昌、荆州、常德、益阳、娄底等重要城市为节点,以各类高新区、开发区和承接产业转移园区为载体,深化区域合作,成为沟通北部湾经济区和中

原经济区、关中—天水经济区等地区的重要轴线。

3.促进省际毗邻城市组团发展

打破行政区划限制,支持长江中游城市群与安徽省若干基础条件好、联系比较紧密的省际毗邻城市合作发展,加强规划统筹和产业协作,促进基础设施联网、公共服务对接,建成长江中游城市群一体化发展先行区和示范区。

①咸宁—岳阳—九江。立足区位优势和合作基础,重点推进跨界流域治理、省界市场建设、路网联通和扶贫开发,鼓励和支持通城、平江、修水建设次区域合作示范区,共同加强幕阜山生态保护,全面深化基础设施、产业布局、商贸市场、文化旅游和生态环保一体化发展。

②荆州—岳阳—常德—益阳。积极推进洞庭湖生态经济区建设,巩固提升在保障国家粮食安全中的重要地位,共同构建绿色生态产业体系和立体交通网络,加强水域生态修复,解决突出民生问题,建设更加秀美富饶的大湖经济区。

③九江—黄冈—黄石。推进基础设施和产业园区共建,开展公共服务和社会管理创新试点,积极探索跨江、跨省合作新模式,拓展发展空间,促进城乡统筹和跨区域融合发展,推动黄梅小池融入九江发展。

④长沙、株洲、湘潭—新余、宜春、萍乡。共建湘赣开放合作试验区,统筹规划跨省市铁路和高速公路、省际连接线等重大基础设施建设,推动城际客运公交化建设,加强产业分工协作,打造湘赣边界红色旅游带和跨省产业合作示范区。

⑤黄冈—安庆—六安。共同推进大别山革命老区建设,探索扶贫攻坚与生态环境保护共赢机制,加强重大项目和基础设施对接,统筹开发利用红色旅游与生态旅游资源,协同提升特色产业发展水平,探索建立大别山旅游和特色产业协作区。

⑥九江—安庆—池州—景德镇。加快过江通道等交通基础设施建设,发挥产业基础、旅游资源等优势,合力承接长三角等沿海地区产业转移,共同打造承接产业转移集中区和全国知名旅游目的地。

六、中原城市群发展规划

为贯彻落实促进中部地区崛起战略,推动中原城市群实现科学发展,打造中国经济新的增长引擎,国家发展改革委根据《中华人民共和国国民经济和社会发展第十三个五年规划纲要》《国家新型城镇化规划(2014—2020年)》和《促进中部地区崛起"十三五"规划》的有关要求,编制了《中原城市群发展规划》,规划期为2016—2020年,远期展望到2025年。

(一)规划范围

中原城市群的规划范围包括河南省的郑州市、开封市、洛阳市、平顶山市、新乡市、焦作市、许昌市、漯河市、济源市、鹤壁市、商丘市、周口市和山西省的晋城市、安徽省的亳州市。联动辐射河南省的安阳市、濮阳市、三门峡市、南阳市、信阳市、驻马店市,河北省的邯郸市、邢台市,山西省的长治市、运城市,安徽省的宿州市、阜阳市、淮北市、蚌埠市,山东省的聊城市、菏泽市等中原经济区其他城市。

(二)战略定位

1.经济发展新增长极

强化大都市区引领和中心城市带动,建设高端发展平台,提升城市群综合实力,打造体制机制较为完善、辐射带动力强的发展区域,发展成为与长江中游城市群南北呼应、共同带动中部地区崛起的核心增长区域和支撑全国经济发展的新空间。

2.重要的先进制造业和现代服务业基地

坚持高端化、集聚化、融合化、智能化战略取向,发展壮大先进制造业和战略性新兴产业,加快发展现代服务业,推动第一、第二、第三产业融合发展,培育一批位居国内行业前列的先进制造业龙头企业和产业集群,建成具有全球影响力的物流中心、国际旅游目的地和全国重要的商贸中心。

3.中西部地区创新创业先行区

发挥国家自主创新示范区引领带动作用,完善区域创新平台,健全区域创新创业生态系统,深度融入全球创新网络,促进各类创新资源综合集成,大力推动大众创业、万众创新,激发各类创新主体、创业人才的动力活力,努力在创新创业方面走在全国前列。

4.内陆地区双向开放新高地

完善连接国内主要城市群的综合运输通道,构建横贯东中西、连接南北方的开放经济走廊,全面加强与周边地区和国内其他地区的合作互动;强化郑州航空港和其他重要交通枢纽的对外开放门户功能,打造对内对外开放平台,营造与国内外市场接轨的制度环境,加快形成全方位、多层次、宽领域的双向开放格局,形成具有全球影响力的内陆开放合作示范区。

5.绿色生态发展示范区

牢固树立和践行生态文明理念,加强生态环境保护,传承弘扬中原优秀传统文化,推动历史文化、自然景观与现代城镇发展相融合,打造历史文脉和时尚创意、地域风貌和人文魅力相得益彰的美丽城市,建设生态环境优良的宜居城市群。

（三）空间布局

1.郑州大都市区

推动郑州与开封、新乡、焦作、许昌四市深度融合,建设现代化大都市区,进一步深化与洛阳、平顶山、漯河、济源等城市联动发展。

2.主要发展轴带

①沿陇海发展主轴。发挥陆桥通道优势,提升郑州、洛阳、开封、三门峡"一带一路"倡议重要节点城市功能,增强运城、商丘、淮北、宿州、菏泽等沿线节点城市经济人口承载能力,形成具有较强实力的先进制造业和城镇集聚带,强化对新亚欧大陆桥国际经济走廊的战略支撑作用。

②沿京广发展主轴。依托京广通道,发挥郑州的辐射带动作用,提升邢台、

邯郸、安阳、鹤壁、新乡、许昌、漯河、驻马店、信阳等城市集聚能力,打造沟通南北的城镇产业密集带,密切与京津冀、长江中游城市群等的联系。

③济南—郑州—重庆发展轴。依托郑(州)济(南)、郑(州)万(州)高速铁路建设,加速形成综合运输通道,强化聊城、濮阳、平顶山、南阳等节点城市和沿线中小城市支撑作用,形成对接成渝城市群、沟通山东半岛城市群的城镇发展带。

④太原—郑州—合肥发展轴。加快郑(州)合(肥)、郑(州)太(原)高速铁路、跨区域高速公路和城际快速通道建设,推动长治、晋城、焦作、济源、周口、阜阳、蚌埠等城市扩容提质,构建连接长江三角洲城市群、山西中部城市群的城镇和产业集聚带。

3.城镇协同发展区

突破行政壁垒,创新体制机制,促进省际相邻城市合作联动,加快构建跨区域快速交通通道,优化产业分工协作,推动教育、科技、文化、生态等资源共享,培育北部跨区域协同发展示范区、东部承接产业转移示范区、西部转型创新发展示范区、南部高效生态经济示范区,打造城市群新的增长区域和开放空间。

(四)城镇发展体系

1.推进郑州大都市区建设

依托郑州中心城区、航空港区等,强化国际开放门户和多式联运物流中心功能,建设国家级"双创"示范基地和区域经济、文化、商贸中心,打造集中体现区域竞争力的大都市区核心区,进一步发挥辐射带动作用。推进大都市区一体化综合交通网络建设,打造以轨道交通和城市快速路网为主体的通勤圈,完善一体化发展的体制机制,促进功能互补和公共服务共建共享,形成网络化、组团式、集约型的大都市区空间体系。

2.发展壮大区域中心城市

以优化城市形态、提升现代服务功能为重点,有序推进新城区建设和老城区改造,推动中心城区产业高端化和功能现代化,增强引领区域发展的辐射带动能力。进一步提升洛阳副中心城市地位,支持长治、邯郸、聊城、安阳、蚌埠、阜阳、商丘、南阳等建设成为区域中心城市。推动基础条件好、发展潜力大的中心城市与周边县城组团式发展,形成 300 万人口以上的大型城市。

3.建设重要节点城市

支持工业基础较好的漯河、济源等城市加快产业高端化发展,壮大城市规模和综合实力。支持周口、信阳、驻马店、菏泽、运城等传统农区城市在严格控制建设用地总量和开发边界的前提下,加快新型工业化城市化步伐,大力发展制造业和服务业,加快人口集聚。支持平顶山、鹤壁、濮阳、三门峡、宿州、淮北、亳州、邢台、晋城等资源型城市加快培育接续产业,实现资源开发与城市建设协调发展。

4.培育现代中小城市

以县级城市为重点,加强产业和公共服务资源布局引导,提升基础设施和公共服务供给能力,吸引农业转移人口加快集聚。推动基础条件好、发展潜力大、经济实力强的县级城市发展成为 50 万人口以上的中等城市,其他有条件的县城发展成为 20 万人口以上的小城市。

5.发展特色小城镇

把小城镇作为带动农村地区发展的支点和载体,重点选择区位条件优越、基础好、潜力大的小城镇,发展特色产业,传承传统文化,加强生态环境保护,完善市政基础设施和公共服务设施,打造一批具有特色优势的休闲旅游、商贸物流、电子信息产业、先进制造、民俗文化传承、科技教育等魅力小镇。

七、关中平原城市群发展规划

关中平原是华夏文明的重要发祥地,是古丝绸之路的起点,承载着中华民族的历史荣耀和厚重记忆。关中平原城市群发展基础较好、发展潜力较大,在国家现代化建设大局和全方位开放格局中具有独特战略地位。依据《中华人民共和国国民经济和社会发展第十三个五年规划纲要》《全国主体功能区规划》

《国家新型城镇化规划(2014—2020年)》,国家发展改革委编制了《关中平原城市群发展规划》,将其作为关中平原城市群建设的指导性、约束性文件。规划期为2017—2035年。

(一)规划范围

关中平原城市群规划范围包括陕西省的西安市、宝鸡市、咸阳市、铜川市、渭南市、杨凌农业高新技术产业示范区及商洛市的商州区、洛南县、丹凤县、柞水县,山西省的运城市(除平陆县、垣曲县)、临汾市尧都区、侯马市、襄汾县、霍州市、曲沃县、翼城县、洪洞县、浮山县,甘肃省的天水市及平凉市的崆峒区、华亭县、泾川县、崇信县、灵台县和庆阳市区,土地面积10.71万平方千米,2016年末常住人口3 863万人,地区生产总值1.59万亿元,分别占全国的1.12%、2.79%和2.14%。

(二)战略定位

1.向西开放的战略支点

立足古丝绸之路起点,发挥区位交通连接东西、经济发展承东启西、文化交流东西互鉴的独特优势,依托中国(陕西)自由贸易试验区等高层次开放平台,畅通向西开放、向东合作通道,强化交通商贸、科技教育、文化旅游和国际产能合作,构建全方位开放格局。

2.引领西北地区发展的重要增长极

以西安国家中心城市和区域性重要节点城市建设为载体,以沟通西北主要经济区的综合性运输通道建设为支撑,加快人口、资本、科技等发展要素集聚,加快培育发展新动能,打造全国重要的先进制造业、战略性新兴产业和现代服务业基地,辐射带动西北及周边地区发展。

3.以军民融合为特色的国家创新高地

以西安全面创新改革试验为牵引,围绕产业链布局创新链,围绕创新链培育产业链,统筹推进军工、科研创新机制改革,加快军工、科技资源优势向创新优势、产业优势转化,推动大众创业、万众创新,打造军民深度融合发展示范区,努力在创新驱动发展方面走在全国前列。

4.传承中华文化的世界级旅游目的地

依托秦岭黄河自然山水、周秦汉唐历史遗存和文化资源多元富集等优势,打造一批具有世界影响力的历史文化旅游品牌,推动中华文化传承创新,提升中华文化的魅力和国际影响力,建设自然山水和历史人文交相辉映的世界级旅游目的地。

5.内陆生态文明建设先行区

立足相对脆弱、要素多元的生态本底,尊重自然山水格局,遵循以水定城、以水定产,优化国土空间开发,有序构建城乡水系格局,以科学发展和合理开发促进生态环境保护,转变产业发展方式,积极发展绿色经济,建设美丽城镇和乡村,打造显山露水、透绿见蓝、人与自然和谐共生的新型城市群。

（三）空间布局

强化西安服务辐射功能,加快培育发展轴带和增长极点,构建"一圈一轴三带"的总体格局,提高空间发展凝聚力。

1."一圈"

西安都市圈由西安、咸阳主城区及西咸新区为主组成。加快功能布局优化与疏解,增强主城区科技研发、金融服务、文化旅游、国际交往等核心功能,完善阎良、临潼、兴平等外围组团功能,推动西安—咸阳一体化发展,按程序合理调整行政区划,打造带动西北、服务国家"一带一路"倡议、具有国际影响力的现代化都市圈。

2."一轴"

沿陇海铁路和连霍高速的主轴线。强化西安的综合枢纽地位和辐射带动作用,增强宝鸡、渭南、杨凌、天水等重要节点的人口和产业集聚能力,加强城市分工协作,形成现代化的产业带和城镇集聚带。

3."三带"

①包茂发展带。依托包茂高速、包海高铁等通道,促进铜川融入西安都市圈,带动延安、榆林、汉中、安康等地发展,形成连通西南西北的城镇发展带。

②京昆发展带。依托京昆高速、大西—西成高铁等通道,推动韩城—河津一体化发展,强化运城、临汾、侯马等节点城市和沿线中小城市支撑作用,形成对接京津冀地区的新发展带。

③福银发展带。依托福银高速、银西—西武高铁等通道,推动平凉—庆阳、彬县—长武—旬邑一体化发展,引导商洛等节点城市绿色发展,形成对接长江经济带、连接辐射宁夏的新发展带。

(四)优化城市规模结构

1.建设西安国家中心城市

加快西安中心城市建设步伐,加强西咸新区、西安高新区国家自主创新示范区、西安国家级经济技术开发区等建设,强化面向西北地区的综合服务和对外交往门户功能,提升维护西北繁荣稳定的战略功能,打造西部地区重要的经济中心、对外交往中心、丝路科创中心、丝路文化高地、内陆开放高地、国家综合交通枢纽。保护好古都风貌,统筹老城、新区发展,加快西安都市圈立体交通体系建设,形成多轴线、多组团、多中心格局,建成具有历史文化特色的国际化大都市。

2.做强重要节点城市

进一步提升宝鸡、铜川、渭南、杨凌、商洛、运城、临汾、天水、平凉、庆阳等重要节点的综合承载能力,适度扩大城市人口规模,提升综合服务功能,壮大特色优势产业,增强对城市群发展的支撑作用。推进基础设施互联互通,加强经济协作,推动富平—阎良、杨凌—武功—周至、韩城—河津—万荣、彬县—旬邑—长武—泾川等协同发展,形成新增长极。

3.培育发展中小城市

提升兴平、华阴、侯马、霍州、河津、永济等城市基础设施和公共服务发展水平,增强人口聚集能力,因地制宜发展特色产业。推动彬县、蒲城、三原、华亭、秦安、甘谷等具备条件的县有序设市,增加城市数量。积极推动蔡家坡等特大镇探索新型设市模式。

4.加快发展特色小(城)镇

根据区域要素禀赋和比较优势,聚焦特色产业,夯实产业基础,完善服务功能,优化生态环境,提升发展品质,创建一批文化旅游、广播影视、商贸物流、电子信息、先进制造、科技教育等美丽特色小(城)镇,成为产业转型升级、辐射带动农村发展的新载体。

八、哈长城市群发展规划

哈长城市群处于全国"两横三纵"城市化战略格局京哈京广通道纵轴北端,在推进新型城市化建设、拓展区域发展新空间中具有重要地位。依据《国家新型城镇化规划(2014—2020 年)》和《全国主体功能区规划》,国家发展改革委编制了《哈长城市群发展规划》。规划期为 2016—2020 年,远期展望到 2030 年。

(一)规划范围

哈长城市群规划范围包括黑龙江省的哈尔滨市、大庆市、齐齐哈尔市、绥化市、牡丹江市,吉林省的长春市、吉林市、四平市、辽源市、松原市、延边朝鲜族自治州。核心区以上述市(州)中主体功能定位为国家级、省级重点开发的区域为主,统筹区域其他地区发展,核心区面积约 5.11 万平方千米,2015 年末常住人口约 2 000 万人。

(二)战略定位

1.东北老工业基地振兴发展重要增长极

着力推进结构性改革,加快转变发展方式,改造提升传统产业,建设国家新型装备制造业基地、粮食生产基地、食品医药产业的绿色安全示范区,加快形成以创新为引领和支撑的经济体系和发展模式,带动东北地区经济转型发展。

2.北方开放重要门户

加强"中蒙俄经济走廊"陆海丝绸之路经济带建设,加快长吉图开发开放先导区建设,大力实施"走出去"战略,构建外向型现代产业体系,深入推进国际产能和装备制造合作,积极参与国际分工合作,打造"一带一路"上我国北方对外开放合作的重要门户。

3.老工业基地体制机制创新先行区

着力先行先试、改革创新,破解制约经济社会发展的体制机制障碍,营造有利于全面实施创新驱动战略、大力推进"双创"的政策环境和制度环境,形成促进创新的体制构架,为带动区域协同发展提供示范。

4.绿色生态城市群

尊重自然格局,合理布局城镇各类空间,保护自然景观,传承历史文化,保持特色风貌,促进大中小城市和小城镇协调发展,建设国际知名的生态和冰雪文化旅游目的地,推动形成人与自然和谐发展新格局。

(三)空间布局

强化哈尔滨、长春两市的核心带动作用,有效发挥其他城市的支撑作用,建设哈长发展主轴和哈大(庆)齐(齐哈尔)牡(丹江)、长吉(林)图(们江)发展带,构建"双核一轴两带"的城市群空间格局。

1.相向发展,提升双核

进一步增强哈尔滨、长春的集聚和辐射能力,促进两市分工协作、互动发展,提升服务和开放功能,引领带动周边地区产业转移和要素流动,促进区域协同发展。以榆树、五常、双城、德惠、扶余、舒兰等县(市、区)为基础,探索建立哈长一体化发展示范区,在统一规划编制、基础设施共建、公共服务共享、体制机制协同等方面进行探索和试点。

2.南北延伸,拓展一轴

依托贯通南北的哈大交通轴线,拓展哈长发展主轴,向北延伸至绥化,向南延伸至四平、辽源,推动沿线城镇、产业和人口集聚,建成面向东北亚、具有较强竞争力的城市发展轴和产业集聚带。

3.扩大开放,壮大两带

①哈大齐牡发展带。以建设"中蒙俄经济走廊"黑龙江丝绸之路经济带为重点,以绥满高速、哈齐高铁、哈牡客专、牡绥铁路等为纽带,连接哈尔滨、大庆、齐齐哈尔、牡丹江、绥芬河等节点城市,强化对黑龙江全省、内蒙古东部地区的辐射带动作用以及对俄蒙开放的枢纽功能,推动口岸与中心城市双向互动,推进绥芬河—东宁重点开发开放试验区建设,形成东北地区陆路对外开放型城市发展带。

②长吉图发展带。以建设"中蒙俄经济走廊"陆海联运通道、图们江区域合作长吉图开发开放先导区为重点,依托珲乌交通干线,连接长春、吉林、松原、敦化、珲春等节点城市,强化向西腹地支撑作用和向东沿边开放功能,推进长吉一体化和延龙图一体化发展,构建与俄罗斯远东的贸易通道,加强对韩、朝的交流合作,形成面向东北亚的沿边开放型城市发展带。

加强两带合作联动,培育形成东北东部地区沿边开发带,形成核心带动、节点支撑、多点呼应、轴带联通的网络化格局。

九、北部湾城市群发展规划

北部湾城市群背靠祖国大西南、毗邻粤港澳、面向东南亚,位于全国"两横三纵"城市化战略格局中沿海纵轴最南端,是我国沿海沿边开放的交汇地区,在我国与东盟开放合作的大格局中具有重要战略地位。依据《中华人民共和国国民经济和社会发展第十三个五年规划纲要》《国家新型城镇化规划(2014—2020年)》《全国主体功能区规划》和《全国海洋主体功能区规划》,国家发展改革委、住房城乡建设部制定了《北部湾城市群发展规划》,作为培育发展北部湾城市群的指导性、约束性文件。规划期为2017—2020年,远期展望到2030年。

（一）规划范围

北部湾城市群规划范围包括广西壮族自治区的南宁市、北海市、钦州市、防城港市、玉林市、崇左市，广东省的湛江市、茂名市、阳江市和海南省的海口市、儋州市、东方市、澄迈县、临高县、昌江县，土地面积 11.66 万平方千米，海岸线4 234 千米，还包括相应海域。2015 年末常住人口 4 141 万人，地区生产总值16 295 亿元，分别占全国的 3.01% 和 2.25%。

（二）战略定位

1.面向东盟国际大通道的重要枢纽

充分发挥与东盟国家海陆相连优势，强化中国—中南半岛陆上国际大通道建设，完善以北部湾港口群为起点的海上运输大通道，构建中国—东盟国际信息通道，打造与东盟国家联系便捷的国际大通道枢纽。

2."三南"开放发展新的战略支点

充分发挥作为西南、中南、华南"三南地区"重要出海口的作用，畅通与成渝、黔中、滇中、长江中游的快速多向连接，推动内陆省份全面深化与东盟的交流合作。加强与粤港澳大湾区、珠江—西江经济带联动发展，优化区域合作机制，加快形成东中西部地区协调互动、优势互补的发展新格局。

3.21 世纪海上丝绸之路与丝绸之路经济带有机衔接的重要门户

依托独特区位优势，贯通我国西部地区与中南半岛的南北陆路新通道，强化北部湾港口群国内国外交通连接作用，推动 21 世纪海上丝绸之路与丝绸之路经济带的交汇对接、衔接互动。面向"一带一路"沿线国家，加快打造国际产能合作先行基地、重要服务平台、人文交流纽带。

4.全国重要绿色产业基地

按照存量绿色化改造、增量高端化发展的要求，以提供绿色农海产品、高附加值制成品、生态旅游产品为重点，淘汰转移一批不符合城市群总体定位的产业，加快建设一批特色农业基地、循环产业示范区、现代服务业集聚区，实现临港工业绿色智能发展,构建适应湾区环境要求的产业体系。

5.陆海统筹发展示范区

统筹推进陆域基础设施建设、产业和城镇布局、人口分布等与自然岸线利用、海洋环境保护,统筹入海河流治理与近岸海域保护,统筹近海开发与远海资源利用,促进陆域经济和海洋经济良性互动发展,建设南海开发利用服务保障基地,探索陆海协调、人海和谐的发展新模式。

(三)空间布局

彰显湾区特色,强化南宁核心辐射带动,夯实湛江、海口的支撑作用,重点建设环湾滨海地区和南北钦防、湛茂阳城镇发展轴,提升国土空间利用效率和开发品质,打造"一湾双轴、一核两极"的城市群框架。

1."一湾"

北部湾,指以北海、湛江、海口等城市为支撑的环北部湾沿海地区,并延伸至近海海域。坚持生态优先,控制开发强度,瞄准世界一流品质,统筹岸线开发、港口建设、产业发展和城镇布局,提升基础设施现代化水平,着力实现特色城镇串珠分布、开发岸线有序镶嵌,打造环北部湾沿海经济带,建设蓝色宜居宜业海湾。

2."双轴"

①南北钦防城镇发展轴。依托南宁—北海综合运输通道,以南宁、北海等为重点加快发展现代服务业、先进制造业,推动钦州和防城港深度同城化发展,强化面向东盟开放合作平台建设。

②湛茂阳城镇发展轴。依托沿海综合运输通道,推动湛茂一体化发展,辐射带动阳江等地区加快发展,提升临港产业绿色发展水平,建设珠三角连接东盟、北部湾城市群连接港澳的陆路大通道。

3."一核"

南宁。以加快建设南宁特大城市和区域性国际城市为目标,推进要素集聚,强化国际合作、金融服务、信息交流、商贸物流、创业创新等核心功能,建设现代产业集聚区,规划建设五象新区等对外开放合作平台,构建"一带一路"有机衔接的门户枢纽城市和内陆开放型经济高地。带动吴圩—扶绥、伶俐—六景、宾阳—黎塘等城镇组团一体化发展,打造引领北部湾、面向东盟的现代化大都市区。

4."两极"

海口、湛江。以共同打造 21 世纪海上丝绸之路战略支点城市为方向,充分发挥海口综合政策优势,推动集约集聚发展,推进海澄文一体化,加快建设海岛及南海海洋研发和综合产业开发基地;充分发挥湛江南方大港优势,加快构建区域性综合交通枢纽、先进制造业基地和科教创新中心,建设全国海洋经济创新发展示范城市、生态型海湾城市。

十、呼包鄂榆城市群发展规划

呼包鄂榆城市群位于全国"两横三纵"包昆通道纵轴的北端,在推进形成西部大开发新格局、推进新型城市化和完善沿边开发开放布局中具有重要地位。依据《中华人民共和国国民经济和社会发展第十三个五年规划纲要》《国家新型城镇化规划(2014—2020 年)》,按照党的十九大报告精神,国家发展改革委编制了《呼包鄂榆城市群发展规划》。规划期到 2035 年。

(一)规划范围

呼包鄂榆城市群规划范围包括内蒙古自治区的呼和浩特市、包头市、鄂尔多斯市和陕西省的榆林市,土地面积 17.5 万平方千米,2016 年常住人口 1 138.4 万人,地区生产总值 14 230.2 亿元,分别约占全国的 1.8%、0.8%和 1.9%。

(二)战略定位

1.全国高端能源化工基地

以保障国家能源安全为目标,坚持高端、清洁、环保、安全的发展方向,延伸产业链,提升附加值,推动协同发展,实施创新驱动,加快转型升级,建成高端能源化工基地。

2.向北向西开放战略支点

充分发挥区位优势,加大对外开放力度,全方位推进与蒙古国、俄罗斯的务实合作,加快推进中蒙俄经济走廊建设,强化基础设施互联互通,深化人文交流合作,加快外向型经济发展,建设向北向西开放战略支点。

3.西北地区生态文明合作共建区

科学有力实施荒漠化防治、水土流失治理等工程,加强水资源和林草资源保护,重点在生态保护修复、资源开发补偿、区域生态补偿、生态经济发展等体制机制方面积极探索、先行先试,保障黄河中游生态安全,建成西北地区生态空间共建共享、生态环境共治共管、人与自然和谐共生的宜居城市群。

4.民族地区城乡融合发展先行区

全面加强新农村、新牧区建设,提升人居环境水平,充分发挥区域中心城市的承载能力和辐射作用,加快产城融合和多元文化交融,探索民族地区城乡融合发展新路子,实现民族团结和边疆稳定。

(三)空间布局

按照城市协同、城乡融合、约束有效、资源环境可承载的要求,依托中心城市、黄河水道和生态地区,构建"一轴一带多区"的空间格局。

1."一轴"

呼包鄂榆发展轴。依托京包、包茂交通运输大通道,突出呼和浩特区域中心城市作用,强化包头、鄂尔多斯、榆林区域重要节点城市地位,增强土默特右旗、准格尔旗、托克托县、达拉特旗、伊金霍洛旗、神木市、靖边县等多点支撑能力,积极推进邻近城市联动发展,加快能源化工、装备制造、现代农牧等主导产业和新材料、大数据云计算、生物科技等战略性新兴产业以及现代服务业发展,不断提升中心城市人口和产业集聚能力。

2."一带"

沿黄生态文化经济带。严格保护黄河生态环境,大力传承优秀传统文化,科学利用沿岸平原、湿地、沙漠和历史、文化等各类资源,合理布局沿岸产业,有序推进绿色农畜产品生产和沿黄河风景带旅游发展,加快沿黄生态、经济、文化走廊建设,加强黄河流域环境保护和污染治理,夯实城市群发展基础。

3."多区"

生态综合治理区。落实主体功能定位,严格保护绿色生态空间,加强沙漠沙地生态治理区、黄土高原丘陵沟壑水土保持区、大青山南麓生态保护区、阴山北麓生态综合治理区以及荒漠化草原修复区建设。

十一、兰州—西宁城市群发展规划

兰州—西宁城市群是我国西部重要的跨省区城市群,人口和城镇相对比较密集,水土资源条件相对较好,自古以来就是国家安全的战略要地,在维护我国国土安全和生态安全大局中具有不可替代的独特作用。依据《中华人民共和国国民经济和社会发展第十三个五年规划纲要》《全国主体功能区规划》《国家新型城镇化规划(2014—2020 年)》,国家发展改革委、住房城乡建设部编制了《兰州—西宁城市群发展规划》,规划期到 2035 年。

(一)规划范围

兰州—西宁城市群规划范围包括甘肃省的兰州市,白银市白银区、平川区、靖远县、景泰县,定西市安定区、陇西县、渭源县、临洮县,临夏回族自治州的临夏市、东乡族自治县、永靖县、积石山保安族东乡族撒拉族自治县,青海省的西宁市,海东市,海北藏族自治州海晏县,海南藏族自治州共和县、贵德县、贵南县,黄南藏族自治州同仁县、尖扎县。土地面积 9.75 万平方千米,2016 年地区生产总值 4 874 亿元,常住人口 1 193 万人。

(二)战略定位

1.维护国家生态安全的战略支撑

围绕支撑青藏高原生态屏障建设和北方防沙带建设,引导人口向城市群适度集聚,建立稳固的生态建设服务基地,形成城市群集约高效开发、大区域整体有效保护的大格局。统筹推进山水林田湖草综合治理,努力改善生态环境质量,切实维护黄河上游生态安全。

2.优化国土开发格局的重要平台

支持和推动经济社会持续健康发展,合理布局建设一批特色鲜明、集聚能力较强的城镇,增强综合承载力和公共服务保障水平,积极推动人口经济格局优化,着力推动国土均衡开发,进一步发挥维护国土安全和生态安全的重要作用。

3.促进我国向西开放的重要支点

依托沟通沿海内地、联通西部边疆和欧亚大陆的地缘优势,提升参与"一带一路"建设的能力和水平,重点面向中西亚和东南亚广阔市场,强化国际产能合作和经贸文化交流,打造高层次开放平台,加快发展外向型经济,提高对外开放水平。

4.支撑西北地区发展的重要增长极

发挥老工业基地产业基础较强和资源禀赋优势,加快技术进步和体制机制创新,完善市场环境,发展特色产业。强化与关中平原、天山北坡、宁夏沿黄等城市群协调互动,辐射带动周边地区脱贫攻坚,为西北地区现代化建设提供更强的支撑作用。

5.沟通西北西南、连接欧亚大陆的重要枢纽

发挥区位优势,推进陆桥通道的功能性调整和结构性补缺,加快建设沟通川渝滇黔桂的综合性通道,积极推进铁路国际班列物流平台建设,强化兰州、西宁的综合枢纽功能,完善综合交通运输体系,加快提升内通外联能力。

(三)空间布局

以点带线、由线到面拓展区域发展新空间,加快兰州—白银、西宁—海东都市圈建设,重点打造兰西城镇发展带,带动周边节点城镇,构建"一带双圈多节点"空间格局。

1."一带"

兰西城镇发展带。依托综合性交通通道,以兰州、西宁、海东、定西等为重点,统筹城镇建设、资源开发和交通线网布局,加强沿线城市产业分工协作,向东加强与关中平原和东中部地区的联系,向西连接丝绸之路经济带沿线国家和地区,打造城市群发展和开放合作的主骨架。

2."双圈"

①兰州—白银都市圈。以兰州、白银为主体,辐射周边城镇。提升兰州区域中心城市功能,提高兰州新区建设发展水平,加快建设兰白科技创新改革试验区,推进白银资源枯竭型城市转型发展,稳步提高城际互联水平,加快都市圈同城化、一体化进程。

②西宁—海东都市圈。以西宁、海东为主体,辐射周边城镇。加快壮大西宁综合实力,完善海东、多巴城市功能,强化县域经济发展,共同建设承接产业转移示范区,积极提高城际互联水平,稳步增加城市数量,加快形成联系紧密、分工有序的都市圈。

3."多节点"

定西、临夏、海北、海南、黄南等市区州府和实力较强的县城。推进沿黄快速通道建设,打通节点城市与中心城市、节点城市之间高效便捷的交通网络。强化海南对青藏高原腹地的综合服务功能,提升定西、临夏、海北、黄南对周边地区脱贫攻坚带动,进一步发挥节点城镇对国土开发的基础性支撑作用。支持有条件的县有序改市,尽快按城市标准规划建设管理,积极培育新兴城市。

第三节　地方政府编制的城市群规划

《国家新型城镇化规划(2014—2020年)》中明确,跨省的城市群规划由国家组织编制,不跨省的城市群规划由所在省人民政府组织编制。2017年2月,山东省政府批准实施《山东半岛城市群发展规划(2016—2030年)》。2017年3

月,贵州省发展和改革委员会印发了《黔中城市群发展规划》。2020年7月,云南省政府印发了《滇中城市群发展规划》。2010年2月,福建省人民政府批准实施《海峡西岸城市群发展规划》。《天山北坡城市群发展规划(2017—2030)》《辽中南城市群发展规划》《山西中部盆地城市群一体化发展规划纲要(2019—2030年)》《宁夏沿黄城市群发展规划》,也在"十三五"后期编制完成并获批准。

一、山东半岛城市群发展规划

山东半岛城市群东与日韩隔海相望,北接京津冀、南邻长三角两大城市群,既是环渤海经济区的重要组成部分,也是"一带一路"沿线地区的重要枢纽,在新时期我国区域发展战略格局中具有突出地位。依据《国家新型城镇化规划(2014—2020年)》《国务院关于深入推进新型城镇化建设的若干意见》《环渤海地区合作发展纲要》和《山东省新型城镇化规划(2014—2020年)》,为促进山东半岛城市群健康发展,提升综合竞争力,山东省编制了《山东半岛城市群发展规划(2016—2030年)》。

(一)规划范围

山东省城市群规划范围包括济南市、青岛市、淄博市、枣庄市、东营市、烟台市、潍坊市、济宁市、泰安市、威海市、日照市、滨州市、德州市、聊城市、临沂市、菏泽市、莱芜市(2019年初,经国务院批准,莱芜市建制取消,原管辖地域整体并入济南市,山东省地级以上城市的数量缩减为16个)。土地面积15.80万平方千米,2018年地区生产总值77 871.6亿元,常住人口10 182.27万人。

(二)战略定位

1.我国北方重要开放门户

强化青岛、烟台等海上合作战略支点作用,推进与"一带一路"沿线地区互联互通,协同建设新亚欧大陆桥经济走廊,引领黄河流域参与国际分工合作,加强环渤海地区协作,开创陆海内外联动、东西双向开放的新局面,将山东半岛城市群建设成为中日韩深度合作战略高地、新亚欧大陆桥东方桥头堡、黄河流域龙头城市群,打造我国北方重要开放门户。

2.京津冀和长三角重点联动区

强化山东半岛城市群与京津冀和长三角城市群的联系,积极承接北京非首都功能,主动参与世界级城市群建设,不断拓展合作领域,创新合作机制,提升合作水平,努力在优化提升我国东部沿海地区城市化格局过程中发挥更大作用。

3.国家蓝色经济示范区和高效生态经济区

以"蓝黄"两区和青岛西海岸新区为依托,以青岛蓝谷等海洋经济发展示范区建设为先导,充分发挥海洋科技、教育和人才优势,整合海洋资源,加强海洋科学研究、技术开发和成果应用,培育壮大海洋优势产业集群,完善海洋经济体系,促进陆海统筹发展,努力开创高效生态经济发展新模式,建设具有较强国际竞争力的国家蓝色经济示范区和高效生态经济区。

4.环渤海地区重要增长极

深入实施创新驱动战略,加快建设山东半岛国家自主创新示范区。着力构建绿色低碳的生产、生活方式和空间组织模式,促进人口转移、城镇布局、产业发展与资源环境承载力相适应,将山东半岛城市群建成全国重要的先进制造业基地、高新技术产业基地,在国家创新驱动和转型发展中"走在前列"。

(三)空间布局

做优做强济南都市圈和青岛都市圈;引导烟威、东滨、济枣菏、临日都市区有序发展,积极培育中小城市;提升重要轴带要素集聚水平,增强网络节点支撑能力,构建"两圈四区、一带多轴"的总体格局。

1."两圈"

①培育壮大济南都市圈。济南都市圈由济南、淄博、泰安、莱芜、德州、聊城6市及滨州市邹平县构成,以济南为核心,加快推进济南都市圈一体化和同城化,优先推进济淄泰莱一体化建设,将济南都市圈建设成为山东半岛港口群向

中西部腹地延伸的枢纽区域,环渤海南翼具有国际竞争力的科教研发、高新产业基地和国家创新发展高地,黄河中下游地区高度一体化的城镇密集区。

②优化提升青岛都市圈。青岛都市圈由青岛、潍坊两市和烟台市莱阳市、海阳市构成。加快提升青岛国际化水平,深度融入全球城市网络,促进青岛、潍坊协同发展,建设开放合作、陆海统筹、具有较强国际竞争力的都市圈,成为东北亚地区国际合作枢纽之一、中国海洋产业创新基地、全省发展核心引擎。

2."四区"

①烟威都市区。以烟台市区、威海市区为核心,构建烟威都市区,将蓬莱、荣成纳入都市区范围,将烟威都市区建设成为"一带一路"建设的重要节点、中日韩经济合作先行区、环渤海地区重要的高端装备制造基地、具有国际影响的滨海旅游度假胜地和高品质生态宜居区。

②东滨都市区。以东营市区、滨州市区为核心,构建东滨都市区。将利津、无棣等县纳入都市区范围,将东滨都市区建设成为国家级高效生态经济示范区、全国重要的特色产业基地。加强东营城区、滨州城区以及利津一体化发展,形成区域增长极,辐射带动惠民、阳信、博兴、广饶等城市发展,培育壮大滨北新区,承接京津产业转移,构建以黄河为生态廊道、以德大铁路为纽带的有机集中、组团发展格局。

③济枣菏都市区。以济宁、菏泽市区和枣庄薛城区、市中区、峄城区为核心,构建济枣菏都市区,将济枣菏都市区建设成为国家级能源原材料基地、淮海经济区发展高地、国际旅游目的地、西部崛起战略的核心发展区域。

④临日都市区。以临沂市区、日照市区为核心,构建临日都市区,将莒南纳入都市区范围,将临日都市区建设成为国际商贸物流中心、国家丝绸之路经济带桥头堡、鲁南临港产业和先进制造业基地、全国知名的红色旅游和滨海旅游目的地。

3."一带"

沿海城镇发展带。加快推进沿海高铁、青连铁路、青岛—海阳—荣成城际铁路建设,提升沿海快速交通联系水平,构建环山东半岛快速交通运输通道。

4."多轴"

济青聊、京沪、滨临、烟青、德东、鲁南城镇发展轴。依托区域高速公路、高铁、城际铁路,优化济青聊城镇发展轴功能,加快培育京沪、滨临、烟青、德东、鲁南等城镇发展轴线,积极吸纳人才、资本、技术等生产要素和产业转移。南北向加强与京津冀和长三角联系,东西向扩大与中原、晋中等中西部地区的交流,提升山东半岛城市群的辐射带动能力。

二、辽中南城市群发展规划

辽中南城市群位于东北地区南部,濒临渤海和黄海。辽中南城市群是我国工业起步较早、城市化水平较高的区域,是东北地区对外开放的重要门户,在实施"一带一路"建设、推进新型城市化和带动东北地区全面振兴中具有重要地位。2017 年 8 月,按照《国家发展改革委办公厅关于加快城市群规划编制工作的通知》的要求,辽宁省人民政府编制实施《辽中南城市群发展规划》,规划期为2017—2030 年。

（一）规划范围

辽中南城市群规划范围包括沈阳市、大连市、鞍山市、抚顺市、本溪市、营口市、辽阳市、铁岭市、盘锦市共 9 个市。土地面积 8.15 万平方千米。2018 年,常住人口 3 094.8 万人,地区生产总值 21 633.5 亿元,分别占辽宁省的 70.99%、84.07%。

（二）战略定位

面向东北亚陆海双向开放的重要门户、引领东北振兴发展的重要增长极、具有国际竞争力的先进装备制造业基地、全面深化改革的示范区。

（三）空间布局

辽中南城市群在继续推进与环渤海地区空间协调的基础上,将更加强调与哈长城市群的对接,形成"一轴、一带、双核、四区"的陆海内外联动、南北双向互济开放新格局。

1."一轴"

沈大发展轴,是全国主体功能区规划中两大纵轴——沿海轴和京哈京广轴的交汇段,也是辽中南城市群的脊梁,还是面向东北亚、具有较强竞争力的城市发展轴和产业集聚带。

2."一带"

辽宁沿海城镇带,是东北地区融入"一带一路"对外开放的门户和发展海洋经济的重要平台,也是辽宁老工业基地转型升级先行区和引领东北振兴的重要增长极。

3."双核"

沈阳和大连,是辽中南城市群参与全球产业分工和区域竞争的核心城市,也是辽宁对外开放建设的龙头。

4."四区"

①沈阳都市区。

②大连都市区。

③鞍(山)辽(阳)都市区。

④营(口)盘(锦)都市区。

三、海峡西岸城市群发展规划

海峡西岸城市群是我国沿海经济带的重要组成部分,在全国区域经济布局中处于重要位置。为贯彻落实国务院关于支持和推动福建省加快建设海峡西岸经济区的决策部署,充分发挥福建在推进海峡西岸经济区又好又快发展中的主体作用,福建省人民政府依据《国务院关于支持福建省加快建设海峡西岸经济区的若干意见》《福建省建设海峡西岸经济区纲要》《福建省国民经济和社会发展第十一个五年规划纲要》等编制了《海峡西岸城市群发展规划》。规划期为

2008—2020 年,并于 2009 年 12 月获得住房城乡建设部批复。

(一)规划范围

海峡西岸城市群规划范围为福建省全境,陆域面积 12.40 万平方千米,海域面积 13.63 万平方千米。

(二)战略定位

两岸人民交流合作的先行区,科学发展的先行区,国际合作的重要窗口,我国重要的旅游中心,对接"两洲"(长江三角洲、珠江三角洲)、辐射中西部的沿海增长极。

(三)空间布局

按照"延伸两翼、对接两洲;纵深推进、连片发展、和谐平安、服务全局"的基本要求,协调城市间相互关系,优化区域空间布局。构建"两点、一线、四轴"城市群空间布局结构,实现海峡西岸城市群空间整合和协调发展,增强服务全国发展大局的能力。

1."两点"

①福州都市区。强化福州省会中心城市的重心辐射作用,推进平潭岛开发,整合闽侯、长乐、连江、罗源,福清,拓展福州发展空间,提升服务全局的文化、教育、科技创新、金融、行政、现代商务和两岸交流合作等综合职能。

②厦泉漳都市区。进一步发挥厦门经济特区龙头带动作用和泉州创业型城市的支撑带动作用,增强漳州的辐射带动能力,强化三市的分工、合作和协调,构建厦泉漳都市区,提升参与国际竞争和两岸合作的能力。

2."一线"

沿海城镇密集带。由福州、宁德、莆田、厦门、泉州和漳州六个城市及周边城镇组成,北联浙南温(州)台(州)地区、南接粤东潮汕地区的城市密集地带,是海峡西岸城市群发展的核心区域。

3."四轴"

以复合型快速交通通道为依托,以城市和产业园区为主体,构筑城镇和产业发展聚合轴,拓展沿海一线的辐射带动,整合区域城镇和产业发展空间,提升区域整体发展水平。

①南(平)三(明)龙(岩)发展轴。其纵贯福建省西部区域,重点依托松溪—武平高速公路和杭闽广铁路等交通通道,带动松溪、建瓯、南平、沙县、永安、三明、漳平、龙岩、永定等城市的发展,向北对接浙南、向南对接粤东地区。

②福(州)武(夷山)发展轴。其横贯福建省北部区域,重点依托京台高速铁路、京台高速公路等交通通道,带动长乐机场周边和长乐、福州市区、闽侯、古田、建瓯、建阳、武夷山等城市的发展,辐射赣东北地区。

③中部(三明至泉州、莆田)发展轴。其横贯福建省中部区域,呈“人”字形格局,连接福建沿海和江西南昌地区。重点依托向莆铁路和厦沙、泉南、福银高速公路等交通通道。带动福建省中部的安溪、永春、德化、大田、将乐、泰宁、闽清、尤溪等城市的发展,辐射赣东、赣北地区。

④厦(门)龙(岩)发展轴。其横贯福建省南部区域,主要依托赣龙厦铁路、厦蓉高速公路等,带动厦门、漳州、龙岩、连城、长汀等城市的发展,辐射赣南地区。

四、黔中城市群发展规划

黔中城市群位于贵州省中部地区,是贵州省实施工业强省和城市化带动主战略的重要支撑。依据《全国主体功能区规划》《国家新型城镇化规划(2014—2020年)》《长江经济带发展规划纲要》《贵州省国民经济和社会发展第十三个五年规划纲要》《贵州省城镇体系规划(2012—2030年)》《贵州省山地特色新型城镇化规划(2016—2020年)》,贵州省人民政府编制实施了《黔中城市群发展规划》。规划期为2016—2020年,远期展望到2030年。

(一)规划范围

黔中城市群规划范围包括贵阳市、贵安新区,遵义市红花岗区、汇川区、播州区、绥阳县、仁怀市,安顺市西秀区、平坝区、普定县、镇宁县,毕节市七星关区、大方县、黔西县、金沙县、织金县,黔东南州凯里市、麻江县,黔南州都匀市、福泉市、贵定县、瓮安县、长顺县、龙里县、惠水县,共计 33 个县(市、区),总面积5.38 万平方千米,2015 年常住人口 1 643.47 万人,地区生产总值 7 111.28 亿元,分别占贵州省的 46.56%、67.71%,占西部地区的 4.42%、4.88%。

(二)战略定位

1.西部地区新的经济增长极

加快转变经济发展方式,走以新型工业化、信息化带动新型城市化的道路,全面实施"互联网+"行动计划和《中国制造 2025》,积极承接产业转移,大力发展先进制造业和大数据、大健康、大旅游、大生态产业,培育先进产业集群,增强产业核心竞争力,促进城市间产业分工协作,建设成为国家大数据综合试验区的先导区、山地特色旅游基地、大健康产业基地,西部地区重要的先进制造业基地和商务会展中心,西南地区重要的金融、商贸物流中心和交通枢纽。

2.山地特色新型城市化先行示范区

提升大中城市综合承载能力,发展各具特色的小城镇,推进安顺市、都匀市、贵安新区、播州区等国家新型城市化综合试点,加快凯里中小城市综合改革试点,加大农业转移人口市民化、绿色集约高效城镇建设、城乡区域协调发展体制机制改革创新的力度,率先在城市群走出一条符合贵州山地特色的融合、集约、高效、生态、多元型的城市化道路,形成与全国其他省份不同的山地特色城市群培育发展的新模式和新路径。探索扶贫开发与城市化融合推进的新方向,把城市群作为实现全省大扶贫战略目标的重要平台。

3.内陆开放型经济新高地

加快推进内陆开放型经济试验区建设,深度对接和融入"一带一路"、长江经济带、京津冀协同发展、泛珠三角合作等倡议和战略,高水平建设国家级新区、高新区、经开区、综合保税区等开放平台,加强与全国重点区域及周边省份的合作,注重"引进来"与"走出去"双向着力,构建立体开放通道体系,扩大开放领域,全面提升贸易投资便利化水平,培育贸易竞争新优势,为全省对外开放水平迈入中西部前列发挥重要支撑带动作用。

4.绿色生态宜居城市群

把生态文明建设放在突出地位,着力推进生态环境共建共保,优化生产、生活、生态空间结构,因地制宜发展绿色经济,扩大绿色生态空间,发挥气候环境优势,依托特有的山、水、林、田自然景观和丰富的历史人文景观,营造山水城市,打造绿色小镇,建设美丽乡村,构建和谐社区,塑造一批山地特色景观和建筑群落,构筑山城相融、城在林中、园在城中、水在园中、村在景中的宜居宜业宜游绿色家园。

（三）空间布局

遵循以线连点、以点带面、集约高效、疏密有致、组团集聚、串珠相接的山地特色布局理念,做强核心城市,重点推进黔中核心经济圈建设,依托快速交通干线,推进各种要素向辐射区域的重点轴带、主要节点城市适度集聚,构建"一核一圈四带五心"空间结构,形成核心引领、圈层推进、五心支撑、协同联动的发展格局。

1."一核"

以贵阳为核心,以新区建设、新城建设为重点,强化规模集聚和功能提升,推进贵阳和贵安新区联动发展,形成协同整合、有机分工的核心载体,培育成为黔中城市群和西部地区具有区域竞争力的经济发展引擎。推进与贵安新区、清镇、修文、龙里同城化发展,推动贵阳市所辖部分县(市)撤县设区。

高水平建设贵安新区。积极发展总部经济,支持设立区域总部、技术研发中心。创新产业发展模式,高起点承接国内外产业转移,坚持高端化、绿色化、集约化,建设国家级大数据产业发展集聚区和创新引领区、国家重要的先进制造业、战略性新兴产业基地。培育和发展一批在国内乃至国际市场具有核心竞争力的高端服务业品牌,建设绿色金融中心、智慧物流中心、智慧旅游集散中心、会展中心、中国南方数据中心、双创示范基地、科教研发基地。到2020年贵安新区人口达100万人。

2."一圈"

黔中核心经济圈。黔中城市群发展的重点是打造以贵阳中心城区、贵安新区为中心,由周边清镇、修文、平坝、龙里、贵定、息烽、开阳、瓮安、福泉、都匀、西秀、惠水、长顺、普定、织金、黔西等高速公路1小时以内可通达的城市组成的黔中核心经济圈。

3."四带"

贵阳—安顺、贵阳—都(匀)—凯(里)、贵阳—遵义、贵阳—毕节经济带。依托高铁等重大交通干线及其沿线大中小城镇,促进产业合理布局,壮大沿线重点城镇规模,形成各具特色的经济发展带。依托贵阳至昆明高速铁路、高速公路等干道,建设贵阳—安顺经济带。依托贵阳至广州和贵阳至长沙高速铁路、厦蓉高速公路等干道,建设贵阳—都(匀)—凯(里)经济带。依托贵阳至重庆高速铁路、兰海高速公路等干道,建设贵阳—遵义经济带。依托贵阳至成都高速铁路、高速公路,建设贵阳—毕节经济带。

4."五心"

加快培育五个区域性中心城市,完善城市功能,提升区域辐射带动作用,加快产业和人口集聚,优化行政区划设置,促进与邻近区县同城化发展。

①遵义。把遵义打造成为黔北重要的经济增长极、对接成渝城市群东南部的中心城市,带动黔北区域加快发展。做大遵义中心城市规模,重点推进新蒲新区建设,推进中心城区各城市组团有序开发,建成连接中心城区与绥阳、仁怀之间的城市主通道,推进绥阳城区与中心城区同城化发展,推动绥阳县撤县设区。

②毕节。把毕节打造成川滇黔区域中心和对接成渝城市群西南部的中心城市,带动川滇黔交界地区加快脱贫致富。做大毕节中心城市规模,建设城镇间高速公路、快速路、城市交通干道,全面推进七星关区、大方县城、金海湖新区三个板块同城化发展,推动大方县撤县设区。

③安顺。把安顺打造成为黔中城市群重要的增长极,带动贵州西南部地区

加快发展。围绕构建山地旅游产品体系,突出屯堡文化特色,着力推进产业融合、业态创新、产业化发展,将安顺打造成为世界知名、国内一流的避暑休闲度假胜地、山地型全域旅游示范区和国家级文化旅游融合发展示范区。做大安顺城市规模,推动主城区、平坝城区、乐平组团、普定片区组团式发展,规划建设安顺轨道交通,促进安顺主城区与普定、镇宁同城化发展,推动普定县撤县建区。

④凯里。把凯里打造成具有全国影响力的旅游中心、黔东南装备制造业基地、农特轻工产品加工基地,带动贵州东南部地区加快发展。做大凯里城市规模,加快凯里—麻江同城化,建成凯麻同城化轨道交通;推进都匀—凯里一体化发展,建成都凯城际快道、城际输气干线。

⑤都匀。把都匀打造成区域旅游中心、商贸物流和装备制造业基地、农特轻工产品深加工基地,带动贵州南部地区加快发展。

五、滇中城市群发展规划

滇中城市群位于"一带一路"和长江经济带的交汇区域,是全国"两横三纵"战略格局的重要组成部分。云南省人民政府借鉴发达国家和地区经验,编制了《滇中城市群发展规划》。规划期为 2016—2035 年。

(一)规划范围

滇中城市群规划范围包括昆明市、曲靖市、玉溪市和楚雄彝族自治州全境及红河哈尼族彝族自治州北部蒙自、个旧、建水、开远、弥勒、泸西、石屏 7 个县市。土地面积 114 600 平方千米,占全省面积的 29%,2018 年末常住人口 2 127 万人,地区生产总值 1.02 万亿元,分别占全省的 28.3%、44.1%、61.6%。相较于原来的规划,滇中城市群国土面积更大,辐射范围也更广阔。

(二)战略定位

面向南亚东南亚辐射中心的核心区、中国西南经济增长极、区域性国际综合枢纽、生态宜居的山水城市群。

（三）空间布局

构建适应资源环境承载能力、"一主四副、通道对接、点轴联动"的空间格局。

①一主四副。昆明为主中心,曲靖、玉溪、楚雄、蒙自为4个副中心。

②通道对接。协同构建陆海内外联动、东西双向互济的开放格局,加强创新能力开放合作,依托交通运输网络,培育形成两条区域发展主轴:珠三角—滇中—南亚通道、长三角—滇中—东南亚通道。

③点轴联动。依托公路、铁路、航空三位一体交通网络轴线,促进各级城镇点轴联动发展。

到规划期末,滇中城市群形成以昆明都市区为主核,以曲靖城镇组团、玉溪城镇组团、楚雄城镇组团、蒙自城镇组团为次核的绿色宜居、开放创新、协同高效、和睦人文的现代化国际城市群。

六、山西中部城市群发展规划

为贯彻落实省委、省政府推进山西中部盆地城市群一体化发展的重大战略部署,打造具有全国影响力和竞争力的城市群,为山西高质量转型发展提供强大引擎,山西省人民政府编制了《山西中部盆地城市群一体化发展规划纲要（2019—2030 年）》。

（一）规划范围

山西中部城市群地处山西腹地,位于太行山、吕梁山之间的太原盆地和忻定盆地,包括太原市小店区、迎泽区、杏花岭区、尖草坪区、万柏林区、晋源区、古交市、阳曲县、清徐县,晋中市榆次区、太谷县、祁县、平遥县、介休市,忻州市忻府区、原平市、定襄县,吕梁市交城县、文水县、汾阳市、孝义市 21 个县（市、区）,全域土地面积约 2.13 万平方千米,2018 年末常住人口 920.7 万人,地区生产总值 5 343.7 亿元,分别占全省的 13.6%、24.9% 和 31.8%。

（二）战略定位

1.生态绿色宜居区

坚持绿色发展理念,坚守生态底线,严格主体功能区划分,优化国土空间开发,以生态保育及恢复为重点,推进生态产业化和产业生态化融合发展,有序构建生态、生产、生活和谐格局,重塑宜居环境,吸引留住人才,打造京津冀地区近山亲水的后花园和创新创业的热土。

2.转型综改样板区

坚持以改革促转型、以开放促发展,以山西转型综合改革示范区建设为依托,着力破解资源型经济转型的世界难题,为全国资源型经济高质量转型发展提供可示范、可复制的先进经验。

3.能源革命先行区

以开展能源革命综合改革试点为引领,在提高能源供给体系质量效益、构建清洁低碳用能模式、打造新能源全产业链、推进能源科技创新、深化能源体制改革、扩大能源对外合作等方面取得突破,在全国能源革命中起到示范引领作用,打造能源革命先行区。

4.对外开放先导区

深度融入京津冀,对接雄安新区、长江经济带、粤港澳大湾区,积极扩大与"一带一路"沿线国家和地区的经济合作和人文交流,精准招商,培育外向型骨干企业,鼓励优势企业走出去,打造山西对外开放新高地的先导区。

5.先进制造引领区

以加快制造业高质量发展为目标,以先进制造业和现代服务业融合、军民融合为手段,改造提升一批传统制造业,做大做强一批支柱型制造业,培育壮大一批高成长性制造业,着力建设国家重要的先进制造业基地。

6.文化旅游特色区

充分发挥丰富多元的历史文化和自然资源优势,以晋商文化、非遗传承和山水自然风光景区景点为重点,打造一批历史文化旅游品牌,建设以历史人文和自然山水交相辉映为特色的国际文旅目的地。

（三）空间布局

以太原都市区为引领,构建"一核一轴"的空间格局,以"一核"带"一轴",促进最具发展潜力和发展优势的区域率先发展,打造新发展高地。

1."一核"

太原。以太原都市区为内核,发挥其对全省创新驱动转型升级的龙头作用,增强都市区集聚力、辐射力和竞争力。着力构建"一主"即太原主城区,"一副"即榆次中心城区,"一区"即山西转型综合改革示范区,"多组团"即清徐、阳曲、太谷（农谷）、徐沟、西谷、修文、泥屯等产城融合组团。

2."一轴"

大运发展轴。以大西高铁、大运高速综合运输通道,串联沿线忻定原、古文交、祁太平、介孝汾等城市,构建以太原为中心,北到原平、南到介休的一体化发展轴,统筹山区和平川,兼顾城市发展和乡村振兴,形成梯次错位发展的区域新格局。

七、天山北坡城市群发展规划

着眼于全国向西开放发展的战略格局,充分发挥城市群在丝绸之路经济带核心区建设中的引领作用,提升城市群发展质量,推动新疆经济社会健康稳定发展,新疆维吾尔自治区人民政府编制了《天山北坡城市群发展规划（2018—2035）》。

（一）规划范围

天山北坡城市群规划范围包括乌鲁木齐市、昌吉回族自治州、吐鲁番市、克拉玛依市、伊犁哈萨克自治州奎屯市、塔城地区乌苏市及沙湾县以及五家渠市、石河子市。土地面积 21.5 万平方千米,2016 年常住人口 991.4 万人,地区生产总值 5 981.3 亿元,分别占新疆的 13%、34% 和 62.2%。

（二）战略定位

1.丝绸之路经济带核心区的重要支撑

发挥区位优势和我国向西开放重要窗口作用，积极融入"一带一路"建设，强化交通枢纽、商贸物流、文化科教、医疗服务和金融服务功能，建成丝绸之路经济带核心区的重要支撑。

2.全国重要的战略资源加工储运基地

充分发挥丰富的能矿资源优势和进口境外资源的区位优势，建成我国综合能源生产、加工、外送基地和战略储备基地。

3.新疆城市化与经济发展的核心引擎

加快人口与生产要素有序聚集，推动新型城市化和工业化发展，建成新疆公共服务均等化示范区、生态文明示范区。

4.边疆民族团结和兵地融合发展示范区

努力构建各民族相互嵌入式社会结构和社区环境，打造兵地融合发展示范区、国防安全和社会稳定保障区，为实现新疆社会稳定和长治久安发挥更加重要的作用。

（三）空间布局

强化中心城市空间组织功能，加快培育发展轴带和增长极点，构建由"一带一圈、两轴四区"组成的兵地融合发展空间新格局。

1."一带"

吐鲁番—奎屯经济带。以连霍高速、兰新高铁—乌伊高铁等东西向交通干线为依托，连接吐鲁番、乌鲁木齐、昌吉、石河子、奎屯、独山子、乌苏等城市，建成丝绸之路经济带核心区主轴带。

2."一圈"

乌鲁木齐都市圈。发挥乌鲁木齐辐射带动作用，强化昌吉、五家渠、阜康城市功能，形成相向发展、功能互补的一体化聚合格局，建成乌鲁木齐—昌吉—五家渠都市圈。

3."两轴"

乌拉斯台口岸—准东—库尔勒、克拉玛依—奎屯—库车发展轴。以铁路干线和高速公路为依托,建成乌拉斯台口岸—准东—库尔勒、克拉玛依—奎屯—库车两条辐射南疆的南北向轴线,进一步发展成为连接中蒙俄经济走廊和中巴经济走廊的连接线。

4."四区"

①建设奎屯—独山子—乌苏—胡杨河城镇密集区,带动城市群西段发展。

②建设石河子—沙湾—玛纳斯城镇密集区,打造兵地融合示范区。

③建设克拉玛依城镇密集区,建成重要的国际石油城。

④建设吐鲁番城镇密集区,带动城市群东段发展。

八、宁夏沿黄城市群发展规划

宁夏沿黄城市群位于全国"两横三纵"包昆经济带的北部,包括宁夏回族自治区以银川为中心的黄河沿岸部分地区。

(一)规划范围

宁夏沿黄城市群规划范围包括银川、吴忠、石嘴山、中卫4个地级市。土地面积5.22万平方千米,占全国国土面积的0.54%。2016年年底,常住人口554.74万人,占全国总人口的0.4%,地区生产总值2 912.06亿元,占全国总量的0.39%,城市化水平为60.83%。

(二)战略定位

全国重要的能源化工和新材料基地、中国面向伊斯兰国家和地区的经济文化交流中心、西北地区人与自然和谐发展示范区、宁夏经济社会发展的辐射源。

(三)空间布局

提升银川区域性中心城市地位,完善综合服务功能,增强辐射带动作用,壮大石嘴山、吴忠、中卫等节点城市的规模,加强产业分工和城市功能互补,构建以银川—吴忠为核心、以石嘴山和中卫为两翼、以主要交通通道为轴线的空间开发格局。

第四节 城市群规划的总体情况分析

城市群作为我国城市化的主体形态,受到国家的重视,并得到社会各界的广泛认同,已被公认为我国经济发展的主要支柱和不可或缺的经济引擎。虽然面积占全国面积的比重并不大,但人口所占比重很高,地区生产总值占全国的比重更高。当然,由于对城市群概念的认识和对城市群的识别缺乏统一的标准,因此虽然城市群规划的数量比较多,但其规划范围不同程度存在放大的问题,和理论上的城市群或学界认知的城市群尚有一定的偏差。

一、19 个城市群的基本经济指标

已规划的 19 个城市群土地面积 322.79 万平方千米(以地级市区域为统计单元,下同),占全国陆地面积的 33.62%,常住人口 10.52 亿人,占全国总人口的 75.4%,GDP 81.81 万亿元,占全国总量的 88.98%,即以 1/3 的国土面积承载了 3/4 的人口和近九成的 GDP 总量(表 3.3)。

表 3.3 已规划的 19 个城市群基本指标表

(2018 年)

城市群名称	土地面积/万平方千米	常住人口/万人	GDP/万元	土地面积占比/%	常住人口占比/%	GDP占比/%
长三角城市群	21.40	15 401.19	1 786 420 324	2.23	11.04	19.43
粤港澳大湾区城市群	5.61	7 115.94	1 086 584 787	0.58	5.1	11.82

续表

城市群名称	土地面积/万平方千米	常住人口/万人	GDP/万元	土地面积占比/%	常住人口占比/%	GDP占比/%
京津冀城市群	21.35	11 034.42	843 593 482	2.22	7.91	9.18
山东半岛城市群	15.84	10 182.27	778 716 000	1.65	7.30	8.47
辽中南城市群	9.76	3 334.3	224 502 290	1.02	2.39	2.44
中原城市群	10.16	6 906.28	370 959 198	1.06	4.95	4.03
关中平原城市群	16.21	4 020.5	207 674 609	1.69	2.88	2.26
长江中游城市群	35.11	13 061.55	853 476 730	3.66	9.36	9.28
海峡西岸城市群	12.37	3 941	357 885 697	1.29	2.83	3.89
成渝城市群	20.78	9 574.52	557 463 924	2.16	6.86	6.06
哈长城市群	32.27	4 820.42	261 390 676	3.36	3.45	2.84
北部湾城市群	12.04	4 225.58	199 285 874	1.25	3.03	2.17
天山北坡城市群	32.75	1 068.65	76 685 359	3.41	0.77	0.83
黔中城市群	13.15	2 702.22	119 195 891	1.37	1.94	1.30
滇中城市群	12.68	2 126.8	113 313 535	1.32	1.52	1.23
呼包鄂榆城市群	17.48	1 151.13	134 671 200	1.82	0.82	1.46
山西中部城市群	10.86	2 424.35	115 608 590	1.13	1.74	1.26
兰西城市群	17.62	1 525.7	59 240 593	1.84	1.09	0.64
宁夏沿黄城市群	4.85	563.88	34 449 291	0.51	0.40	0.37
合计	**322.29**	**105 180.7**	**8 181 118 050**	**33.57**	**75.40**	**88.98**

注:①表中城市群的范围基本以地级市作为统计单元,以方便数据的获取。

②其中辽中南城市群范围包括丹东市,山西中部城市群范围包括阳泉市、长治市和临汾市,比前文提到的规划范围大。

资料来源:各省市统计年鉴和统计公报。

二、东部地区城市群质量最高

东部地区 5 个城市群(长三角、粤港澳大湾区、京津冀、山东半岛、海峡西岸)的规划面积、人口和 GDP 总量分别约占全国的 8%、34% 和 53%,也就是说,数量约占 19 个城市群的 1/4,土地面积约占 20%,人口约占 40%,GDP 约占50%。中部地区有 3 个城市群(长江中游、中原、山西中部),其规划面积、人口和 GDP 数量分别约占全国的 6%、16% 和 15%,与西部地区 9 个城市群(成渝、关中、北部湾、天山北坡、黔中、滇中、呼包鄂榆、关西、宁夏沿黄)的人口和 GDP占比接近(西部地区人口和 GDP 约占全国的 19% 和 16%),而所占土地面积,西部则远超中部(西部地区城市群规划面积约占全国 15%)。东北地区有 2 个城市群(辽中南、哈长),其规划面积、人口和 GDP 数量所占比例最低,分别约占全国的 4%、6% 和 5%,与中部地区比,土地面积只相差两个百分点,但人口和经济集聚度差距较大,与西部地区相比,主要是占地面积造成的差距(表 3.4)。

表 3.4　城市群在不同区域中的分布情况表

(2018 年)

地区	土地面积/万平方千米	常住人口/万人	GDP/万元	土地面积占比/%	常住人口占比/%	GDP占比/%
东部地区	76.57	47 674.82	4 853 200 290	7.97	34.18	52.79
中部地区	56.13	22 392.18	1 340 044 518	5.85	16.05	14.57
西部地区	147.56	26 958.98	1 501 980 276	15.37	19.31	16.32
东北地区	42.03	8 154.72	485 892 966	4.38	5.84	5.28
合计	322.29	105 180.7	8 181 118 050	33.57	75.40	88.98

注:①表中城市群的范围基本以地级市作为统计单元,以方便数据的获取。

　　②其中东北地区的辽中南城市群范围包括丹东市,中部地区的山西中部城市群范围包括阳泉市、

　　　长治市和临汾市,比前文提到的规划范围偏大。

资料来源:各省市统计年鉴和统计公报。

三、城市群之间规模结构差异大

已规划的 19 个城市群的土地面积、人口数量、经济体量等存在着很大差异，也就是说不在一个等量级上。西部一个城市群的人口总量可能不及东部城市群中一个大城市，差距还体现在人均 GDP 和地均 GDP。

从人口和经济规模看，形成了长三角、长江中游、京津冀、山东半岛 4 个人口亿级城市群，成渝、粤港澳大湾区、中原 3 个城市群人口超过 5 000 万人，辽中南、关中平原、海峡西岸、哈长、北部湾城市群常住人口超过 3 000 万人，天山北坡、黔中、滇中、呼包鄂榆、兰西、山西中部城市群常住人口超过 1 000 万人但不到 3 000 万人，宁夏沿黄城市群的人口只有 564 万人；长三角、粤港澳大湾区两个城市群的 GDP 超过 10 万亿元，长江中游、京津冀、山东半岛、成渝 4 个城市群的 GDP 超过 5 万亿元，中原、海峡西岸、关中平原、哈长 4 个城市群的 GDP 超过 2 万亿元，北部湾、呼包鄂榆、黔中、山西中部 4 个城市群的 GDP 超过 1 万亿元，天山北坡、兰西、宁夏沿黄城市群的 GDP 只有几千亿元。

从人口和经济密度看，粤港澳大湾区城市群的人口密度最大，为 1 286 人/平方千米，长三角、中原、山东半岛、京津冀城市群的人口密度超过 500 人/平方千米，海峡西岸、长江中游、成渝、北部湾、辽中南城市群的人口密度超过 300人/平方千米，山西中部、关中平原、黔中、滇中、宁夏沿黄、哈长城市群的人口密度低于 300 人/平方千米，兰西、呼包鄂榆、天山北坡 3 个城市群的人口密度不到 100 人/平方千米。人口密度低于全国平均水平的有天山北坡、呼包鄂榆、兰西、宁夏沿黄城市群。经济密度的差异也很大，粤港澳大湾区城市群地均 GDP 指标遥遥领先，为 19 368 元/平方千米，长三角城市群位居第二，为 8 348 元/平方千米，山东半岛、京津冀、中原城市群为 3 000~5 000 元/平方千米，海峡西岸、长江中游、山西中部、关中平原、北部湾、辽中南城市群的地均 GDP 在 3 000 元以下，黔中、滇中、哈长、宁夏沿黄、呼包鄂榆、兰西、天山北坡 7 个城市群的地均GDP 只有几百元/平方千米。地均 GDP 低于全国均值的有天山北坡、黔中、滇中、呼包鄂榆、兰西、宁夏沿黄、哈长城市群。由此可见,很多城市群确实存在规划范围太大、人口密度过低的问题。

　　粤港澳大湾区、呼包鄂榆、长三角城市群的人均 GDP 在 10 万元以上,除山西中部、北部湾、黔中、兰西 4 个城市群的人均 GDP 低于 5 万元外,其他 12 个城市群的人均 GDP 在 5 万元以上,人均 GDP 低于全国均值的有中原、山西中部、成渝、关中、北部湾、黔中、滇中、兰西、哈长城市群(表 3.5)。

表 3.5　已规划的 19 个城市群的人口与经济密度表

(2018 年)

城市群名称	人口密度 /(人·平方千米$^{-1}$)	人均 GDP /(元·人$^{-1}$)	地均 GDP /(元·平方千米$^{-1}$)
长三角城市群	720	115 992.36	8 347.72
粤港澳大湾区城市群	1 268	152 697.29	19 367.83
京津冀城市群	505	76 451.09	3 860.05
山东半岛城市群	643	76 477.64	4 915.95
海峡西岸城市群	319	90 810.88	2 893.01
中原城市群	680	53 713.31	3 651.93
长江中游城市群	372	65 342.66	2 430.55
山西中部城市群	223	47 686.43	1 064.42
成渝城市群	461	58 223.69	2 682.82
关中平原城市群	248	51 653.93	1 281.28
北部湾城市群	350	47 161.78	1 655.43
天山北坡城市群	33	71 759.10	234.12
黔中城市群	205	44 110.36	906.74
滇中城市群	168	53 278.89	893.49
呼包鄂榆城市群	66	116 990.44	770.62
兰西城市群	87	38 828.47	336.30

续表

城市群名称	人口密度 /(人·平方千米$^{-1}$)	人均GDP /(元·人$^{-1}$)	地均GDP /(元·平方千米$^{-1}$)
宁夏沿黄城市群	116	61 093.30	709.70
辽中南城市群	342	67 331.16	2 299.33
哈长城市群	149	54 225.71	810.06
合计	**326**	**77 781.55**	**2 534.50**

注:①表中城市群的范围基本以地级市作为统计单元,以方便数据的获取。

②其中辽中南城市群范围包括丹东市,山西中部城市群范围包括阳泉市、长治市和临汾市,比前文提到的规划范围偏大。

资料来源:各省市统计年鉴和统计公报。

综上所述,土地利用效率、集约化程度较高的是粤港澳大湾区和长三角城市群,京津冀、山东半岛、中原等城市群次之,而兰西、呼包鄂榆、天山北坡等城市群地广人稀,集聚程度、集约化程度均比较低。人均GDP反映了区域的产出创造水平、经济运行和发展状况,粤港澳大湾区、长三角以及海峡西岸、京津冀、山东半岛等城市群经济发展水平较高,呼包鄂榆、天山北坡、宁夏沿黄城市群由于人口少,贡献率高,也跻身第一梯队,而山西中部、北部湾、黔中、兰西等中西部城市群经济发展与效益水平均较低。

本章执笔:袁　朱(国家发展改革委国土开发与地区经济研究所副研究员)

第四章

4

京津冀城市群

京津冀城市群是引领我国经济高质量发展的重要区域。本章以京津冀城市群的基本情况和现状问题为切入点,分析了京津冀协同发展的成效与突出问题,阐述了北京都市圈、天津都市圈、石家庄都市圈的发展设想,提出了促进京津冀区域合作与城市群高质量发展的政策建议。未来应加快雄安新区的建设,推动京津冀协同发展迈向更高水平,加快推进制度创新,探索多元合作方式,在生态、交通、产业、创新、公共服务等领域取得新进展。

第一节　京津冀城市群概况

京津冀城市群是我国综合实力最强和最具发展活力的区域之一。经过多年的发展,京津冀已经形成良好的产业合作基础,区域协同发展成效显著,但仍然存在诸多问题。未来应加快优化京津冀空间格局,缩小河北各市与京津的发展差距,进一步提高京津冀一体化水平,形成优势突出、功能互补、错位发展的格局,推进京津冀世界级城市群建设。

一、京津冀基本情况

京津冀是北京市、天津市和河北省的简称,包括直辖市 2 个、地级市 11 个、县级市 21 个、县 97 个。其中,超大城市 2 个,大城市 6 个,中等城市 5 个,小城市 22 个①。

京津冀城市群行政区面积 21.6 万平方千米,约占全国总面积的 2.3%,建成区面积 4 709.6 平方千米,占全国的 8%。2019 年,实现 GDP 8.37 万亿元,占全国的 8.5%;常住人口 1.13 亿人,占全国总人口的 8.1%;城市化水平66.7%,比同期全国60.6%的平均水平高 6.1 个百分点;人均 GDP 7.48 万元,是全国人均

---

① 中华人民共和国住房和城乡建设部.2018 年城市建设统计年鉴[R/OL].(2020-03-27)[2021-03-10].中华人民共和国住房和城乡建设部官网.

GDP 的 1.06 倍。与 2010 年相比,京津冀城市群的地区生产总值、人口总量和人均 GDP 分别提高了 0.93 倍、0.08 倍和 0.79 倍。

北京和天津是京津冀城市群的核心城市,其经济总量、人口规模、城市化水平都在城市群内保持领先地位。2010—2019 年,北京 GDP 由 1.4 万亿元提高至 3.5 万亿元,天津由 0.9 万亿元提高至 1.4 万亿元,京津二市的经济总量占京津冀经济总量的比重由 53.4% 上升至 58.5%。2019 年,京津冀实际利用外资总额 289.2 亿美元,其中京津二市实际利用外资的比重超过城市群总体水平的 65%,说明外资主要集中在北京、天津两市。从产业结构来看,北京、天津第三产业占比分别达 83.5% 和 63.5%。2019 年末,北京市常住人口 2 153.6 万人,天津市常住人口 1 561.83 万人,分别占京津冀总人口的 19.0% 和 13.8%,其中,北京市城镇人口 1 865 万人,城市化水平达 86.6%,天津市城镇人口 1 303.8 万人,城市化水平达 83.5%,均高于全国平均水平,而同期河北的城市化水平仅为 57.6%(表 4.1)。

表 4.1 京津冀城市群各市基本情况表

(2019 年)

城市	土地面积 /平方千米	总人口 /万人	GDP /亿元	人均 GDP /元	城市化 水平/%	财政收入 /亿元	实际使用 外资/亿美元
北京	16 406	2 153.6	35 371.3	164 243	86.6	5 817.1	142.1
天津	11 760	1 561.8	14 104.3	90 306	83.5	2 410.2	47.3
石家庄	15 848	1 039.4	5 809.9	55 896	65.1	569.1	16.2
唐山	14 198	795.0	6 890.0	86 667	64.3	889.2	18.0
秦皇岛	7 803	314.0	1 612.0	51 334	60.7	280.2	12.0
邯郸	12 065	955.0	3 486.0	36 546	58.2	466.5	11.9
邢台	12 433	738.5	2 119.9	28 707	54.2	283.8	6.9
保定	22 185	936.0	3 070.9	32 810	53.5	512.5	9.2
张家口	36 797	442.8	1 551.1	35 025	58.4	332.9	4.7
承德	39 490	382.5	1 471.0	38 457	53.3	230.0	0.6

续表

城市	土地面积/平方千米	总人口/万人	GDP/亿元	人均GDP/元	城市化水平/%	财政收入/亿元	实际使用外资/亿美元
沧州	14 304	754.4	3 588.0	47 662	54.9	590.9	7.2
廊坊	6 419	478.9	3 108.2	64 906	60.0	362.0	10.5
衡水	8 837	447.9	1 504.9	33 599	53.2	122.0	2.7

资料来源:根据《中国城市统计年鉴2019》及各市统计公报整理所得。

二、京津冀城市群范围的演变

京津冀城市群的形成与发展经历了较长的过程。早在1982年,北京就在城市规划中首次提出"首都圈"的概念,范围包括北京、天津以及河北的唐山、廊坊、秦皇岛、保定、承德、张家口和沧州;1988年,北京与河北的保定、廊坊、唐山、秦皇岛、张家口、承德6市组建了"环京经济协作区";1996年,《北京市经济发展战略研究报告》提出"首都经济圈"的概念,以京津二市为核心,外围地区包括唐山、廊坊、保定、秦皇岛、承德、张家口和沧州;2004年,国家发展改革委在廊坊召开京津冀区域经济发展战略研讨会,形成"廊坊共识",并在此基础上提出"京津冀都市圈"的概念,范围包括北京、天津二市和河北的石家庄、唐山、廊坊、保定、秦皇岛、张家口、承德、沧州8个地级市。2014年2月,习近平总书记在北京发表重要讲话,提出京津冀协同发展的战略构想。2015年,国家"十三五"规划将京津冀的区域范围界定为北京、天津和河北省。

三、京津冀协同发展战略的成效

自2014年京津冀协同发展战略提出以来,京津冀三地各级政府出台一系列政策,在疏解北京非首都功能、促进产业转移升级、交通基础设施建设、生态环境治理、北京城市副中心和河北雄安新区规划建设等方面取得积极进展,区域协同发展水平得到明显提升①。

（一）各地区经济联系不断增强

密切的经济联系是京津冀协同发展取得一定进展的有力证明。京津冀经济联系比较紧密的地区主要集中在北京以东,以北京、天津、廊坊三地的空间联系最密切,河北其他地区与京津两市在经济社会领域的联系逐渐增强。河北省农业优势突出,工业基础雄厚,主要工农业产品在京津持较高市场占有率。目前,环京津地区已建成一批服务京津需求、具有产业链延伸性质的工农业产品加工配套供应基地和连锁市场。同时,河北省还是京津重要的劳务输出地、建筑装饰材料等工业产品供应地,对京津经济发展具有重要的支撑作用②。

（二）产业协同取得一定进展

京津冀三地政府积极推进区域内部的产业升级转移承接工作,建立了"2+4+N"③产业疏解空间载体和平台支点,生产力布局结构不断优化,生产要素流动更加通畅,产业专业化分工程度不断提高。通过共建高科技园区等形式,大力推动在创新链、产业链、资金链、政策链等方面的深度融合。京津共建滨海—中关村科技园、京津合作示范区,京冀共建曹妃甸协同发展示范区、雄安新区中关村科技园,津冀共建涉县天铁循环经济示范区。天津市和河北省积极承接北京市部分产业转移疏解,三地产业定位与分工日益明晰。2014—2018 年,河北省共承接北京市转入的产业活动单位 3 860 个,其中,承接租赁和商务服务业单位1 202 个,占全部产业承接活动单位的 31.1%;承接信息服务类、科技服务类单位 748 个,占全部产业承接活动单位的 19.4%,与京津共建各类产业园区和产业基地 120 个,引进京津资金占全省同期引进外省资金的一半以上。

（三）交通一体化水平显著提高

京津冀交通基础设施建设快速推进,城市群交通一体化水平显著提高,"轨

---

① 肖金成,李博雅.京津冀协同:聚焦三大都市圈[J].前线,2020(8):59-65.
② 肖金成,马燕坤.京津冀空间布局优化与河北的着力点[J].全球化,2015(12):17-31,133.
③ "2":北京城市副中心和雄安新区;"4":曹妃甸协同发展示范区、北京新机场临空经济区、天津滨海新区、张承生态功能区 4 个战略功能区;"N":46 个专业化、特色化承接平台。

道上的京津冀"已经初具规模。铁路建设方面基本形成以京津、京保石、京唐秦为主轴的铁路网络格局。公路建设方面,京津冀高速公路"断头路"问题得到明显缓解,2014—2018 年,三地公路里程累计增加 1.4 万千米,高速公路里程增加 1 674.5 千米,首都地区环线高速公路全线贯通,串联承德、廊坊等节点城市,推动三地交通运输能力不断提升。港口和机场建设方面,北京大兴国际机场已投入使用,天津滨海国际机场新增加密航线 26 条,天津港、黄骅港、沧州港合作力度不断加强,港口物流和服务水平显著提升。2019 年全年,天津口岸进出口总额 13 845.06 亿元,其中来自京冀的货物比重达 32.0%,比 2018 年提高 1.8%。同时,河北自贸试验区大兴国际机场片区挂牌,标志着京津冀在民航领域以及临空经济合作方面也取得了新的重大进展。

(四)北京非首都功能有序疏解

为有效解决北京"大城市病"问题,北京按照政府引导与市场主导相结合的原则,通过行政和经济等一系列手段"控增量、调存量",首先对一般性产业、区域性物流基地、部分社会公共服务机构、部分行政事业单位及企业总部四类的非首都功能向外疏解转移。2014—2018 年,北京疏解一般制造业企业累计达 2 648 家,累计疏解各类市场 581 家、物流中心 106 个。仅 2019 年前 11 个月,北京退出一般制造业企业 399 家,疏解市场 49 个,疏解关停物流中心 16 个。伴随着北京非首都功能疏解,北京人口调控初具成效。2014 年以来,北京常住人口增速逐年下降,2017 年、2018 年实现两连降,分别比上年减少 2.2 万人、16.5 万人。同时,通州区北京城市副中心建设稳步推进,雄安新区各项工程进展顺利,在产业结构调整、交通和基础设施建设、公共服务配套、生态环境优化等方面统筹推进。

(五)生态环境治理取得初步成效

京津冀是国内环境问题尤为突出的区域。近年来,京津冀地区积极实施绿色发展、可持续发展战略,在生态环境联防联控方面取得了较大突破。京津冀签订了《"京津冀"水生态环境治理合作共建框架协议书》《京津冀区域环境保护率先突破合作框架协议》等环境共治方面的协议,合力推进水资源保护、大气污染联防联控、绿色廊道和生态屏障建设。2014—2018 年,京冀生态水源保护林累计增加 50 万亩①,北京、天津和河北的 PM2.5 平均浓度分别下降 40.6%、37.3%和 41.1%。2019 年,北京市平均优良天数比例为 65.8%,同比上升 3.6%,PM2.5 浓度、二氧化硫浓度分别为 57 微克/立方米、15 微克/立方米,同比下降 1.7%、16.7%。在生态涵养与节能减排方面,张承地区不断提高植树造林强度,2018 年张家口林木绿化率达 50%,京津冀及周边地区联合核查出"散乱污"企业 17.6 万家,对无法升级改造达标排放的企业进行关停处理。

四、存在的突出问题

经过多年建设,京津冀区域发展差异总体有所缩小,但仍属于低水平协同发展,经济落差较大、空间结构不合理、中心城市辐射不足、资源环境约束趋紧、交通体系有待完善等问题依然是京津冀城市群高质量发展的症结所在。

(一)经济发展落差依然较大

京津冀城市群经济发展差距主要表现为河北与京津二市的差距过大。京津冀三地资源要素分布不平衡,产业基础与发展方式存在巨大差异。北京和天津两个直辖市在资源的集聚方面优势明显,经济要素与各类人才纷纷向两地聚集。2019 年,京津冀地区共实现地区生产总值 83 687.5 亿元,比 2010 年增长了近一倍,其中北京、天津和河北三地的地区生产总值占京津冀的比例分别为 42.3%、16.8%和 40.9%,京津二市的比例略有上升,河北省所占比例略有下降(图 4.1)。从人均水平来看,2010—2019 年,北京、天津和河北三地的人均地区生产总值分别由 73 856 元、72 994 元和 28 668 元提高至 164 243 元、90 306 元和 46 239 元(图 4.2)。从居民人均可支配收入来看,2010 年,河北省城镇居民

---

① 1 亩≈666.67 平方米,余同。

人均可支配收入和农民人均可支配收入相当于北京市的 55.9% 和 59.1%、天津市的 66.9% 和 50.5%，2019 年则分别相当于北京市的 48.4% 和 53.1%、天津市的 77.5% 和 62.0%。从居民收入来看，京津冀的劳动力收入差距逐年拉大，2010 年河北省与北京市城镇单位就业人员平均工资差距为 33 707 元，2019 年这一差距扩大为 37 514 元（图 4.3）。

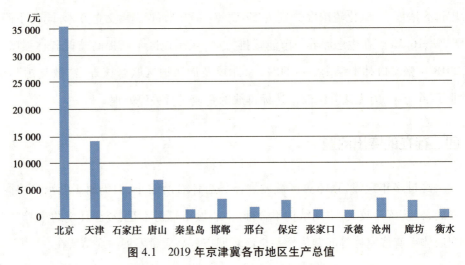

图 4.1　2019 年京津冀各市地区生产总值

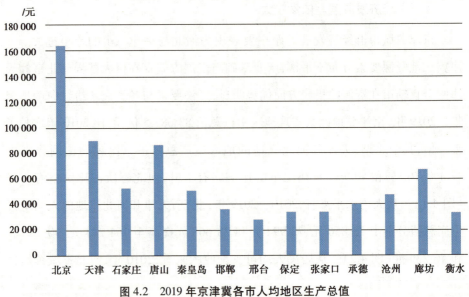

图 4.2　2019 年京津冀各市人均地区生产总值

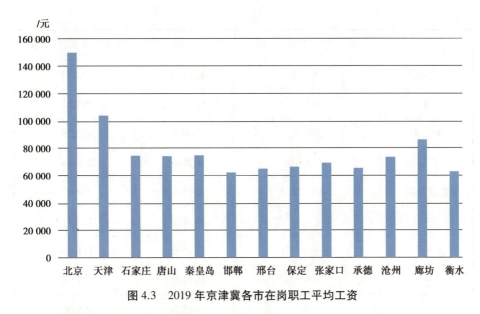

图 4.3　2019 年京津冀各市在岗职工平均工资

（二）区域空间结构有待优化

京津冀城市结构梯度不合理,城镇等级存在断层。京津冀地区有北京和天津两个超大城市,缺少 500 万～1 000 万人口规模的特大城市,大中城市数量也过少。2018 年,京津冀城区人口在 100 万～500 万人的城市只有 5 个,缺少 300 万～500 万人口规模的城市,而长三角城区人口在 100 万～500 万人的城市有 8 个,其中人口在 300 万～500 万人的城市有 2 个(表 4.2)。大城市过大、小城市过少、中等城市发育不良的问题在京津冀地区十分突出,直接后果则是京津发达地区所出现的产业聚集、形成的产业规模和产业链找不到适宜的发展环境而无法向周边地区扩散,构建跨区域产业链和创新链难度较大,河北各市与京津两地在发展上相互脱节,区域差距持续扩大。

表 4.2　京津冀与长三角城区 100 万人口以上城市表

（2018 年）

城市	城区常住人口/万人	城市	城区常住人口/万人
北京市	1 863.40	上海市	2 423.78
天津市	1 296.81	南京市	657.20

续表

城市	城区常住人口/万人	城市	城区常住人口/万人
石家庄市	284.31	杭州市	650.49
邯郸市	204.40	宁波市	368.51
唐山市	204.17	苏州市	357.25
秦皇岛市	133.86	无锡市	258.84
张家口市	107.22	常州市	234.07
—	—	南通市	163.41
—	—	绍兴市	151.26
—	—	扬州市	121.94
—	—	台州市	105.06

资料来源:中华人民共和国住房和城乡建设部.2018 年城市建设统计年鉴[R/OL].(2020-03-27) [2021-03-10].中华人民共和国住房和城乡建设部官网.

北京、天津人口增长过快,河北各市人口集聚能力不足。2010—2019 年,京津冀总人口由 10 455 万人增长至 11 308 万人,其中京津二市的人口占比由 31.2%上升至 32.9%(表 4.3),河北 11 个地级市中,只有石家庄、唐山、廊坊、秦皇岛四市为人口净流入地区,邯郸、保定、邢台等市人口流出问题严峻。经济活动和优质公共服务过度集中在京津两市特别是北京中心城区,导致北京的"大城市病"日益严重,交通拥堵,房价居高不下。根据高德地图联合中国社会科学院社会学研究所等单位共同发布的《2018 年度中国主要城市交通分析报告》,北京是人均年通勤拥堵时间最长的城市,路网高峰行程延时指数 2.032,平均车速 23.35 千米/小时,一天通勤拥堵时长为 44.97 分钟,一年通勤拥堵时长为 174 小时,相当于一年中有 22 个工作日处于拥堵,折合经济损失约 8 400 元。

表 4.3　京津冀三地常住人口表

（2010—2019 年）　　　　　　　　　　单位:万人

	2010 年	2011 年	2012 年	2013 年	2014 年	2015 年	2016 年	2017 年	2018 年	2019 年
北京市	1 962	2 019	2 069	2 115	2 152	2 171	2 173	2 171	2 154	2 154
天津市	1 299	1 355	1 413	1 472	1 517	1 547	1 562	1 557	1 560	1 562
河北省	7 194	7 241	7 288	7 333	7 384	7 425	7 470	7 520	7 556	7 592
京津冀合计	10 455	10 615	10 770	10 920	11 053	11 143	11 205	11 248	11 270	11 308

资料来源:根据各地区历年统计公报整理所得。

（三）核心城市辐射带动不足

核心城市对周边城市辐射带动作用亟待加强。对比京津冀与长三角的四城市人口首位度和经济首位度（图 4.4），京津冀的人口和经济首位度都呈上升趋势,表明首位城市对人口和经济的集聚程度都在提高,核心城市的人口和经济增长快于中小城市,而长三角的人口和经济首位度则平稳下降,表明首位城市的集聚程度也在下降,反映在现实中为长三角一体化进程的不断推进和京津冀发展差距的持续扩大。结合图 4.5 可以看出,2010—2019 年河北省地区生产总值在京津冀的占比一直处于下降态势,11 市中只有廊坊市地区生产总值在京津冀的占比呈上升趋势（从 3.07% 上升至 3.81%）,上升幅度也非常有限,而北京市地区生产总值占比则持续上升。

图 4.4　京津冀与长三角人口和经济首位度

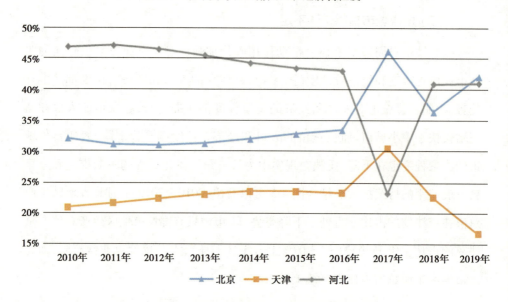

图 4.5　北京、天津、河北地区生产总值在京津冀占比

（四）生态环境问题依然严峻

目前,京津冀地区可持续发展与生态环境之间的矛盾依然尖锐。一方面,
京津冀大气污染问题短期内难以发生根本性好转,环境治理和生态修复方面的

任务艰巨。近年来,京津冀及周边地区 PM2.5、PM10 和 NO_2 等多项大气污染排放物均超过国家标准。2019 年,京津冀及周边地区优良天数平均比例为53.1%,与长三角地区 76.5%的水平相比还有较大差距,全国环境空气质量较差的后 10 名城市中京津冀占有 4 个。另一方面,区域环境治理与生态建设协同机制有待完善。多年来,河北张家口、承德等地区尽其所能为京津提供了丰富的水源,但上下游之间现有的生态补偿机制不健全,补偿标准不一致,导致上下游之间生态保护与经济发展的矛盾始终未能有效解决。生态建设应是一个长期的综合系统工程,目前京津冀三地开展的生态补偿多以项目形式进行,没有形成长效机制,补偿标准也缺乏动态调整机制,区域生态治理仍处于各自为政的状态,跨行政区的生态环境协同治理和管控还有待完善。

(五)交通运输体系有待完善

京津冀区域的轨道交通网络功能层次不完善,缺乏能够支撑都市圈和城市群的多层次、大容量、高效的轨道交通系统[1]。首先,京津冀区域内部城际交通网络有待完善。北京作为我国高速铁路网络的核心节点,与周边地区并未建立起完善的交通网络。目前,京津冀地区仅建成京津城际铁路和津保城际铁路两条线路,京石、京唐、京霸等城际铁路尚未建成。其次,北京中心城区与周边地区通勤交通方式单一。北京人口数量和密度不断增加,人口分布呈圈层向外拓展,全市有超过一半常住人口聚集在五环以外,通勤时间过长、高峰期城市道路交通压力过大。2017 年,连接北京中心城区与通州城市副中心的快速轨道交通开行,但每日仅有 6 趟车次,运力需进一步提升。最后,京津冀地区交通站点利用率差距较大。一是航空运输发展呈现出极不平衡的"马太效应"[2],北京首都机场过度拥挤,天津滨海机场和石家庄正定机场的航空资源却处于闲置,2019年,首都机场旅客吞吐量突破 1 亿人次,天津滨海机场旅客吞吐量为 2 440 万人次,石家庄正定机场只有 1 192 万人次;二是海上通道建设上布局不合理,秦皇

---

① 安树伟.京津冀协同发展战略实施效果与展望[J].区域经济评论,2017(6):2,48-54.
② 肖金成,李忠.京津冀区域发展与合作研究[J].经济研究参考,2015(49):3-29,43.

岛港、唐山港(京唐港和曹妃甸港)、天津港、黄骅港等不仅相距较近,并且其规划定位都是向着高效益的综合性港口发展,港口功能存在重复。

第二节　京津冀城市群协同发展重要内容

京津冀同属京畿重地,濒临渤海,背靠太岳,携揽华北、东北和西北,战略地位十分重要。2014 年 2 月 26 日,习近平总书记在北京主持召开座谈会时发表重要讲话,强调实现京津冀协同发展是优化国家发展区域布局、优化社会生产力空间结构、打造新的经济增长极、形成经济发展新方式的需要,是一个重大国家战略。2015 年 4 月 30 日,中共中央政治局审议通过《京津冀协同发展规划纲要》,指出推动京津冀协同发展是重大国家战略,核心是有序疏解北京非首都功能,要在京津冀交通一体化、生态环境保护、产业升级转移等重点领域率先取得突破。推动京津冀协同发展,是适应我国经济高质量发展、加快转变经济发展方式、优化区域发展格局的现实需要,具有十分重要的意义。

一、指导思想

推动京津冀协同发展是一个重大国家战略,其指导思想是:以有序疏解北京非首都功能、解决北京"大城市病"为基本出发点,坚持问题导向,坚持重点突破,坚持改革创新,立足各自比较优势,立足现代产业分工要求,立足区域优势互补原则,立足合作共赢理念,以资源环境承载能力为基础,以京津冀城市群建设为载体,以优化区域分工和产业布局为重点,以资源要素空间统筹规划利用为主线,以构建长效体制机制为抓手,着力调整优化经济结构和空间结构,着力构建现代化交通网络系统,着力扩大环境容量生态空间,着力推进产业升级转移,着力推动公共服务共建共享,着力加快市场一体化进程,加快打造现代化新型首都圈,努力形成京津冀目标同向、措施一体、优势互补、互利共赢的协同发展新格局,打造中国经济发展新的支撑带。

二、两大重要举措

北京城市副中心和雄安新区的建设是优化京津冀空间结构、加快构建京津冀世界级城市群的重要举措。北京城市副中心规划面积为155平方千米，要构建蓝绿交织、清新明亮、水城共融、多组团集约紧凑发展的生态城市布局，着力打造国际一流和谐宜居之都示范区、新型城市化示范区、京津冀区域协同发展示范区。规划建设雄安新区是推动京津冀协同发展的一项重大决策部署。2017年4月1日，中共中央、国务院决定设立雄安新区。雄安新区涉及保定市下辖的雄县、容城、安新3县及周边部分区域。雄安新区与北京城市副中心的发展有利于集中疏解北京非首都功能，有效缓解北京"大城市病"，加快补齐区域发展短板，培育形成新的区域经济增长极。

三、疏解北京的非首都功能

有序疏解北京非首都功能是京津冀协同发展战略的核心，要牵住这个"牛鼻子"和主要矛盾，降低北京人口密度，实现城市发展与资源环境相适应。通过疏解北京非首都功能，调整经济结构和空间结构，走出一条内涵集约发展的新路子，探索出一种人口经济密集地区优化开发的模式，促进区域协调发展，形成新增长极。

疏解的重点主要是四类非首都功能：一般性产业特别是高消耗产业，区域性物流基地、区域性专业市场等部分第三产业，部分教育、医疗、培训机构等社会公共服务功能，部分行政性、事业性服务机构和企业总部等。疏解的原则是要坚持政府引导与市场机制相结合，既充分发挥政府规划、政策的引导作用，又发挥市场的主体作用；坚持集中疏解与分散疏解相结合，考虑疏解功能的不同性质和特点，灵活采取集中疏解或分散疏解方式；坚持严控增量与疏解存量相结合，既把住增量关，明确总量控制目标，也积极推进存量调整，引导不符合首都功能定位的功能向周边地区疏解；坚持统筹谋划与分类施策相结合，结合北京城六区不同发展重点要求和资源环境承载能力统筹谋划，建立健全倒逼机制和激励机制，有序推出改革举措和配套政策，因企施策、因单位施策。

四、促进交通一体化发展

按照网络化布局、智能化管理和一体化服务的要求，构建以轨道交通为骨干的多节点、网格状、全覆盖的交通网络，提升交通运输组织和服务现代化水平，建立统一开放的区域运输格局。重点是建设高效密集轨道交通网，完善便捷通畅公路交通网，打通国家高速公路"断头路"，全面消除跨区域国省干线"瓶颈路段"，加快构建现代化的津冀港口群，打造国际一流的航空枢纽，大力发展公交优先的城市交通，提升交通智能化管理水平，提升区域一体化运输服务水平，发展安全绿色可持续交通。

五、加强生态环境保护

在生态环境保护方面，按照"统一规划、严格标准、联合管理、改革创新、协同互助"的原则，打破行政区域限制，推动能源生产和消费革命，促进绿色循环低碳发展，加强生态环境保护和治理，扩大区域生态空间。重点是联防联控环境污染，建立一体化的环境准入和退出机制，加强环境污染治理，实施清洁水行动，大力发展循环经济，推进生态保护与建设，谋划建设一批环首都国家公园和森林公园，积极应对气候变化。

六、推动产业升级转移

从全国生产力整体布局出发，明确三省市产业发展定位，理顺产业发展链条，加快产业转型升级，打造立足区域、服务全国、辐射全球的优势产业集聚区。重点是明确产业定位和方向，加快产业转型升级，推动产业转移对接，加强三省市产业发展规划衔接,制定京津冀产业指导目录,加快津冀承接平台建设,加强京津冀产业协作。经多年推进,京津冀三地政府积极推进区域内部的产业升级转移工作,产业升级转移工作进展顺利,非首都功能疏解有序推进,津冀精准承接不断强化,创新驱动持续发力,区域功能定位日趋强化,京津冀协同发展水平不断提高。

第三节　三大都市圈与主要城市

现代化都市圈建设是推进城市群高质量发展的主要抓手。都市圈是以超大城市、特大城市或辐射带动功能强的大城市为核心,以核心城市的经济辐射距离为半径,形成的功能互补、分工合作、经济联系密切的区域①。京津冀地区包含北京和天津两个超大城市,已形成北京都市圈和天津都市圈,两个都市圈的边界已相互耦合。后设立石家庄都市圈,与北京都市圈和天津都市圈形成互动关系,推动京津冀协同发展迈向更高水平。

一、北京都市圈

国家“十二五”规划纲要中明确提出打造“首都经济圈”,推动京津冀一体化发展。《国家新型城镇化规划(2014—2020年)》也指出,特大城市要适当疏散经济功能和其他功能,推进劳动密集型加工业向外转移,加强与周边城镇基础设施连接和公共服务共享,推进中心城区功能向1小时交通圈地区扩散,培育形成通勤高效、一体发展的都市圈。北京都市圈即以首都北京为核心,涵盖河北保定、廊坊、张家口、承德及其下属城镇在内的“1+4”格局。规划建设北京现代化都市圈,不仅可以有效缓解北京由于功能过度集聚而带来的城市问题和

---

① 肖金成,马燕坤,张雪领.都市圈科学界定与现代化都市圈规划研究[J].经济纵横,2019(11):2,32-41.

社会问题,实现首都城市综合服务功能提升和区域可持续发展,而且有利于北京充分发挥首都优势,辐射带动周边地区共同发展,形成带动国家经济发展的重要增长极和参与国际竞争的战略区域。北京市要走高端产业发展之路,把发展现代服务业放在优先位置,形成创新引领、技术密集、价值高端的经济结构,增强对周边地区的辐射带动能力,将一些具有产业梯度的传统产业优先向廊坊、保定转移,生态休闲旅游型的产业则要加强与张家口、承德联动(表4.4)。

表 4.4　北京都市圈基本情况表

(2018 年)

行政区名称	市区面积/平方千米	建成区面积/平方千米	GDP/亿元	市区人口/万人	城区人口/万人	人均 GDP/元
北京市	16 410	1 469	30 320	2 154	1 863	140 211
保定市	5 705	519	3 590	615	238	31 057
廊坊市	2 387	540	3 108	264	100	64 906
张家口市	6 964	407	1 537	215	107	34 661
承德市	4 547	750	1 482	113	77	41 476
合计	36 013	3 685	40 036	3 361	2 386	87 078
占京津冀比重	46.9%	10.2%	47.5%	44.5%	47.5%	116.1%

资料来源:根据《中国城市统计年鉴 2019》和《中国城市建设统计年鉴 2018》整理所得,其中 GDP 和人均 GDP 数据来自《中国城市统计年鉴 2019》。

注:①市区面积为地级市与下辖县级市的市区面积之和,下同。

②都市圈人均 GDP 数据为各城市 GDP 总量与常住人口总量的比值,下同。

1.北京

北京是全国的政治、文化和国际交往中心,具有强大的科技研发能力,同时北京产业基础雄厚,现代服务业发达,是众多跨国公司、国有企业和民营企业的总部基地。未来,应依托首都的资源集聚优势,发挥北京在创新研发方面的巨大优势,打造高科技应用人才的集聚中心,构建科技成果转化平台,提升我国科技成果的世界影响力,进一步加快发展现代服务业,提升北京的综合服务能力。《京津冀协同发展规划纲要》中明确了北京"四个中心"的城市功能定位,即全国政治中心、文化中心、国际交往中心、科技创新中心。中心城区包括东城区、西城区、朝阳区、海淀区、丰台区、石景山区,通州新城为北京城市副中心,顺义、大兴、亦庄、昌平、房山新城为承接中心城区适宜功能和人口疏解的重点地区,门头沟区、平谷区、怀柔区、密云区、延庆区以及昌平区和房山区的山区为生态涵养区。

2.保定

保定位于河北省中部、太行山东麓、冀中平原西部,北邻北京市和张家口市,东接廊坊市和沧州市,南与衡水市相连,西部与山西省接壤;中心城区北距北京 140 千米,东距天津 145 千米,与京津成三足鼎立之势。雄安新区涉及保定市雄县、容城、安新 3 县及周边部分区域。

3.廊坊

廊坊地处京津冀城市群核心地带,北临北京,东交天津,南接沧州,西连保定,总面积 6 429 平方千米,2018 年地区生产总值 3 108.2 亿元,人均地区生产总值位列京津冀第四。

4.张家口

张家口地处京、冀、晋、内蒙古四省(直辖市、自治区)交界处,总面积 3.68 万平方千米,市区距北京市 180 千米,距天津港 340 千米,是连接京津冀内蒙古的交通枢纽城市,也是京津冀西北部生态涵养区的主要节点城市。张家口矿产能源资源富集,风能资源储量超过 2 000 万千瓦,是全国首个获准建设双百万千瓦级风电基地的地区。2019 年张家口实现地区生产总值 1 551.1 亿元,人均地区生产总值35 025 元,三次产业结构调整为 12.4∶32.9∶54.7。

5.承德

承德位于河北省东北部,南邻京津,北接赤峰和锡林郭勒,东西与朝阳、秦皇岛、唐山、张家口相邻,具有"一市连五'省'"的独特区位优势。承德市区距北京 225 千米,距省会石家庄 435 千米,全市土地面积 39 519 平方千米,是连接京津冀辽内蒙古的重要节点。

二、天津都市圈

天津都市圈以天津为核心,涵盖河北唐山、沧州、秦皇岛,与北京都市圈相互耦合。天津充分利用区位优势和产业基础,加强与周边地区的联系,特别是强化与毗邻的河北唐山、沧州、廊坊、秦皇岛等城市的专业化分工,推动交通基础设施互联互通,强化创新驱动和产业对接,打造京津冀协同发展的支撑带,不断提高其在京津冀的辐射和带动能力(表 4.5)。

表 4.5 天津都市圈基本情况表

(2018 年)

行政区名称	市区面积/平方千米	GDP/万元	人口/万人	人均 GDP/元
天津市	11 760	18 810	1 560	120 711
唐山市	7 649	6 955	541	87 855
沧州市	5 715	3 676	387	48 562
秦皇岛市	2 132	1 636	179	52 380
合计	27 256	31 077	2 667	90 889
占京津冀比重	35.5%	36.8%	35.3%	121.1%

资料来源:根据《中国城市统计年鉴 2019》和《2018 年城市建设统计年鉴》整理所得。

1.天津

天津位于华北平原东北部,东临渤海,北依燕山,西靠首都北京,是我国北方最大的港口城市、国家物流枢纽和全国先进制造研发基地,也是中蒙俄经济走廊主要节点、海上丝绸之路的重要支点、"一带一路"交汇点和亚欧大陆桥最近的东部起点。2019 年,天津地区生产总值为 14 104.3 亿元,在制造业方面具有一定的优势,已形成了石油和海洋化工、装备制造、电子信息、生物技术与现代医药、新能源和新材料等支柱产业。未来天津将进一步发展战略性新兴产业,实现工业与金融、商贸、物流等服务业的良性互动,加快高质量发展步伐,成为带动京津冀及中国北方发展的经济中心。

2.唐山

唐山位于河北省东部、华北平原东北部,南临渤海,北依燕山,全市陆地面积 13 472 平方千米,东距秦皇岛 125 千米,西南距天津 108 千米,西北距北京 154 千米,距省会石家庄 366 千米。唐山市矿产资源丰富,是国家三大铁矿集中区之一。2019 年,唐山实现地区生产总值 6 890 亿元,人均地区生产总值 86 667 元,在京津冀位列第三。钢铁工业是唐山的主导产业,2019 年成功创建国家森林城市,使经济高质量发展和环境高水平保护协同推进。

3.沧州

沧州地处河北省东南部,东临渤海,北依京津,南接山东,西部及西南部与保定、衡水毗邻,京杭大运河贯穿市区,市中心距北京 240 千米,距天津 120 千米,距省会石家庄 221 千米,全市陆地面积 1.4 万平方千米。沧州海洋资源丰富,有华北、大港两大油田,已探明石油地质储量 15 亿吨,天然气储量 282 亿立方米。沧州也是全国四大产盐基地之一,盐田面积达 45 万亩,年产量达 200 万吨。

4.秦皇岛

秦皇岛位于河北省东北部,南临渤海,北依燕山,东接辽宁,西近京津,距北京 265 千米,距天津 218 千米,距省会石家庄 479 千米,距沈阳 387 千米,东距大连 210 千米。秦皇岛是中国首批沿海开放城市,是京唐秦发展轴的节点城市,也是京津冀辐射东北的重要门户。秦皇岛资源丰富,拥有大规模的金、铁、水泥灰岩及非金属建材,是中国最大的铝制品生产加工基地,被誉为"车轮制造之都"。2019 年,秦皇岛实现地区生产总值 1 612.02 亿元,三次产业结构调整为 10.7∶34.3∶55,以北戴河、山海关、冰塘峪等国家级景区为支撑,大力发展旅游新业态,接待国内外游客 7 100 万人次,实现旅游总收入 980 亿元,成为国家全域旅游示范区。

三、石家庄都市圈

石家庄都市圈以石家庄为核心,辐射衡水、邢台、邯郸等冀南地区。京津冀协同发展的重要任务是提高河北的整体发展水平和综合承载力,全面缩小河北与京津的发展差距。从优化空间布局的角度,应在河北中南部崛起一座现代化城市,辐射带动河北乃至山西、山东一部分地区发展,引领河北整体崛起,推动京津冀从"双核引领"向京津石"三足鼎立"转变(表4.6)。

表 4.6 石家庄都市圈基本情况表

(2018 年)

行政区名称	市区面积 /平方千米	GDP /万元	人口 /万人	人均 GDP /元
石家庄市	4 289	6 083	683	55 723
衡水市	2 762	1 559	168	34 898
邢台市	1 995	2 151	191	29 210
邯郸市	4 455	3 455	488	36 289
合计	**13 500**	**13 247**	**1 531**	**41 056**
占京津冀比重	**17.6%**	**15.7%**	**20.3%**	**54.7%**

资料来源:根据《中国城市统计年鉴 2019》和《2018 年城市建设统计年鉴》整理所得。

1.石家庄

石家庄是河北省的政治、经济、科技、金融、文化和信息中心,地处冀中南,东与衡水市接壤,南与邢台市毗连,西与山西省为邻,北与保定市交界,位于北京西南方向,距北京 283 千米,距天津 310 千米,全市土地面积 14 464 平方千米。石家庄市区位条件优越,腹地面积广阔,产业基础良好,是河北省综合实力最强、发展潜能最大的城市。2019 年,石家庄实现地区生产总值 5 809.9 亿元,常住人口 1 039.42 万人,人均地区生产总值 52 859 元①。

2.衡水

衡水位于河北省东南部,东部与沧州市和山东省德州市毗邻,西部与石家庄市接壤,南部与邢台市相连,北部同保定市和沧州市交界,距北京 250 千米,距省会石家庄 119 千米。衡水农业基础良好,形成了瘦肉型猪、肉(奶)牛、蔬菜、果树四大主导产业,是京津重要的农副产品加工供应基地。2019 年,衡水实现地区生产总值 1 504.9 亿元,截至 2019 年 9 月,衡水与京津对接合作项目达 733 项,总投资 6 986.96 亿元,其中战略新兴产业项目 70 项,现代服务业项目 32 项,特色产业迭代升级初见成效,未来可建设成为工业强市和京津技术成果转化及产业承接基地。

3.邢台

邢台位于河北省中南部,东以大运河和山东省相望,西依太行山和山西省毗邻,北与石家庄市、衡水市相连,南接邯郸市,全市土地面积 12 456 平方千米,距北京 350 千米,距天津 445 千米,距省会石家庄 125 千米。邢台有京广、京九铁路,京广、京九高铁,京港澳、大广、太行山高速纵贯南北;邢和、邢黄铁路,邢衡、邢汾、邢临、青银高速横贯东西。邢台市矿产资源丰富,制造业基础良好,生态景观秀美,拥有发达水系,共有河流 21 条。2019 年,邢台实现地区生产总值 2 119.96 亿元,常住人口 739.52 万人。

4.邯郸

邯郸位于河北省最南端,与晋、鲁、豫三省接壤,地处晋冀鲁豫四省交界地区,总面积 12 069 平方千米,与北京、天津的距离均在 450 千米以内,与石家庄、太原、济南、郑州四个省会城市的距离均在 200 千米左右。邯郸市区位交通条件优越,地处国家"两横三纵"之一京广纵向主干发展轴上,广铁路、京广高铁、

---

① 安树伟.推动京津冀形成"三足鼎立"格局[N].中国城市报,2017-03-06.

京深高速公路、大广高速公路贯穿南北,邯长铁路、邯济铁路、青兰高速公路、邯大高速公路横跨东西,邯郸机场是国家重点发展的支线机场。邯郸市矿产资源丰富,是中国著名的煤炭和高品位铁矿石产区,工业发展条件优越。2019 年,邯郸实现地区生产总值 3 486 亿元[①]。

第四节　促进京津冀城市群发展与合作的建议

京津冀城市群是引领我国北方地区发展的重要载体。习近平总书记指出,当前和今后一个时期,京津冀协同发展"进入到滚石上山、爬坡过坎、攻坚克难的关键阶段"。京津冀城市群高质量发展对于实现建设世界级城市群的目标、构建国内国际双循环体系具有重要意义。

一、促进京津冀城市群高质量发展的建议

针对京津冀城市群面临的要素流动不畅、产业结构趋同、资源环境约束趋紧、空间结构不合理等问题,未来应着力转变经济发展方式、完善京津冀交通体系、优化区域空间布局,以三大都市圈建设推动京津冀城市群高质量发展,打破行政区域限制,推进制度创新和区域合作,为京津冀协同发展、高质量发展提供制度保障。

（一）转变经济发展方式，缩小区域发展差距

京津冀地区的发展差距主要表现为河北与京津的差距过大,各市综合实力普遍不强,经济结构不合理,环境污染严重。一方面,河北应加快转变经济发展方式,积极促进低碳产业,特色产业,高技术、高附加值产业的发展,提高城市发展水平,增强各城市经济活力,提高经济效益,实现人口数量、经济活动和用地相互匹配,城市规模同资源环境承载能力相匹配;另一方面,河北应依托现有产

---

① 马燕坤.京津冀拓展区域发展新空间研究[J].区域经济评论,2020(6):80-93.

业基础,选择一些具有优势和发展潜力的地区设立新区,打造京津冀产业协作发展平台,改善投资环境,吸引产业聚集,创造更多的就业岗位。将北戴河新区、曹妃甸新区、渤海新区、冀南新区、正定新区等作为河北省在京津冀协同发展中的着力点,并建议将其上升为国家级新区,推动京津冀协同发展。通过国家的支持,将其培育成为新的经济增长极,全面缩小河北与京津的发展梯度。

(二)加强基础设施建设,完善京津冀交通体系

共建交通网络体系应当成为京津冀协同发展的先导和突破口。整合城际公路交通和城市道路交通,积极推进大运量的城际快速轨道交通建设,为核心城市有机疏散和区域重新集中创造条件。一是在减轻北京中心城区城市道路交通压力的同时,进一步改善京津冀城际之间的交通联系。二是以加强沿海经济带交通联系为目标,形成纵贯南北的综合交通体系,扩大与全国其他地区的交通联系。充分发挥高铁建设带来的辐射效应,改善北京西部和北部的交通条件,使经济辐射传导路径更加顺畅。三是加强航空港、港口之间的分工与协作,形成完善的航空港、海港体系。促进天津港、秦皇岛港、唐山港、黄骅港的合作,加强港口后方铁路、公路、空运、水运建设,形成综合性、多功能的现代化交通集输运体系。

(三)优化区域空间布局,以三大都市圈推动城市群发展

京津冀内部缺乏具有"二传手"功能的城市,城市群内城镇等级存在断层,不利于产业的传导转移和构建完整的跨区域产业链体系,因此优化空间布局是京津冀协同发展的重点任务及方向。以"三核"引领"三圈"互动,进一步提高北京对周边地区的辐射带动作用,将北京建设成为具有全球影响力的世界城市,带动京津冀世界级城市群建设;加快天津经济中心的培育,促进金融、商贸、会展、科技、信息、文化教育等服务业发展,使天津成为信息汇集、商贸兴旺、人才集中的区域性经济中心;提高石家庄的经济发展水平,提升其对人口、资源的集聚能力,有效疏解北京市的人口压力、交通压力和环境压力;促进北京经济

圈、天津都市圈和石家庄都市圈互动发展,构建多核心空间布局,不断加强区域合作,同时充分把握建设雄安新区这一历史机遇,推动雄安新区高标准建设、高质量发展,打造河北省内"反磁力中心",促进京津冀协同迈向更高水平。

(四)健全生态补偿机制,协同治理环境污染

对京津冀地区污染物排放总量进行联防联控,实施重点流域综合整治,加快生活污水处理设施建设,构建点、线、面相结合的都市圈生态环境防护安全网。一是构建京津冀污染协同治理机制。建立健全信息通报、环境准入、企业监管、生态修复等一体化的跨界生态环境污染综合防治体系,联合制定跨界河流综合整治和生态修复规划,构建大气污染联防联控机制,建立统一区域空气质量监测体系和大气污染预警应急机制,共享污染源监控信息。二是建立健全生态补偿机制。整合京津冀地区各类补助资金,建立区域生态补偿专项基金,推动京津两市为冀北建立以循环经济为导向的产业体系提供技术支持,在生产性服务业、科技信息、市场流通、人才资源、高新技术等方面加强对河北省欠发达地区的辐射带动作用。根据实际情况逐渐提高京津两市对冀北地区在植树造林、水资源输送等方面的补偿标准,使京津冀生态补偿机制常态化、长期化。三是推进环保基础设施共建共享。鼓励京津冀内部跨界区域打破行政区限制,统筹规划、合理布局,共建共享污水处理设施和污泥处置设施,实现管网互联互通,共建生活垃圾处理厂,全面深化危险废物环境管理制度,消除危险废物跨行政区域转移障碍。

(五)打破行政区域限制,建立利益协调共享机制

京津冀地区存在中央与地方、省与市、市与市之间复杂的行政关系,政府间协调难度较高,跨省级行政区中各行为主体的利益目标不一致,现行制度下的京津冀区域协调机制很难高效推进区域内具体领域协同发展。因此,一是应加快改革创新步伐,破解行政壁垒和制度障碍,促进生产要素自由流动;二是建立超越三方行政权力的高层次协调机构,主要负责京津冀区域总体发展规划研

制、各地区重大利益协调、统筹协调区域合作和区域经济一体化战略决策与政策制定;三是建立三地的利益共享机制,在区域性基础设施共建共享、生态环境工程建设与产业布局调整等方面寻找各方互惠互利的合作切入点,如通过建立财税利益分配机制推进跨区域项目合作,通过改善区域交通运营管理机制,协调城际客运系统、市郊通勤系统及其地方公共交通系统之间的衔接,通过建立医疗保险共享机制、完善人才科技合作机制等提高京津冀地区公共服务均等化水平。

二、促进京津冀城市群区域合作的建议

随着城市经济的不断发展和城市规模的扩大,城市间由竞争向合作转变是必然趋势。国家支持和鼓励区域经济发展突破行政区划限制,开展跨地区合作,而这种合作既需要中央政府的推动,也需要地方政府的积极参与。

(一)坚持市场主导作用,发挥政府调控功能

市场主导、政府推动是当前区域经济合作的必由之路[①]。二者应有机结合,相辅相成。都市圈、城市群的形成与发展本身就是市场机制发挥作用的结果,在市场机制的作用下,人口、资本不断在城市集聚,并使城市之间因要素流动而产生关联,在集聚和联系达到一定程度后,都市圈、城市群才有了形成的条件。除了市场机制的直接作用外,政府间的合作意愿和利益协调是区域合作发展的关键。各级政府尤其是上级政府应更好地发挥调控作用,运用市场经济手段,合理引导市场力量,促进功能分工、共同发展,通过构筑泛渤海区域合作发展的总体框架,构建统一的区域市场,促进城市关系由竞争向合作转变。

(二)构建产业协作平台,推动产业转移对接

区域合作的关键在于产业合作,区域产业链的构建是合作的基础,产业转

---

① 孙久文,邓慧慧,叶振宇.京津冀区域经济一体化及其合作途径探讨[J].首都经济贸易大学学报,2008(2):55-60.

移与承接是优化区域产业分工格局的必然要求。京津冀与周边地区应积极构建产业协作平台,大力推进产业转移承接。一是鼓励毗邻城市成立园区合作联盟,建立常态化协作联动机制,共享项目信息,共同举办招商推介活动,打造双向承接产业转移平台,以联合出资、项目合作、资源互补、技术支持等多种方式共建跨区域产业园区;二是加强对区域整体产业发展的引导,支持各地优势产业加快发展,以大都市为核心发展产业集群,建立产业链上下游联动机制,不断深化各城市产业分工协作,明确产业转移与承接的重点领域、适宜地区和操作路径;三是充分发挥行业协会、商会的桥梁和纽带作用,搭建区域产业协作平台,推进建设产业园区等各种形式的跨区域合作。

(三)探索多元合作方式,建立利益协调机制

鼓励各地区探索多元合作方式。一是完善各城市利益分配机制。跨行政区布局的产业项目收益由合作各方分享,探索建设项目税收分配办法,在企业注册地和投资地之间合理分配地方税,项目投产后产生的增值税、所得税地方留成部分,合作双方可在协商一致的基础上按一定比例分成。二是探索建立跨地区基础设施、公共服务和生态环境建设项目成本分担机制。建立区域合作基金,用于公共事务支出,可根据各市 GDP 或财政收入的一定比例缴纳,市长联席会议决定支出事项,如果成员市不主动缴纳可由中央财政扣缴。三是充分发挥行业组织在区域产业发展一体化中的积极作用,形成跨地区行业联盟,共同制定行业发展规划和市场规则,探索各类市场资源的连接和整合。四是鼓励建立各类跨地区民间组织,自下而上地推进政府间合作,组建跨行政区股份制集团公司,打破封闭格局①。

(四)统筹公共设施建设,推动公共服务共享

区域合作离不开基础设施和公共服务的支撑,推动公共事务协同治理是区域合作共赢的必备条件。第一,完善区域交通网络。以相邻城市互联互通为重

---

① 陈剩勇,马斌.区域间政府合作:区域经济一体化的路径选择[J].政治学研究,2004(1):24-34.

点,打造以轨道交通和城市快速路为主体的交通圈,形成网络化、组团式、集约型的区域空间。第二,推进基本公共服务合作。促进基础设施联网、公共服务对接,可统筹规划、联合共建一批重要能源储备基地,提高资源配置效率。第三,加强教育科技交流。推进优质教育资源区域共享,开展联合办学、课程互选、学分互认、教师互聘等多种形式的校际交流合作,保障农业转移人口随迁子女平等就学,深化产教融合、校企合作。第四,推进医疗卫生合作。完善综合医院、专科医院和社区卫生服务机构等医疗服务体系,共享医疗卫生资源,推动医疗卫生信息化建设,完善区域医疗业务应用系统的互联互通和业务协同。第五,推动公共事务协同治理。协同流动人口管理和服务,统筹生态环境治理,推动社会治理由单个城市向区域协同治理转变,探索多个城市联合资助第三方开展跨区域环境治理的新模式。

(五)完善区域合作规划,构建政策保障体系

区域规划的主要功能是促进合作,应强调规划的约束作用。当前,我国诸多区域规划都缺乏约束力,一是缺乏前瞻性,规划往往落后于现实发展;二是地方政府领导执行规划的意识不强,个人意志高于规划约束;三是制定规划时缺乏相互协调,规划与规划之间存在矛盾冲突。因此,应根据各市资源禀赋、地理区位、交通状况、经济条件和发展潜力,因地制宜地编制区域发展与合作规划,明确各城市的主体功能和主导产业,避免出现产业同构、低效率重复建设的情况。同时,要着力打破行政垄断和市场壁垒,促进资源要素自由流动。加快推进区域合作法治建设,对有利于深化区域合作的环节建立法律保障,对妨碍区域合作的各个环节形成法律管控,构建促进区域要素流动、产业合作和技术创新的制度保障。还应积极推进法治合作平台建设,建立协调处理跨地区纠纷制度。

本章执笔:李博雅(中国社会科学院研究生院经济学博士,北京物资学院经济
　　　学院讲师)

参考文献:

[1] 安树伟.推动京津冀形成"三足鼎立"格局[N].中国城市报,2017-03-06(2).

[2] 安树伟.京津冀协同发展战略实施效果与展望[J].区域经济评论,2017(6):2,48-54.

[3] 陈剩勇,马斌.区域间政府合作:区域经济一体化的路径选择[J].政治学研究,2004(1):24-34.

[4] 马燕坤.京津冀拓展区域发展新空间研究[J].区域经济评论,2020(6):80-93.

[5] 孙久文,邓慧慧,叶振宇.京津冀区域经济一体化及其合作途径探讨[J].首都经济贸易大学学报,2008(2):55-60.

[6] 肖金成,马燕坤.京津冀空间布局优化与河北的着力点[J].全球化,2015(12):17-31,133.

[7] 肖金成,马燕坤,张雪领.都市圈科学界定与现代化都市圈规划研究[J].经济纵横,2019(11):2,32-41.

[8] 国家发改委国土开发与地区经济研究所课题组,肖金成,李忠.京津冀区域发展与合作研究[J].经济研究参考,2015(49):3-29,43.

[9] 肖金成,李博雅.京津冀协同:聚焦三大都市圈[J].前线,2020(8):59-65.

5

长三角城市群

长三角城市群是中国城市化水平最高、经济发展速度最快和最具发展活力的区域之一。促进城市群一体化、实现高质量发展是当前长三角区域的主题。促进长三角城市群高质量发展应以习近平新时代中国特色社会主义思想为指引,深入贯彻落实新发展理念,提升合作质量,加快推动长三角地区质量变革、效率变革、动力变革,在创新驱动、经济转型、改革开放和区域一体化发展等方面继续走在全国前列,使其迅速成为具有全球竞争力的世界级城市群。本章阐述了长三角城市群的现状及存在的问题,重点介绍了上海都市圈、南京都市圈和杭州都市圈,并提出了促进长三角城市群高质量发展的对策。

第一节　长三角城市群发展现状

城市群是在特定空间范围内由不同规模等级的城市在分工与协作基础上形成的具有密切联系的一体化功能区域。目前,上海、江苏和浙江两省一市的城市在产业分工、要素流动、商品交换、资源共享、平台共建等方面积累了丰富的实践经验,城市融入城市群的特征更为明显。从自然地理和历史文化交流来看,江浙沪地区在空间演进和经贸往来上也更加聚合。2020 年 8 月 20 日,习近平总书记在合肥主持召开扎实推进长三角一体化发展座谈会并发表重要讲话,强调要把长三角一体化发展放在国家区域发展总体战略全局中进行统筹谋划,要求围绕一体化和高质量两个关键词抓好重点工作,这为新阶段下长三角未来的发展指明了方向和路径。

一、总体情况

19 世纪中期上海开埠到 20 世纪 30 年代,上海逐渐成为远东和中国的经济金融中心,并开始形成以上海为中心的都市圈。新中国成立初期到 20 世纪 70 年代末,是一体化向行政分割下的独立产业体系转变时期,这一阶段国家强调按省级行政区建立相对独立、完整的工业体系,以上海为核心的都市经济圈被强制分割开来。改革开放到 20 世纪 90 年代初,是长三角工业经济恢复性增长时期,以 1982 年上海经济区的成立为转折点,上海与苏浙二省的产业分工发生了变化,逐步由垂直分工转向水平分工。20 世纪 90 年代初到 21 世纪初,为上海核心城市功能再造时期,长三角一体化的产业基础形成。21 世纪以来为全球化时期,长三角一体化产业分工新格局形成。这主要得益于市场化进程和经济全球化加速的影响。长三角是长江三角洲的简称,长三角城市群的范围在不断变化,原来的范围是以上海为核心的 16 个地级以上行政区,后来扩大为 26 个地级以上行政区。为获取数据方便,本章的研究范围包括沪苏浙三省,不包括安徽省。

(一)经济差异持续缩小

2019 年,长三角城市群 GDP 约为 23.7 万亿元,经济总量约占全国的 23.9%;2019 年,长三角城市群进入"万亿元俱乐部"的地级以上行政区有 6 个,依次为上海、苏州、杭州、南京、宁波、无锡,GDP 总量分别为 38 155 亿元、19 236 亿元、15 373 亿元、14 030 亿元、11 985 亿元、11 852 亿元。2020 年南通市也正式进入"万亿元俱乐部"。

在过去的数十年中,长三角内多个城市与上海的经济总量落差在逐年缩小。2000 年,上海与苏州之比为 3.12∶1,与南京之比为 4.48∶1,与杭州之比为 3.48∶1;2010 年,上述比例已分别下降为 1.89∶1,3.40∶1,2.92∶1;2019 年,上述比例分别为 1.97∶1,2.72∶1,2.48∶1。由此看出,在多年的区域一体化实践的进程中,杭州、南京、苏州等市经济总量与上海市的差距正在逐步缩小,多中心均质化发展趋势逐步显现(表 5.1)。

表 5.1　上海与苏州、南京、杭州 GDP 比值变化情况

年份	上海∶苏州	上海∶南京	上海∶杭州
2000	3.12	4.48	3.48
2005	2.26	3.88	3.16
2010	1.89	3.40	2.92

续表

年份	上海：苏州	上海：南京	上海：杭州
2015	1.77	2.64	2.55
2016	1.82	2.68	2.49
2017	1.74	2.57	2.40
2018	1.76	2.56	2.42
2019	1.97	2.72	2.48

（二）产业结构不断优化

伴随着各市产业的优化升级，第三产业所占比重不断提升，产业结构高级化水平不断提升。同时，产业结构合理化与高级化是相互联系、相互影响的。上海市的第三产业对 GDP 的贡献远远大于其他产业，产业结构不断优化升级。与上海市相比，浙江省与江苏省产业结构高度化与合理化水平较低，但近 10 年来不断提高。在制造业方面，江苏省侧重于化学燃料、医疗制造业等高端行业，而浙江省注重依托纺织业等传统制造业，打造融开发、设计、织造、品牌打造、销售与展示于一体的小型产业链，打造产业集群。而在服务业方面，两省发展差距并不明显。

（三）交通基础设施网络日趋完善

随着区域一体化和网络化发展进程的加速推进，交通格局由核心城市集聚向均衡化发展是长三角城市群经济和交通演进的必然过程。在陆路交通网的规划与建设方面，多个项目加速推进；在水运网建设上，长三角地区继续深入与上港集团等多个沿海优质港口龙头企业合作，疏通内河航运，助力航运工程等项目建设；在航空方面，以"协力打造世界级机场群"为目标，以上海国际航空枢纽为核心，提升杭州、南京、合肥等枢纽机场能力，从而打造世界级机场群。

二、存在的主要问题

虽然在经济总量上，长三角地区的发展水平位居全国前列，但各市的发展存在不平衡问题，这也是长三角一体化过程中的一大桎梏。按照工业化发展阶段看，上海、杭州和南京已经进入后工业化时代，苏州、宁波、无锡等市处于工业化后期阶段，仍有不少市还处于工业化中期阶段。区域经济发展的平衡性除受政治与制度的影响外，还受技术、资本、人才、资金等各类要素差异的影响。分区域看，长三角地区的要素资源更多地分布于上海、苏南、浙北，这导致长三角总体呈现出"上海—苏南—苏北""上海—浙北—浙南"从中心向南北两侧经济发展水平递减的梯度差异；同时，要素资源丰富的地区，大多凭借比较优势与地区特色在当地形成特色产业，进一步扩大与落后地区的差距，从而导致地区发展差异不平衡问题更加突出。

（一）区域协调的体制机制仍不健全

近年来，长三角区域协调发展积累了不少经验，但是现有的区域协调体制机制仍不健全，主要是缺乏包容性。一是长三角区域规划体系的顶层设计不健全，缺乏对区域长远协同发展的统筹安排，以及缺少对区域发展的中长期规划，难以实施高效、有序、持续的区域协同。二是长三角区域市场一体化建设包容性欠缺。政府与市场缺乏配合，没有形成良性的配合机制。三是各省市之间的行政体制与应急体制不一致，很难形成公共服务的区域内跨越行政边界或跨都市圈的合作，协调成本较大，也导致公共资源难以跨地区共享。四是各省市之间规章制度的协调进度较慢。目前长三角立法协调机制基本为空白状态，各地区在税收政策、技术标准、行政规章及惩罚尺度等方面的条例存在较大差异。

（二）交通基础设施发展不平衡

尽管长三角地区在多式联运方面做了很多努力，但其发展不平衡、不充分问题还广泛存在。长三角区域交通运输网络衔接不畅,两省一市缺少统一的区域综合交通规划,城市之间的交通网络未能形成良性串联,比如公共交通网络、轨道交通网络。而且城市之间互联互通的交通基础设施建设不统一,省际通道衔接项目建设推进缓慢、省界处公路的技术标准和等级对接工作进展迟滞,导致省际交界"断头路"问题仍然严重,无法实现交界地区路网融合,妨碍经济发展。

(三)产业趋同现象仍很明显

随着以高铁为代表的交通基础设施的不断加密,以及互联网时代的到来,长三角地区的同城化不断深入。然而,区域内没有形成差异化的优势制造业,产业趋同的现象依然明显,计算机、通信和其他电子设备制造业,电气机械和器材制造业,化学原料和化学制品制造业,汽车制造业以及通用设备制造业等是很多城市共同的优势行业。在制造业中,2010 年长三角共同的优势产业是化学原料和化学制品制造业,计算机、通信和其他电子设备制造业,电气机械和器材制造业等产业。到了 2018 年,情况仍类似,且行业产值份额呈增加趋势,特别是汽车制造业。此外,一些原先的优势行业逐步衰退,行业产值份额也在减少,逐步失去行业发展优势,比如江苏和浙江的纺织业(表 5.2)。

表 5.2　长三角城市群部分城市制造业行业区位熵

(2018 年)

城市	化学原料和化学制品制造业	通用设备制造业	汽车制造业	电气机械和器材制造业	计算机、通信和其他电子设备制造业	有色金属冶炼和压延加工业	纺织业
上海	0.707	0.813	1.643	0.404	0.995	0.257	0.085
南京	1.109	0.450	1.192	0.526	1.128	0.476	0.109
无锡	0.753	0.990	0.717	1.140	1.257	1.967	1.198
常州	1.613	1.090	0.630	1.832	0.692	0.887	1.330

续表

城市	化学原料和化学制品制造业	通用设备制造业	汽车制造业	电气机械和器材制造业	计算机、通信和其他电子设备制造业	有色金属冶炼和压延加工业	纺织业
苏州	0.888	1.280	0.734	0.917	3.075	0.793	1.015
南通	1.456	1.474	0.407	2.002	0.693	0.413	2.468
扬州	1.479	0.965	1.545	1.874	0.295	0.664	0.774
镇江	2.443	0.420	0.424	1.556	0.743	1.396	0.286
泰州	2.148	2.417	0.492	1.665	0.938	0.624	1.260
杭州	0.512	0.697	0.486	0.576	0.905	0.510	0.819
宁波	1.216	0.881	2.098	1.155	0.515	1.508	0.509
嘉兴	1.724	1.021	0.383	1.057	0.594	0.333	3.676
湖州	0.884	1.410	0.329	1.607	0.112	0.929	4.113
绍兴	0.744	1.382	0.211	0.549	0.093	1.409	4.555
舟山	1.771	0.161	0.133	0.064	0.009	0.009	0.225
台州	0.042	0.320	0.277	0.079	0.034	0.039	0.062

与制造业明显波动变化的趋势不同,2010—2018年服务业在城市间的波动变化不大。除了一些基本的社会保障与教育相关的服务之外,服务业中同构现象比较突出的仍集中在金融业。在长三角主要城市中,教育业,卫生、社会保险和社会福利业,环境和公共设施管理业,金融业在各城市分布较为均匀,而信息传输、计算机服务和软件业等现代服务业行业仅在上海、南京、杭州这3个中心城市形成集聚(表5.3)。

表 5.3　长三角城市群部分城市服务行业区位熵

(2018 年)

城市	交通运输、仓储和邮政业	信息传输、计算机服务和软件业	金融业	批发零售贸易业	租赁和商业服务业	教育业	卫生、社会保险和社会福利业
上海	1.818	1.778	1.398	2.187	2.393	0.781	0.805
南京	1.549	2.311	0.569	1.223	1.006	1.128	0.950
无锡	0.613	0.841	1.032	0.764	0.371	0.978	1.099
常州	0.670	0.841	0.980	0.526	0.739	1.394	1.353
苏州	0.617	0.492	0.547	0.715	0.463	0.643	0.711
南通	0.309	0.170	0.625	0.319	0.418	0.552	0.580
扬州	0.573	0.313	0.495	0.321	0.438	0.960	0.732
镇江	0.766	0.370	1.459	0.586	1.339	1.566	1.636
泰州	0.553	0.209	0.651	0.422	0.306	0.717	0.764
杭州	0.975	2.329	1.130	1.103	1.368	1.149	1.223
宁波	0.978	0.695	1.510	0.839	0.873	1.028	1.206
嘉兴	0.564	0.262	1.029	0.563	0.754	1.299	1.335
湖州	0.375	0.266	1.394	0.969	0.488	1.172	1.336
绍兴	0.300	0.147	0.593	0.343	0.238	0.895	0.884
舟山	2.167	0.346	1.497	0.457	1.574	1.357	1.573
台州	0.311	0.204	1.625	0.439	0.332	1.145	1.218

第二节　关于长三角城市群的各类规划

　　1982 年初,国务院考虑建立上海经济区,1982—1983 年,国务院决定成立副部级机构上海经济区规划办公室,当时规划的范围是上海、苏州、无锡、常州、南通、杭州、嘉兴、湖州、绍兴和宁波,共 10 个城市。主要的任务是解决条块矛盾、发挥中心城市作用、城市规划研究等,但由于当时处于计划经济向市场经济过渡的时期,因此超出了其协调能力和协调范围,1988 年 6 月被国家计委宣布撤销。1985 年,国务院出台《关于大力开展横向经济联合的通知》,长三角各地开始开展广泛的经济联合,主要表现为"一配二补",即乡镇企业甘当配角,做国有经济和国有企业的有益补充。1992 年,长三角各地协作办主任开会,成立协作办主任联席会议,主要包括沪苏浙 14 个城市,在之前 10 个城市基础上加了南京、扬州、舟山、镇江。1997 年,长三角协作办主任会议为扩大影响,提高协调能级,上升为长三角经济协调会,每年举行市长联席会议,让分管的副市长出面,也就是今天长三角办公室前身。2004 年,沪苏浙决定党政主要领导每年定期会晤,研究长三角合作,由此开启长三角主要领导的会晤机制,即现在的八巨头会议。

一、2010 年国务院批复《长江三角洲地区区域规划》

2006 年,国家发展改革委组织编制《长江三角洲地区区域规划》,提出建设具有较强国际竞争力的世界级城市群,2010 年 6 月,获得国务院批准。2014 年 9 月,国务院出台《关于依托黄金水道推动长江经济带发展的指导意见》,提出长三角要建设以上海为中心,以南京、杭州为副中心的城市群。2016 年 5 月,国务院批准的《长江三角洲城市群发展规划》明确将长三角城市群定位为面向全球、辐射亚太、引领全国的世界级城市群,将其建成最具经济活力的资源配置中心、具有全球影响力的科技创新高地、全球重要的现代服务业和先进制造业中心、亚太地区重要的国际门户、全国第一轮改革开放排头兵、美丽中国建设示范区。

二、2018 年《长三角地区一体化发展三年行动计划（2018—2020 年）》发布

2018 年 6 月 1 日,长三角地区主要领导座谈会在上海召开,审议并原则同意《长三角地区一体化发展三年行动计划(2018—2020 年)》(以下简称《三年行动计划》),提出到 2020 年基本形成经济充满活力、创新能力跃升、空间利用高

效、高端人才汇聚、资源流动畅通的绿色美丽共享的世界级城市群。

《三年行动计划》提出,到 2020 年长三角地区要基本形成世界级城市群框架,基本建成枢纽型、功能性、网络化的基础设施建设,基本形成创新引领的区域产业体系和协同创新体系,绿色美丽长三角建设取得重大进展、区域公共服务供给便利化程度明显提升,全国新一轮改革开放排头兵的地位更为凸显,并基本建立更有效的区域协调发展新机制。再经过一段时间的努力,把长三角地区建设成为全国贯彻新发展理念的引领示范区,成为亚太地区的全球资源配置的重要门户,打造出一个具有全球竞争力的世界级城市群。

此外,《三年行动计划》还提出,要构建更为务实有效的合作协调机制。基于已经组成的位于上海的长三角区域合作办公室,三省一市就共同设立长三角一体化发展投资基金签署了框架性协议,基金主要投向跨区域的基础设施建设、生态环境治理、科技创新等领域。同时也强调要探索建立跨区域的生态补偿机制。

三、2019 年《长江三角洲区域一体化发展规划纲要》获得中央批准

2019 年 12 月,中共中央、国务院印发《长江三角洲区域一体化发展规划纲要》,主要强调发挥上海的龙头带动作用,加强跨区域协调、提升都市圈一体化水平、推动城乡融合发展,形成优势互补的发展格局。

(一)强化区域联动发展

提升上海核心竞争力,建设国际经济、金融、贸易、航运、科技五个中心,并有序疏解一般制造业等非都市核心功能。打造具有上海特色的服务业、制造业、文化产业与消费品,推动上海品牌与管理模式的全面输出。

发挥好苏浙两省的比较优势,强化分工合作、错位发展。江苏具有制造业发达、开放程度高的优势,要推动沪宁产业创新带建设;浙江数字经济、民营经济相对发达,要整合一批集聚发展平台,推动数字技术创新,同时带动民营企业进一步发展,另外也要借助生态环境的优势,打造绿色发展新标杆。

要引导市场联动,加强区域合作,并推动跨地域行业商品市场互联互通、资源共享;加强苏北、浙西南等边缘区与其他地区的合作,共同拓展发展空间。

（二）加快都市圈一体化发展

推动都市圈同城化。加快都市圈范围内城市的融合发展,以核心城市为依托,各城市在基础设施与公共服务方面加强互联互通,大力发展数字经济,共建产业互补、创新绿色的新型智慧城市。

推进都市圈之间的协调联动,在加快大通道建设的同时,也要重视打造交通枢纽,做到"点和线"的结合,以此提高路网密度,带动资源要素的充分流动。加快都市圈间重大事项协调推进的机制建设,研究并解决好此过程中的难点、堵点,探索协同治理新模式。

（三）促进城乡融合发展

加快补齐城乡基础设施短板。加快覆盖城乡的全方位基础设施建设,实施农村基础设施补短板工程,加快电力、供水、信息、物流等建设,打通城乡之间的交通断头路,提高农村地区基础设施综合配套水平。

推动城乡公共服务一体化。依托各地比较优势,以教育、医疗、养老等为主题,加快打造一批高质量的公共服务,同时完善统一的城乡居民基本医疗保险、基本养老保险制度,改善农村居民就医难的问题;通过城乡合作,优化农村基础教育学校布局,真正实现教育公平。

要让人的城市化与产业的城市化同步,落实以人为本的理念,破除制约人全面发展的落后体制;必须深化户籍制度改革,构建城乡居民身份平等的户籍登记制度;有序推动农村人口向城镇、特色小镇或中心村相对集中地居住与创业发展。提升乡村发展品质,实施乡村振兴战略,推动农村三次产业深度融合。

第三节　三大都市圈

都市圈是以某个大城市为核心,以经济、社会联系为纽带,以发达的交通通道为依托辐射影响的区域。2019 年国家发展改革委发布的《关于培育发展现代化都市圈的指导意见》提出,要培育发展一批现代化都市圈。《上海市城市总体规划(2017—2035年)》明确提出,要"充分发挥上海中心城市作用,加强与周边城市的分工协作,构建上海大都市圈,打造具有全球影响力的世界级城市群",上海毗邻地区近年来也纷纷提出接轨上海、融合发展的战略,形成了与上海融合发展的态势。此外,《江苏省城镇体系规划(2015—2030年)》《浙江省城镇体系规划(2011—2020)》也提出要推动南京都市圈、杭州都市圈的建设。

一、上海都市圈

上海都市圈具有天然的地理人文基础,8个地级市与上海地缘相近、山水相连,同属吴越文化,是长三角地区最早的江南文化发源地。从13世纪开始,苏州客商沿吴淞江向东发展催生了青龙镇,开辟了上海码头,成就了早期的上海小镇。宋初的华亭县(今松江)归属秀州(今嘉兴),其经济支柱是渔业、盐业经济,漕运码头经济及滩涂开发经济,滨水渔村码头和河边小镇众多,嘉兴是当时淘金移民的主要来源地。舟山的嵊泗群岛历史上曾多次归上海管辖,是上海渔民出海淘金的海中根据地,20世纪六七十年代曾有华东10万渔民集聚舟山渔港。民族工商业改造后,上海国营企业相继兴起,开始大量招募南通工人。改革开放后,南通利用上海国企多年积淀的技术大量创办企业,成为华东产量最大的纺织基地和临海临江产业基地。无锡乡镇企业兴起与上海工程师下乡密不可分,20世纪七八十年代,无锡乡镇企业从上海聘请了很多"星期天工程师"。随着现代交通基础设施的改善,湖州、常州与上海的联系也在不断增强。

上海都市圈的空间范围主要包括上海及其周边的苏州、无锡、常州、南通、嘉兴、宁波、舟山、湖州8个市。2018年常住人口为7 034.46万人,地区生产总值为9.77万亿元,其中,上海、无锡、苏州、宁波4个市已跻身万亿GDP行列。上海都市圈以长三角三省一市14.87%的面积,承载了31.22%的常住人口,创造了46.22%的地区生产总值,是长三角地区的核心增长区域。2018年,上海都市圈人均地区生产总值达13.90万元,高于长三角整体平均水平48.07%,地均地区生产总值达1.83亿元,是长三角整体平均水平的3倍。

二、南京都市圈

南京都市圈以南京为核心,包括南京及周边的扬州、镇江、滁州、芜湖、马鞍山、淮安、宣城 8 个市,面积约 6.3 万平方千米。

1986 年,江苏省的南京和安徽省的合肥等提出,加强跨区域的城市合作,共建平台、共商区域发展大计,这一提议得到江苏、安徽、江西三省 19 个市积极响应,"南京区域经济协调会"成立,其中南京为主席方城市,合肥和南昌为副主席方城市。鉴于跨区域城市合作越来越密切,2000 年 7 月,在江苏省城市工作会议上,江苏省政府提出以南京为核心,打造"南京都市圈"区域经济联合体,并从 2001 年开始,每年两次举行南京都市圈年鉴工作研讨会。2002 年,南京、扬州、镇江、滁州、芜湖、马鞍山 6 个市以实现区域一体化为目标,共同启动南京都市圈的规划制定。2003 年,《南京都市圈规划(2002—2020)》编制完成,规划范围包括上述 6 个市和淮安、巢湖的部分县市。2007 年,首届南京都市圈市长论坛召开,发布了《南京都市圈共同发展行动纲领》,进一步明确了区域内城市未来合作的方向。2013 年,南京都市圈发展迎来新局面。南京都市圈第一届党政领导联席会议召开,这是南京都市圈成立以来规模最高的会议,安徽省宣城市取代巢湖市成为南京都市圈新成员。在区域经济高质量发展的背景下,2019 年,南京市政府发布《南京都市圈一体化高质量发展行动计划》,对都市圈在市场、交通、生态、创新、智慧城市建设等方面的内容进行了明确,并提出加快编制《南京都市圈发展规划》,扎实推进都市圈一体化工作。2020 年,国家发展改革委印发《2020 年新型城镇化建设和城乡融合发展重点任务》,明确提出"支持南京等都市圈编制实施发展规划",南京都市圈发展进入新阶段。

三、杭州都市圈

杭州都市圈以杭州市为核心,包括浙江省的杭州、湖州、绍兴、嘉兴和安徽的黄山等市,面积约 5.3 万平方千米。杭州都市圈位于长三角经济圈南翼,以辐射杭州湾、接轨上海为定位,区域内在民营和数字经济方面发展迅猛,是全国最具创新性和活力的都市圈之一,是长三角发展的"金南翼"。

杭州都市圈的启动建设经过了十余年的历程。2007 年,首届杭州都市经济圈第一次市长联席会议召开。同年,杭州、湖州、绍兴、嘉兴四市市委开始组建杭州都市经济圈协调会。其中,区域范围是以杭州为中心城市,湖州、嘉兴、绍兴为副中心城市,四个城市的县市为经济联动圈层。从第一届市长联席会议开始到 2020 年 11 月,杭州都市圈已经举办 11 次市长联席会议,合作从交通、产业、规划等方面逐步扩展到金融、贸易、文化等方面,区域内城市在规划共编、服务共享、交通一体化、协调发展等方面取得明显成效。2010 年,浙江省政府批复《杭州都市经济圈发展规划》,明确了杭州都市圈的功能定位、空间布局和战略目标,提出要构建资源优化整合和协调共享机制,并明确杭州都市圈范围为杭州、湖州、绍兴、嘉兴四市。2014 年,国家发展改革委批复杭州都市圈成为全国首个以都市圈经济转型升级的综合改革试点。

第四节　促进长三角城市群一体化发展的对策

对长三角区域来说,一体化是发展的重点和难点是区域协调发展的最高形态,其重要目的就是解决区域发展不平衡问题。而"高质量"是贯彻落实新发展理念的内在要求,是衡量一体化的重要指标。因此,长三角未来的发展要在"一体化"中实现"高质量",要通过深入推进区域一体化来推动高质量发展,同时通过高质量发展促进更深层次一体化,着重处理好"质与量""大与小""同与异""条与块"等几类关系,要在功能、产业、人口、交通、公共服务、空间以及有为政府这六位一体下实现更高质量的发展。

一、强化科技创新的核心支撑作用

优化创新创业生态环境,提升对创新人才的吸引力。一要着力促进高质量创新资源要素的顺利流入,全面清理一切不利于创新资源自由流动的体制性、政策性障碍和不当做法。二要进一步探索实施各类科技创新人才入境、工作、居住、交流等的方便易行和安全舒适的管理举措,真正建立人尽其才、以能配岗的人才使用制度,最大限度地激发人才的能量,把长三角区域打造成为最具吸引力,最有利于开展创新和形成创新成果的高地。

协同打造一体化创新平台。有效运用法律手段和必要的行政手段,推动科技资源高效共享,促进创新要素自由流动和创新主体高效协同,加强基础研究与应用研究融通发展,着力解决区域内创新资源要素相互分割、各自为战、明争暗斗的问题。尝试建立包含政府、企业、高校、科研院所、行业协会、投资机构等各领域在内的多元化集群管理组织架构,推动组建科技创新共同体委员会,共同出资成立长三角创新发展基金。要以上海为龙头,携手南京、杭州、合肥,以沿沪宁(G42)产业创新带、G60 科创走廊、宁杭(G25)生态经济带为支撑带,构建长三角科创圈。

完善支持创新的机制体制。聚焦重点领域和关键环节,率先探索关键核心技术攻关新型举国体制,实施一批关键核心技术攻关任务,打造全国创新策源地。健全激励机制,健全以创新能力、质量、实效、贡献为导向的科技人才评价体系。进一步加大政府财政的投入,完善科技评价机制。在更大范围合作建设专业研究所和企业联合创新中心,通过建立各类新型研发机构来紧密对接产业链、创新链以及培养产业创新急需的高层次人才,通过在更大范围推广"机制灵活、专业运作"的激励机制来打造产研融合的体系以及供需有效对接的模式。

二、构建多空间尺度的区域合作机制

增强都市圈核心城市的辐射能级。率先在上海、杭州、南京、苏州等长三角城市建立城市间重大事项和重大项目共商共建机制,复制推广长三角生态绿色一体化发展示范区经验,带动全省域融入长三角一体化发展。在基础设施建设、科技联合创新、产业合作、生态环境联防联控、市场体制建设等方面展开合作,重点加强在土地规划管理、生产要素流动、财税分享、环境保护、公共服务共建共享等方面构建一体化发展体制和利益协同机制。

深化长三角各都市圈的协调联动。加快编制都市圈发展规划,加强南京、杭州等都市圈与上海都市圈对标对接,构建便捷的都市通勤圈、优质生活圈、功能疏解承载地。

推动省际毗邻区域协同发展。探索省际毗邻区域协同发展新机制,共建长三角生态绿色一体化发展示范区,以基础设施一体化和公共服务一卡通为着力点,推进毗邻地区班线公交化,支持定制客运发展。强化省际毗邻重点区域、省内一体化合作先行区协调联动发展,探索协同治理新模式,打造跨行政区深度融合、协同发展引领板块。

三、共建互联互通综合交通体系

共建轨道上的长三角,依托国家综合运输大通道,以上海为核心,南京、杭州为副中心,加快构筑多层次轨道网络。以国家高速公路提速扩容和加强省际公路衔接为重点,加快区域高速公路网络化建设,加强市与市、县与县、乡与乡的交通互联,着力打通省际边界、市际边界、县际边界甚至乡际边界的“断头路”,提高公路通达性。促进各层次轨道网络的融合,谋划统一的技术制式和运营组织,实现运营管理“一张网”。充分利用长江黄金水道,大力完善多式联运体系。鼓励沿线港口与上海港、宁波港开展联合运输、江海联运等领域合作。

构建完善的江海直达运输管理体系,打造江海联运公共信息平台,实现长江船货供需有效对接,推动区域港口运输企业间的合作。推进区域联合执法、信息共享、异地案件协查、异地联合查处等工作,提升区域整体交通管理成效,积极推动区域信息化互联共享。

四、完善生态环境联保共治机制

要坚持绿水青山就是金山银山的理念,坚持生态优先、绿色发展,共同抓好大保护,协同推进大治理。一要开展跨区域生态协同治理,加大共同执法力度,强化污染排放标准协同、水质监测数据共享、监督管理协同;要不断完善区域环境监测网络,加强各类检测环境污染监管合作,完善和强化重污染天气联合预测预报机制,联合制定符合长三角区域污染特征的重污染天气应急方案,实施预警联动。建立健全共同防范、互通信息、联合监测、协同处置的应急指挥体系;出台环境准入负面清单,明确环境准入政策单元和准入标准,优化产业结构和产业布局。二要加强跨区域环境保护司法协同,推进流域法院建设,负责流域跨区域环境资源保护案件的审理,以法治建设确保国家战略有效实施。三要严格保护跨省界重要生态空间,探索开展"生态+"保护性开发模式,共同打造具有全国影响力的长三角绿色生态品牌。

五、提升公共服务跨区域便利共享水平

探索打破户籍制度障碍,促进人口合理分布,在都市圈范围内率先探索打破户籍制度限制,促进中心城市与毗邻区人口的合理分布。充分发挥毗邻区临近中心城市的优势,建立劳动力市场大数据,通过"星期天工程师""周末坐诊专家"等人才引进政策,促进人力资源尤其是高层次人才在区域间有效流动和优化配置,以通勤和线上交流的方式获得中心城市人才的智力支撑。

运用大数据方法与GIS(地理信息系统)技术,编制长三角"人才地图"与

"教育地图"。成立长三角公共创业服务联盟,联合开展长三角创客节、创新创业大赛等创业服务活动,公开遴选创业新秀、创优项目,共同打造长三角公共创业服务品牌。

加强公务员考试录用工作联动和合作,推行联动招录、互派考官、共建基地等合作新模式,建立长三角区域公务员交流挂职常态化机制,定期互派公务员进行实践锻炼。

加强长三角区域异地居住退休人员养老保险信息交换,推广上海居住退休人员通过公安信息比对进行社会保险待遇资格认证的模式,精简认证流程。

建立跨省异地就医直接结算信息沟通机制和应急联动机制,探索建立三省一市养老补贴异地结算机制,建立区域养老服务协作协商机制,加强养老服务人力资源、养老政策协同,提升长三角养老服务质量。

本章执笔:张学良(上海财经大学教授)

　　　　　王雨舟(上海财经大学博士研究生)

　　　　　贾文星(上海财经大学博士研究生)

　　　　　许基兰(上海财经大学博士研究生)

参考文献:

[1] 肖金成.建设现代化区域发展体系[J].宏观经济管理,2019(3):38-40,65.

[2] 马燕坤,肖金成.都市区、都市圈与城市群的概念界定及其比较分析[J].经济与管理,2020,34(1):18-26.

[3] 肖金成,李清娟.促进长三角经济一体化高质量发展[J].宏观经济管理,2020(4):27-30.

[4] 范恒山.论长三角高质量一体化发展的关键点[N].经济日报,2019-11-01(16).

[5] 范恒山.打造长三角世界级城市群要抓好五个着力点[N].经济日报,2020-

02-13(11).

[6] 张学良,杨羊.新阶段长三角一体化发展须处理好几类关系[J].学术月刊, 2019,51(10):39-45.

[7] 张学良,林永然.都市圈建设:新时代区域协调发展的战略选择[J].改革, 2019(2):46-55.

[8] 张学良,林永然.打造现代都市圈 推进新型城市化[N].经济日报,2019- 02-28(12).

[9] 刘志彪.长三角区域市场一体化与治理机制创新[J].学术月刊,2019,51 (10):31-38.

[10] 刘志彪,孔令池.长三角区域一体化发展特征、问题及基本策略[J].安徽大 学学报(哲学社会科学版),2019,43(3):137-147.

[11] 陈建军.长江三角洲区域经济一体化的三次浪潮[J].中国经济史研究, 2005(3):113-122.

6

粤港澳大湾区城市群

《粤港澳大湾区发展规划纲要》于 2019 年 2 月正式发布,指出粤港澳大湾区是国家重点建设的世界级城市群,是实施"一带一路"倡议的桥头堡,并在科技创新、基础设施的互联互通、城市制度协调发展和城市对外贸易等方面对大湾区进行了明确的设计,范围包括广州、深圳、佛山、东莞、惠州、中山、珠海、肇庆、江门 9 市和香港、澳门 2 个特别行政区。本章阐述了粤港澳大湾区发展沿革、空间布局、人口集聚与扩散,核心城市与三大都市圈的产业发展优势、机会与挑战,粤港澳大湾区与周边地区的合作,提出粤港澳大湾区的升级路径和建设世界级城市群的愿景。

第一节 粤港澳大湾区城市群概况

粤港澳大湾区城市群原名珠江三角洲城市群,因珠三角与世界上三大湾区(纽约湾区、旧金山湾区、东京湾区)并列,而称为粤港澳大湾区,故城市群名称也改为粤港澳大湾区城市群。还有一层原因,原珠三角城市群不包括香港和澳门,而粤港澳大湾区加上了香港和澳门,名称便做相应的改变,正可谓顺天应人。

一、发展沿革

粤港澳大湾区包括广州、佛山、肇庆、深圳、东莞、惠州、珠海、中山、江门 9 市和香港、澳门 2 个特别行政区,"9+2"由此而来,面积 5.6 万平方千米。粤港澳大湾区的发展可追溯自北宋时期,初始由于沿海和水陆航线而带动了贸易往来,促进了广州市的发展。明代的手工业与工商业更为兴旺,一直到清代开放海禁后,广州成为唯一的通商口岸,商业飞速发展,成为国际商业中心城市,各省的进出口货物经广州对外通商,由佛山中转,这使佛山的商业越趋繁荣。鸦片战争后,中国转为以上海港为对外进出的最主要贸易港口,珠三角地区的经济发展速度相对于长江三角洲有所减慢,但仍持续缓慢增长。香港自 1842 年被英国占领后,也发展成港口城市,于 1997 年回归祖国。澳门在 1553 年被葡萄牙占领后,逐渐成为沿海港口城镇,于 1999 年回归祖国。香港、澳门因有特殊地位和独特优势,回归后持续发挥其不可替代的作用,包括投资兴业的龙头作用、市场经济的示范作用、体制改革的助推作用、双向开放的桥梁作用、先行先试的试点作用和城市管理的借鉴作用。

改革开放以后,以特区为代表的珠三角沿海城市率先实现了对外开放和经济发展,从村镇工业经济起步,随着改革开放的不断深入和香港、澳门的回归,粤港澳三地的合作日趋紧密。2009 年 10 月 28 日,由粤港澳三地合作完成的《大珠江三角洲城镇群协调发展规划研究》在澳门发布,提出三地合力建设具有全球竞争力的世界级城镇群。2015 年 3 月 28 日,国家发展改革委、外交部、商务部联合发布了《推动共建丝绸之路经济带和 21 世纪海上丝绸之路的愿景与行动》,提出深化与港澳台合作,打造粤港澳大湾区。2016 年,《国务院关于深化泛珠三角区域合作的指导意见》《广东省国民经济和社会发展第十三个五年规划纲要》与国家"十三五"规划同时提出,支持港澳在泛珠三角区域合作中发挥重要作用,推动粤港澳大湾区和跨省区重大合作平台建设。2017 年的《政府工作报告》、中国共产党广东省第十二次代表大会、党的十九大报告与中央经济工作会议,再次明确粤港澳大湾区建设与启动计划。2019 年 2 月 18 日,国务院批准实施《粤港澳大湾区发展规划纲要》,粤港澳大湾区正式上升为国家重大区域发展战略。

二、粤港澳大湾区的经济

2019 年,粤港澳大湾区 GDP 总量达 11.6 万亿元,占全国 GDP 总量的 11.6%,较 2018 年增长 6.7%。其中深圳从 40 多年前的闭塞落后的小渔村一跃为全球重要的创新中心城市,并成为中国经济的重要支柱之一。粤港澳大湾区以全国约 0.58% 的面积、5% 的人口,吸引了全国 1/5 的外商直接投资,创造了全国约 1/10 的 GDP,世界金融危机以来的经济平均增速仍保持在 10%,是我国经济最具活力、开放程度最高、创新能力最强、吸引外来人口最多的区域,也是我国快速工业化和城市化的典型代表,人口和经济规模比肩全球著名湾区,是具有全球影响力的先进制造业和现代服务业基地。

《粤港澳大湾区发展规划纲要》于 2019 年 2 月正式发布,纲要对大湾区在科技创新、基础设施的互联互通、城市制度协调发展和对外贸易等方面进行了明确的设计。这是我国第一个在"一国两制"框架下的跨行政区规划,是以华南沿海湾区优越自然地理区位和既有城市群为依托的城市群规划,是广东主动承担国家使命、积极投身"一带一路"建设,发挥重要枢纽作用的历史机遇。粤港澳大湾区是东北亚与东南亚的战略要冲,是中国对外开放的南大门,粤港澳大湾区建设对国家"两横三纵"城市化格局的优化和重点开发具有重要意义,在国家现代化建设大局和全方位开放格局中具有举足轻重的战略地位。

粤港澳大湾区具有改革开放和制度创新的先行优势,经济发展水平较高,市场经济体系较完善,国际经济贸易联系十分密切,在全球产业分工链条中形成了持续上升的能力,经济高度集聚,区位优势明显,自然环境优越,初步拥有国际超级大港、商贸枢纽、全球科技创新、全球知名高校(高等教育)、国际金融服务能力五大核心要素。粤港澳大湾区拥有世界级城市群、海港群、空港群、产业群,具有与全球一流湾区的竞争力。粤港澳大湾区已初步成为以港深为核心的城市群,成为带动全球经济发展和引领技术创新变革的领头羊,有利于形成我国由北向南,由京津冀、长三角、粤港澳大湾区引领发展的新格局,为打造中国经济升级版提供有力支撑。

三、粤港澳大湾区的人口

改革开放以来,粤港澳大湾区建设不断加快,产业加速发展,大量人口正在向粤港澳大湾区集聚。2015 年粤港澳大湾区常住人口仅 6 669.92 万人,2018

年常住人口突破 7 000 万人,2019 年常住人口达 7 264.92 万人,比上年增加近
150 万人。其中,珠三角九市常住人口占粤港澳大湾区人口总量的 88.74%,香
港和澳门两个特别行政区分别占 10.32% 和 0.94%。从人口密度来看,澳门、香
港人口密度最大,2019 年澳门人口密度为 22 065 人/平方千米,香港人口密度
为 6 779 人/平方千米,珠三角九市人口密度较小,仅 1 177 人/平方千米。
表 6.1 显示了广东省与港澳各城市的规模等级,可以发现粤港澳大湾区中广
州与深圳属于超大城市,东莞、佛山与香港等围绕在广深周边的城市属于特
大城市,且广东省与港澳的城市发展都已相对成熟。从图 6.1 的灯光图
(2018 年)数据可以了解粤港澳大湾区的灯光主要还是集中在广州、香港与
澳门等城市,图 6.2 的人员流动网络图显示了深圳与广州是粤港澳大湾区两
个最大的人口分流点。

表 6.1   广东省与港澳各城市的规模等级

规模等级		划分标准 (城区常住人口)	城市名称	数量/个
超大城市		1 000 万人以上	广州市*、深圳市*	2
特大城市		500 万~1 000 万人	东莞市*、佛山市*、香港*	3
大城市	I 型	300 万~500 万人	汕头市、惠州市*、揭阳市	3
	II 型	100 万~300 万人	中山*、肇庆*、江门*、珠海*、清远、茂名、梅州、湛江、潮州、汕尾、韶关、河源、阳江	13
中等城市		50 万~100 万人	澳门*、云浮市	1
小城市	I 型	20 万~50 万人	—	0

资料来源:根据《长江三角洲城市群发展规划》的城市规模等级划分标准得到。

注:*表示为粤港澳城市群城市。

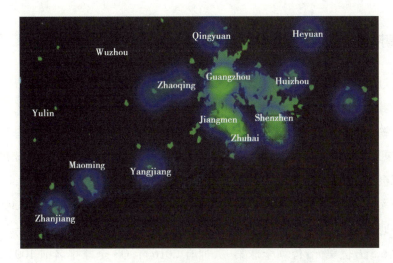

图 6.1 粤港澳大湾区灯光图

资料来源：LEE I, LIN R F Y. Economic complexity of the city cluster in Guangdong-Hong Kong-Macao Greater Bay Area, China[J]. Sustainability, 2020, 12(4)：1-14.

图 6.2 粤港澳大湾区人员流动网络图

资料来源：中规院深圳分院粤港澳"数字湾区"平台。

四、粤港澳大湾区的世界地位

经过近40年的快速城市化和工业化以及在粤港澳联系日益密切的背景下,初步形成了协调有序、分布合理的多层次城市体系。粤港澳大湾区土地面积合计约5.6万平方千米,接近于纽约、旧金山和东京三个湾区的面积总和。其中,港深是粤港澳大湾区的国际金融中心、国际航运枢纽、国际贸易窗口和中央国际都会区,是中国创新能力最强、知名国际大学最多、最具城市活力,国际影响力最大的城市,人口规模和经济规模分别约占整个大湾区的16%和36%,全球数字通信创新集群排名仅次于全球第一的东京—横滨地区,港深交易所总市值超过6.5万亿美元,位列全球第三,拥有2016年QS全球排名前100大学4所,拥有全球最繁忙和最高效率的国际集装箱枢纽港,集装箱吞吐量位列全球第一,约占全球远洋集装箱总运量的1/5(2015年,集装箱吞吐量超过7 500万TEU,机场年旅客吞吐量约1.8亿人次,进出口贸易额约1.5万亿美元。经济总量约1.1万亿美元,是旧金山湾区的近2倍,与东京湾区、纽约湾区差距进一步缩小);广州具有强有力的经济辐射与区域发展带动能力和物流集散功能,佛山、东莞、珠海、澳门等城市构成大湾区城市群的重要支撑(表6.2)。

表6.2 世界湾区经济的创新、金融和国际航运贸易分析

湾区	GDP /亿美元	面积 /平方千米	城市群	金融中心地位	创新中心地位	航运中心地位
纽约湾区	13 797	33 484	跨纽约州、新泽西州和康涅狄格州,包括31个县	全球第一大国际金融中心	金融创新中心	国际航运中心
旧金山湾区	6 095	17 955	包括9个县101个城市,主要城市有旧金山、圣何塞和奥克兰	美国西海岸金融中心	科技创新中心	美国西海岸航运中心

续表

湾区	GDP /亿美元	面积 /平方千米	城市群	金融中心地位	创新中心地位	航运中心地位
东京湾区	23 989	9 760	包括东京、横滨、川崎、船桥、千叶5个大城市	全球第四大国际金融中心	制造业创新基地	亚太地区航运枢纽
粤港澳大湾区	11 397	56 000	包括广东省9市和香港、澳门特别行政区	区域金融中心全球第三大国际金融中心	国家创新型城市	亚太地区航运总纽枢区域航运中心

资料来源:唐杰,林芳莹.大珠三角经济区建设研究结题报告[R].深圳市发展和改革委员会,2017.

经过40多年的高速发展,中国经济发展进入新常态,"一带一路"从全球角度积极推动地缘整合,是世界上跨度最长、最具活力的经济走廊,全线贯穿欧亚大陆、东向连接亚太经济圈、西向融合欧洲经济圈,是中国和沿线各国互联互通的平台,促进投资和消费,发掘区域内市场的潜力,创造需求和就业,增进沿线各国人民的人文交流与文明互鉴。粤港澳大湾区拥有得天独厚的区位优势,是海上丝绸之路的必经之路,是"一带一路"倡议的咽喉重地,是最具发展空间和增长潜力的世界级经济区域。粤港澳大湾区与南海依湾相连,与东南亚隔海相望,是亚欧经济贸易衔接的核心点,是世界贸易的主要海运通道,是现在及未来国际贸易的重要主体,是我国经济转型的排头兵。未来,中国对世界经济稳定、国际经济政治格局转变负有重大的历史责任。

第二节　都市圈与主要城市

粤港澳大湾区拥有发达的城市群和世界级海港群、空港群以及高效的物流体系,产业结构互补性强,具有独特的区位优势和资源禀赋。主要都市圈包括深港都市圈、广州都市圈,并以深圳、广州、香港为核心城市。"城市竞合,湾区共生"准确概括了大湾区城市群协同发展的方向及目标。

一、深港都市圈

深港都市圈包括香港特别行政区和深圳、东莞、惠州三个市,其发挥港深在科技创新领域的重要地位、东莞和惠州世界制造中心的优势,大力整合都市圈资源推动发展技术创新、体制创新和环境创新,充分发挥港深前厅带头示范、重点发展金融外贸、高端综合服务业和先进制造业,莞惠后厂合力互补的作用,支持东莞建设创业创新基地、推动惠州建设战略性新兴产业基地,形成都市圈发展强而有力的后盾。成为在城市群中具有重要影响力和强劲辐射带动作用的外向型、国际化的都市圈。

以经济总量来看,深圳在2019年加强了经济领先优势,GDP接近2.7万亿元,2020年在新冠肺炎疫情下仍增长到2.767万亿元,其中计算机、通信和其他电子设备制造业同比增长5.5%,电气机械和器材制造业同比增长7.1%,通用设备制造业同比增长7.2%,医药制造业同比增长10.2%。与香港、广州不同,深圳不仅经济总量最高,而且其第二产业(广义工业)的领先优势更大,但第三产业(服务业)创造的GDP却低于香港、广州。尤其是在高新技术产品上,深圳具有压倒性优势。在世界四大湾区的发展过程中,创新一直是产业发展的核心推动力,纵观世界几大湾区的发展历史,它们都大致经历了港口经济、工业经济、服务经济、创新经济四个阶段。目前粤港澳大湾区大部分城市仍处在工业经济阶段,存在较大转型提升空间,急需注入科技创新的力量。深圳在创新研发方面虽走在全国前列,但仍在各区设立功能属性不同的高新园,此举将对深圳继续提升其创新力有莫大帮助。要将深圳作为粤港澳大湾区科技协作的纽带,通过产业互补、创新驱动和核心辐射带动周围城市经济的快速发展。科学的创新,包括知识生产、产品应用、知识转化,三者互为条件,内容相互依存,将三者组合起来非常不容易。要打造知识人才创新园,深圳的发展是知识成果的转化,粤港澳大湾区是产品应用的国际创新体系,任何单打独斗都不行,必须进一步推动城市间合作与发展,加强人流、物流、资金流、科技流、信息流等领域的高效对接和联通。为支持人才培养,深圳近年来引进国内外知名高校,已设立包括香港中文大学(深圳)、哈尔滨工业大学(深圳)、中山大学(深圳)、南方科技大学、深圳技术大学等数十所高校,虽作为后起之秀,却已然成为新晋的创新高地。深圳的金融行业依托发达的信息产业迅速发展;先进制造业和高技术制造业在深圳的产业结构中占有重要地位,具体的行业包括计算机、通信和其他电子设备制造业,专用设备制造业,汽车制造业和医药制造业等。相信在不远的将来,深圳有望成为国际金融中心和国际高端制造中心,成为超越美国硅谷的中国创新之城。

香港 2019 年的 GDP 为 28 681.71 亿港元,折合人民币 25 250.73 亿元。香港作为全球金融中心,以金融服务业、旅游业和贸易物流服务业为主,连接内地和海外。香港港位于珠江口外东侧,香港岛和九龙半岛之间,是中国的天然良港、远东的航运中心,自由港的定位让香港成为全球供应链上的主要枢纽港。2016 年数据显示,香港约有 80 家国际航运公司,每周约提供集装箱船运 450 班次,往返全球 500 多个目的地。香港港还开创独具特色的中流作业模式,用于增强中转货柜的吞吐能力。此外,香港的高等教育也闻名世界,香港大学、香港中文大学、香港科技大学等都在世界大学百大排名中,持续为香港的发展培养世界一流人才。香港亦是亚洲最大的金融中心与贸易中心,法律、保险等服务比较完善。香港还拥有数千家航运企业和上万人的航运从业人员及优良的航运管理人才。这些都是香港能成为世界航运中心的保证。近年来,香港港口发展受港口收费高、少数营运商垄断竞争、码头数量不足等因素的限制,港口吞吐量增长放缓,增速与广州港、深圳港相比有较大差距。香港和深圳都以"土地面积少、高 GDP 产出、高人均 GDP、高密度人口集聚"为特征,在粤港澳大湾区中具有核心地位。

东莞 2020 年的 GDP 为 9 650 亿元,2021 年超过 1 万亿元,成为大湾区内第五个"万亿元市",其发展主要依托电子信息、装备制造、纺织服装、食品饮料、家具制造业等。在华为研发部门于 2018 年在东莞松山湖科技产业园设厂后,附近快速发展的且逐具成熟规模的高新技术园区使东莞发展成为世界先进智能制造中心。此外,东莞中心科学城和滨海湾新区也提供打造散裂中子源、国家海洋产业、生物医药、智能装备等先进制造业的创新基地。

惠州 2020 年的 GDP 为 4 221 亿元,目前仍以第二产业为主体,重工业占比近 80%,主要产业为石化新能源和电子信息,是广东省重要的清洁能源生产基地,致力于发展成为全球高能环保电池生产高地,并同步发展海洋经济与相关的医药产业,其中潼湖生态智慧区、中韩惠州产业园、稔平能源科技岛等创新合作平台给惠州和港澳合作发展提供半导体等智能制造,并配备培育新兴产业的实验室与设备,以提升城市竞争力。

二、广州都市圈

广州都市圈包括广州、佛山、肇庆三个市,对粤港澳大湾区城市群建设发展和国际竞争力提升具有特殊意义。广州作为城市群的核心城市,提升其经济、文化、教育、区域交通枢纽地位对于带动粤港澳大湾区周边内陆地区的发展具有决定性作用。随着粤港澳大湾区世界级城市群建设的加快,尤其是随着各种轨道交通的建设加快,整个大湾区越来越像一个城市。这对流入的人才而言,选择面更大,在半小时的出行半径内,既可以选择深圳,也可以选择广州,还可以选择佛山、东莞等,无论是选择的机会还是未来发展的机会都会更多。这种城市群的群聚效应,要比单个的城市对人才更具吸引力。

广州 2019 年的 GDP 为 23 628.6 亿元,2020 年增长到 2.5 万亿元,排名位居粤港澳大湾区城市群第三名。广州具有强有力的经济辐射与区域发展带动能力和物流集散功能,其发挥在科技型制造业领域和进出口商贸方面的优势,带动周边地区协同发展。广州港地处珠江入海口和我国外向型经济最活跃的珠三角地区中心地带,濒临南海,毗邻香港和澳门,东江、西江、北江在此汇流入海。通过珠三角水网,广州港与珠三角各大城市以及与香港、澳门相通,由西江联系我国西南地区,经伶仃洋出海航道与我国沿海及世界诸港相连。广州是华南地区的交通枢纽中心,水路、铁路、公路和航空交通发达,已形成了辐射东南亚,连通世界各地的海、陆、空立体交通网络。广州港拥有一批设施先进的大型集装箱、煤炭、粮食、石油和化工等专业化深水码头,以及华南地区最大的滚装船码头。广州港现已开辟了通往欧洲、美洲与非洲和大洋洲的远洋国际航线及东亚、东南亚近洋航线 30 多条;拥有沿海内贸集装箱航线与煤炭石油等散杂货运输航线,内河航线可通往香港、澳门以及广东省内各大小港口,通过珠江水系可到达广西壮族自治区各港口。在创新合作平台方面,广州有广州大学国际创新城、琶洲互联网创新集聚区、中新知识城、广州科学城、越秀创新集聚区和南沙自贸区等空间规划,还有 82 所高校(包括 35 所本科与 47 所专科院校)的师生可作为创新人力资本,未来应强化广州作为全国经济中心城市的功能,提升其经济、文化、教育、区域交通枢纽地位以带动粤港澳大湾区周边内陆地区的发展,支持其建设国家创新中心城市。

佛山 2019 年的 GDP 突破了 1 万亿元,成为大湾区第四个"万亿元市",位于粤港澳大湾区第一圈层,同时也是中国(非港澳台地区)第 17 个 GDP 超万亿元的地级市。2020 年的 GDP 与上年基本持平,约为 1.08 万亿元(地级市不是城市,以下凡是全域统计的数据均不能称为城市)。佛山的创新平台亦逐步完善,如三龙湾、佛山粤港澳、千灯湖和顺德等高端创新集聚区,未来要提升佛山的综合服务功能和承接、传递区域辐射带动力。加快重型装备制造业、高新技术产业和物流业的发展,改善城市圈的生态环境,加快外围组团的环境基础设施建设,共同维护区域经济基础与人居环境载体。支持佛山建设创新驱动发展先锋城市,提升佛山的综合服务功能和承接、传递区域辐射带动力。

肇庆 2019 年的 GDP 为 2 248.8 亿元,其主要产业为纺织服装、食品饮料、家具、建材、金属制品与家电业等传统产业。其人均 GDP 与地均 GDP 在粤港澳大湾区属于第三或第四圈层;根据其人口规模,其属于第四圈层的 II 型大城市(100 万~300 万人)。交通方面,《广东省国民经济和社会发展第十三个五年规划纲要》中的 3 条主要通道建设有 2 条都将肇庆纳入其中,即"肇庆—佛山—广州"和"云浮—肇庆—佛山—广州—河源—梅州",未来仍要加快建设以高快速铁路和高速公路为重点的快速运输网,支持肇庆建设大湾区与大西南科技产业衔接中心,以促进当地经济发展,并改善都市圈生态环境,加快外围组团的环境基础设施建设,共同维护区域经济基础与人居环境。

三、澳珠中江经济圈

澳珠中江经济圈包括澳门特别行政区和珠海、中山、江门三个市,其都市圈关系强度相对港深莞惠与广佛肇较为薄弱,因而称为经济圈。

澳门 2019 年的 GDP 为 4 346.70 亿澳门元,折合人民币 3 715.54 亿元,在粤港澳大湾区内排第七名,2020 年的 GDP 为 3 458 亿元。虽然经济总量不占优势,但由于澳门人口只有 67.6 万人,其人均 GDP 超过 50 万元人民币(约 8 万美元),领先幅度较大。澳门为单独关税区,是世界旅游休闲中心,经济发展以博彩与周边酒店、批发和零售业为主,未来将以发挥连接全球的服务资源优势为主要发展方向。

珠海 2020 年的 GDP 为 3 482 亿元。珠海的产业结构较为均衡,第二、第三产业占比大致皆为 49%,六大支柱产业包括精密机械、石油化工、家电、电子信息、生物医药和电力能源业等,其主要创新合作平台,如珠海西部生态新区,提供先进装备制造、临港工业和现代服务业等,以作为粤港澳大湾区企业孵化基地和青年创业中心,未来将为建设国际化创新型城市做准备。

中山 2020 年的 GDP 为 3 152 亿元,主要产业包括家电、服装、电子、灯饰、家具和五金制品业等传统产业。在创新发展方面,翠亨新区致力于打造海内外华人的精神家园探索区、粤港澳转型升级重要引领区、珠江西岸理想城市先行区和智慧用海试验区,逐步建设成为区域科技创新研发中心。

江门 2020 年的 GDP 为 3 201 亿元,主要产业包括摩托车和金属制品(如卫浴五金和不锈钢)业,其他优势产业包括纺织服装、食品、家具、建材、家用电器业,未来致力于加快制造业智能化和精密化发展,其重卡和商用车等交通运输装备制造发展快速。主要创新合作平台,如江门高新技术产业开发区,以绿色智能发展新能源与大健康等新兴产业,逐步发展绿色相关电子产业,未来应支持江门建设全国小微企业创业创新示范市。

第三节　粤港澳大湾区城市群的内外合作

粤港澳大湾区的合作可分为内部的城市合作、广东省内合作和与周边地区合作。整体而言,粤港澳大湾区已逐渐形成一体化,而广东省内则还在强化内部的交通联结与产业互补合作,与周边地区城市的关联性相对长三角城市群较为薄弱,未来待大湾区发展更为成熟后,则可以提升其辐射广度与力度。

一、粤港澳大湾区的内部合作

自港澳回归以来,粤港澳经济竞争力对比发生重大变化,大湾区经济面临双重转型压力。港澳经济高收入结构矛盾突出,结构性失业增多,市场消费疲软,经济发展动力不足,转型路径仍不清晰,粤港澳大湾区正在经历从中等收入向高收入转型的困扰。CEPA(《内地与香港关于建立更紧密经贸关系的安排》)新协议签订、广东自贸试验区(南沙、前海和横琴)正式运行、"一带一路"倡议等多项措施的落实,使共同规划提升粤港澳大湾区经济合作水平的重要性和迫切性凸显,加快推进了粤港澳大湾区经济一体化。

在深港合作上,目前深圳前海累计港企注册资本近万亿元。"深港合作"是前海肩负的核心使命之一,仅历时5年半时间,前海深港合作区便从一片滩涂成长为注册企业增加值达1 528亿元的现代服务业新城。累计开业运营企业7.15万家,其中世界500强投资设立企业335家,内地上市公司投资设立企业625家,纳税过千万的企业达627家。金融业、现代物流业、信息服务业、科技服务业四大主导产业增加值占前海的比重为92.1%。港企作为前海经济支柱的作用日益显现。截至 2018 年第一季度,前海已累计注册港企 8 031 家,注册资本达 8 937.26 亿元,汇丰前海证券、东亚前海证券、港交所前海联合交易中心等标志性港企均已落户。2017 年,注册港资企业实现增加值 486.00 亿元,占前海蛇口自贸片区的 23.9%;纳税 91.87 亿元,占 26.6%;完成固定资产投资 161.24 亿元,占 37.4%;实际利用港资 43.3 亿美元,占 97.4%。

在深澳合作上,近年来,深圳与澳门之间的合作不断强化,特别是在文化创意、特色金融、旅游等领域,两地已联手打造了多个品牌活动。澳门将把握国家"一带一路"和粤港澳大湾区建设等机遇,推动自身改革创新,努力实现更高质量的发展。澳门也将充分挖掘独特优势,加大力度促进经济适度多元发展,特别是培育新的经济增长点,如发展特色金融业、国际性会展业、海洋产业、"互联网+"传统产业等。另外,发挥澳门精准联系的作用,完善中葡商贸合作服务平台功能,特别是加快建设中葡金融服务平台和中葡人民币清算中心,探索发展服务中葡合作及"一带一路"倡议的各类资本市场。同时,利用中国澳门与葡国及欧盟的传统关系,开辟中国内地—中国澳门—葡国—欧盟交流渠道,特别是加强与粤港澳大湾区各城市在中葡平台、产业和科技创新、青年创业创新、中医药产业等领域的合作。产业的互补合作将会为深圳和澳门带来新的产业格局、新的业态、新的发展空间。

在港珠澳合作上,港珠澳大桥建设历时 14 年,耗资 1 100 亿元,是世界上最长的跨海大桥,难度直逼人类技术极限,但其有利于港澳长期稳定发展的价值无法以金钱与技术衡量。港珠澳大桥的建设使珠海—香港—澳门形成一小时生活圈,引流香港上班族到其他城市居住,缓减香港高房价造成发展受限压力,也让澳门与香港的旅游业可以无缝衔接,提振澳门经济。而珠海的横琴直接移植澳门的福利体制,让在内地的澳门老人不用返澳门即可享有澳门式的免费医疗。在横琴再造一个澳门,对增进澳门同胞福祉、联通人心与稳定发展具有重大意义与作用。

二、广东省内的区域合作

广东省与港澳的专业分工可参考城市群的圈层划分方式,中心布局智力密集产业,外围则布局传统制造业。以组团发展与线面结合、初步建设形成的珠江轴为基础,强化沿海湾区城市带、珠江轴的协同发展,形成以港深为核心、以沿海为带、以珠江为轴的"T"字形空间结构,建设相互协调、共同发展的五大城市圈,包括已相对成熟的深港都市圈、广州都市圈,还有发展中的澳珠中江经济圈、湛茂阳经济圈和潮汕揭经济圈,构成"一核一轴一带五圈"的多层次网络化空间格局。其中,湛茂阳经济圈以湛江和茂名为中心,大力推动湛江的生态型海湾城市建设,提升茂名重要交通枢纽功能,强化湛茂阳经济圈与珠三角地区尤其是珠江口西岸各市的经济合作。潮汕揭经济圈以汕头和揭阳为主要中心,将汕头建设成为创新型经济特区、东南沿海现代化港口城市、区域交通枢纽、科技中心和商贸物流中心,推动揭阳成为广东新型工业化城市以及重要石化能源基地,打造国家海洋产业集聚区、临港工业基地和世界潮人之都。

此外,应发挥东西部沿海城市的区位优势,发展大型临港经济、海洋经济和特色产业。通过加大产业扩散效应,形成新的产业集聚空间,推动超大城市大规模制造业向东西部城市群扩散,提升都市群整体空间效率。加大钢铁、石油化工、造船等产业向东西部沿海地区扩散,形成新的空间、高效的产业集聚。以产业转移和集聚带动就业岗位向沿海城市带集聚,引导劳动力向沿海城市有序流动,提高东西部城市沿海地市带的人口密度。北部地区以深入贯彻习近平总书记有关"绿水青山就是金山银山"的重要讲话精神、构建生态文明先行区为目标,建立粤港澳大湾区的北部环形生态屏障。严控人类活动对生态环境的影响,清退一级水源保护区、自然保护区等重要生态功能区内的建设用地,推动建设可持续发展的北部生态型经济区,维持山区低人口密度。把韶关打造成为"青山、碧水、蓝天、绿地"的现代生态城市,把清远建设成为"国家森林城市""国家环境保护模范城市",把梅州打造成为"全国生态文明建设试验区",把河源建设成为"全国低碳示范城市""现代生态园林城市",把云浮建设成为"循环经济和人居环境建设示范市"。

三、与湘南、赣南、海峡西岸经济区的合作

粤港澳大湾区背靠中国内陆,连接港澳,面向东盟,从粤港澳大湾区出发,通过海洋运输往东可直达台湾和海峡西岸经济区,往西可直抵北部湾经济区和东南亚各国,往北通过南广铁路、贵广铁路、武广高速铁路等陆路交通可快速连接湖南、湖北、江西、贵州等广阔的中国内陆腹地,是国际国内物流运输航线的重要节点,也是"21世纪海上丝绸之路"的重要枢纽。要完善经粤东西至周边省(区)高速铁路通道建设,形成东联海峡西岸、沟通长三角,西通桂黔、辐射大西南,北达湘赣、连接中原地区的"五纵二横"高速铁路骨干网络。

2020年湖南省在《湖南省对接粤港澳大湾区实施方案(2020—2025年)》中提出加快交通基础建设、大力承接大湾区产业转移、促进产业协同发展、共同深化改革开放,使湖南成为大湾区3~5小时便捷通达圈。促进与大湾区信息基础设施互联互通,加强政务服务、电子口岸、信用建设、交通、空间地理、农产品市场、应急指挥等领域信息资源共享。推进计算机及网络安全产业发展和产品应用,提升信息安全保障水平,并全力支持大湾区企业参与湖南省级大数据中心建设。

四、与广西、海南、珠江—西江经济带的合作

广西凭借独特的地理区位、丰富的民族文化资源、充足的人力资本、良好的生态环境和丰富的休闲资本等优势可以更好地融入粤港澳大湾区建设。交通合作方面,"桂粤共同推动柳州至广州、柳州至韶关、深圳至茂名铁路、广州至湛江高铁纳入《国家中长期铁路网规划》,完善桂粤之间的铁路网络"[①]。水利合

---

① 刘成晨. 社会资本视野下广西融入粤港澳大湾区的资源优势与路径[J].广西社会科学,2018(11):
44-47.

作方面,"已累计安排广西大藤峡水利枢纽工程广东公益性投资 6.15 亿元资金,经济带建设和水路整治初见成效"①。广西在融入大湾区建设过程中要定位自身优势,考虑从水陆两个层次开展与大湾区的合作以及从融入片区经济、注重人才培养等方面进行。广西作为"一带一路"发展门户,要推进协同发展,打造广西现代物流新通道。2014 年开始的粤桂黔高铁经济带建设已经初具规模。但是合作平台的建设过程中存在诸如平台基础设施薄弱、政府扶持不足、合作效果有待提高、优质项目不足等问题。因此广西在主动融入粤港澳大湾区时应加强政策支持,改善政策环境,推动政策创新,加强政策扶持力度,尤其要完善合作机制,完善贸易和投资促进政策,完善财税、土地和人才政策,营造好的营商环境。积极提升水道通航能力,使西江—珠江水系与北部湾港协同发展;促进南宁等内陆城市向海发展;加快交通基础设施的发展,包括水路与陆路建设;加快与粤港澳大湾区的互联互通、产业融合发展。降低金融门槛,使金融市场活力增强;推进海陆交通基础设施建设;加强合作中的沟通交流;利用向海经济开放优势,对接粤港澳大湾区,搭建经济合作平台;结合"一带一路"倡议,促进现有产业园区的优化整合与产业合作平台建设;加大政策支持的力度,使开放政策体系更加全面②。

第四节　粤港澳大湾区世界级城市群发展愿景

　　粤港澳大湾区包括两个特别行政区、九个地级市、四个正厅级海关、三种独立货币、三个独立关税区、保税自贸试验区、港口与出口加工区,还包括港口、机场、铁路与公路等基础设施,在经济发展、文化融合与法治管理都有独特优势,是中国打造世界一流湾区城市群最好的示范地,也是国家打造世界级城市群和

---

① 杨明宇.浅析广西西江经济带区域物流与区域经济发展的关系[J].经济研究导刊,2019(24):47-48.
② 冉芳.全面对接粤港澳大湾区建设背景下广西与东盟海上旅游合作研究[J].科技视界,2019(30):221-222.

积极参与全球竞争的重要空间载体。近年来,粤港澳大湾区世界经济发展以创新为主导,但因为存在三种制度,其创新应不只是在高科技领域应用或使经济增长,更应扩展到优化各种制度与生活方式。例如,高校可以尝试入学不设专业,直到本科二年级才分专业,并且开放全校跨专业修课,让学科交叉更完全,促进创新人才发展,不只是向世界知名高校急起直追,更应有带领世界高校发展的态度,有计划地开展相关人才储备和布局的工作。不同地区之间文化、人文的相通非常重要,而这些文化涉及多种语言。

一、加强创新研发

高校、高端研发机构、高技术企业是创新活动最主要的行为主体,是创新"发动机"。高校和科研机构是新知识产生的载体和创新人才集聚的地方,能够促进新技术和新企业的产生。粤港澳大湾区有 173 所高校,其中 5 所是世界100 强大学,多于世界三大湾区。同时,粤港澳大湾区集聚了一大批高水平的实验室与研究机构,基础研发能力较强。数据显示,粤港澳大湾区共有 43 个国家重点实验室,珠三角有 201 家省重点实验室、64 家企业重点实验室,香港有 6 个国家工程技术研究中心香港分中心。企业是创新活动最主要的参与者,是研发活动的主要投入者,也是技术创新的最大受益者。粤港澳大湾区拥有华为、腾讯、比亚迪、华大基因、大疆等一批领先世界的创新型企业,这些企业的 PCT 国际专利申请数量占了全国的一半,可以带动大湾区企业整体创新水平提升。其中,华为高度重视技术研发,2016 年研发投入破 700 亿元,入选波士顿咨询公司(BCG)公布的 2016 年全球创新企业 50 强。诺贝尔奖获得者、科学联盟主席理查德·约翰·罗伯茨认为,推动创新要培育年轻科学家"高质量的经济体系除了公平市场运作之外,最关键的元素是高科技,必须跳出传统的招商引资模式,以系统工程的思维进行制度创新,才能做出真正的高科技创新"①。新加坡南洋

---

① 易晓春.改革开放再出发 2018 前海合作论坛开幕[EB/OL].(2018-07-05)[2021-03-10].前海网.

理工大学终身名誉校长徐冠林提出:用新的方式发展中国需要的战略性科技,才能解决当下的科研瓶颈,科研架构也才会同步升级并达到先进国家水平。创新科技生态模式需要多年的培育,组织发展新的高科技经济体,必须利用全国的人才。"吸引人才不一定能让他们来这里落户,更要考虑吸引人才的方法和持久性,这比招商引资的模式复杂多了。"徐冠林建议珠三角以成为中国实体科技的战略性研究中心为发展目标,包括正确的架构和充足的经费,并设立专攻战略性科研的基金,以此培养科技创新人才。

二、研发金融科技

粤港澳产业合作将科技、金融、法律等作为重中之重,这些无一例外均是为"创新发展"提供不竭动力与源泉的领域。而金融科技作为三地合作皇冠上的明珠,自然成为合作的重中之重。在加速金融创新的同时,也对金融监管提出了更高的挑战。究其原因:一是金融体系的复杂性增加了,包括银企合作加深,机构之间分担风险和责任的复杂性增加了;二是金融的稳定性有潜在影响,比如智能投顾、算法交易,潜在加剧市场波动;三是投资者的风险敞口也在增加,金融脱媒导致资质不良、资本水平低的企业有机会进入金融业。为了满足金融加速创新形势下对金融监管工作的要求,三地政府应当在过去合作成果的基础上进一步深化和提升粤港澳法律合作,探索构建粤港澳共同决议、分别立法、规则趋同的合作机制;探索粤港澳三地从局部推动整体,由个案形成规则的灵活合作模式;从完善司法协助制度,深化律师业合作,构建行政监管协作等层面拓宽三地法律合作内容,并发挥三地各自法律制度的优势,共同打造粤港澳国际法律服务和国际商事纠纷解决中心,以推进粤港澳大湾区建设,服务于国家"一带一路"倡议。

三、发展智慧物流

国际货币基金组织(International Monetary Fund,IMF)原副总裁朱民提出建设深港澳世界智慧物流中心,"建议以人工智能为动能,建设深港澳世界智慧物流中心,这将是世界级的,而现有技术已完全可以支撑。物流在全世界范围都有巨大市场,人工智能应在其中广泛应用。当前物流效率并不高,内地运输行业有 2 000 多万辆货车,空载率达 40% 以上,配货隔离时间达 72 小时,但人工智能产生的货车匹配平台可完全解决这些问题,即入库、存取、挑选、包装、分拣,几乎全部通过自动包装和机器分拣、搬运完成,智能化仓库已经变得非常普遍"。人工智能在物流业未来的运用,是将生产、运输、仓库、派送、消费者全部打通,这是其最大的创造。深圳、香港、澳门有很好的物流场景,深圳一年的港口吞吐量是 2 万多吨,但物流只占深圳 GDP 的 3.21%,这既表明深圳的物流效率很高,也表明深圳的物流业发展远远不足,只是局限于市内小物流。深港澳地区的物流业有巨大发展空间,应深挖其未来的市场。

四、创新法律制度

粤港澳大湾区有着许多得天独厚的优势。香港、澳门拥有"一国两制"的独特优势,有健全的法制和完善的国际联系。中国银监会①原主席刘明康提出深港澳建设应重视法治创新,"深港澳是三个不同法律管辖区,其背后法治的系统性建设更为复杂,而国际人才、资本、货币与信息流都取决于法制的安排与法治的建设,这是跨境投资、立业、持有和处置资产的信心来源。深港澳在公法领域的立法自成体系,包括刑事方面及行政管理、社会管理方面的立法各有差异,应尊重'一国两制'原则,加强执法合作,但不统一立法。不过,在商业、经济及金融活动方面的法律适用应大胆创新。另外需要加强建设的是国际仲裁。商事仲裁是法院系统之外独立的争议解决系统,内地仲裁界和香港国际仲裁中心的交流日益深入,比如深圳国际仲裁院理事及仲裁员 1/3 都来自境外,遍布 49 个

---

① 中国银行业监督管理委员会于 2018 年 3 月撤销;中国银行保险监督管理委员会于 2018 年 4 月 8 日正式挂牌。

国家和地区。"①更深更广的仲裁融合及对外开放的扩大和执行力度的提高,将使粤港澳大湾区成为继伦敦、纽约、巴黎之外,又一个国际争议解决中心。

五、注重文化建设

粤港澳大湾区已成为国内外经贸以及科创合作与交流的重要交汇带,开放、包容的社会环境对深化"一带一路"倡议有重要作用,有利于汇聚全国乃至全球的创新资源,同时也有利于推进创新企业以及科创成果"走出去",激发了区域内市场主体的创新活力。粤港澳大湾区开放程度高,汇聚了世界各国和全国各地的创新要素与创新主体,久而久之形成了包容性极强的"移民城市"与"移民文化",孕育出了"敢于冒险、追求成功、崇尚创新、宽容失败"的创新精神,为创新发展提供了精神保障。

六、重视绿色宜居

党的十九大报告指出:应不断满足人民日益增长的美好生活需要,不断促进社会公平正义,形成有效的社会治理、良好的社会秩序,使人民获得感、幸福感、安全感更加充实、更有保障、更可持续。粤港澳大湾区以创新协同发展成为中国经济发展高地,城市发展以量转质、"以人为本"的思想逐渐取代了过去工业化时期对经济发展的关注,以提高居民的幸福感作为城市发展的新使命。由此可见,粤港澳大湾区城市发展过程中的居民幸福感研究,对满足人民日益增长的美好生活需要具有引导示范作用。林芳莹以粤港澳大湾区 11 个城市近 20 年的《政府工作报告》进行文本分析,结果显示 11 个城市工作报告中词频最高的为"发展",前 10 个出现频率最高的词依序为企业、经济、文化、产业、创新、制

---

① 郭芳.刘明康:大湾区不同于纽约、东京湾区,法治系统更复杂[EB/OL].(2018-07-06)[2021-03-10].经济网.

度、服务、教育、行政、投资,可以看出经济、创新、发展等得到较多的关注,但是制度、教育与服务也得到很多的重视,而农村、市民、安全、环境、民生、法律等也是前 20 的高频词,由此可知绿色宜居的幸福城市是未来城市发展的新方向。

本章执笔:林芳莹(经济学博士,哈尔滨工业大学(深圳)硕士生导师)

参考文献:

[1] 唐杰,林芳莹.大珠三角经济区建设研究结题报告[R].深圳市发展和改革委员会,2017.

[2] 方舟.粤港澳大湾区:合作策略与香港未来[M].香港:香港城市大学出版社,2018.

[3] LEE I, LINR F Y. Economic complexity of the city cluster in Guangdong-Hong Kong-Macao Greater Bay Area, China [J]. Sustainability, 2020, 12 (14):1-14.

[4] 刘成晨.社会资本视野下广西融入粤港澳大湾区的资源优势与路径[J].广西社会科学,2018(11):44-47.

[5] 杨明宇.浅析广西西江经济带区域物流与区域经济发展的关系[J].经济研究导刊,2019(24):47-48.

[6] 冉芳.全面对接粤港澳大湾区建设背景下广西与东盟海上旅游合作研究[J].科技视界,2019(30):221-222.

[7] 易晓春.改革开放再出发 2018 前海合作论坛开幕[EB/OL].(2018-07-05)[2021-03-10].前海网.

[8] 郭芳.刘明康:大湾区不同于纽约、东京湾区,法治系统更复杂[EB/OL].(2018-07-06)[2021-03-10].经济网.

第七章

7

成渝城市群

成渝城市群是以成都和重庆这两个都市为核心而形成的城市群,是西部大开发的重要平台,是长江经济带的战略支撑,也是国家推进新型城市化的重要示范区。

第一节　成渝城市群的发展历程

成渝地区有着悠久的发展历史。城市群不是一天形成的,而是经历了相当长的历史过程。成渝地区的城市空间格局在秦朝都江堰水利工程建成后已显雏形。其分布与发展主要受以下三个因素的影响:农业资源的分布,河流的分布与走向,铁路、公路的建设。其中,在古代至近代,河流分布与走向对成渝地区城市群落的形成和发展影响很大,而到了现代,铁路与公路的建设对城市发展影响则更为突出[1][2]。

一、古代（公元前 316 年—1839 年）

早在公元前 4 世纪,就形成了以重庆为中心的巴国和以成都为中心的蜀国。公元前 316 年,巴、蜀两国都被秦统治,重庆与成都为两地首府。公元前 256 年,都江堰水利工程由蜀郡太守李冰及其子兴建,此后孕育了蜀地极为发达的农业,推动了人口的集聚、城镇的发展,从而奠定了蜀地城镇体系的雏形。成都平原早在秦朝就设 1 郡 16 县,经过汉、晋的发展,在隋朝已设 8 郡 46 县。史料记载,汉元二年全川总人口为 351.4 万人[3]。西汉末年(公元 8 年),成都因其经济的繁荣和织锦业的发达与洛阳、邯郸、临淄、宛城并称为"五均"(均即市场管理),成为全国五大商业都市之一[4]。

① 姚士谋,陈振光,朱英明,等.中国城市群[M].合肥:中国科学技术大学出版社,2006:217-230.
② 姚士谋,周春山,王德,等.中国城市群新论[M].北京:科学出版社,2016:299-320.
③ 侯仁之.中国古代地理名著选读:第一辑[M].北京:学苑出版社,2005.
④ 顾朝林,于海方,李王鸣,等.中国城市化:格局·过程·机理[M].北京:科学出版社,2008:175-200.

唐宋至清后期,手工业和商业成为人口继续增长、城镇快速发展的主要动力。唐宋时期,成渝地区除农业发展居全国前列外,手工业也得到了巨大的发展:蜀锦名闻天下。北蜀道的开通,使处于水陆要冲的德阳、绵阳、利州(今广元)等城市得到了快速发展,时人称蜀道上"岁贡纲运,使命商旅,昼夜相继,庐舍骈接"。发达的手工业和商业促进人口继续增长,唐开元二十八年,全川总人口达491.8万人,3万人口以上的城市有彭州、蜀州(今崇州)、汉州(今广汉)等。宋元丰三年,全川人口达804万人[①],时有"扬一益二"的评价。至明宣宗时期,四川盆地工业和商业城市约占全国的1/10,成都、重庆、泸州均居全国33个大城市之列。至清乾隆五十一年,全川人口更至842.9万人[②]。

二、近代(1840—1949 年)

鸦片战争至新中国成立前,有两次重要的事件推动成渝地区的发展:一是重庆开埠通商、川江航运开通;二是抗战时期企业内迁,推动成渝地区形成较为开放的城镇体系。

重庆开埠通商和川江航运的开通,加强了四川盆地内部城市与长江中下游地区之间的经济联系,资源型传统产业、手工业飞速发展,形成了一大批具有鲜明职能特征的城市,同时部分城市作为物资集散地,也得到了较快发展。例如,川北的三台、广元、遂宁,川南的宜宾、乐山、泸州、内江等。抗战时期大量企业和高校内迁,到1940年年底,内迁厂矿共448家,机器材料7.09万吨,技工1.2万余人,内迁工业门类较为齐全,其中机械工业占40.4%,纺织工业占21.65%,化学工业占12.25%,文化用品业占8.25%,电器工业占6.47%,钢铁工业占0.24%。这些内迁企业工厂遍布四川,极大地推动了四川工业化进程,带动了城市的快速发展,初步形成了以岷江流域、沱江流域为中心的化学工业区,以万县(今万州)、涪陵为中心的水电、榨油工业区,以成都、重庆为中心的综合工业区

---

① 马端临.文献通考[M].北京:中华书局,2011.
② 李文治.中国近代农业史资料:第一辑(1840—1911)[M].上海:生活·读书·新知三联书店,1957.

等八大工业区的格局。而迁入成都平原的高校共有十余所,包括中央大学、东吴大学、燕京大学等。

三、现代（1950 年至今）

这期间先后经历了三个发展阶段,即 1950—1977 年、1978—1996 年和 1997年至今。

1950—1977 年。新中国成立以后,随着宝成铁路、成昆铁路、川陕公路等交通骨干工程的相继通车,成都到广元沿线城市的交通条件得到极大改善。特别是 1964 年开始的"三线建设",推动了成渝地区的工业化,从广元到绵阳一线聚集了大量的大中型军工企业和科研院所,为绵阳等城市的崛起起到了主要的推动作用,初步奠定了成渝地区城镇发展的基础格局。这一时期,成渝两地经济地位发生逆转,成都赶超重庆。成都经济社会建设受到国家高度重视,修建了多条铁路,大力发展钢铁和石油等能源材料工业,兴建技术装备先进的电子和机械产业等,非农产业发展进入了快速阶段,尤其是第二产业的发展水平明显高于重庆。1952—1965 年,成都工业生产总值增加了 6.5 倍,而重庆只增加了 3.3倍,1978 年成都的工业总产值比 1952 年增长了 27 倍,重庆只增长了 7.5 倍。

1978—1996 年。改革开放后,沿海地区在国家政策的扶持下,经济建设取得了巨大成就,形成了工业化带动城市化的良好格局,中小城镇快速发展,而地处内陆的成渝地区,相对于沿海地区,除成都、重庆和少数城市（如绵阳等）外,其他中小城市发展均相对较慢。这段时期,成渝两地经济发展依旧不平衡,重庆经济发展依然落后于成都。重庆受到计划经济时期遗留问题的影响,发展进程受阻,而成都在国家和四川省的高度关注下进入了经济快速发展的时期。1995 年,成渝高速公路建成通车,不仅拓展了成都腹地,还加强了成渝地区社会经济联系,促进了成渝城市群的发育发展。

1997 年至今。1997 年重庆市直辖,成渝城市群进入快速发展阶段。成渝两地经济发展并未因两者分开而受阻,反而通过资源共享、优势互补,加速了经济发展进程。在国家政策的扶持下,成渝经济发展进程加快,产业结构升级加速和分工日益明显,成渝地区逐渐成为中国西部地区经济实力最强的区域,建立了以重庆为中心的重化工业体系、以成都为中心的轻纺产业体系、以德阳为中心的装备制造业体系等。

第二节　成渝城市群的基本特征

成渝城市群中,重庆和成都分别作为超大城市和特大城市,城区人口规模均大于 500 万人,优势地位明显,2017 年位序最高的重庆和成都人口规模远大于其他城市,集中了全区城区常住人口的 59.43%。200 万~500 万人口规模的大城市缺失,100 万~500 万人口规模的城市也仅有 3 个,且从第三位序城市开始明显偏离了位序规模分布。这说明中间层次的城市发展和培育不足,并且重庆、成都双核城市过度发展,大量的资源流向重庆主城和成都,造成人口和经济活动不能有效地在大中型城市聚集,阻碍了中心城市的发展和辐射功能,进一步加剧了区域经济发展不平衡。

一、城市化水平增速较快，总体略低于全国平均水平

2018 年,成渝城市群常住人口城市化为 58.58%,低于全国的 59.58%。成渝城市群虽处于中国经济欠发达的西南地区,但城市化速度快。2011—2018 年,成渝城市群常住人口城市化率提高了 10.21 个百分点,同期全国城市化率提高了 8.31 个百分点。2012 年,成渝城市群城镇人口规模首次超过乡村人口规模,城市化率达 50.18%。与珠三角、长三角和京津冀三大城市群城市化率相比,2018 年,成渝城市群城市化率分别低 11.27 个百分点、10.92 个百分点和16.23 个百分点。因此,成渝城市群城市化水平提升的空间还很大,应努力缩小与发达地区城市群的差距,实现成渝城市群城市化水平的进一步提高。

城市化进程不平衡,城市化水平内部差距大。从整体看,2018 年重庆市(30个区县)常住人口城市化率为 68.90%,四川省(15 个地级市)为 54.49%。实际上,2011 年以来,成渝城市群重庆片区的城市化率明显高于四川片区,相差都在14 个百分点以上。分省(直辖市)看,重庆和四川的内部城市化发展很不协调,相差甚远。在四川的 15 个地级市中,2018 年城市化率最高的是成都市,城市化率达73.12%,最低的是广安市,城市化率为 41.86%,两者相差 31.26 个百分点。2018 年重庆全市城市化率为 65.50%,其中主城区城市化率达 90.51%,而渝东北三峡库区城镇群和渝东南武陵山区城镇群的城市化率尚不及 50%。在成渝城市群包含的重庆 30 个区(县)中,城市化率最高的为 100%(渝中区),最低的只有 43.85%(云阳县),相差近 60 个百分点。

二、城镇体系呈现典型的双核结构

成渝城市群是非常典型的双核结构,成都和重庆两个核心城市在成渝城市群中扮演着中心角色,影响着城市群内其他城市的发展。两个城市的经济发展水平遥遥领先于西部其他重要城市,综合实力开始接近东部发达地区的中心城市。同时,通过交通轴线,成都和重庆开始在更广的范围发挥集聚、扩散作用,引领成渝城市群发展。目前,成渝城市群已经形成了成都都市圈和重庆都市圈。

重庆地处中国西南,是中国四大直辖市之一,中国西南政治、经济中心,长江上游地区经济和金融中心,国家统筹城乡综合配套改革试验区和对外开放先行区,长江沿岸最重要的港口之一,中国西部最重要的物资集散地之一。重庆主城区是重庆政治、经济、文化中心和国家中心城市功能的核心载体,2018 年常住人口占全市的 64.8%,其中城镇人口占全市的 74.56%,经济总量占全市的76.45%。重庆产业体系完备,工业基础雄厚,笔记本电脑产量占全球产量的1/3,以交通物流、金融、信息传输等为主体的第三产业发展迅速。

成都是西部地区重要的经济中心、科技中心、文创中心、对外交往中心和综合交通枢纽功能,应加快天府新区和国家自主创新示范区建设,完善对外开放平台,提升参与国际合作竞争层次。强化城市规划建设管理,发挥自然因素在城市风貌特色塑造中的基础作用,提升城市形象。充分发挥成都的核心带动功能,加快与德阳、资阳、眉山等周边城市的同城化进程,共同打造带动四川、辐射西南、具有国际影响力的现代化都市圈。

三、城市等级规模结构基本完整

2018 年,成渝城市群设市的城市有 30 个,其中超大城市 1 个,特大城市 1 个,大城市 6 个,中等城市 2 个,小城市 20 个,建制镇 2 019 个。因此,成渝城市群已基本形成了以超大城市、特大城市为中心,大、中城市为骨干,小城市及中心镇为节点的等级规模结构。成渝城市群各等级规模城市皆有,结构基本完整(表 7.1)。

表 7.1　成渝城市群设市的城市人口规模等级分布

(2018 年)

城市名称	市区面积/平方千米	市区人口/万人	城区面积/平方千米	城区人口/万人	城市等级
重庆市	43 263.5	2 566.5	7 659.78	1 185.60	超大城市(>1 000 万人)
成都市	3 639.8	876.5	1 285.12	746.22	特大城市(500 万~1 000 万人)
泸州市	2 132.0	152.4	411.38	118.77	大城市(100 万~500 万人)
宜宾市	4 775.6	227.2	185.77	113.02	
南充市	2 527.0	193.8	420.00	107.70	
自贡市	1 438.0	147.2	778.32	106.85	
达州市	3 146.0	170.6	157.37	104.32	
绵阳市	2 751.4	174.5	602.82	100.46	
内江市	1 569.0	140.4	278.93	63.99	中等城市(50 万~100 万人)
乐山市	2 506.0	116.1	437.18	63.72	

续表

城市名称	市区面积 /平方千米	市区人口 /万人	城区面积 /平方千米	城区人口 /万人	城市等级
遂宁市	1 876.6	146.3	261.52	47.95	
眉山市	1 796.0	120.0	253.56	47.55	
德阳市	1 096.0	94.9	193.59	45.11	
广安市	1 555.5	93.3	139.44	37.89	
简阳市	2 213.0	150.3	112.00	34.92	
江油市	2 720.2	85.8	199.41	34.15	
资阳市	1 632.4	106.9	249.23	27.85	
彭州市	1 421.4	79.9	133.80	26.75	
阆中市	1 877.0	83.2	150.00	26.60	
雅安市	1 681.0	62.0	196.90	21.30	小城市（<50万人）
峨眉山市	1 181.0	42.9	90.20	20.87	
都江堰市	1 208.4	62.2	102.13	20.86	
广汉市	551.0	60.1	60.50	19.02	
隆昌市	794.0	77.3	57.00	17.19	
邛崃市	1 377.0	65.2	144.28	16.65	
绵竹市	1 245.0	49.9	16.52	13.52	
什邡市	820.3	42.6	21.00	13.21	
崇州市	1 089.8	66.1	63.42	13.14	
华蓥市	466.0	37.2	92.40	11.75	
万源市	4 065.0	63.8	18.27	11.36	

资料来源：中华人民共和国住房和城乡建设部.2019 年城市建设统计年鉴［R/OL］.（2020-12-31）

［2021-03-10］.中华人民共和国住房和城乡建设部官网.

四、城市职能分工初步形成

　　成渝城市群迅速发展,各城市已形成一定的职能分工。重庆和成都作为成渝城市群的超大城市和特大城市,行使着国家和区域中心城市的功能,是集生产、集散、管理、服务、创新等功能于一体的综合职能型城市。除了两大综合职能型城市外,还有多个区域性中心城市,如万州是渝东北的区域性中心城市、黔江是渝东南的区域性中心城市,绵阳、南充、自贡、眉山等都在各自区域内发挥着中心城市的作用。另外,还有较多专门职能型城市,如泸州、宜宾、涪陵、江津等依托长江黄金水道的优势,交通运输功能突出;广安、南川、武隆、合川、乐山、雅安等城市的旅游职能较为突出;涪陵、长寿、内江、宜宾、德阳、璧山、永川、内江、达州、资阳等则是重要的特色工业型城镇(表7.2)。

表 7.2 成渝城市群城市职能划分

职能类型		城市
综合职能型城市		重庆主城区、成都
次区域中心		万州、黔江、绵阳、南充、自贡、眉山等
专门职能型	交通运输型	泸州、宜宾、涪陵、江津等
	旅游型	广安、南川、武隆、合川、乐山、雅安等
	特色工业型	涪陵、长寿、内江、宜宾、德阳、璧山、永川、内江、达州、资阳等

资料来源:根据《重庆市城乡总体规划(2007—2020年)》《四川省省域城镇体系规划(2014—2030年)纲要》整理所得。

第三节 都市圈城市群主要城市

都市圈是城市群内部以超大城市、特大城市或辐射带动功能强的大城市为中心,以1小时通勤圈为基本范围的城市化空间形态①。成渝城市群由成都都市圈和重庆都市圈耦合而成。

---

① 国家发展改革委.国家发展改革委关于培育发展现代化都市圈的指导意见[EB/OL].(2019-02-21)[2021-03-10].中国政府网.

一、成都都市圈

　　成都位于中国四川省中部,是四川省省会,中国副省级城市之一,中国西南地区的科技中心、商贸中心、金融中心和交通、通信枢纽,也是四川省政治、经济、文教中心,是国家经济与社会发展计划单列市,国家历史文化名城,2007年获批全国统筹城乡综合配套改革试验区。成都市工业门类齐全,轻工业尤其发达,近些年电子信息、新材料等高新技术产业也迅速发展,金融、旅游、文化创意等服务业在全国占有重要地位。2018年,成都市常住人口占全省的19.58%,城市化率为73.12%,经济总量占全省的37.72%。2016年4月,国务院审定同意《成渝城市群发展规划》,第一次在国家规划中明确提出建设成都都市圈。《成渝城市群发展规划》指出"充分发挥成都的核心带动功能,加快与德阳、资阳、眉山等周边城市的同城化进程,共同打造带动四川、辐射西南、具有国际影响力的现代化都市圈"。

　　由成都、德阳、资阳、眉山组成的成都都市圈,拥有优越的自然条件、深厚的历史底蕴、丰富的科教资源和坚实的产业基础。2019年,成都、德阳、资阳、眉山实现地区生产总值2.15万亿元,占全省比重的46.1%。

　　未来,成都都市圈依托四川乃至整个西部的广阔经济腹地,有望成为西部最先建成的现代化都市圈。为了促进成都都市圈4个城市的交流,将建设总长450千米的外环铁路,使各个城市的交通通勤时间下降到半小时。未来三年成都都市圈还将建设104个项目,加快推进干线铁路、城际铁路、市域铁路和城市轨道交通建设,让成都地铁通往德阳、资阳和眉山。

　　成都都市圈还将打造有世界影响力的万亿级电子信息产业集群,以成都电子信息产业功能区为核心,联动成都科学城、天府新区眉山片区、资阳高新区等平台,协同发展电子信息制造和软件服务。到2035年成都都市圈有望全面实现同城化,基础设施全面实现同城同网,成为西部最大的都市圈。

二、重庆都市圈

重庆都市圈一般指重庆主城区,最初由原主城9区组成,即渝中、大渡口、江北、沙坪坝、九龙坡、南岸、北碚、渝北、巴南。2020年5月9日,重庆召开主城都市区工作座谈会,宣布将渝西地区12个区(即涪陵、长寿、江津、合川、永川、南川、綦江、大足、璧山、铜梁、潼南、荣昌)纳入主城区,这样重庆主城区由9区扩容到21区,原主城9区为中心城区,渝西12个区为主城新区,这一范围还包含两江新区、重庆高新区、万盛经开区三个功能区。

2019年,重庆主城区的面积、常住人口、经济总量分别为2.87万平方千米、2 027万人和1.8万亿元。主城区主要分为两大区域,各有定位:第一大区域是中心城区,要围绕"强核提能级",加快集聚国际交往、科技创新、先进制造、现代服务等高端功能,重点发展现代服务业和先进制造业,做靓城市名片,提升城市发展能级,不断增强国际影响力和竞争力;第二大区域是主城新区,要围绕"扩容提品质",统筹抓好长寿、江津、璧山、南川四个同城化发展先行区,涪陵、合川、永川、綦江—万盛四个重要战略支点城市和大足、铜梁、潼南、荣昌四个桥头堡城市的发展和品质提升,当好新型工业化主战场,加快构建现代产业体系。在空间布局上,主城区要构建多中心、多层级、多节点的网络型城市格局。在功能定位上,主城区要加快打造产业升级引领区、科技创新策源地、改革开放试验田、高品质生活宜居区。

三、成渝城市群的主要城市

1.重庆

重庆简称"渝",是国家直辖市、长江上游地区经济中心、国家重要的现代制造业基地、西南地区综合交通枢纽。土地面积8.24万平方千米,辖26个区、8个县、4个自治县,2019年年底,常住人口3 124.32万人,城市化率66.8%;实现地区生产总值 23 605.77 亿元,人均地区生产总值 75 828 元。重庆市是一个行政区,不是城市。重庆市主城区才是城市。其下辖的涪陵、万州、黔江乃至永川、合川、荣昌等的中心城区都是独立的城市。

重庆地处中国内陆西南部,是长江上游地区的经济、金融、科创、航运和商贸物流中心,国家物流枢纽,西部大开发重要的战略支点,"一带一路"和长江经济带重要联结点以及内陆开放高地、山清水秀美丽之地;既以江城、雾都、桥都著称,又以山城扬名。重庆旅游资源丰富,有长江三峡、世界文化遗产大足石刻、世界自然遗产武隆喀斯特和南川金佛山等景观。

重庆是国家历史文化名城。1189 年,宋光宗赵惇先封恭王再即帝位,自诩"双重喜庆",重庆由此得名。重庆是"红岩精神"起源地,巴渝文化发祥地,"火锅""吊脚楼"等影响深远;在有文字记载的 3 000 余年中,曾三为国都,四次筑城,史称"巴渝";抗战时期为国民政府陪都。

重庆是西南地区最大的工商业城市、国家重要的现代制造业基地,有国家级重点实验室 10 个,国家级工程技术研究中心 10 个,高校 68 所,还有中国(重庆)自由贸易试验区、中新(重庆)战略性互联互通示范项目、中欧班列(重庆)国际铁路、西部(重庆)科学城等。

2.成都

成都简称"蓉",别称蓉城、锦城,是四川省省会、成渝城市群核心城市,国家重要的高新技术产业基地、商贸物流中心和综合交通枢纽。全市下辖 12 个市辖区、3 个县、代管 5 个县级市,总面积 14 335 平方千米,建成区面积 949.6 平方千米,常住人口 1 658.10 万人,城镇人口 1 233.79 万人,城市化率 74.41%。2019 年实现地区生产总值 17 012.65 亿元,人均地区生产总值 103 386 元。

成都地处中国西南地区、四川盆地西部、成都平原腹地,地势平坦、河网纵横、物产丰富、农业发达,自古有"天府之国"的美誉。作为全球重要的电子信息产业基地,有国家级科研机构 30 家,国家级研发平台 67 个,高校 56 所,各类人才约 389 万人。2019 年世界 500 强企业有 301 家落户成都。

成都是全国十大古都和首批国家历史文化名城,古蜀文明发祥地。其金沙遗址有 3 000 多年历史,因周太王"一年成聚,二年成邑,三年成都"而得名;蜀汉、成汉、前蜀、后蜀等政权先后在此建都;一直是各朝代的州郡治所;汉为全国五大都会之一;唐为中国最发达的工商业城市之一,史称"扬一益二";北宋是汴京外第二大都会,世界上第一种纸币交子就在成都被发明。拥有都江堰、武侯祠、杜甫草堂等名胜古迹,是中国最佳旅游城市之一。

3.绵阳

绵阳别称"中国科技城",位于四川盆地西北部,涪江中上游地带。东邻广元市的青川县、剑阁县和南充市的南部县、西充县;南接遂宁市的射洪市;西接德阳市的罗江区、中江县、绵竹市;西北与阿坝藏族羌族自治州和甘肃省的文县接壤。总面积2.02 万平方千米,截至 2019 年,绵阳市下辖 3 个区、1 个县级市、5个县,代管四川省人民政府科学城办事处,常住人口 487.7 万人,城市化率54.13%。2019 年实现地区生产总值 2 856.2 亿元,人均地区生产总值58 685 元。

自汉高祖二年(公元前205 年),西汉设置涪县以来,绵阳市已有2 200 多年建城史,历来为州郡治所,后因城址位于绵山之南而得名"绵阳",是诗仙李白以及"唐宋八大家"之一欧阳修的出生地。

绵阳是党中央、国务院批准建设的中国唯一的科技城,重要的国防科研和电子工业生产基地,成都平原城市群北部中心城市、成渝经济圈七大区域中心之一。

4.德阳

德阳别称"旌城",位于成都平原东北部,地处龙门山脉向四川盆地过渡地带。全市总面积 5 910 平方千米,下辖 2 个区、1 个县,代管 3 个县级市;2019 年常住人口 356.1 万人,城市化率53.89%。2019 年实现地区生产总值2 335.91 亿元,人均地区生产总值 65 745 元。

德阳毗邻省会成都,位于丝绸之路经济带和长江经济带的交汇处、叠合点,倾力打造成都国际化大都市的北部新城。德阳交通发达,距成都双流国际机场50千米,距青白江亚洲最大的铁路集装箱中心站24千米。德阳因"三线建设"国家布局现代大工业而建市,是中国重大技术装备制造业基地。

5.泸州

泸州古称"江阳",别称酒城、江城,是国家区域中心城市,川渝滇黔接合部区域中心城市和成渝地区双城经济圈南翼中心城市、重要的商贸物流中心,长江上游重要的港口城市。截至2019年,泸州市下辖4个县、3个区,面积12 232.34平方千米,常住人口432.94万人,城镇常住人口225.10万人,城市化率52.00%。2019年实现地区生产总值2 081.26亿元,人均地区生产总值48 105元。

泸州是长江中上游地区第二大集装箱码头,四川第三大航空港,也是第三批国家新型城市化综合试点地区、跨境电子商务综合试验区;世界级白酒产业基地、国家重要的以名优酒为主体的食品工业基地、循环型化工基地、清洁能源生产基地、国家高性能液压件高新技术产业化基地、国家九大工程机械生产基地之一。

泸州是国家历史文化名城,具有2 000多年历史;西汉设江阳侯国;梁武帝大同年间建置泸州;泸州在宋代即为西南要会,明代即与成都、重庆三足鼎立,成为当时全国33个商业大都会之一。形成了以名酒文化、生态文化、红色文化、历史文化、长江文化为代表的五大特色旅游资源。

6.宜宾

宜宾有"万里长江第一城、中国酒都、中国竹都"之称,地处云贵川三省结合部,金沙江、岷江、长江三江交汇处。国土面积13 283平方千米,辖3个区、7个县;2019年末常住人口457.3万人,城市化率51.19%。2019年实现地区生产总值2 601.89亿元,人均地区生产总值57 003元。

宜宾是国家确定的沿江城市带区域中心城市,是四川省委确定的长江上游区域中心城市、全国性综合交通枢纽、四川南向开放枢纽门户。宜宾文化底蕴深厚,有2 200多年的建城史、4 000多年的酿酒史、3 000多年的种茶史,是国家历史文化名城。

7.内江

内江位于四川盆地东南部、沱江下游中段,东汉建县,曾称汉安、中江,距今已有 2 000 多年的历史。现辖市中区、东兴区、隆昌市、资中县、威远县和内江经济开发区、内江高新区,国土面积 5 386 平方千米;2019 年末常住人口 370 万人,城市化率 50.58%。2019 年实现地区生产总值 1 433.3 亿元,人均地区生产总值 38 743 元。

内江是开发较早的巴蜀腹心之地,历史上以生产蔗糖、蜜饯闻名,素有"甜城"美名。内江位居成都、重庆两大城市之间,是成渝地区双城经济圈主轴发展带腹心节点城市,享有"成渝之心"的美誉。区位优势明显,交通便利,在成渝地区"居中独厚、南北交汇、东连西接",是国家重点交通枢纽之一、"一带一路"重要交汇点、四川第二大交通枢纽和西南陆路交通交接点,素有"西南咽喉""巴蜀要塞"之称。

8.自贡

自贡位于四川盆地南部,东邻隆昌市、泸县,南界泸州市、宜宾市,西与犍为县、井研县毗邻,北靠仁寿县、威远县、内江市。截至 2019 年,全市国土面积 4 381 平方千米,下辖 4 个区、2 个县,常住人口 292.2 万人,城市化率 54.09%。2019 年实现地区生产总值 1 428.49 亿元,人均地区生产总值 48 904 元。

自贡"因盐设市","自、贡"两个字就是由"自流井"和"贡井"两个盐井名字合称而来。同时,自贡还是中国重要的恐龙化石产地,被称为"恐龙之乡",以拥有世界三大恐龙博物馆之一的自贡恐龙博物馆而闻名于海内外。

9.南充

南充又称"果城、绸都",位于四川省东北部、嘉陵江中游,因处在充国南部而得名。南充历史悠久,源自汉高祖公元前 202 年设立的安汉,至今建成 2 200 多年。春秋以来历为都、州、郡、府、道之治所;新中国成立初期为川北行署区的驻地。截至 2019 年,下辖 3 个区(顺庆区、高坪区、嘉陵区)、5 个县(营山县、西充县、南部县、蓬安县、仪陇县)、1 个县级市(阆中市),国土面积 1.25 万平方千米,常住总人口 643.5 万人,城市化率 49.72%。2019 年实现地区生产总值 2 322.22 亿元,人均地区生产总值 36 073 元。

南充是成渝经济圈中心城市之一、"一带一路"重要节点城市、川东北城市群重要节点城市、中国优秀旅游城市、国家园林城市、全国清洁能源示范城市、南遂广城镇密集区中心城市、中国特色魅力城市 200 强之一。

10.遂宁

遂宁别称斗城、遂州,位于四川盆地中部腹心,是成渝经济区的区域性中心城市、四川省的现代产业基地、以"养心"文化为特色的现代生态花园城市。遂宁西连成都,东邻重庆、广安、南充,南接内江、资阳,北靠德阳、绵阳,与成都、重庆呈等距三角形,地处四川城市化发展主轴,是四川省战略部署建设的"六大都市区"之一、成都经济圈和成都平原城市群的重要组成部分。

遂宁因东晋大将桓温平蜀后,寓意"平息战乱,遂得安宁"而得名。历来为郡、州、府、专署和县的治所,1985 年建市。截至 2019 年,遂宁总面积 5 322.18 平方千米,下辖 2 个市辖区、2 个县,代管 1 个县级市,常住人口 318.9 万人,城市化率 51.52%。2019 年实现地区生产总值 1 345.73 亿元,人均地区生产总值 42 113 元。

11.广安

广安位于四川省东部,下辖广安区、前锋区、岳池县、武胜县、邻水县,代管华蓥市。截至 2019 年,总面积 6 339.22 平方千米,常住人口 325.1 万人,城市化率 43.26%。2019 年实现地区生产总值 1 250.44 亿元,人均地区生产总值 38 522 元。

广安历史悠久,自北宋开宝二年(公元 969 年)取"广土安辑"之意设广安军,"广安"之名沿袭至今。1993 年 7 月设立地区,1998 年 7 月撤地设市,广安是中国改革开放总设计师邓小平同志的家乡,拥有"伟人故里、滨江之城、川东门户、红色旅游胜地"四张名片。

12.乐山

乐山古称嘉州,有"海棠香国"的美誉,位于四川省中部,四川盆地的西南部。乐山是四川省重要工业城市、成都经济区南部区域中心城市、重要枢纽城市、成渝城市群重要交通节点和港口城市。成昆铁路、成贵高铁贯穿全境。乐山三江汇合。大渡河、青衣江在乐山大佛脚下汇入岷江。截至 2019 年,乐山市下辖 4 个区、6 个县,代管 1 个县级市,总面积 12 720.03 平方千米,常住人口 327.1 万,城市化率 53.36%。2019 年实现地区生产总值 1 863.31 亿元,人均地区生产总值 56 999 元。

乐山是国家历史文化名城,国家首批对外开放城市、全国绿化模范城市、中国优秀旅游城市、国家园林城市、全国卫生城市。乐山有世界级遗产三处——世界自然与文化遗产峨眉山和乐山大佛、世界灌溉工程遗产东风堰,有国家 AAAA 级景区以上景区 15 处,国家 A 级景区 35 处。

13.眉山

眉山古称眉州,位于四川盆地西南边缘,介于岷峨之间,因峨眉山而得名,是千年大文豪苏东坡的故乡,也是国家级天府新区的重要组成部分,素有"千载诗书城""人文第一州"的美誉。面积 7 140 平方千米,下辖东坡、彭山两区和仁寿、洪雅、丹棱、青神四县,2019 年末全市常住人口 299.5 万人,城市化率 47.83%。2019 年实现地区生产总值 1 380.2 亿元,人均地区生产总值 46 168 元。

眉山区位优越,主城区距成都仅 60 千米,距成都双流国际机场、成都天府国际机场均为 50 千米,成眉间动车公交化运营,列车数量达 80 列次/日。眉山全域都在天府新区辐射范围内,含 94 平方千米核心区、448 平方千米协调管控区。

14.雅安

雅安位于四川盆地西缘、邛崃山东麓,东靠成都、西连甘孜、南界凉山、北接阿坝,距成都 120 千米,属四川盆地西缘山地,跨四川盆地和青藏高原两大地形区。全市总面积 15 046 平方千米,下辖 2 个区、6 个县,2019 年末常住人口

154.1 万人,城市化率 48.37%。2019 年实现地区生产总值 723.79 亿元,人均地区生产总值 46 984 元。

雅安位于川藏、川滇公路交会处,是四川盆地与青藏高原的结合过渡地带、汉文化与民族文化结合过渡地带、现代中心城市与原始自然生态区的结合过渡地带,是古南方丝绸之路的门户和必经之路,曾为西康省省会。雅安是四川省历史文化名城和新兴的旅游城,有"雨城"之称,也素有"川西咽喉""西藏门户""民族走廊"之称。

15.资阳

资阳地处四川盆地中部,南与内江相邻,北与成都、德阳接壤,东与重庆、遂宁毗邻,西与眉山相连,是四川省唯一一座同时连接成渝"双核"的区域性中心城市。在公元前 135 年西汉时期置县,后设州、郡,已有 2 100 多年的建制史。1998 年 2 月 26 日,经国务院批准设立资阳地区,2000 年 6 月 14 日,经国务院批准撤销资阳地区设立地级资阳市。2016 年 5 月 3 日,国务院同意将资阳市代管的县级简阳市改由成都市代管。现辖雁江区、安岳县、乐至县,总面积约 5 757平方千米,2019 年常住人口 250.3 万人,城市化率 44.15%。2019 年实现地区生产总值 777.8 亿元,人均地区生产总值 31 019 元。

第四节 从成渝城市群到成渝地区双城经济圈

2020 年 1 月 3 日,中央财经委员会第六次会议研究推动成渝地区双城经济圈建设问题。习近平总书记强调,推动成渝地区双城经济圈建设,有利于在西部形成高质量发展的重要增长极,打造内陆开放战略高地,对推动高质量发展具有重要意义。成渝地区双城经济圈上升为国家战略,对于优化国土空间结构,推动内陆地区的改革开放是一招大棋、活棋。

一、成渝地区概念的演变①

2011 年 5 月 5 日,经国务院批复,国家发展改革委印发了《成渝经济区发展规划》,总体要求是以加快转变经济发展方式为主线,进一步解放思想,深化改革,扩大开放,着力推动区域一体化发展,着力推进统筹城乡改革,着力提升发展保障能力,着力保障和改善民生,着力发展内陆开放型经济,着力构建长江上游生态安全屏障,努力把成渝经济区建设成为西部地区重要的经济中心、全国重要的现代产业基地、深化内陆开放的试验区、统筹城乡发展的示范区和长江上游生态安全的保障区,在带动西部地区发展和促进全国区域协调发展中发挥更加重要的作用。

2016 年 3 月 30 日,国家发展改革委、住房城乡建设部联合印发了《成渝城市群发展规划》,要求以培育发展城市群为导向,优化整合区域资源,统筹经济社会发展,人口空间分布、生态环境保护、基础设施建设和对内对外开放。根据资源环境承载能力、现有基础和发展潜力,科学确定城市边界、最小生态安全距离和空间结构,形成推动全国国土空间均衡开发、引领区域经济发展的重要增长极。

2018 年 3 月 9 日,国家发展改革委印发了《2019 年新型城市化建设重点任务》,把成渝城市群与京津冀、长三角和粤港澳城市群并列纳入国家发展战略,推动已在城镇就业的农业转移人口落户,推进常住人口基本公共服务全覆盖,深化"人地钱挂钩"等配套政策,加快城市群发展,培育现代化都市圈,实现大中小城市协调发展,支持特色小镇有序发展,强化交通运输网络支撑,引导城市产业安排,优化城市空间布局,加强城市基础设施建设,改进城市公共资源配置,提升城市品质和魅力,健全城市投融资机制,完善城乡要素合理配置,缩小城乡基本公共服务差距,提高城乡基础设施建管能力,促进乡村经济多元化发展,确

---

① 代睿.成渝双城志·经济共生|从规划试点到国家战略 看成渝地区双城经济圈的前世今生[EB/OL].
(2020-05-20)[2021-03-10].封面新闻网.

保农民收入持续增长。

中央财经委员会第六次会议提出,推动成渝地区双城经济圈建设,要尊重客观规律,发挥比较优势,推进成渝地区统筹发展,促进产业、人口及各类生产要素合理流动和高效集聚,强化重庆和成都的中心城市带动作用,使成渝地区成为具有全国影响力的重要经济中心、科技创新中心、改革开放新高地、高品质生活宜居地,助推高质量发展。会议强调:成渝地区双城经济圈建设是一项系统工程,要加强顶层设计和统筹协调,突出中心城市带动作用,强化要素市场化配置,牢固树立一体化发展理念,做到统一谋划、一体部署、相互协作、共同实施,唱好"双城记"。要加强交通基础设施建设,加快现代产业体系建设,增强协同创新发展能力,优化国土空间布局,加强生态环境保护,推进体制创新,强化公共服务共建共享。

二、成渝地区双城经济圈的战略定位

2020 年 10 月 16 日,习近平总书记主持中共中央政治局会议,审议《成渝地区双城经济圈建设规划纲要》,明确提出推动成渝地区双城经济圈建设,有利于形成优势互补、高质量发展的区域经济布局,有利于拓展市场空间、优化和稳定产业链供应链,是构建以国内大循环为主体、国内国际双循环相互促进的新发展格局的一项重大举措;要求突出重庆、成都两个中心城市的协同带动,注重体现区域优势和特色,使成渝地区成为具有全国影响力的重要经济中心、科技创新中心、改革开放新高地、高品质生活宜居地,打造带动全国高质量发展的重要增长极和新的动力源;处理好中心和区域的关系,着力提升重庆主城和成都的发展能级和综合竞争力,推动城市发展由外延扩张向内涵提升转变,以点带面、均衡发展,同周边市县形成一体化发展的都市圈。

三、成渝地区双城经济圈建设的战略意义①

　　成渝地区双城经济圈建设是成渝地区经济发展的重大历史机遇。改革开放以来,成渝地区经济建设取得了长足成效,制造业、电子信息业、服务业、科技、教育、医疗、文旅资源等优势明显,基础设施、公共服务体系等不断完善,但与发达地区相比尚存较大差距。2019 年,成渝地区 GDP 为长三角地区的29.6%,民营经济增加值为长三角地区的 34.3%,民企 500 强数量为长三角地区的 18.8%,民企上市公司数量为长三角地区的 8.3%,R&D 经费支出的 GDP 占比为京津冀地区的 54.5%,说明成渝地区产业结构层次不高,集约化程度较低,经济质量不高。同时必须看到,差距也是发展潜力。成渝地区双城经济圈建设纳入国家重大区域发展战略,将在制度安排、政策供给、放权让利、产业布局、结构调整、要素配置、改革开放、先行先试等方面,得到国家大力支持。成渝地区应抓住双城经济圈建设的重大历史机遇,进一步解放思想,调动各方面的积极性和创造性,激发市场活力,促进经济社会快速发展,加快建设立足西南、辐射西北、面向欧亚的西部经济中心和战略高地。

　　成渝地区双城经济圈建设将带动西部地区经济快速发展。西部地区包括12 个省、自治区、直辖市,面积 686 万平方千米,占我国总面积的 72%,人口 3.9亿人,占我国总人口的 27%,有 44 个民族,占我国民族数量的 78.6%。改革开放特别是西部大开发以来,西部地区经济社会取得了一定成效,但受多种因素影响,整体发展水平仍然较低,2019 年完成 GDP 205 185 亿元,占全国 GDP 总量的 21%,人均 GDP 5.26 万元,仅为全国人均 GDP 的 74%,一般公共预算转移支出对中央财政的依赖度高达 33.13%。成渝地区在西部地区异军突起,基础设施、公共事业、产业、科技、金融、人才等已是西部地区高地,2019 年 GDP 占西部地区 GDP 的 34.21%,常住人口占西部地区总人口的 29.48%。

---

① 蔡律.深度解析成渝地区双城经济圈[EB/OL].(2020-09-06)[2021-03-10].价值网.

　　改革开放 40 多年来,我国有计划地实施了东部开放、中部崛起、西部开发和东北振兴发展战略,经济发展取得了巨大成就。我国 2010 年成为全球第二大经济体,2017 年进入全球中上等收入国家行列,2019 年人均 GDP 超过 1 万美元。但发展不平衡不充分的矛盾日益突出,特别是东部地区凭借得天独厚的对外开放、基础设施、产业结构、生产要素、创新能力、市场环境、人力资源等突出优势,用不到 10% 的国土面积,集聚了全国 37% 的人口,创造了全国 52% 的 GDP,人均 GDP 达 98 300 元,是我国经济最发达的地区。西部地区由于受诸多主客观因素影响,再加上交通、设施、产业、要素、市场、科技、人才等条件局限,以超过 70% 的国土面积,实现了全国 21% 的 GDP,人均 GDP 仅 52 600 元,经济效率和质量远低于东部地区,是我国最大的经济欠发达地区。西部地区资源丰富,地域辽阔,与 14 个国家接壤,陆地边境线长 1.3 万千米,在成渝地区双城经济圈建设强大引擎的推动下,西部地区将加快缩小与东部地区的发展差距,为我国重大产业和装备布局战略纵深和安全保障、民族团结和边疆稳定、生态环境保护和区域经济社会协调发展等奠定坚实的战略基础。

本章执笔:郑长德(经济学博士,西南民族大学经济学院教授、博士生导师)

　　　　　钟海燕(经济学博士、法学博士后,西南民族大学经济学院教授、

　　　　　硕士生导师)

参考文献:

[1] 姚士谋,陈振光,朱英明,等.中国城市群[M].合肥:中国科学技术大学出版社,2006:217-230.

[2] 姚士谋,周春山,王德,等.中国城市群新论[M].北京:科学出版社,2016:299-320.

[3] 侯仁之.中国古代地理名著选读:第一辑[M].北京:学苑出版社,2005.

[4] 顾朝林,于海方,李王鸣,等.中国城市化:格局·过程·机理[M].北京:科

学出版社,2008:175-200.

［5］马端临.文献通考［M］.北京:中华书局,2011.

［6］李文治.中国近代农业史资料:第一辑(1840—1911)［M］.上海:生活·读书·
　　新知三联书店,1957.

［7］中华人民共和国住房和城乡建设部.2019 年城市建设统计年鉴［R/OL］.
　　(2020-12-31)［2021-03-10］.中华人民共和国住房和城乡建设部官网.

［8］国家发展改革委.国家发展改革委关于培育发展现代化都市圈的指导意见
　　［EB/OL］.(2019-02-21)［2021-03-10］.中国政府网.

［9］代睿.成渝双城志·经济共生|从规划试点到国家战略 看成渝地区双城经
　　济圈的前世今生［EB/OL］.(2020-05-20)［2021-03-10］.封面新闻网.

［10］蔡律.深度解析成渝地区双城经济圈［EB/OL］.(2020-09-06)［2021-03-10］.
　　价值网.

8

长江中游城市群

本章根据长江中游城市群中城市间的关系、经济联系和交通发展状况、距离远近等条件,将长江中游城市群的范围确定为以武汉为核心的 15 个城市。基于对长江中游城市群基础条件和存在问题的客观分析,围绕提升城市群整体实力、做强做优武汉核心城市、完善和优化城市群空间结构和城镇体系,推动长江中游城市群发展成为带动全国高质量发展的新动力源。

第一节　基础条件

长江中游城市群具有得天独厚的区位、交通和相对丰富的资源优势,经过多年的积累,形成了较为雄厚的产业和科技教育基础,正处于工业化中期的初级发展阶段,是我国具有较大发展潜力的城市群之一,但还存在核心城市功能不强、城市分工协作不紧密、交通网络体系不健全、生态环境保护仍需加强等问题。

一、基础条件和发展特征

长江中游城市群包括湖北省的武汉、黄石、鄂州、黄冈、仙桃、潜江、孝感、咸宁、天门、随州、荆门、荆州,河南省的信阳,江西省的九江和湖南省的岳阳,其中,12 个为地级市,3 个为省直辖县级市①。长江中游城市群面积约 33 万平方千米,人口 5 974 万人,分别占全国的 3.46%、4.27%。这一区域涵盖了距武汉约 200 千米范围的城市,目前区域内部已形成一定的经济联系,随着武汉综合经济实力的增强,区域内的经济联系将更加紧密。在这一范围内,还存在着一个经济联系更加紧密的区域,即以武汉为核心的都市圈,包括武汉、黄石、鄂州、黄冈、仙桃、潜江、孝感、咸宁和天门 9 个市,这些市基本上是以武汉为中心,距武汉约 100 千米,城市间经济联系非常紧密,2019 年,土地面积 5.8 万平方千米,人口 4 259 万人,分别占湖北省的 31.2% 和 71.86%。

---

① 肖金成,汪阳红.论长江中游城市群的构造和发展[J].湖北社会科学,2008(6):55-59.

（一）得天独厚的区位交通优势

长江中游城市群具有得天独厚的居中优势。从自然地理条件看,城市群的核心城市武汉市位于中国版图的中原腹心地带,为南北 9 省通衢和东西 8 省(市)要津,武汉到京、沪、穗、渝的距离均在 1 200 千米左右。铁路、公路、水运、航空及管道运输发达,形成了密集的立体化交通体系。长江和汉江航运通道地位重要,处于通江达海、承东启西、汇聚南北的居中区位,是沟通我国东部与西部、南方与北方的重心地区,在我国的区域发展中具有极为重要的战略地位。

（二）相对丰富的资源优势

长江中游城市群地处长江中游,水资源保障程度较高。虽然自产水量相对较少,但客水资源丰富,人均水资源量约为全国人均水资源量的 10 倍。城市群得长江和汉水之利,雨水充沛,河湖密布,人均水资源量较高。土地资源有一定优势,有洞庭湖平原、鄱阳湖平原、江汉平原,适于人类生活居住。农副产品资源不仅种类较多,而且量大质优,优质稻米、棉花、油菜、生猪、水产品、家禽、茶叶、板栗、中药材等在全国占有一定的地位。旅游资源丰富,有三楚和三国文化遗址、历史名城、湖光山色和革命纪念地等。其中包括众多世界级和国家级历史遗址、文化名城、重点文物保护单位、森林公园和自然保护区。

（三）较为雄厚的产业基础

2019 年,长江中游城市群地区生产总值 43 053.92 亿元,占全国的 4.35%,武汉都市圈的地区生产总值占湖北省的 72.87%。第二产业和第三产业地区生产总值分别为17 609.12亿元和 21 796.71 亿元,分别占全国的 4.56%、4.08%。其钢铁、汽车、光电子信息、有色金属、装备制造、建材、医药、纺织服装等行业已成为在国内有一定影响的支柱行业,并形成了以武汉为龙头、在全国有一定影响的优势产业群或产业带。如以武汉、孝感为主的连接襄樊的汽车及汽车零部件产业带;以武汉、鄂州、黄石、黄冈、九江为主的沿江高技术产业开发带等。农业已形成了以优质粮、优质棉、油、茶叶、桑蚕和水产品为主体,农、林、牧、副、渔全面发展的格局,是我国重要的农业商品基地,为保障我国粮食安全做出了重要贡献。

（四）潜力巨大的科技教育优势

长江中游城市群经过长期的积累,具有较发达的科技与教育优势。武汉是全国重要的科学、教育中心,其城市综合科技实力仅次于北京、上海,居全国第三位。都市圈拥有较密集的人才和智力资源,其中,武汉东湖高新区被誉为"中国光谷",是我国三大智力密集区之一,聚集千人计划 326 人、百人计划 152 人、武汉"城市合伙人"86 名、1 238 人入选"3551 光谷人才计划",有 4 000 多个海内外人才团队、8 000 多名博士、4 万多名硕士,形成了以光电子信息产业为主导,生物、节能环保、高端装备制造、现代服务业竞相发展的"131"产业格局。

（五）城市体系呈两头强中间弱的格局

长江中游城市群拥有 1 个特大城市,6 个 100 万~200 万人口城市,8 个中等城市,4 个 50 万~100 万人口城市,4 个小城市。核心城市武汉的人口超过500 万人,城市首位度高,缺乏 200 万~500 万人口的城市,具有明显的不平衡等级规模分布特征,核心城市的作用十分突出,一市独大,2019 年,武汉 GDP 和人均 GDP 分别位列全国城市第 8 位和第 9 位(图 8.1)。

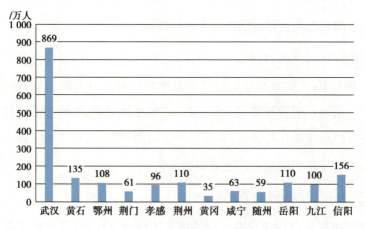

图 8.1　2018 年长江中游城市群各市市辖区人口

资料来源:国家统计局城市社会经济调查司.中国城市统计年鉴 2019[M].

北京:中国统计出版社,2020.

二、存在的问题

（一）核心城市对区域的辐射带动作用不强

武汉作为长江中游城市群的核心城市,自身发展仍处于要素集聚阶段,城市的各项功能尚不完善,对区域发展的核心引领作用尚没有充分体现,辐射和带动作用较弱。一是创新转化弱。武汉普通高等学校数量和普通本专科在校学生数量分别位列 15 个副省级城市第一名和第二名,然而专利授权数仅排名第 7 位,分别仅为深圳、广州、成都的 23.1%、36.1% 和 56.5%。二是生产服务弱。武汉社会消费品零售总额位列副省级城市第 2 位,仅次于广州。但高端生产服务功能相对较弱,租赁和商务服务业,信息传输、计算机服务和软件业城镇就业人数占比仅分别为 3.4% 和 4.5%,分别比成都低 2 个百分点和 0.9 个百分点,比深圳低 2.5 个百分点和 0.9 个百分点,比广州低 3.5 个百分点和 1.7 个百分点。三是枢纽组织弱。2018 年,全市客运量仅位列副省级城市第 7 位。航空枢纽功能尤为不足,民用航空客运量和货邮运量不足成都的 30%,开放短板明显,货物进出口总额位列副省级城市第 11 位,仅为深圳的 7.2%、广州的 21.9% 和成都的 43.1%。

（二）尚未形成合理的城市分工协作关系

城市群建设的本质内涵之一是城市群内部各城市间能够建立合理的分工、协作与互补关系,由于长期计划经济的影响和自身经济发展所处的阶段,长江中游城市群尚未形成合理的城市分工、协作和互补关系,城市功能定位不清晰,低水平重复建设现象仍较普遍,城市间产业结构雷同,自身优势发挥不够,没有形成具有核心竞争力的城市产业基础和特色。

（三）基础设施网络体系不健全

城市群内部存在着快速交通网络体系不健全,部分交通设施不对接、功能不完善等问题,基础设施的共建共享仍存在很大制约。有些公路设施等级水平还较低,存在不少的"断头路"和"瓶颈路",不适应新形势发展要求;城际高等级公路纵通横不通,各城市与武汉的联系基本实现高速化,但相互之间的高速连通大多需绕道武汉,城市群的公路网络尚未形成;沿江铁路还没有进入实质性建设阶段,阳逻等港口建设滞后,内河运输优势得不到充分发挥;运输管理手段落后,保障系统不完善,公共运输信息传输慢;信息网络尚未完全互联互通,信息资源的开发、共享不够,缺乏平台支撑。

(四)资源利用和环境保护缺乏统一协调

长江中游城市群具有较丰富的水资源、农业资源和旅游资源,但是区域资源的整合开发利用和保护不够。一方面,对于资源的开发利用缺乏有效的协调与合作,自然资源和旅游资源开发市场秩序混乱,无法形成区域资源开发利用的综合优势,资源开发利用效率较低;另一方面,资源开发利用中缺乏对生态环境保护的统一认识和行动,造成区域内部人水关系、人地关系、人林关系比较紧张,投资风险加大,区域"三废"污染加剧,湖泊、河流、湿地、森林及草地等出现不同程度的萎缩和生态退化,城市群的生态空间被挤占,区域环境容量急剧下降。

(五)市场壁垒和障碍仍未完全消除

城市群内部各城市不同程度地存在市场准入、质量技术标准、行政事业性收费、户籍制度等形式的地方保护,区域市场一体化建设的总体水平不高,各城市拥有的资金、技术、人才、资源等各类生产要素的优势不能充分发挥,难以实现优劣互补,城市间合作缺乏相应的制度保障,统一的市场监管机制尚未建立。

第二节 武汉与武汉都市圈

武汉是湖北省省会、中部六省唯一的副省级市,地处江汉平原东部、长江中游,长江及其最大支流汉江在城中交汇,形成武汉三镇(武昌、汉口、汉阳)隔江鼎立的格局,素有"九省通衢"之称,是中国内陆最大的水陆空交通枢纽和长江中游航运中心,是全国重要的工业基地、科教基地和综合交通枢纽,是长江经济带核心城市、中部崛起战略支点、全面创新改革试验区。武汉是国家历史文化名城,楚文化的重要发祥地,市内盘龙城遗址有 3 500 多年历史,自春秋战国以来,一直是中国南方的军事和商业重镇,明清时期成为"楚中第一繁盛处"、天下四聚之一,是近代中国重要的经济中心,被誉为"东方芝加哥",也是辛亥革命首义之地,近代史上数度成为全国政治、军事、文化中心。2019 年年末,武汉下辖13 个区,市域面积 8 569.15 平方千米,常住人口 1 121.2 万人,地区生产总值1.62万亿元。未来,武汉应进一步强化辐射带动功能,加快构建武汉都市区,规划建设现代化都市圈。

一、强化武汉的辐射带动功能

着力提升高端要素配置和管理功能,做强总部经济、资本配置、商贸物流、现代消费等都市功能。全面提升创新策源和新动能孵化功能,打造国家战略性关键核心技术和产品研制基地,建设东湖综合性国家科学中心、产业创新高地、创新人才集聚高地、科技成果转化高地。加强共性技术平台建设,争创更多创新中心、国家制造业创新中心、国家技术创新中心等国家级创新平台,打造产业创新高地、创新人才集聚高地和科技成果转化高地。打造国家商贸物流中心。加快建设国际消费中心城市,增强消费对经济发展的基础性作用,顺应消费升级趋势,提升传统消费,培育新消费,适当增加公共消费,打造新型消费示范城市。打造区域金融中心,深化武汉都市圈科技金融改革创新试验区建设。大力增强门户枢纽功能,加快推进国际陆运枢纽、国际航空枢纽、国家多式联运枢纽建设。加强武汉作为核心城市的辐射带动功能,引领武汉都市圈同城化发展。

二、以"武鄂同城"构建武汉都市区

在不调整行政区划的前提下,推进武汉、鄂州同城化发展,加强规划、政策统筹衔接,完善顶层设计,拓展武汉发展空间。坚持交通先行,率先推动交通建设运营管理"同城同网",加快都市区轨道交通建设,推动武汉地铁率先向鄂州延伸,推动不同运输方式间客票一体联乘和一卡互通,推广应用电子化客票,实现武汉和鄂州轨道交通换乘站与铁路、公路、航空等重大综合交通枢纽和城市公共交通紧密衔接、有机换驳,构建都市区一体化轨道交通网络。创新跨区域产业和市场协作机制,发挥国家级平台的区域带动作用,以共建武汉长江大湾区、光谷科技创新大走廊、国家综合性交通物流枢纽城市等为突破口,实施统一领导、统一规划、统一政策,在统一市场监管、统一区域标准、统一要素市场、统一政务服务、共建共享高端要素聚集平台等方面实现率先突破。

三、引领武汉都市圈同城化发展

提升武汉辐射带动能力,推进基础设施互联互通、公共服务共建共享、产业协同发展、区域市场一体化、生态环保联动,共同打造武汉都市圈升级版。强化规划引领,加强"1+8"城市之间的规划衔接,形成协同协作、共生共荣的圈层生态。强化产业同城化,以光谷科创大走廊、车谷产业创新大走廊、航空港经济综合实验区、武汉新港建设为抓手,完善联合招商、飞地经济、园区共建、平台共享、人才共用、利益共享等机制,打造"光芯屏端网"、汽车制造和服务、临空经济、大健康和生物技术等都市圈产业带。强化交通同城化,建设武汉都市圈大通道和城际铁路网,推动机场、港口资源整合和充分利用,协同建设新一代信息基础设施。强化公共服务同城化,推进都市圈教育、医疗、社保、文化、旅游等公共服务资源一体化共享。强化生态环境保护同城化,深入推进跨区域协同治理、联动整治,持续提升都市圈生态环境质量。发挥武汉总部经济、研发设计、销售市场等对全省产业发展的服务带动功能,加强与"宜荆荆恩""襄十随神"的规划衔接,实现同频共振,共同支撑湖北成为促进中部地区崛起重要战略支点。

第三节　城市群的主要城市

　　长江中游城市群除了核心城市武汉之外,还有若干城市,有的在武汉都市圈之内,与武汉形成梯次型城镇体系,有的在武汉都市圈之外,有自身的辐射范围,但与武汉都市圈形成耦合关系,共同支撑长江中游城市群。

一、信阳

　　信阳是河南省地级市,地处河南省最南部、淮河上游,位于鄂豫皖三省交界,是我国南北地理、气候过渡带和豫楚文化融合区。信阳三省通衢,是江淮河汉之间的战略要地,在 300 千米半径范围内有郑州、武汉、合肥三个省会城市,是全国重要的区域性综合交通枢纽和现代物流枢纽。信阳地域文化特色鲜明,形成了独具魅力的"豫风楚韵"、著名的革命老区,有"江南北国、北国江南"的美誉,其所产的信阳毛尖闻名遐迩,因而信阳又被誉为山水茶都、中国毛尖之都,市域面积 18 925 平方千米。2019 年年末,常住人口 646.4 万人,地区生产总值 2 758.5 亿元。面向未来,信阳要加快运用高新技术和先进适用技术改造,把制造业高质量发展作为主攻方向,培育壮大电子信息、装备制造、生物医药、精密加工、新材料等新兴产业,推进食品、纺织服装、建材等传统产业提质。把发展服务业作为重要经济增长点,大力发展物流业、文化产业、旅游业等新兴服务业和现代服务业。

二、九江

　　九江是江西省地级市,地处长江、京九铁路两大经济开发带交叉点,距武汉约 230 千米,位于东部沿海开发向中西部推进的过渡地带,号称"三江之口,七省通衢"与"天下眉目之地",有"江西北大门"之称,是中国首批 5 个沿江对外开放城市之一,是全国性综合交通枢纽、鄱阳湖生态科技城、国家先进制造业基地、长江航运枢纽国际化门户、江西区域合作创新示范区。2019年年末,九江下辖3个市辖区、7个县、3个县级市,市域面积19 084.61平方千米,全市总人口为492.03万人,地区生产总值3 121.1亿元。面向未来,九江要着力建设江西江海直达开放门户城市、长江经济带重要节点城市、国际山水文化旅游城市,以产业链链长制为抓手,加快打造千亿产业集群,培植石油化工、机械电子、冶金建材、纺织服装、食品加工等支柱产业,加快以信息技术为代表的高新技术和先进适用技术的扩散与渗透,提升传统产业的技术装备水平、生产工艺水平和产品质量档次。加快高技术研发、孵化和产业化,力争在电子信息、生物医药、新材料、智能装备等重点领域取得新突破。大力推进全域旅游建设,建设成为长江中下游地区具有辐射力和吸引力的旅游休闲城市,成为全国乃至国际上知名的旅游城市。

三、岳阳

岳阳是湖南省地级市,位于湖南省东北部,北枕长江,南纳三湘四水,怀抱洞庭,江湖交汇。岳阳距武汉约230千米,交通极为便利,京广铁路、浩吉铁路、京广高铁、京港澳高速公路、杭瑞高速公路等国家交通主动脉在市区交织成网。岳阳是有着2 500多年悠久历史的文化名城,人文深厚、风景秀丽,集名山、名水、名楼、名人、名文于一体,是中华文化重要的始源地之一,也是海内外闻名的旅游胜地。截至2019年,岳阳下辖3个区、4个县和2个县级市,市域面积15 019.2平方千米,常住人口577.1万人,地区生产总值3 780.4亿元。面向未来,岳阳要做优做强石油化工、装备制造、电子信息、电力能源、食品加工、现代物流、文化旅游七大千亿产业,推动产业向高端化、智能化、绿色化、融合化方向发展。实施产业链生态优化行动,做强石化高端合成材料、大型高端装备制造、清洁能源等优势主导产业,推动建材、纺织等传统产业提质升级,加快发展生物医药、军民融合、节能环保等战略性新兴产业,进一步提高岳阳旅游的环境竞争力和市场吸引力。大力发展港口航运经济,尽快把岳阳建设成为长江中游的现代航运、物流中心。

四、黄石

黄石是湖北省地级市,位于湖北省东南部,长江中游南岸,距离武汉约 100千米,与黄冈隔江相望,是中部地区重要的原材料工业基地和长江港口城市,被誉为"青铜古都""钢铁摇篮""水泥故乡""服装新市""劲酒之都"。黄石是华中地区重要的原材料工业基地、全国资源枯竭转型试点城市。黄石是华夏青铜文化的发祥地之一,也是近代中国民族工业的摇篮,有以"三山三湖"为代表的众多自然景观和人文历史于一体的风景名胜。2019 年年末,黄石下辖 4 个市辖区、1 个县级市和 1 个县,市域面积 4 583 平方千米,常住人口 247.2 万人,地区生产总值 1 767.2 亿元。面向未来,黄石应以建设国家产业转型示范区为引领,加快推进全国新材料、电子信息基础、高端装备、生命健康、节能环保产业基地和全国工业互联网产业创新发展先行区("五个基地一个先行区")建设,积极对接湖北国际物流核心枢纽,充分发挥公铁水空四港联动优势,建设成为武汉都市圈副中心城市和重要的综合交通物流枢纽。

五、鄂州

鄂州是湖北省地级市,位于湖北省东南部,长江中游南岸,距武汉约 80 千米,四条高速(沪蓉高速、京珠高速、大广高速、汉鄂高速)呈"井"字形分布,有11 条通道与武汉对接,与武汉融为一体,是著名的"百湖之市""鱼米之乡"、空港型国家物流枢纽承载城市。鄂州是长江中游南岸的一座新兴工业城市,形成了冶金、建材、能源、医药化工、电子信息、装备制造、纺织服装七大支柱产业,是湖北省重要的工业基地和鄂东的商品集散中心。2019 年年末,鄂州下辖 3 个区,市域面积 1 596.46 平方千米,常住人口 106 万人,地区生产总值 1 140.1 亿元。面向未来,鄂州要加快推进武鄂同城化。切实推动航空城、科学城、生态城建设,加快基础设施互联互通,围绕光谷科技创新大走廊、航空客货双枢纽和武汉新港等重点区域连通,推动武汉都市圈大通道建设,打造武鄂"一小时通勤圈"。加强科技创新和产业发展分工协作,大力推动"光芯屏端网"、钙钛矿太阳能等优势产业聚集发展。建设区域供应链枢纽城市,大力发展枢纽经济、通道经济、平台经济。

六、荆门

　　荆门是湖北省地级市,位于湖北省中部,东眺武汉,西临三峡,南望潇湘,北通川陕,距武汉约 240 千米,素有"荆楚门户"之称,是鄂中区域性中心城市,近年来形成了以化工、食品、建材、机电、纺织为主的工业产业格局,有化工、农产品加工、装备制造、再生资源利用与环保、新能源新材料、电子信息、大健康七大主导产业,先后获中国优秀旅游城市、全国科技进步先进城市、全国造林绿化十佳城市、国家生态示范区试点城市等称号。荆门是湖北省历史文化名城,有世界文化遗产——明显陵,以及楚汉古墓群、屈家岭文化遗址等文化古迹,诞生了朱厚熜、老莱子、宋玉、莫愁女等一批历史名人,留下了"阳春白雪""下里巴人"等历史典故。2019 年年末,荆门下辖 2 个市辖区、1 个县、2 个县级市,市域面积1.24 万平方千米,常住人口 289.8 万人,地区生产总值 2 033.8 亿元。面向未来,荆门要加快建设"中国农谷",推进国家循环经济示范市建设,培育壮大高端装备制造、新能源新材料、电子信息等战略性新兴产业,打造通用航空产业基地和新能源汽车产业基地。

七、孝感

　　孝感是湖北省地级市,地处湖北省东北部、长江以北、汉江之东,与武汉接壤,城区距武汉中心约 60 千米,距武汉天河国际机场约 30 千米。孝感地貌自南向北为平原、丘陵、山区,气候兼有南北之优,土地肥沃,是重要粮棉油生产基地,地质矿藏丰富,有"膏都""盐海""磷山"之称,也是孝文化之乡和楚文化的重要发祥地和革命老区。2019年年末,孝感下辖1个区、3个县级市、3个县,市域面积8 910平方千米,常住人口492.1万人,地区生产总值2 301.4亿元。面向未来,孝感要发挥地缘优势,加快汉孝经济一体化,以高端装备制造、光电子信息、新能源汽车及零配件产业为重点,加快建设国内重要的智能装备产业基地、光电子信息产业基地,打造成为武汉都市圈副中心城市。

八、荆州

荆州是湖北省地级市,地处湖北省中南部,位于江汉平原腹地,距武汉约220千米,东连武汉,西接三峡,南跨长江,北临汉水,是连东西、跨南北的交通要道和物资集散地,是春秋战国时楚国都城所在地、首批24座国家历史文化名城之一、中国优秀旅游城市、国家园林城市、国家轻纺工业基地、重要的综合交通枢纽和长江港口城市,素有"文化之邦""鱼米之乡"之美誉,是闻名全国的旅游胜地。近年来,在荆州"工业兴市"战略的带动下,逐步形成了汽车零部件、家电、纺织、化工、食品加工五大主导产业。2019年年末,荆州下辖2个市辖区、4个县级市、2个县,市域面积1.41万平方千米,常住人口557万人,地区生产总值2 516.5亿元。面向未来,荆州要加强国家历史文化名城保护,着力推进"长江经济带绿色发展""江汉平原振兴发展""国家承接产业转移""荆楚文化传承创新"四个示范区建设。

九、黄冈

黄冈是湖北省地级市,地处湖北省东部、大别山南麓、长江中游北岸,京九铁路中段,距武汉约75千米,是武汉城市圈的重要组成部分。黄冈历史文化源远流长,有2 000多年的建置历史,孕育了中国佛教禅宗四祖道信、五祖弘忍,宋代活字印刷术发明人毕昇,明代医圣李时珍,现代地质科学巨人李四光,爱国诗人学者闻一多,国学大师黄侃,哲学家熊十力,文学评论家胡风等一大批科学文化巨匠。2019年年末,黄冈下辖7个县、2个市、2个区(含龙感湖县级管理区),市域面积17 453平方千米,常住人口633.3万人,地区生产总值2 322.7亿元。面向未来,黄冈要抢抓光谷科技创新大走廊和湖北国际物流核心枢纽建设运营的战略机遇,积极吸纳武汉技术外溢、智力外溢和人才外溢,重点发展机械、机电、智能制造、新能源汽车、新材料、医药化工等先进制造业,建设成为武汉都市圈重要产业功能区、大别山革命老区中心城市和长江经济带重要节点城市。

十、咸宁

咸宁是湖北省地级市,地处湖北省东南部,长江中游南岸,距武汉约90千米,与湖南、江西接壤,素有"湖北南大门"之称,是中国温泉旅游名城、中国桂花之乡、楠竹之乡、苎麻之乡、茶叶之乡。近年来,咸宁积极推动传统产业转型升级,改造提升食品饮料、纺织服装、冶金建材、森工造纸等传统产业,不断壮大新能源、智能机电、节能环保、芯片等绿色新产业。2019年年末,咸宁下辖1个市辖区、1个县级市、4个县,市域面积10 033平方千米,常住人口254.8万人,地区生产总值1 595亿元。面向未来,咸宁要充分发挥生态优势和紧邻长江黄金水道优势,精准对接大武汉,深化咸宁高新区与东湖高新区"园外园"合作,加快发展新能源、智能机电、节能环保、芯片等绿色新兴产业,推动实现绿色崛起,打造全省绿色创新发展试验区和特色产业集聚区、鄂湘赣区域性商贸物流中心。

十一、随州

随州是湖北省地级市,位于湖北省北部,地处长江流域和淮河流域的交汇地带,距武汉约170千米,东承武汉,西接襄阳,北临南阳、信阳,南达荆州,居

"荆豫要冲",扼"汉襄咽喉",为"鄂北重镇",是鄂北区域性中心城市和湖北省对外开放的"北大门",国家实施西部大开发战略由东向西的重要接力站和中转站,也是国家历史文化名城和全国重要的旅游城市,世界华人谒祖圣地和中国专用汽车之都,国家生态园林城市。2019 年年末,随州下辖 1 个区、1 个市、1 个县,市域面积 9 636 平方千米,常住人口 222.1 万人,地区生产总值 1 162.2 亿元。面向未来,随州要发挥全国历史文化名城优势,着力打造世界华人谒祖圣地、国家重要专用汽车产业基地、湖北省文化旅游业发展高地和特色农产品出口加工基地,建设成为鄂北区域性中心城市。

十二、天门

天门是湖北省直辖县级市,地处湖北省中南部、江汉平原北部,北抵大洪山,南依汉江,东临武汉,距武汉城区 90 千米,是武汉西向的桥头堡,中国"四纵四横"中的沪汉蓉铁路和"八纵八横"中的沿江高速铁路均过此设站。天门素有棉乡、侨乡、文化之乡"三乡宝地"的美誉,是"茶圣"陆羽,唐代诗人皮日休,明代竟陵派文学创始人钟惺、谭元春,清朝状元蒋立镛等历史名人的故里,曾获全国百强县、全国县域综合发展 100 强、全国县域经济百强、全国工业百强市、全国制造业百强市等称号。2019 年年末,天门土地面积 2 622 平方千米,常住人口 124.74 万人,地区生产总值 650.82 亿元。面向未来,天门要重点建设成为武汉城市圈以纺织服装、生物医药、机械制造、绿色农产品加工为主的先进制造业协作配套基地、农副产品加工基地和休闲农业度假基地。

十三、仙桃

仙桃是湖北省直辖县级市,位于湖北省中南部的江汉平原腹地,距武汉约100 千米,北依汉水,南靠长江,东邻武汉,西连荆州、宜昌,是荆楚文化的发祥地之一,著名的文化之乡和状元之乡,是全国综合经济竞争力百强市,全国投资潜力百强市,全国制造业百强市、全国营商环境百强市、全国百强县、中国工业百强市。截至 2019 年,仙桃土地面积 2 538 平方千米,常住人口 114.01 万人,地区生产总值 868.47 亿元。面向未来,仙桃要重点发展食品、非织造布、汽车零部件、电子信息产业,培育生物医药、新能源、新材料、装备制造产业,建设"中国非织造布产业名城",武汉城市圈先进制造业协作配套基地,武汉农产品、水产品供应基地。

十四、潜江

潜江是湖北省直辖县级市,地处湖北省中南部、江汉平原腹地,距武汉约150 千米,是武汉都市圈重要节点城市。潜江有全国十大油田之一的江汉油田,入选 2020 年中国工业百强县(市),素有"曹禺故里、江汉油城、水乡园林、龙虾之乡"的美誉,曾获国家卫生城市、国家园林城市、国家绿化模范城市、全国水生态文明城市等称号。2019 年年末,潜江土地面积 2 004 平方千米,常住人口96.61万人,地区生产总值 812.63 亿元。面向未来,潜江要重点发展农副产品、石化、盐化、医药、服装产业,实施工业智能改造、绿色改造、技术改造,推动传统产业焕发新活力,培育光电子信息、大数据、生物医药、新能源新材料等新兴产业发展,做长光电子信息产业链条,建设成为武汉城市圈先进制造业协作配套基地和农产品生产、加工基地,以及具备水乡园林特色、历史文化特色的生态宜居城市。

第四节　促进长江中游城市群合作的建议

进一步完善和优化长江中游城市群空间结构和城镇体系,充分发挥中心城市辐射带动作用,发挥不同城市的比较优势,突出功能定位,深化协同联动,加快完善城市群基础设施网络,促进资源合理开发与生态环境保护,共同构建优势互补、协同联动的发展格局,提升城市群整体优势。

一、优化空间布局结构

根据城市分布现状和未来发展趋势,长江中游城市群的空间布局应以武汉为核心,以岳阳、九江和信阳为次中心,以京广铁路、京九铁路、京珠高速和沿江铁路、沪蓉高速公路为轴线,以农田、山体、湖泊等对城市进行有机分隔的开敞空间为圈层,优化城市群空间结构。要在做大做强武汉的基础上,加强武汉与岳阳、九江和信阳的经济联系与合作,共同促进长江中游城市群的快速发展,带动中部地区的崛起。城市群的中小城市要充分发挥土地、劳动力、资源等成本较低的优势,大力发展与武汉等大城市配套服务、具有紧密的产业链上下游关系的产业及相关服务产业,以及具有中小城市突出特色的优势产业。

进一步完善长江中游城市群的城镇体系,在大中小城市协调发展原则的指导下,因地制宜,分类指导,构建合理的城市规模等级结构。由于长江中游城市群城镇体系中武汉首位度偏高、缺少次级城市,因此应加快发展 200 万~500 万人口的城市,黄石、岳阳和荆州应进一步扩大规模,在提高产业实力的基础上,加强城市服务功能;合理发展中等城市,提高小城市建设质量,为聚居人口提供良好的城市生活条件。

二、完善城市群基础设施网络建设

发挥长江中游城市群整体优势,按照统一规划、合理布局、分步实施的原则,加快机场、公路、铁路、航道、港口、防洪等基础设施建设,建设比较发达的基础设施网。继续完善武汉通往各城市的高速通道,加快建设城市群内部各城市间的公路建设,减少"断头路"和"瓶颈路",提高公路等级,加快沿江铁路建设,推进沿江港口建设,发挥内河运输优势,健全城市群交通网络体系,实现城市群内部不同交通运输方式的共建共享。

　　完善交通网络。加快推进快速铁路建设,形成覆盖 50 万人口以上城市的快速铁路网;加快推进其他干线铁路和既有线路改扩建,推进疏港等支线铁路建设,与快速铁路形成覆盖 20 万人口以上城市的铁路网。积极推进高速公路建设,建成连通 20 万人口以上城市和主要港口的高速公路网络,实施国家高速公路繁忙路段扩容改造工程和公路安全生命防护工程;在科学论证和规划的基础上,建设必要的地方高速公路,作为国家高速公路网的延伸和补充;加强省界地区的普通国道、省道衔接,提高国省干线公路技术等级以及交通管理设施设备、安全防护设置和相关服务水平,消除普通国道瓶颈路段制约,普通国道二级及以上公路比重达 90% 以上;加快县乡连通路、资源开发路、旅游景区路建设,实现具备条件的乡(镇)、建制村通沥青(水泥)路,逐步提高农村公路技术等级,完善道路交通安全设施,创造安全通行条件。加快发展农村客运,建制村通客车率达 100%。增加长江干线过江能力,推进铁路、公路、城市交通合并过江,有序建设功能完善、安全可靠的长江过江通道。

　　建设水运网。充分利用区域内天然河流的有利条件,发挥水运占地少、运能大、有利于环保的优势,在现有工程设施的基础上,继续实施必要的航道治理工程,形成以长江、汉江为主通道,沟通其他主要通航支流的干支联网的区域航道网;加强专业化码头建设(如集装箱码头),大幅度提高港口的机械化作业水平;加大运输船舶更新改造的力度,大力发展江海直达运输、汽车滚装运输、液化石油及沥青等特种运输。

　　提升铁路网。重点完善既有铁路干线,提高既有铁路的装备水平,加快既有干线铁路全面提速以及加快高速铁路和客运专线的建设,推动铁路支线、专用线的配套建设,形成以高速铁路为主骨、快速线路为构架、普通线路为分支的铁路运输体系,增强长江中游城市群的铁路辐射能力。

　　提升航空港。强化武汉天河国际机场的区域枢纽功能,增加国际国内运输航线。完善支线机场布局,加快岳阳机场建设,推动九江庐山机场改扩建,启动新建荆州、黄冈等支线机场,优化航线网络,提高城市群与全国主要城市间航班密度。支持共建干支线运输市场,大力发展通用航空。

加快建设信息网。跨越式发展邮电通信和信息网络,建设以武汉为中心的"信息高速公路",构建数字化、宽带化、智能化、综合化的信息化基础设施,建设城市群共同的金融、电子商务、电子政务等信息系统,积极推进教育科研信息化进程,规划和建设城市群公用信息交换平台,大力推动城市群企业信息化、农业信息化和公共领域信息化的建设。

三、促进资源合理开发与生态环境保护

由于自然生态区和行政区之间存在内在非耦合性,跨行政区边界地带往往因管理制度、政策法律、标准时序等差异,更容易造成生态分割和跨界污染,激化社会矛盾,为了协调好上下游以及相邻城市间的污染与治理的矛盾,必须对城市群的生态建设和环境保护进行统筹规划,才能保证城市群的可持续发展。

在资源开发、利用和保护方面,要建立城市群统一的开发利用和保护措施,提高资源开发利用效率。从资源合理开发、利用、保护与共享出发,共同做好长江、汉江等水资源的开发利用;加强堤防、水利和退耕还林项目的建设;以山地、河流、农业、森林生态保护区为基础,提高区域内森林绿化覆盖率,形成生态绿色城市群,采取环境保护的一致行动,切实保护城市群的生态环境。

实施一体化的旅游开发战略,培育城市群旅游经济圈。以长江黄金水道、沿江铁路、公路和汉宜、汉十高速公路为纽带,以武汉、岳阳、九江都市旅游、文化旅游、生态旅游和康养休闲旅游等旅游产品为主线,充分发挥武汉等城市的辐射带动功能,加大城市群旅游整体开发力度,建设水上旅游航线,强化以长江旅游产品为核心的区域合作,拓展以武汉为集散中心的跨省市观光旅游线,深度开发精品观光旅游线。

本章执笔:汪阳红(国家发展改革委国土开发与地区经济研究所研究员)

李　　智(博士,国家发展改革委国土开发与地区经济研究所助理研究员)

参考文献:

[1] 肖金成,汪阳红.论长江中游城市群的构造与发展[J].湖北社会科学,2008(6):55-59.

[2] 肖金成.我国城市群的发展阶段与十大城市群的功能定位[J].改革,2009(9):5-23.

[3] 肖金成,袁朱,等.中国十大城市群[M].北京:经济科学出版社,2009.

[4] 邓宏兵,洪水峰,白永亮,等.湖北经济地理[M].北京:经济管理出版社,2018.

第九章

9

中原城市群

中原城市群是以郑州为核心,引领带动周边主要城市形成的中国中部城市群之一。作为中原经济区的核心区域,中原城市群已经发展成为推动我国国土空间均衡开发与区域经济协调发展的重要区域。近年来中原城市群综合经济实力不断增强,产业结构优化升级加快,空间集聚与双核心结构基本成型,技术协同创新成效显著,交通物流网络优势突出;但是也存在核心城市首位度不高、城市群内部发展不均衡、自主创新能力总体不强、产业结构趋同明显、生态环境形势严峻、部分城市雾霾天气高发等一系列问题。中原城市群应充分发挥各市的经济、交通、资源、人口、产业等比较优势,紧紧依托郑州、洛阳的辐射带动作用,形成空间布局优化高效、职能分工梯度合理、产业集聚集群发展、对外开放不断深入、生态文明高度发达的现代化城市群,成为带动中部崛起与全国区域协调发展的重要战略支点。

第一节　中原城市群概况

中原城市群是以国家中心城市郑州为引领,以郑州、洛阳为"双核心",带动开封、平顶山、新乡、焦作、许昌、漯河、济源等城市组成的内陆新兴城市群之一。近年来中原城市群经济快速稳定发展,凭借优越的区位交通优势和自然地理条件,持续吸引人口流入与产业内迁,城市化、工业化、信息化、农业现代化进程突飞猛进,作为全国重要的经济增长板块、区域协调发展的战略支点、重要的现代综合交通枢纽,在全国城市群发展整体格局中的地位越来越突出。

一、基本情况

中原城市群作为内陆新兴城市群之一,近年来经济快速稳定发展,对外贸易额迅猛增长,产业结构优化升级加快,自然地理条件优越,吸引人口和高技能劳动力持续流入,带动城市化进程不断加速。尤其是中心城市郑州凭借"米"字形高铁网络枢纽地位等优势,更是不断吸引大量外来人口与投资,作为国家中心城市的集聚效应和引领作用日益凸显。

(一)行政区划

中原城市群由郑州、开封、洛阳、平顶山、新乡、焦作、许昌、漯河、济源等市及其下属城镇组成,不仅是中原经济区和河南省经济最发达的核心区域,而且也是全国快速崛起的内陆城市群之一。中原城市群部分市所辖区县或县级市情况见表9.1。中原城市群整个行政区占地面积为28.70万平方千米,占全国的3%;其中,城市建成区面积0.74万平方千米,占全国的12%。

表9.1　中原城市群的行政区划范围

地级市	区县(县级市)
郑州	中原区、二七区、管城回族区、金水区、上街区、惠济区、新郑市、登封市、新密市、巩义市、荥阳市、中牟县
开封	龙亭区、顺和回族区、鼓楼区、禹王台区、金明区、兰考县、杞县、通许县、尉氏县
洛阳	偃师市、涧西区、西工区、老城区、瀍河回族区、洛龙区、吉利区、孟津县、新安县、宜阳县、伊川县、嵩县、洛宁县、汝阳县、栾川县
平顶山	新华区、卫东区、湛河区、石龙区、汝州市、舞钢市、叶县、郏县、宝丰县、鲁山县
新乡	辉县市、卫辉市、卫滨区、红旗区、牧野区、凤泉区、新乡县、获嘉县、原阳县、延津县、封丘县、长垣县
焦作	沁阳市、孟州市、解放区、山阳区、中站区、马村区、修武县、武陟县、温县、博爱县
许昌	魏都区、建安区、长葛市、禹州市、鄢陵县、襄城县
漯河	源汇区、郾城区、召陵区、舞阳县、临颍县
济源	—

城市群一般以一个或几个竞争力较强的大城市为中心,形成金字塔形城市体系。中原城市群位于一个省级行政区划范围内,基本形成了郑州、洛阳"双核心"结构(图9.1)。一方面,郑州作为城市群内唯一特大城市和首位城市,引导带动作用主要集中于中部和东部,对跨区功能联系与空间结构塑造作用明显;另一方面,副中心城市洛阳的辐射作用主要面向周边和西部广阔区域,但在空间功能联系中扮演的角色较弱。

图9.1　中原城市群空间范围及其位置

(二)经济发展

近年来中原城市群经济快速稳定发展。截至2017年,中原城市群实现地区生产总值67 044.34亿元,占全国经济总量的8.1%;人均地区生产总值为7.72万元,比同期全国平均水平高30%。2017年,中原城市群货物进口总额、出口总额、当年实际利用外资额分别为414.07亿美元、599.72亿美元、236.93亿美元,分别占全国的 2.2%、2.6% 和 18.1%。① 中原城市群产业结构持续合理化和高级化,第二产业基础扎实,第三产业所占份额增长较快。截至 2017 年,第三产业增加值达 28 437.56 亿元,三次产业结构为 10.0∶47.5∶42.4;相比 2016 年,第一产业下降 1.4 个百分点,第二产业下降 0.3 个百分点,但是第三产业上升 1.6 个百分点。

核心城市郑州的经济总量及增速在中原城市群中继续保持领先地位,对中原城市群其他城市发挥着重要的集聚和辐射作用。2010—2019 年,郑州市地区生产总值由 4 100 亿元提高至 12 000 亿元,洛阳市地区生产总值由 2 300 亿元提高至 5 000 亿元,郑州和洛阳两市的经济总量占中原城市群经济总量的比重由 41.11% 上升至 50.84%。从产业结构看,郑州、洛阳的第三产业占比分别达 54.7% 和 50.3%,远远高于全省平均水平。

（三）人口结构

近年来,中原城市群的人口总量快速增加,对流动人口,尤其是高层次技能人才的吸引力凸显,城市化进程处于中西部领先地位。从表 9.2 可以看出,2011 年,中原城市群常住人口为 4 147 万人,到 2018 年增长到 4 384 万人,相当于平均每年新增一个县级市的人口规模。郑州市的常住人口数量在 9 个城市中增长最快,2011—2018 年增加了 128 万人。郑州作为"米"字形高铁网的枢纽,吸引了大量外来人口及周边农村人口。

中原城市群的城市化进程呈现快速增长的趋势,城市群 9 个城市中绝大部分城市的城市化率均高于全省城市化率。城市化率增速最快的是许昌市,增加了 11.71 个百分点,其次是漯河市,增加了 11.55 个百分点。这两个市有较为发达的民营经济和产业基础,能够有效带动就业和城市人口增加。郑州作为省会城市,2019 年的城镇人口 772.1 万人,城市化水平达 74.6%,高于全国平均水平;但是由于人口基数大、密度高,城市化率增速相对缓慢,2011—2018 年仅增长了

① 河南省统计局区域经济统计调查处.中原城市群发展报告(2017 年度)[R/OL].(2018-12-20)[2021-03-10].河南省统计局官网.

8.56 个百分点。

表 9.2 2011—2018 年中原城市群常住人口与城镇化率

城市	2011 年		2013 年		2015 年		2017 年		2018 年	
	常住人口/万人	城镇化率/%	常住人口/万人	城镇化率/%	常住人口/万人	城镇化率/%	常住人口/万人	城镇化率/%	常住人口/万人	城镇化率/%
郑州	886	64.82	919	67.8	957	69.69	988	74.40	1 014	73.38
开封	466	37.75	465	41.1	454	44.23	455	47.42	456	48.85
洛阳	657	46.13	662	49.4	674	52.65	682	56.05	689	57.57
平顶山	492	43.14	496	46.4	496	49.21	500	52.11	503	53.97
新乡	566	42.89	568	46.1	572	49.04	577	51.96	579	53.41
焦作	353	48.80	351	52.0	353	54.85	356	57.99	359	59.42
许昌	430	40.92	430	44.2	434	47.57	441	51.06	444	52.63
漯河	256	40.92	256	44.2	263	47.45	265	50.91	267	52.47
济源	68	51.44	70	54.8	73	58.02	73	61.05	73	62.36
河南	9 388	40.57	9 413	43.8	9 480	46.85	9 559	50.16	9 605	51.71

资料来源:根据 2011—2019 年《河南统计年鉴》整理所得。

（四）自然地理

中原城市群位于河南省中部,地势西高东低,地形广阔平坦,是我国由高原和山地向平原过渡的地区。[①] 该区域属于暖温带半湿润、大陆性季风气候区,气候适宜,四季分明,有利于多种农作物生长,为发展农业提供了先天的优良条件。

中原城市群主体位于黄河冲积平原,地下水和地表水资源丰富,开发利用率在70%以上。中原城市群区域内矿产资源丰富,储量大,品位高,开采条件好,已发现的矿种超过河南省的3/5,具有全国意义的矿产有煤、铝土、耐火黏土等,同时其还是全国最大的石油基地之一。

① 徐晓霞.中原城市群城市生态系统评价研究[J].地域研究与开发,2006,25(5):98-102.

目前中原城市群已经基本形成了以郑州为中心的"米"字形交通网络体系。中心城市郑州位于陆桥通道、京哈通道、京广通道的交点处,以郑州为中心的"米"字形高铁网络已经初步完工,郑州东站的高铁已经可以通往 24 个省会城市。

中原城市群还是全国重要的粮食主产区,粮食产量位列全国第 2,口粮产量居全国第 1。作为粮食生产核心区的重要组成部分,中原城市群长期以来被赋予了保障国家粮食安全的重任。但是在快速工业化和城市化的进展中,城市群地区的人地矛盾、生态矛盾较为突出。是否能够妥善处理好城市群发展与自然地理要素的矛盾统一关系,直接关系到中原城市群"四化"协调与可持续发展。

二、发展历程

进入 21 世纪以来,中原城市群所属区域、功能定位和发展规划逐渐成形,在全国城市群发展战略中的地位与作用越来越突出,已经形成了以郑州都市区为核心,引领开封、洛阳、平顶山、新乡、焦作、许昌、漯河、济源 8 市作为城市群核心区,进而辐射带动全省 18 个省辖市,以及周边河北、山西、安徽、山东等相关城市协同发展的圈层级区域协同发展格局。

20 世纪 80 年代中期就有专家学者提出过中原城市群的概念,当时的范围包括郑州、洛阳、开封、新乡和焦作等几个城市。1990 年,《陇海—兰新地带城镇发展研究》明确提出建设中原城市群的构想。2003 年,《河南省全面建设小康社会规划纲要》提出,要建立以郑州为中心,包括洛阳、开封、新乡、焦作、许昌、平顶山、漯河、济源在内的城市密集区。2004 年,河南省发展改革委在《中原城市群发展战略构想》中正式确定中原城市群以省会郑州为中心,包括洛阳、开封、新乡、焦作、许昌、平顶山、漯河、济源共 9 个省辖(管)市。

2006 年河南省人民政府正式下发《关于实施中原城市群总体发展规划纲要的通知》,标志着中原城市群发展规划进入实施阶段。2012 年,国家发展改革委印发《中原经济区规划(2012—2020 年)》,明确提出要以中原城市群为支撑,促进郑州、开封、洛阳、平顶山、新乡、焦作、许昌、漯河、济源 9 市经济社会融合发展,形成中原经济区发展的核心区域。2014 年,国家发展改革委将中原城市群纳入《国家新型城镇化规划(2014—2020 年)》,提出使之成为推动国土空间均衡开发、引领区域经济发展的重要增长极。

中原经济区是以郑州都市区为核心,涵盖河南全省 18 个省辖市,以及河北省邢台市、邯郸市,山西省长治市、晋城市、运城市,安徽省宿州市、淮北市、阜阳市、亳州市、蚌埠市,山东省聊城市、菏泽市等周边地区的广阔经济区域。2011 年,中原经济区被正式纳入《全国主体功能区规划》,作为全国主体功能区中的重点开发区域,上升为国家战略。2012 年,国务院正式批复《中原经济区规划(2012—2020 年)》,将其定位为全国工业化、城市化、信息化和农业现代化协调发展示范区,全国重要的经济增长板块,全国区域协调发展的战略支点和重要的现代综合交通枢纽以及华夏历史文明传承创新区,为中原经济区建设提供了战略依据和纲领性指南。截至 2017 年,中原经济区土地面积约 29 万平方千米,总人口 16 529.78 万人,地区生产总值 68 616.33 亿元,经济总量仅次于长三角、珠三角、京津冀以及长江中游城市群。

2016 年国务院正式批复《中原城市群发展规划》,将中原城市群范围扩大为河南、山西、山东、安徽、河北 5 省 30 个地级市。中原城市群的广义范围仅比中原经济区少了 3 个区县,即东平县、凤台县和潘集区。但是根据当前中原城市群处于起飞阶段的经济一体化实际联结空间,综合考虑人口、资本等要素在城市群双向流动的强度范围,本章对中原城市群的研究仅限于郑州、开封、洛阳、平顶山、新乡、焦作、许昌、漯河、济源 9 个省辖市。

第二节 都市圈与主要城市

近年来,中原城市群作为内陆新兴增长极之一,逐渐成为促进我国中西部崛起的重要支撑点之一。中原城市群不仅拥有郑州一个特大城市,而且以郑州和洛阳作为城市群的双中心结构,能更高效带动区域经济发展。郑州和洛阳两大都市圈,以及 7 个中心城市的资源环境禀赋各有特色,产业结构梯度分工明确,城市功能互补互促,产业集聚集群发展,各自竞争优势明显,有效支撑起中原城市群的一体化、协同化,形成"双中心"城市带动外围城市、外围城市支撑"双中心"城市的良性互动发展格局。

一、郑州与郑州都市圈

郑州作为中原城市群的领头羊、国家中心城市、中原城市区的增长极,以其经济、政治、交通、文化、教育等综合竞争力,带动周边诸多中小城市形成发达的都市圈,有效辐射引领整个中原城市群快速可持续发展。

(一)核心城市郑州

郑州是河南省省会、特大城市、国家重要的综合交通枢纽。截至 2019 年,全市下辖 6 个区、1 个县,代管 5 个县级市,总面积 7 446 平方千米,常住人口 1 035.2 万人,城镇人口 772.1 万人,城市化率 74.6%。郑州的交通区位优势突出,是中部地区重要交通枢纽,全国性商贸物流中心,已经形成"米"字形高铁网;新郑国际机场开通多条航线直通国际国内的主要城市;以郑州为中心,辐射开封、新乡、焦作、许昌等周边城市的快速交通网络基本形成。

郑州作为中原城市群的中心城市,对整个城市群发展起到核心引领带动作用。2016 年,《中原城市群发展规划》成功获批,国家明确支持郑州建设国家中心城市,郑州航空港经济综合实验区、中国(郑州)跨境电子商务综合试验区、中国(河南)自由贸易试验区、郑洛新国家自主创新示范区、国家大数据综合试验区等战略平台获得国家密集批准。这些重大国家级战略均以郑州国家中心城市建设为主要载体和重点抓手,加快构建现代城镇体系,将中原城市群打造成为具有较强竞争力和影响力的城市群。

郑州航空港经济综合实验区是中国首个国家级航空港经济综合实验区,规划面积 415 平方千米,是集航空、高铁、城际铁路、地铁、高速公路于一体的综合枢纽,是以郑州新郑国际机场以及新郑综合保税区为核心的航空经济体和航空都市区。航空港区计划到 2025 年,建成具有国际影响力的实验区,形成引领中原经济区发展、服务全国、连通世界的开放高地;发展成为国际航空物流中心、以航空经济为引领的现代产业基地、内陆地区对外开放重要门户、现代航空都市、中原经济区核心增长极。

(二)郑州都市圈

郑州都市圈是以郑州市域为核心区域,辐射带动开封中心城区及其下辖尉氏县,新乡中心城区及其下辖原阳县、新乡县、平原城乡一体化示范区,焦作中心城区及其下辖武陟县,许昌中心城区及其下辖长葛市等。2019 年,郑州都市圈的 GDP 达 1.8 万亿元,常住人口 1 920 万人,以占全省不到 9.6%的土地面积,承载了 20%的人口,创造了 33%的经济总量。

根据《郑州大都市区空间规划(2018—2035 年)》,随着郑州辐射带动能力和郑州大都市区一体化水平的不断提升,未来郑州都市圈 5 个市将会加快形成网络化、组团式、集约型空间发展格局。

二、洛阳与洛阳都市圈

洛阳作为传统工业基地和经济强市,已被明确为中原城市群的副中心城市。做大做强洛阳副中心,必将带动辐射周边城市形成中原城市群的第二都市圈,进一步扩大核心城市的经济集聚与扩散效应,激发中原城市群新的增长动能。

(一)洛阳

洛阳市域面积 1.52 万平方千米,总人口 700.3 万人,中心城区建成区面积 209 平方千米,常住人口超过 230 万人。洛阳作为中原城市群副中心城市、首批国家新型城市化的综合试点城市,近年来加快产业转型升级,延伸产业和服务链,发展成为中原城市群中增长新节点,带动周边尤其是西部城市发展的城市群副中心。

作为城市群的副中心,洛阳在装备制造、国防安全、石化、建材、铝电等方面的工业基础雄厚。洛阳是我国传统老工业基地,长期以来建设形成了一批关系国计民生的支柱产业,如中国一拖、洛阳玻璃、洛阳轴承、中石化洛阳分公司等蜚声中外。洛阳的科教优势明显,涧西区以科研院所集聚闻名,代表性的有中钢集团洛阳耐火材料研究院、中国空空导弹研究院、航空工业光电所、洛阳船舶材料研究所、黎明化工研究院等。另外,洛阳的科教实力突出,河南科技大学是国家国防科工局与河南省人民政府共建高校、国家中西部高校基础能力建设工程支持高校,学科齐全,特色鲜明,实力突出。近年来,洛阳市积极实施黄河流域生态保护和高质量发展战略,充分发挥教育、科技和创业资源的富集优势,强化交通基础设施支撑,推动传统产业转型升级,依靠市场机制打造新的产业集聚高地,力争到 2025 年,制造业营业收入达 250 亿元,制造业企业达 200 家,生物医药及中医药、新材料、物流产业形成集聚集群。

(二)洛阳都市圈

2020 年 12 月,河南省政府正式发布《洛阳都市圈发展规划(2020—2035)》,将中原城市群第 2 个都市圈——洛阳都市圈的范围框定为洛阳和济源全域,焦作孟州市,平顶山汝州市和鲁山县,三门峡义马市、渑池县和卢氏县;总面积约 2.7 万平方千米,2019 年常住人口 950 万人,地区生产总值 7 100 亿元。洛阳都市圈致力于发展成为黄河流域生态保护和高质量发展示范区、全国先进制造业发展引领区、文化保护传承弘扬核心区、全国重要综合交通枢纽、国际人文交往中心。

三、城市群其他城市

中原城市群主要城市近年来围绕各自区域禀赋优势,扬长补短、错位发展,在农业、制造业、交通、旅游、商贸、文化教育等各领域取得了长足发展,形成了特色鲜明的市域经济竞争优势,有效支撑中原城市群形成区域协作、产业集聚、职能明确、功能互补、等级合理的现代化城市群落。

(一)新乡

新乡地处河南省北部,土地面积 8 249 平方千米,平原占全市土地总面积的78%。新乡为新中国成立初期平原省的省会,是豫北地区重要的工业城市,也是豫北的经济、教育、交通中心。截至 2018 年,新乡下辖 12 个县(市、区)、1 个城乡一体化示范区、2 个国家级开发区,总人口 617.34 万人,常住人口 579.41 万人,城市化率达 53.41%。新乡是豫北地区的交通运输枢纽城市,有京广高铁、京广铁路、新菏铁路、新月铁路四条铁路,南北大动脉京广铁路和太石铁路在此交会,107 国道与京港澳高速、大广高速等五条高速公路穿境而过,陆路交通辐射豫北、通达全国、便捷高效、优势突出。

(二)开封

开封是国务院批复确定的中原城市群核心区的中心城市之一、郑州大都市区核心城市、郑汴一体化发展的重要一翼,东与商丘相连,距黄海 500 千米,西与省会郑州毗邻,南接许昌和周口,北依黄河,与新乡隔黄河相望。截至 2018年,全市下辖 5 个区、4 个县,总面积 6 266 平方千米,其中开封市区面积 1 849平方千米,建成区面积 151 平方千米,总人口 525.64 万人,常住人口城市化率48.9%。

开封是全国著名的文化旅游城市,旅游资源丰富。宋朝时,名"东京",是当时世界第一大城市,《清明上河图》所描绘的便是开封的城市面貌。开封当前拥有国家 AAAAA 级、AAAA 级旅游景区 8 个,全国重点文物保护单位 19 个。开封由于历史上多次作为都城且受黄河泥沙淤积影响,形成了河高于城的"地上悬河",且地面之下叠压着 6 座城池,其城市规划与建设受到较大影响。

(三)许昌

许昌位于河南省中部,全市土地面积 4 996 平方千米,下辖 2 个区、2 个县级市、2个县。2018年年末,全市人口498.24万人,其中城市常住人口233.54万人,常住人口城市化率52.63%。许昌是中原经济区交通和物流枢纽城市、全国重要先进制造业基地、汉魏历史文化名城。许昌市区距省会郑州80千米,距新郑国际机场50千米,国道311、地方铁路横穿东西。京广铁路、京港澳高速公路、国道107纵贯南北。是豫中区域性政治、经济、文化中心,在河南省经济和社会发展中占有重要地位。2019年,许昌的地区生产总值达3 395.7亿元,三次产业增加值占比分别为4.8%、54.0%、41.2%。

(四)焦作

焦作位于河南西北部,北依太行山,与山西晋城接壤,南临黄河,与郑州、洛阳隔河相望,东临新乡,西临济源,是中原城市群和豫晋交界地区的区域性中心城市,下辖4个区、4个县,代管2个县级市。2019年年末,全市总人口377.89万人,常住人口359.71万人,城市化率60.94%。焦作是全国著名的"百年煤城"和老工业基地,但是近年来经过产业转型升级,由高消耗、高能耗、高污染的资源型城市,成功转变为环境优美、后劲雄厚的国家级旅游城市、卫生城市、文明城市、国家新型工业化示范基地,在2019河南城市宜居度排名中居全省第二位。2019年,全市地区生产总值2 761.1亿元,三次产业结构比为5.4∶53.6∶41.0。

(五)平顶山

平顶山位于河南省中南部,是中原城市群重要的能源和重工业基地,也是豫中地区的中心城市。全市现辖2个市、4个县、4个区,土地面积7 882平方千米,2018年常住人口520.77万人,城市化率53.98%。平顶山地处京广和焦枝两大铁路干线之间,距新郑国际机场100千米,郑万高铁从中通过,并在城乡一体化示范区和郏县设站。兰南、宁洛、二广、郑尧、焦桐、许平南、漯平洛、郑尧、太澳等高速公路穿城而过。2018年,平顶山实现地区生产总值2 135.2亿元;产业结构不断优化升级,第一、第二、第三产业结构比例为7.5∶47.6∶44.9。平顶山是资源型工业城市,已探明储量矿种22种,其中煤炭保有储量31.59亿吨,岩盐探明储量 20.9 亿吨,远景资源储量 2 300 亿吨。

(六)漯河

漯河位于河南省中部偏南,下辖 3 个市辖区、2 个县,总面积 2 617 平方千米,总人口 284.13 万人,城市化率 52.47%。漯河市是我国食品工业名城、中原城市群的区域性交通枢纽城市、中原经济区重要的现代商贸物流中心、生态宜居城市。漯河是重要的公路、铁路、水运枢纽城市之一,全市铁路、公路纵横交错、四通八达,京广铁路、漯阜铁路、漯宝铁路等贯通全市,交通较为便利。市内水资源丰富,沙河、澧河横贯全市,在市区交汇,漯河港是沙颍河航道重要港口。2019 年,漯河市实现地区生产总值 1 578.4 亿元,全市人均地区生产总值 59 190元,三次产业结构比为 8.7∶46.3∶45.0。

(七)济源

济源是河南省直辖的县级市,位于河南省西北部,地处河南洛阳、焦作及山西晋城、运城四市的中间地带,素有"豫西北门户"之称,是愚公移山传说的发祥地。全市土地面积 1 931 平方千米,虽然市域范围较小、人口不多,但是经济发达、资源丰富、人均收入水平较高。截至 2019 年,济源市下辖 5 个街道、11 个镇。总人口 71.77 万人,城市化率 63.61%。黄河小浪底水利枢纽工程位于济源市,不仅是中国治黄史上的丰碑,也是世界水利工程史上最具有挑战性的杰作。2019 年,济源市的地区生产总值为 686.96 亿元,全市人均地区生产总值 93 693元,三次产业结构比为 3.5∶61.4∶35.1。

第三节 中原城市群的发展成效与不足

中原城市群的发展是落实促进中部地区崛起战略、打造我国新经济增长极的重要组成部分。近年来,中原城市群的综合经济实力不断增强,产业结构优化升级加快,多层次跨区域协同发展格局基本形成,生态文明建设成效显著,但是也存在城市首位度较低、内部发展不平衡、产业集聚集群效应不足等矛盾和问题。

一、发展成效

经过多年来的努力建设,中原城市群的经济社会发展水平大幅度提升,产业结构合理化、高级化和高效化程度加深,技术创新取得显著成就。与此同时,中原城市群还基本形成了立体化和全方位的交通体系,致力于打造生态宜居和高质量发展的新型城市群。

(一)综合经济实力不断增强

2019 年,中原城市群地区生产总值达 79 292 亿元,比 2017 年增长了 18.3%,占全国 GDP 的比重为 8%。经过多年的发展,中原城市群地区已形成了以机械、纺织、食品、化工、能源、煤炭、电力和原材料等为主的优势产业和综合发展的多门类工业体系,其中能源、食品、铝工业在全国具有明显的竞争优势。

(二)产业结构优化升级加快

近年来,中原城市群的产业结构优化升级明显加快,产业结构合理化、高级化、高效化程度不断提升。第一、第二产业占 GDP 的比重不断下降,第三产业占 GDP 的比重逐年提高。2019 年,三次产业结构比为 5:45:50,相比 2016 年,第一产业下降 6.5 个百分点,第二产业下降 2.6 个百分点,第三产业上升 9.1 个百分点。第一产业比重较低且持续下降,5% 的产值占比基本等同于发达国家水平;服务业比重与发达城市之间的差距越来越小,产业高级化水平显著提高。2015 年中原城市群产值超过百亿元的产业集群已达 133 个,产业集群以电子信息业、采矿业、冶金建材加工业、机电产品制造业、农副食品加工业等为主,各主要城市均有主导优势产业,产业协同与集聚态势良好。①

---

① 吴丽娟.河南省产业集群发展策略研究[J].河南商业高等专科学校学报,2008(3):39-41.

（三）空间集聚与双核心成型

中原城市群各城市的空间布局不断优化，"点、线、网络、面"的多层次发展格局基本形成，有效促进了跨行政区分工协同效应。

第一，虽然郑州作为核心极点的增长率明显高于其他城市，但城市体系仍主要表现为中间序列较为突出的"扁平化"态势。城市群空间形态的紧凑度在不断提高，经济集聚效应显著且不断强化。这主要得益于各市的中心城区的增长快于周边县城，以及不同级别城市的空间联系增强。

第二，中原城市群的城市联系较为密切，以郑州、洛阳形成的"双核心"牵引联系格局明显。郑州的空间影响力较强，尤其是"郑州—开封""郑州—焦作""郑州—新乡"三条城市轴向联系较为突出。洛阳有 12 个县市节点以洛阳为首位联系城市，并与济源市互为联系节点，地缘的临近是以洛阳为中心的轴线格局形成的主因。

第三，空间网络化是中原城市群的发展方向。中原城市群内部各节点之间的引力联系并没呈均匀分布，各个省辖市市区的节点联系量明显高于县域节点，省辖市市区对邻近城镇具有空间压缩性。尤其是一些县域节点与省辖市市区的空间距离较近，在市区空间扩容和自身城镇化加速的双重推动下，建成区逐渐连接成片，出现同城化、一体化趋势。例如，开封市的祥符区、许昌市的建安区，均是这些地级市的原下辖县通过撤县设区而成，进而有效扩大了地级市作为次级中心城市的市区面积，增强了其辐射带动能力。

（四）技术协同创新成效显著

近年来，中原城市群借助"郑洛新国家自主创新示范区"建设契机，在科技研发方面的投入力度越来越大，技术创新的驱动作用凸显。各市的科技支出逐渐增多，尤其是郑州市的科技支出指标更是遥遥领先。据《中原城市群发展报告》，2017 年中原城市群的科技支出达 156.17 亿元，同比增长 26.6%；R&D 经费支出达 834.58 亿元，同比增长 14.4%。技术密集型产业占到河南全省的 60% 以上，主要集中在郑州、洛阳、新乡等相关区域，目前已经形成了郑州新区和新乡平原新区的环保节能产业集群、郑州高新区国家生物产业基地、巩义的以民营企业为主的机械制造业集群等。

（五）交通物流网络优势突出

中原城市群基本形成了立体化、全方位的交通网络体系，在全国城市群竞争中具有交通区位比较优势。截至 2016 年，中原城市群公路里程达 26.7 万千米，其中高速公路 6 448 千米，基本建成了以郑州为中心，到达周边主要城市的三小时交通圈。郑州地处全国铁路网中心，国家铁路主通道"三纵三横"贯穿全市，以郑州为中心的"米"字形高铁网络全国罕见，京广高铁、郑西高铁、郑徐高铁、郑焦高铁总里程达 1 194 千米，此外郑万、郑合、郑济、郑太等线路已经开工建设或局部完工运营。

（六）生态环境质量持续改善

党中央、国务院明确提出，把生态文明建设放在更为突出的重要位置，创建人与自然和谐相融的生态宜居城市群。2019 年 9 月，习近平总书记在河南调研时提出"黄河流域生态保护与高质量发展"重大战略部署，为中原城市群加强生态环境保护提供了基本遵循①。中原城市群作为黄河中下游的人口密集腹地区域，只有坚持生态保护与经济发展协同互促，才能实现城市群可持续发展。

二、存在问题

尽管近些年来中原城市群的发展较为迅速，但是也存在着中心城市首位度不高、城市群内部发展不均衡、自主创新能力总体不强、产业结构趋同现象明显、生态环境形势依旧严峻、部分城市雾霾天气高发和水资源短缺等一系列相关问题，在一定程度上阻碍了中原城市群的可持续发展。

---

① 习近平.在黄河流域生态保护和高质量发展座谈会上的讲话[EB/OL].（2019-09-18）[2021-03-10].中共中央党校（国家行政学院）官网.

（一）郑州的首位度偏低

中原城市群呈"弱核多极"空间结构,郑州作为核心城市在整个城市群中的首位度不仅低于沿海长三角、粤港澳大湾区、京津冀等城市群,也低于长江中游城市群、关中城市群等。2017 年,郑州市人口占全省人口总数的比重为 10.2%,GDP 占全省 GDP 的比重刚过 20%。综合施策,应从集聚人口尤其是高素质人口和扩张经济总量两个方面,着力提升郑州的首位度,进一步增强郑州的要素集聚和辐射效应。

（二）城市群内部发展不平衡

中原城市群内各城市的产业基础、发展阶段和要素集聚程度差异较大,导致城市间经济总量和人均地区生产总值差距明显。郑州、洛阳两市的各项总量指标居于领先地位。2018 年,郑州和洛阳两市实现地区生产总值 14 784.10 亿元,比 2010 年增长了 2.3 倍,占中原城市群地区生产总值的 51.8%。漯河和济源两市由于管辖范围较小,在经济总量上居于末尾,两市地区生产总值仅占中原城市群的 6.58%;但是两地的人均地区生产总值并不低。从人均地区生产总值来看,2018 年郑州人均地区生产总值为 101 352 元,居城市群内第一位;2010—2018 年,郑州、洛阳、新乡、焦作和许昌的人均地区生产总值均增加了一倍多;而平顶山人均地区生产总值在 2018 年还不到郑州的一半(图 9.2、图 9.3)。

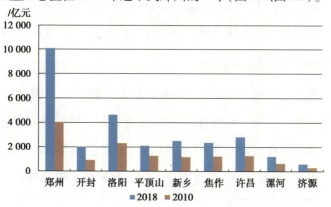

图 9.2　2018 年与 2010 年中原城市群 9 市地区生产总值

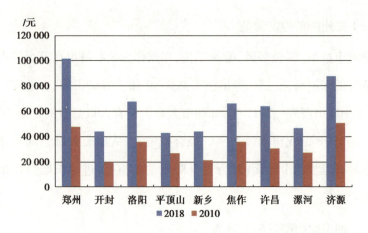

图 9.3　2018 年与 2010 年中原城市群 9 市人均地区生产总值

（三）产业集聚集群效应不强

根据对中原城市群城市间产业交互作用强度的分析,郑州对周边开封、新乡、焦作的作用强度贡献率超过 20%,但对群域内其他市的作用强度普遍较低[①]。郑州作为龙头城市当前仍处于"弱核牵引"状态。尤其郑州服务业的总量与质量尚不足以形成较强的集聚力,科学、研发与教育方面的短板明显,很难形成科技创新与知识经济的示范效应。然而在理论上,中心城市对城市群的经济辐射力主要是依靠服务业,尤其是研究开发、信息技术、交通通信和文化产业的集聚。如果郑州不能快速做大做强生产性服务业等高端产业,那么不仅难以吸引外部的高层次人才、资金、技术等要素,而且城市群内现有的劳动力、资金、资源甚至会流向周围其他城市群,中原城市群可能沦为产业经济的"凹地"。

（四）城市间产业结构趋同

作为一个处于快速工业化和城市化过程中的城市群,中原城市群必须处理好城市间产业链合理分工和互补促进的问题。中原城市群的产业结构仍以传统劳动密集型或资源密集型为主体,高新技术产业比重较小,尤其是煤炭、石化、机械、食品、有色冶金、电气等重化工业占比较高。中原城市群各个市的自

---

① 万宇艳.中原城市群与产业群耦合发展研究[J].地域研究与开发,2015,34(3):7-11,16.

然资源、要素禀赋比较相似,各市在产业发展战略与功能定位上也比较相近,城市间缺乏垂直分工和水平分工,因而制约了城市之间的经济联系,抑制了城市群整体联动效应的发挥。如郑州、洛阳、焦作这三个市都将能源、材料、化工等产业作为主导,但是产业档次没有拉开,产业结构趋同;许昌、漯河、平顶山三个市在制造业方面大同小异,不利于产业结构优化升级;超过一半的市都追求发展机电行业、汽车零部件制造业和轻纺工业,盲目追求"大而全"或"小而全"。这种产业结构的趋同化很容易导致重复投资、产业链重合、恶性竞争,使各市之间竞争多于合作;而且在客观上会导致投资和生产布局进一步分散化,降低中原城市群的要素集聚和阻碍产业集群发展。

(五)区域联动机制不完善

中原城市群内部各级政府间缺乏完善的制度化协调机构,各市在发展中各自为政的现象仍然存在。有些市出于自身经济利益,限制要素流动、打压外来企业、人为分割市场的现象依然存在。中原城市群目前只有市长联席会议机制相对比较规范,但也只是签署一些共同推进中原城市群建设的战略合作框架协议,对各市没有实际的约束力。无论是在省级政府层面,还是在市级及以下政府之间,均缺乏比较规范的制度化协调组织机构,没有相应的制度化决策程序[1],导致跨区域的公共事务合作十分松散。实践中,各市间的合作协调在很大程度上是依靠地方政府主要领导来推进,并非完善的制度化组织机制,一旦主要领导人事变动,政府间的合作很容易受到影响。

第四节　中原城市群的展望与对策

中原城市群是中部地区承接东部发达地区产业内迁、吸引新增人口流入、

---

① 廖富洲.构建和完善城市群跨区域联动发展机制:以中原城市群为例[J].学习论坛,2014,30(11):31-36.

接收西部资源输出的枢纽和核心区域之一。根据《中原城市群发展规划》的战略目标,确定中原城市群未来发展道路和方向,对促进中部崛起、辐射带动中西部地区实现快速城市化、工业化具有重要意义。

一、趋势展望

中原城市群不仅是全国规模较大、人口特别密集的新兴城市群,也是助力中部地区崛起的核心增长极,国家制定促进中部地区崛起战略,提出共建"一带一路"倡议,不断完善城市群支持政策,为增强中原城市群的综合实力提供了有力保障。同时,中原城市群也应遵循城市群发展的一般规律,着眼于国家城市体系整体结构与布局,发挥区域比较优势,全面推进基础设施和公共服务对接共享,完善区域合作机制,协调处理好中心城市与其他城市、大城市与中小城市的关系,形成新时期区域协同、要素集聚、产业集群、开放发展的城市群。

(一)要素整合优化,产业集聚集群发展

中原城市群基本形成了郑洛汴产业长廊、新焦济南太行产业轴、郑新许洛京广产业轴、洛平漯产业轴四个重点产业轴线。其中,郑汴洛产业长廊以电力、汽车、高新技术、装备制造、铝工业等产业为主导产业;新焦济南太行产业轴和洛平漯产业轴主要发展重化工、医药、生物能源产业;郑新许洛京广产业轴以现代装备制造、生物医药、钢铁、电子电器和食品工业为主导产业。未来这些优势产业轴将依托以郑州为中心的"米"字形综合交通网络,进一步整合资本、资源、技术等要素,破除地方政府的行政保护和隐性补贴,推动具有约束力的多边经济合作框架协议实施,加强区域内的市场整合,将中原城市群打造成特色鲜明、布局合理的现代产业集群和城镇密集带。

(二)产业布局重构,形成雁阵梯度格局

按照产业分工与梯度转移的客观规律,中原城市群将重新整合各市的主导产业,形成以郑州为核心,北部以焦作为中心、西部以洛阳为中心、南部以许昌

为中心的城市网络节点,在大中小城市和小城镇之间逐步形成"雁阵式"产业梯度格局。

郑州作为产业网络的核心节点,会进一步聚焦总部、研发和营销等高端服务功能,明确为全国重要的先进制造业基地、高新技术产业基地、全国性商贸物流中心、区域金融中心和现代服务业中心。同时一些低端加工制造业,如食品、铝制品加工业等向周边次级城市转移分散。洛阳作为副中心城市,重点是改善城市环境和配套服务,不断降低商务成本和居住成本,鼓励高素质人才引入,大力发展生产性服务业、装备制造、国防安全、石化、建材等,依托靠近郑州的交通区位优势成为区域要素溢出中心。广大中小城市应进一步发挥自身要素成本低、原材料丰富等优势,积极承接中心城市转移出来的制造业,以及改善性居住、康养等功能,围绕集聚人口、扩大就业的目标,培育"多点覆盖"式产业集群。如许昌市适宜发展基础较好的机械装备制造业,并部分承接郑州转移出的服装、商贸等产业;焦作市适宜发展能源、精细化工等产业。

(三)坚持开放发展,建设内陆开放高地

中原城市群以开放发展作为根本理念,努力打造成内陆地区双向开放的新高地。郑州作为中原城市群的核心城市,不仅是国家交通枢纽,还拥有国务院批准的首个航空港经济发展先行区。郑州航空城以内陆国际贸易中心、临空现代物流门户、高端产业集聚中心为发展目标,在集聚全球高端资源、塑造产业竞争新优势、培育经济增长新动能、提升地区发展新能级等方面承担重要功能,必将引领中原城市群成为"双循环"开放大局中内陆地区开放新高地。

作为对外开放新高地,中原城市群要全面提升"五区联动"优势,通过强化郑州航空港经济综合实验区引领作用,高水平建设自贸试验区郑州片区,全力支持自贸区发展,加快推进跨境电商综试区建设,加快国家大数据综试区建设;继续推进"四路协同",扩大"空中、陆上、网上、海上"四条丝绸之路的开放效应。

二、对策建议

中原城市群在未来发展中应根据自身地理环境、资源禀赋和要素优势,逐渐克服诸多瓶颈障碍,加强城市间的合作互补、协同发展,优化产业结构,加快产业的转型升级,全面对外开放,不断推动中原城市群高质量发展。

(一)深化互联互通,推进城市间协同合作

依托郑州航空港经济综合实验区、河南自由贸易试验区和郑洛新国家自主创新示范区建设,立足以郑州为中心的综合交通网络,强化物流及商贸中心的地位,通过跨区域的合作和分工,促进城市之间的互通信息和相互协作,形成四大发展轴:一是沿陇海发展主轴,发挥陆桥通道优势,郑州、洛阳、开封联合发展成为先进制造业和城镇集聚带,支撑新亚欧大陆桥国际经济走廊。二是沿京广发展主轴,发挥郑州的辐射带动作用,使新乡、许昌、漯河等城市产业集聚能力得以提升,形成一批特色产业集聚区,成为沟通南北的产业密集带。三是济南—郑州—重庆发展轴,依托郑济、郑万高速铁路建设及综合运输通道,发挥平顶山等节点城市和沿线中小城市对广大农村腹地的支撑作用。四是太原—郑州—合肥发展轴,建设郑合、郑太高速铁路以及城际快速通道,使焦作、济源等节点城市不断扩容提质,相关优势产业集聚发展,构建连接合肥都市圈、太原都市圈的产业集聚带。

中原城市群需要加大与京津冀城市群、长三角城市群、山东半岛城市群、关中城市群等的交流与协作,形成城市群产业与功能的合作互补,积极完善城市群整体格局。

(二)加快转型升级,优化产业空间结构

一是加强郑州市高端产业集聚对城市群的核心带动作用。郑州要集中发展商业、物流等现代服务业,信息技术、科技、高等教育等创新产业,引进高素质人才,成为区域经济发展的知识创造中心。依托郑洛新国家自主创新示范区以

及郑州航空港经济综合实验区建设,以富士康为龙头,形成现代电子信息产业集群。二是加快补足城市群的高新技术产业和科技教育短板。中原城市群要着力发展高新技术产业集群,补足高等教育竞争力不强、高技术人才培养基础薄弱、研发型产业稀缺等突出短板。加强培育建设金融保险、现代物流、科技研发、高等教育、计算机软件、信息技术等产业。三是依托河南全国数据中心建设布局二类地区优势,紧抓国家大数据综合试验区建设机遇,推进"互联网+",大数据、区块链等新兴产业发展。紧抓网络消费趋势,发展形成电子商务行业高地;发展大数据行业,加快建成跨行业、跨部门共享的基础信息资源库;推进互联网大数据技术在制造业、农业、服务业、能源等领域的融合应用。

(三)全面对外开放,融入"一带一路"建设

一是利用中原城市群交通区位优势,依托国家铁路和公路主通道,串联省内中心城市,形成连接"一带一路"东联西进的陆路通道。东向重点连接青岛、连云港、日照、烟台、威海、天津、上海等沿海港口,与海上丝绸之路连接;西向与西北、东北、西南地区密切合作,增强对新亚欧大陆桥经济走廊的支撑作用。积极加入中蒙俄、中国—中亚—西亚、中国—中南半岛等经济走廊建设,深度融入"一带一路"建设。

二是建设连接全球的国际航运中心。以新郑国际机场为核心,健全通航点的布局,完善机场的航线网络,搭建与国际国内航空货运接轨的交通枢纽,建设与全球重要的枢纽机场和主要经济主体相连接的空中丝绸道路。加密欧美航线,拓展"一带一路"沿线国家航线,吸引大型航空公司和物流集成商,形成国际与国内互转的货运航线网络。

三是构建内陆对外开放的战略枢纽。依托郑州航空港经济综合实验区的口岸功能,以及集航空、高铁、城际铁路、地铁、高速公路于一体的综合枢纽优势,围绕"大枢纽、大物流、大产业、大都市"主线,立足航空港区智能终端、电子信息、精密机械、生物医药、航空物流、免税贸易、食品加工制造等产业链集群,将中原城市群建设为全国领先、具有国际竞争力和全球影响力的临空经济示范区。

（四）改善生态环境，保障城市群绿色发展

从国际经验看，大多数城市会在城市化中期出现严重的环境污染问题；而我国传统城市化道路具有高耗能、高排放、外延式扩张等特征。当前，中原城市群基本处于城市化中期的后半阶段，并且所覆盖的区域是人口密集区、生态环境承压区，因此必须坚持生态优先、绿色发展战略。

一是构建立体式循环型产业体系。立足河南资源大省、农业大省和新兴工业大省的省情[①]，改变"资源—产品—废弃物"单向线性生产模式，以资源绿色循环利用为核心，实施循环发展战略。着力推进农业与粮食、矿产资源与制造业、生物资源与终端消费品、生产系统与生活系统的循环链接，建立以产业循环连接、资源高效利用、废物高效再循环利用为特征的循环型产业体系，实现产业发展"全生命周期绿色化"。

二是推进分享经济发展，形成绿色消费新模式。引导居民践行绿色生活方式和消费模式，探索闲置房屋、闲置车辆、闲置物品的分享使用方式和分时租赁新业态，发展分享办公、分享存储、分享信息，提高闲置资源的利用效率。鼓励步行、自行车和公共交通等低碳出行方式，逐步实现省辖市公共自行车租赁服务全覆盖。

三是优化中原城市群生态空间结构。因地制宜地利用中原城市群的秦岭余脉、太行山南段山地、中部丘陵、东部农区，以及分布其间的湖泊、河流、城镇、道路等生态环境条件，营造西部山地、中部丘陵与东部农区等生态基质，推进城市群区域的生态廊道建设和各类生态斑块建设，最终形成完善的"斑块—廊道—基质"城市群生态网络系统，在中原城市群实现人与自然和谐共处、互利共生。

---

① 钱发军.河南省循环经济发展对策[J].河南科学,2011,29(8):993-998.

本章执笔:孙中叶(河南工业大学经济贸易学院院长、博士生导师)

郭　力(河南工业大学经济贸易学院经济学系主任、副教授、硕士生导师)

马晓翔(河南工业大学经济贸易学院硕士研究生)

邵亚笛(河南工业大学经济贸易学院硕士研究生)

参考文献:

[1] 安晓明.河南绿色发展的困境与破解途径[J].城乡建设,2016(10):36-37.

[2] 陈小君.我国大都市区轨道交通网络结构演进:由等级到协同[J].北京交通大学学报(社会科学版),2015,14(3):28-37.

[3] 方创琳.中国城市群研究取得的重要进展与未来发展方向[J].地理学报,2014,69(8):1130-1144.

[4] 劳昕,沈体雁,杨洋,等.长江中游城市群经济联系测度研究:基于引力模型的社会网络分析[J].城市发展研究,2016,23(7):91-98.

[5] 李红艳.中原城市群与生态文明建设协调发展研究[J].广州广播电视大学学报,2017,17(4):100-103,112.

[6] 苗长虹,王海江.河南省城市的经济联系方向与强度:兼论中原城市群的形成与对外联系[J].地理研究,2006,25(2):222-232.

[7] 刘立平,穆桂松.中原城市群空间结构与空间关联研究[J].地域研究与开发,2011,30(6):164-168.

[8] 刘琪.加快中原城市群交通一体化发展[N].河南日报,2017-05-19(9).

[9] 吴旭晓.河南绿色发展水平测度及提升对策[J].区域经济评论,2017(4):132-139.

[10] 杨洋,方欣欣.皖江城市带与中原城市群的产业结构比较[J].怀化学院学报,2018,37(6):41-44.

[11] 于洋,韩鹏,杨楠,等.中原城市群核心城市资源环境承载力研究[J].北京

大学学报(自然科学版),2018,54(2):407-414.

[12] 张鹏岩,张倩倩,杨丹,等.中原城市群核心:外围经济联系潜力与地缘经济关系类型分析[J].河南大学学报(自然科学版),2015,45(5):562-568.

[13] 侯燕.郑州辐射带动中原城市群发展研究:以建设郑州国家中心城市为背景[J].中州大学学报,2018,35(6):37-42.

[14] 李金迎.发力都市圈 推进洛阳金融业高质量发展[N].洛阳日报,2020-12-01(3).

[15] 魏建平.精准发力副中心和都市圈建设 在融入发展新格局中抢先机有作为[N].洛阳日报,2020-12-01(4).

[16] 孙久文.城市经济学[M].北京:中国人民大学出版社,2016.

[17] 郭力.城市化道路调整:基于产业转移与劳动力流动的视角[M].郑州:郑州大学出版社,2016.

[18] 柏程豫.强化郑州中心城市功能 引领中原城市群高质量发展[J].北方经济,2020(11):64-67.

[19] 藤田昌久,保罗·克鲁格曼,安东尼·J.维纳布尔斯.空间经济学:城市、区域与国际贸易[M].梁琦,译.北京:中国人民大学出版社,2011.

[20] 姚士谋,陈振光,朱英明,等.中国城市群[M].合肥:中国科学技术大学出版社,2006.

[21] 韦晨,侯国林.基于"三生空间"功能评价的中原城市群国土空间特征及优化研究[J].湖南师范大学自然科学学报,2020,43(3):18-26.

[22] 韩燕,邓美玲.中原城市群生态效率时空演变及影响因素[J].生态学报,2020,40(14):4774-4784.

[23] 河南省统计局区域经济统计调查处.中原城市群发展报告(2017年度)[R/OL].(2018-12-20)[2021-03-10].河南省统计局官网.

[24] 徐晓霞.中原城市群城市生态系统评价研究[J].地域研究与开发,2006,25(5):98-102.

[25] 吴丽娟.河南省产业集群发展策略研究[J].河南商业高等专科学校学报,
　　　2008(3):39-41.

[26] 习近平.在黄河流域生态保护和高质量发展座谈会上的讲话[EB/OL].
　　　(2019-09-18)[2021-03-10].中共中央党校(国家行政学院)官网.

[27] 万宇艳.中原城市群与产业群耦合发展研究[J].地域研究与开发,2015,34
　　　(3):7-11,16.

[28] 廖富洲.构建和完善城市群跨区域联动发展机制:以中原城市群为例[J].
　　　学习论坛,2014,30(11):31-36.

[29] 钱发军.河南省循环经济发展对策[J].河南科学,2011,29(8):993-998.

10

山东半岛城市群

山东半岛城市群经济基础较好,文化积淀深厚,是我国东部沿海地区重要的城市群之一。本章从自然地理、发展演变、经济和人口以及生态治理等方面介绍山东半岛城市群的概况,并阐述济南都市圈、青岛都市圈以及其他主要城市相关情况;对山东半岛城市群与京津冀、长三角和日韩等地区的合作与交流做了分析与探讨;最后针对山东半岛城市群存在的问题,提出空间治理策略和对策建议。

第一节　山东半岛城市群概况

山东半岛一直是山东省政治经济文化和社会发展的核心区域,也是中国北方沿海地区重要的城镇密集地区。随着山东半岛蓝色经济区、黄河三角洲高效生态经济区、青岛西海岸新区、青岛蓝色硅谷核心区、威海中韩自贸区地方经济合作示范区、山东新旧动能转换综合试验区等国家政策地域空间载体的设立,山东半岛城市群成为我国改革开放的先行先试区域,承担着我国新旧动能转换、海洋经济发展和中日韩经贸合作等国家使命。山东半岛城市群是一个随着政治经济形势变化而不断变迁的动态区域,包括济南、淄博、潍坊、青岛、烟台、威海、日照、东营、滨州、德州、莱芜、泰安和济宁 13 个市[①],土地面积 11.54 万平方千米,2018 年末总人口 7 108.16 万人、地区生产总值 63 118.56 亿元。该区域可以看作山东省人民政府《山东半岛城市群发展规划(2016—2030 年)》所确定的山东半岛城市群的核心区。

一、自然地理特征

山东半岛城市群三面环海,北隔渤海湾与辽东半岛相望,东隔黄海与朝鲜半岛、日本列岛一衣带水,南隔黄海与长江三角洲互通共融。有着曲折绵长的

---

① 　出于方便数据统计和分析的考虑,本章采取莱芜市独立于济南之外的统计口径。

海岸线和深阔优良的港湾,海岸地貌特色显著。① 山东半岛城市群属中朝准地台胶辽台隆,多丘陵、少平原、中部突起,包括鲁中南山地丘陵区、鲁西北平原区和鲁东丘陵区三大地形区域,黄河、淮河、海河、小清河以及山东半岛沿海五大水系呈辐射状四面分流,导致地形切割破碎。山东半岛城市群位于温带季风气候区,四季分明,春旱多风、夏热多雨、秋旱少雨、冬寒少雪,东部及沿海地区受海洋影响大。山东半岛城市群水资源总量不足,降水多集中于夏季,河流年径流量年内分配不均匀,从东南向西北递减。山东半岛城市群自然资源广布,土地类型复杂多样,能源与矿产资源种类较多、分布广泛且储量丰富,海洋资源种类繁多而经济利用价值高,山水旅游资源历史底蕴深厚。

二、历史演化进程

山东半岛城市群经历了漫长的历史演化进程②。山东半岛城市群史前属海岱文化区,是大汶口文化、龙山文化和岳石文化等人类文明的发祥地,有泰安大汶口遗址、章丘城子崖遗址、平度东岳石遗址、莒县陵阳河遗址等多个新石器时代聚落遗址分布,闪耀着中华文化的璀璨光芒。自商徂周的信史时期,山东半岛城市群孕育了齐、鲁、莒、谭、杞、焦、邾、郯、纪、翟等多个规模不等的封国,出现了临淄、曲阜、青州、即墨等具有较大影响力的城市,城市之间建立了较为密切的社会经济联系。秦汉时期,城市数量不断增多,临淄成为全国性大都市,发挥着区域性首位城市的作用。魏晋时期至隋唐,形成了青州与历城双城并峙的二元中心格局。北宋政府在密州板桥镇(今青岛胶州市)置市舶司,统领华北地区的海外贸易。元代开凿胶莱运河以利漕运,形成了以青州为中心、以鲁中山地北麓的东西大道和由胶州经高密和安丘到青州的交通干道为发展主轴的"T"

---

① 贺可强,卢耀如,李关宾,等.山东半岛城市群地区地质资源与环境及其承载力综合分析与评价[M].济南:山东大学出版社,2009.
② 李玉江.城市群形成动力机制及综合竞争力提升研究:以山东半岛城市群为例[M].北京:科学出版社,2009.

形城镇网络①。明朝定都北京之后疏浚运河,鲁西平原成为南来北往的交通要
道和全国性物资流通主要的渠道,临清和济宁成为山东运河地区最为重要的门
户城市②。清末至民初,烟台的海运门户地位几经沉浮,胶济铁路和津浦铁路的
运行促进了济南、张店、博山、周村、青岛等沿线城镇的发展,交通枢纽职能的提
升助力济南的辐射影响扩展到鲁西、山西、河南等地,工商外贸经济的发展逐渐
确立了青岛区域性贸易中心的地位。山东半岛城市群改革开放之前内陆城市
发展较快,改革开放之后海港城市发展相对较快,逐渐形成了济南—青岛双中
心的区域空间格局。

三、经济和人口

2018 年,山东半岛城市群以山东省 73.07% 的土地面积、70.75% 的人口规模
创造了 82.54% 的地区生产总值,城市化率高出全省平均水平 3.79 个百分点
(表 10.1)。

表 10.1　山东省各市主要社会经济指标

(2018 年)

地区	地区生产总值		人口		土地面积 /公顷③	城市化率 /%
	规模/亿元	占全省比例 /%	规模/万人	占全省比例 /%		
济南市	7 856.56	10.3	746.04	7.4	799 841	72.10
青岛市	12 001.52	15.7	939.48	9.4	1 129 336	73.67
淄博市	5 068.35	6.6	470.18	4.7	596 492	71.49
枣庄市	2 402.38	3.1	392.73	3.9	456 353	58.88
东营市	4 152.47	5.4	217.21	2.2	824 327	69.04
烟台市	7 832.58	10.2	712.18	7.1	1 386 454	63.66
潍坊市	6 156.78	8.1	937.30	9.3	1 616 724	61.75

---

① 牟胜举,曹荣林,魏宗财.山东半岛城镇空间演变研究[J].河南科学,2007(3):503-508.

② 王茂军.中国沿海典型省份城市体系演化过程分析:以山东为例[M].北京:科学出版社,2009.

③ 1 公顷 = 10 000 平方米,余同。

续表

地区	地区生产总值		人口		土地面积/公顷	城市化率/%
	规模/亿元	占全省比例/%	规模/万人	占全省比例/%		
济宁市	4 930.58	6.4	834.59	8.3	1 118 698	58.85
泰安市	3 651.53	4.8	564.00	5.6	776 141	61.87
威海市	3 641.48	4.8	283.00	2.8	579 984	67.81
日照市	2 202.17	2.9	293.03	2.9	537 127	60.35
莱芜市	1 005.65	1.3	137.90	1.4	224 603	62.58
临沂市	4 717.80	6.2	1 062.40	10.6	1 719 121	51.54
德州市	3 380.30	4.4	581.00	5.8	1 035 767	57.01
聊城市	3 152.15	4.1	607.45	6.0	862 801	51.77
滨州市	2 640.52	3.5	392.25	3.9	917 219	58.63
菏泽市	3 078.78	4.0	876.50	8.7	1 215 523	50.25
山东省	76 469.67	100	10 047.24	100	15 796 514	61.34
山东半岛城市群	63 118.56	82.54	7 108.16	70.75	11 542 716	65.13

资料来源:根据《山东统计年鉴 2019》和《2018 年山东省国民经济和社会发展统计公报》整理所得。

山东半岛城市群城市规模结构较为合理,经济和人口布局相对均衡,未来发展潜力较大,是我国东部沿海地区继京津冀、长三角和珠三角等巨型城市区域之后的重要经济增长极和区域性城市群。

山东半岛城市群以国家自主创新示范区建设为重点,以各类产业园区为载体,建设协同创新、合作共赢的现代产业集群和错位发展、分工协作的现代产业体系,推动城市群产业协同创新发展。第一,山东半岛城市群加快新旧动能转换工作,把推动产业体系优化升级放在突出位置,坚决淘汰落后动能,为新动能发展腾出空间;坚决改造提升传统动能,使之转化为新动能;坚决培育壮大新动能,全面提升经济发展质量和竞争力,构建以高端制造业为主的现代产业体系,实现"山东制造"向"山东创造"转变。第二,山东半岛城市群以产业园区为载体,引导产业集聚发展,构建产业集群式发展体系,引导产业发展与城镇扩容良性互动,积极培育和发展产城一体化建设。第三,山东半岛城市群依靠海洋、港口、海陆联运等突出优势,将传统港口形态向枢纽港、物流港、贸易港转型,发挥港口作为物流、人流、信息流、资金流等综合枢纽作用,实现港城互动和港城互通,向内辐射内陆,向外构建国际港口交流平台。第四,山东半岛城市群加快建设和完善现代化海洋产业体系,强化海洋科技创新平台建设,积极开展海洋牧场、海上旅游、海洋体育等海洋产业,培育和发展新式海洋产业。

四、生态保护与黄河治理

山东半岛城市群濒临海洋,背靠陆地,海洋生态环境保护成为区域生态治理的重点和方向。① 山东半岛城市群正积极推进重点区域、重要海域生态系统从现有的分散分片保护转向集中成片的面上实施整体生态保护,实施海湾、海水、海岛、海滩以及海岸的生态系统协调保护制度;加强海水养殖污染防控治理,加强船舶、港口污染联防联控管理,尤其是推进海滨沿岸以及海上垃圾污染防治,实施流域环境和近海岸海域污染综合防治,加快构建海洋生态环境监测"一张网",成立海上环境保护巡查制度。同时,山东半岛城市群也注重陆域生态环境治理:在生态和环境修复方面,实施黄河口国家公园建设和南四湖、大汶河等生态区域修复治理重大工程,建立防洪安居、河道防洪等治理工程;构建鲁中山区和半岛丘陵地区两大区域生态绿心,推动绿道网络建设,构筑山东半岛城市群"绿水青山"生态体系;重点加强水、大气和土壤污染防治,积极开展地下水超采治理,强化环境污染联防联治。

按照习近平总书记和党中央指引的方向,山东半岛城市群积极推进黄河流域生态保护和高质量发展,坚定落实"共同抓好大保护,协同推进大治理"的重大要求,全力谱写好黄河流域(山东段)生态保护和经济高质量发展的新篇章。2020 年,山东省高级人民法院、黄河水利委员会山东黄河河务局联合发布《关于建立黄河流域生态保护与高质量发展服务保障机制的意见》,明确指出建立牵

---

① 山东省生态环境厅 2019 年印发《山东省海洋生态环境保护规划(2018—2020 年)》,将山东省海域规划成自然保护地、海洋特别保护区、重要河口生态系统等 17 类 341 个分区进行分区管控,各分区实行不同的环境保护要求。

涉黄河问题案件的绿色通道,为黄河流域地区的生态环境质量提高和经济健康发展提供最大程度的支持和保障。

第二节　都市圈与城市群主要城市

　　都市圈是城市群的重要组成部分,是城市群内部以超大城市、特大城市或辐射带动功能强的大城市为中心,以一小时通勤圈为基本范围的城市化空间形态①。作为实现城市区域经济增长的重要空间载体,都市圈本质上是城市群内部核心城市与周边中小城市在分工与协作基础上形成的具有密切联系的一体化功能区域②,其核心驱动力来源于资源在超越单一城市的城市体系内的集聚与优化配置。因此,将山东半岛城市群划分为济南都市圈、青岛都市圈、东滨都市区和烟威都市区,探讨都市圈的空间范围、发展定位及其主要城市③(图10.1)。

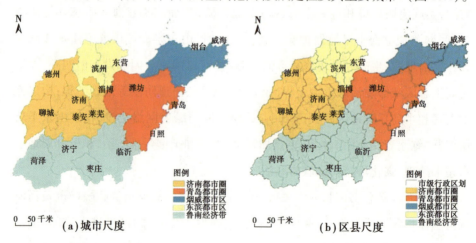

图 10.1　山东省地域空间分区

---

① 国家发展改革委.国家发展改革委关于培育发展现代化都市圈的指导意见[R/OL].(2019-02-21)
[2021-03-10].中国政府网.
② 徐海贤,韦胜,孙中亚,等.都市圈空间范围划定的方法体系研究[J].城乡规划,2019(4):87-93.
③ 考虑到济南都市圈和青岛都市圈涵盖的城市可能超过山东半岛城市群范围,所以该部分空间分析以山东省17城市为本底。

一、济南都市圈及其城市概况

济南市与德州市、淄博市、泰安市、聊城市和莱芜市等邻近城市形成较高强度的经济和交通联系,并且成为这些城市的首位和次位联系对象,上述城市共同构成了济南都市圈。2018 年,济南都市圈地区生产总值为 24 114.56 亿元,占全省地区生产总值的 31.53%,人均地区生产总值为 77 624 元,高于全省人均地区生产总值(表 10.2)。济南都市圈地处山东半岛城市群中西部,在山东省区域经济格局中居于重要地位,目前,济南都市圈的总体定位是建设成开放创新型的经济发展圈;建设成绿水青山、生态宜居的环境友好型都市圈;建设成北达京津冀城市群,西接中原城市群,南至长三角城市群的区域枢纽型城市圈;建设成以新旧动能转换为契机,完善省内基础优势产业和先进制造业的产业型都市圈;从区域城市空间布局、优势资源利用、省内外便捷交通、生态环境保护以及区域协调发展等多方面培育发展济南都市圈。

表 10.2 2018 年济南都市圈及其城市主要社会经济指标

区域名称	地区生产总值					人口规模/万人	土地面积/公顷
	第一产业/亿元	第二产业/亿元	第三产业/亿元	总产值/亿元	人均地区生产总值/元		
济南市	272.42	2 829.31	4 754.83	7 856.56	106 302	746.04	799 841
淄博市	145.9	2 639.9	2 282.6	5 068.4	107 720	470.18	596 492
泰安市	285.4	1 615.2	1 750.9	3 651.5	64 714	564.00	776 141
德州市	320.13	1 612.79	1 447.38	3 380.3	58 252	581.00	1 035 767
聊城市	310.92	1 547.5	1 293.73	3 152.15	51 892	607.45	862 801
莱芜市	60.31	566.08	379.26	1 005.65	73 005	137.9	224 603
济南都市圈	1 395.08	10 810.78	11 908.7	24 114.56	77 624	3 106.57	4 295 645

资料来源:根据《2018 年济南市国民经济和社会发展统计公报》《2018 年淄博市国民经济和社会发展统计公报》《2018 年泰安市国民经济和社会发展统计公报》《2018 年德州市国民经济和社会发展统计公报》《2018 年聊城市国民经济和社会发展统计公报》《2018 年莱芜市国民经济和社会发展统计公报》整理所得。

济南是副省级市、国家历史文化名城,南依泰山、北跨黄河,处于鲁中南低山丘陵区与鲁西北冲积平原的交接地带,借助省会城市的政治、文化、教育、交通等优势,吸引周边区域发展要素不断集聚,主要辐射山东半岛城市群中西部地区。在政治上,绝大多数省直机关和中央驻鲁机构都设在济南,其是全省政治中心和决策中心;在经济上,济南经济总量位居全省第三,三次产业构成为3.5∶36.0∶60.5,济南正以新旧动能转换为契机,积极推进工业大数据战略以实现"智造济南";从社会文化上,济南具有丰富的历史文化遗产、优越的自然风光和厚重的历史文化底蕴;在交通运输上,济南是辐射华东乃至全国的重要交通枢纽,2018年年末公路通车里程12 637.7千米,济南机场累计保障起降12.7万架次,济南逐渐成为集公路、铁路、航空、水路以及管道等综合运输体系的枢纽城市。但是,济南城市规模偏小、空间结构不合理,在一定程度上制约了进一步的发展。

淄博市位于鲁中山区与鲁北平原的交接地带,区位优势独特,南连泰山,北靠黄河,东临潍坊,西接济南。在政治上,淄博市是国务院批准建立的较大的市,拥有地方立法权;在经济上,淄博市三次产业比例为2.9∶52.1∶45.0,2018年淄博市新旧动能转换与创新继续推进,高技术工业增加值相比上年增长10.9%,占规模以上工业的比重达11.8%,成为拉动工业增长的重要力量;在交通运输上,2018年年末全市公路通车里程达11 464.3千米,并逐步建设成以公路与铁路为主的省内交通枢纽城市。

泰安市位于山东省中部地区,北与济南相依、南与济宁相连,西以黄河为界、东与莱芜、淄博为邻。在经济上,泰安市经济运行总体平稳,2018年三次产业结构比例为7.8∶44.2∶48.0,"三、二、一"的产业结构形态进一步巩固,就业形势保持良好,大众创业继续活跃;在交通运输上,泰安市交通运输发展实现新突破,完成交通建设投资83.51亿元,比上年增长56.0%,公路通车里程达到15 588千米,港航建设完成投资4.1亿元。

德州市位于山东省西北部,是山东省的北大门,东与滨州市相连,南与济南市毗邻,西南与聊城市相接,西与西北隔京杭大运河与河北省邢台市相望,北与河北省沧州市相接。德州市宏观经济运行总体平稳,2018 年三次产业比例为 9.5：47.7：42.8,新旧动能转换全面起势,全市储备项目 500 个、投资规模 5 300 亿元,40 个项目被列入省新旧动能转换重大项目库。德州市交通运输平稳发展,全市实有公路通车里程 4 858.38 千米(不包括村级道路),全部行政村实现了村村通公路。总投资达 12 亿元的齐河黄河公路大桥建成通车,加快了德州融入济南都市圈。德州市邮电通信业快速发展,邮政行业业务收入 13.85 亿元,增长22.5%。德州市 2007 年启动中国优秀旅游城市创建工作并创建成功,2009 年再次通过创优复核。2018 年德州市旅游业稳步发展,实现旅游消费总额 210.06亿元,增长 12.5%。接待游客 3 064.96 万人次,增长 10.6%。

聊城市以中国"江北水城·运河古都"而著称,位于山东省西部,冀鲁豫三省交界处,西部靠漳卫河与河北省邯郸市、邢台市隔水相望,南部和东南部与山东省的济宁市、泰安市和济南市为邻,北部和东北部与德州市接壤。近年来,聊城市宏观经济运行稳中有进,2018 年三次产业结构为 9.9：49.1：41.0,新旧动能转换步伐加快,高新技术产业产值占规模以上工业总产值的比重为 31.69%,区域经济高质量发展态势明显。聊城市交通基础设施建设迅猛,莘南高速建成通车,青兰高速、高东高速、市城区大外环加快推进,雄商高铁、郑济高铁、聊城机场等一批重大交通基础设施项目取得新进展,2018 年全市公路里程达 5 881 公里,增长 26.3%。聊城市境内有世界文化遗产 1 处、国家级文保单位 13 处,2018 年全年旅游消费总额为 213.33 亿元,增长 14.1%,接待游客 2 485.17 万人次,增长 9.1%。

莱芜市地处山东省中部、泰山东麓,北邻济南市章丘区,东临淄博市博山区、沂源县,南临泰安市的新泰市,西邻泰安市岱岳区。2018 年,莱芜市全年实现地区生产总值 1 005.65 亿元,比上年增长 7.2%,三次产业结构为 6.0：56.3：37.7。2018 年山东省政府发布《济南市新旧动能转换重大工程实施规划》指出,莱芜市"依托济莱协作区建设基础,支持莱芜加快融入省会发展"。莱芜市交通基础设施建设总体发展较缓慢,2018 年公路货运量为 7 929 万吨,较上年增长 5%,

客运量为 149 万人,与上年基本持平。2015 年 3 月,莱芜市被山东省政府列为"山东省全域旅游示范城"。莱芜市以国家全域旅游示范区创建为契机,加快健康旅游发展,突出特色小镇建设,实现了生态绿色发展,形成了特色经济,为新旧动能转换注入了活力。

二、青岛都市圈及其城市概况

青岛与潍坊、日照等城市一直保持着密切的社会经济联系,并成为这些城市的首位和次位联系对象,三者共同构成了青岛都市圈。2018 年,青岛都市圈地区生产总值为 20 360.47 亿元,三城经济总量贡献率为 26.63%,人均地区生产总值为 93 835 元,远高于全省人均地区生产总值(表 10.3)。青岛都市圈位于山东半岛城市群东部,是引领山东东部地区发展的重要引擎。目前,青岛都市圈积极开放合作,深化产业融合,依托自身优势产业,协同发展以生物制药、蓝色海洋经济为依托的港湾经济;搭建平台,促进胶东经济一体化发展,充分发挥高端平台载体和优质服务的聚集效应促进区域互联互通;积极打造青岛港口和海洋经济发展高地,依靠得天独厚的地理位置和优势资源,全力推进国际航运贸易和金融创新中心核心区建设。

表 10.3　2018 年青岛都市圈及其城市主要社会经济指标

区域名称	地区生产总值					人口规模/万人	土地面积/公顷
	第一产业/亿元	第二产业/亿元	第三产业/亿元	总产值/亿元	人均地区生产总值/元		
青岛市	386.9	4 850.6	6 764.0	12 001.5	128 459	939.48	1 129 336
潍坊市	511.6	2 742.4	2 902.8	6 156.8	65 721	937.3	1 616 724
日照市	166.45	1 064.22	971.5	2 202.17	75 329	293.03	537 127
青岛都市圈	1 064.95	8 657.22	10 638.3	20 360.47	93 835	2 169.81	3 283 187

资料来源:根据《2018 年青岛市国民经济和社会发展统计公报》《2018 年潍坊市国民经济和社会发展统计公报》《2018 年日照市国民经济和社会发展统计公报》整理所得。

青岛是副省级市、国家社会与经济发展计划单列市,位于山东半岛城市群东部,三面临海、环抱胶州湾。青岛汇集了港口贸易、工业制造、文化旅游和海洋科研等产业,2018 年青岛市地区生产总值 12 001.5 亿元,三次产业比例为3.2∶40.4∶56.4,人均地区生产总值达 128 459 元,经济综合能力常年位居全省第一。青岛市突出海洋特色、加快实施科技创新驱动战略,"新经济"增加值为3 065.8 亿元,占全市地区生产总值的比重为 25.5%,推进形成新动能主导经济发展的新格局。青岛市是国家历史文化名城和"世界帆船之都",具有丰厚的滨海历史文化沉淀,是中外文化交融的枢纽。近年来,青岛市先后承办了 APEC贸易部长会议、上海合作组织青岛峰会以及商务部跨国公司领导人青岛峰会等国际性会展活动,走在了山东半岛城市群对外开放和国际合作交流的前沿。

潍坊位于山东半岛中部,东邻青岛、烟台,西接淄博、东营,南连临沂、日照,北濒渤海莱州湾,处于山东东西向大通道的核心区位。在经济上,坚持高质量发展,2018 年全年经济稳中向好,三次产业结构为 8.3∶44.5∶47.2,人均地区生产总值达 65 721 元;新旧动能转换工作全面起势,新动能、新优势逐步集聚,积极因素不断累积;交通建设投资 112.3 亿元,交通基础设施建设稳步推进,邮政电信业发展较快,邮政行业业务总量为 45.6 亿元,增长 32.3%;2018 年年末潍坊市拥有 A 级旅游景区 102 家,旅游业保持较快增长,全年接待游客7 586.9 万人次,增长 11.5%,实现旅游消费总额 883.6 亿元,增长 13.9%。

日照市位于山东省东南部、黄海之滨,东临黄海,西接临沂市,南与江苏省连云港市毗邻,北与青岛市、潍坊市接壤。日照市宏观经济运行总体平稳,经济增长较快,2018 年三次产业比例为 7.6∶48.3∶44.1,日照市新旧动能转换加快推进,钢铁产业被列入全省主导产业集群,成为全市首个千亿级产业集群。日照市交通基础设施建设不断完善,日照西综合客运站建成运营,青日连铁路正式通车,鲁南高铁拉动日照市正式跨入"高铁时代";日照港 2018 年完成港口货物吞吐量 4.38 亿吨,跃居全国沿海港口第 7 位;日照机场旅客吞吐量达到 90 万人次,提前 7 年达到设计能力。日照市邮电通信业发展较快,2018 年全年完成电

信业务总量 39.48 亿元,增长 51.5%;日照市 2018 年邮政行业业务总量达 9.57
亿元,增长 14.8%,实现业务收入 5.45 亿元,增长 16.6%。日照市 2018 年实现
旅游消费总额 406.66 亿元,同比增长 12.83%,接待游客 4 934.29 万人次,同比
增长 9.72%,全年新建、续建重点旅游项目 120 个,建成 30 个,完成投资 165 亿
元,年内新增 AAAA 级景区 1 个、AAA 级景区 7 个、AA 级景区 7 个,新增旅行社
7 家。

三、城市群其他城市

山东半岛城市群除济南都市圈、青岛都市圈以外,受城市之间经济联系和
地理区位等因素影响,还形成了烟威都市区、东滨都市区以及鲁南经济带,共同
组成了山东"两圈两区一带"的地域经济空间格局。

(一)烟台与威海

烟台与威海地缘相近,文缘相亲,经济往来密切,两市组成烟威都市区,位
于山东半岛最东部,向北与辽东半岛相望,向东毗邻日韩,地理位置十分重要。
2018 年,烟威二市地区生产总值为 11 474.06 亿元,占全省地区生产总值的
15%,但人均地区生产总值位居各都市区之首,经济发展态势持续向好。烟台
以高首位度的企业、铁路和公路联系积极服务于烟威都市区的建设。自从 1984
年成为第一批沿海港口开放城市以来,烟台抓住机遇积极参与国际竞争与合
作,提高开放型经济水平与质量,在经济全球化发展的浪潮中,逐渐建立起全方
位、多层次和宽领域的开放格局,尤其是发挥毗邻日韩的区位优势,推进山东自
贸试验区烟台片区的发展与完善,据统计,2018 年烟台市全年货物进出口总额
为 3 053.65 亿元,积极打造对外交往合作新的窗口。威海市工业门类齐全,三
次产业结构为 9.7:40.4:49.9,目前正积极推进创新驱动战略、助推产业转型升
级,加强海洋产业建设,坚持港口、城市和产业的三位一体化发展。烟威都市区
以强大的经济体量、便捷的海陆交通、崭新的发展机遇等综合性条件,已成为引

领山东半岛东北部以陆为基、向海发展的重要的桥头堡和引领者。

（二）东营与滨州

东营与滨州位于鲁北地区,共处黄河下游,历史上同属惠民地区,具有相似的文化背景与经济基础,两市接壤,往来密切,共同构成了东滨都市区。2018年,东滨都市区地区生产总值为6 792.99亿元,人口总量为609.46万人,经济与人口占全省比重最小,分别为8.89%和6.07%。东营市是中国第二大石油工业基地胜利油田的崛起地,三次产业结构为3.5∶62.2∶34.3。2018年,滨州市经济运行总体平稳,三次产业结构为8.8∶44.9∶46.3,第三产业占比首次超过第二产业,成为拉动全市经济增长的首要力量。滨州市新旧动能转换工作全面起势,自主创新能力不断加强,高新技术产业稳步发展,全市高新技术产值占规模以上工业产值比重为29.71%。东营市与滨州市携手合作,在黄河湿地保护、产业协同发展、港城联动建设等方面不断务实合作,助推东滨都市区成为鲁北地区经济发展的示范引领地。

第三节　山东半岛城市群与周边地区的合作

山东半岛城市群区位优越,与周边地区联系密切。在省内,鲁南地区与鲁西南地区是山东半岛城市群重要的物资集散地与沟通腹地的交通走廊。在国内,山东半岛城市群位于长三角、京津冀和辽中南城市群之间,既可接受多方辐射,又有广阔腹地,有望成为中国经济板块乃至东北亚地区有较高影响力的经济隆起地带。在国际上,山东半岛城市群毗邻日、韩,是东北亚跨国增长地带的重要组成部分。

一、山东半岛城市群与鲁南地区的联系与合作

鲁南地区包括临沂和枣庄两市,北接济宁、泰安、淄博和潍坊,东邻日照,是

从南部进入山东半岛城市群的交通要道,地理区位十分重要,目前是山东省重要的物资中转站和集散地。近年来,鲁南地区形成了与周边城市和区域中心城市的双层对外联系与合作趋势。临沂与周边城市的铁路联系较弱,但随着鲁南高铁(曲日段)的开通,临沂与周边地区开展合作获得了广阔前景,实现了铁路沿线地区的资源整合,推动了铁路沿线地区旅游业的转型发展。此外,临沂与青岛签署了《关于加快推进区域合作发展框架协议》,两市在码头物流、临港产业以及国际化方面实现了多方优势互补,合力构筑国际贸易与区域协调的东西向通道。作为中国重要的能源、建材、机床和纺织生产基地,枣庄与济南在新能源开发、装备制造、现代物流以及精细化工等领域加大合作力度,两市联合签署济南综保区(枣庄)"十千百"战略合作协议,加强两市在"一带一路"贸易进出口间的合作,共同打造和建设"枣庄市互联网跨贸小镇",实现优势互补,资源共享。

二、山东半岛城市群与鲁西南地区的联系与合作

鲁西南地区包括聊城、济宁与菏泽三市,东与德州、济南、泰安相邻,西与中原城市群相依,是山东半岛城市群西入广袤腹地的通道走廊,具有重要的战略价值。聊城、济宁和菏泽三市与山东半岛城市群所属城市开展了广泛合作。三市与济南、淄博、东营、泰安、滨州等市签署《山东黄河流域城市文化旅游联盟合作协议》,共同开展黄河文化遗产系统保护、黄河文化旅游合作交流、黄河文旅项目招商等,构建合作机制完善、资源配置优化、带动作用显著的区域黄河文化旅游区域发展共同体。在知识产权合作与信息资源共享方面,三市与德州、泰安等市共同签署《西部经济隆起带知识产权战略推进联盟合作协议》,加强研究成果的交流与分享,合作开展知识产权重大专项跟踪服务,实现信息资源共享,为促进区域经济发展提供信息支撑。聊城市与青岛市建立内外贸联动大通道,助推聊城成为重要的交通和物流节点城市。济宁市与济南市、泰安市签订《中华文化枢轴文旅协同发展战略合作协议》,深入挖掘"一山一水一圣人"的丰富

内涵,加快济南、泰安、济宁文旅一体化,实现区域优势互补、协同发展。菏泽市与青岛市开展结对帮扶,在产业扶贫、劳务协作、人才支持和社会参与四个方面全面深化合作,完善两地扶贫协作和对口支援的可行路径。聊城、济宁与菏泽三市以优越的区位和便捷的交通为基础,开展交通、物流、旅游等领域的合作,全面参与并融入济南都市圈,实现与山东半岛城市群的合作对接。

三、山东半岛城市群与京津冀城市群的联系与合作

京津冀城市群位于山东半岛城市群的西北部,包括北京、天津、石家庄、唐山、秦皇岛、保定、张家口、承德、沧州、廊坊和衡水等城市[①],山东半岛城市群北部的德州、滨州、东营等城市主动承接北京非首都功能疏解和京津产业转移,在科技成果转化、农产品供应、生态建设、能源保障等方面打造区域协同发展区。济南、德州、滨州等12城区共同开发京津冀鲁区域文旅合作,积极打造京津南自然生态、文化旅游高地,成为山东半岛城市群融入京津冀协同发展的桥头堡。作为山东半岛城市群唯一被纳入京津冀协同发展的城市,德州借力京津现代科技成为京津冀放心农场,为建设一流的国家现代农业示范区、快速实现农业转型升级提供了广阔空间。山东省积极落实《京津冀及周边地区2019—2020年秋冬大气污染综合治理攻坚行动方案》,有效改善了两大城市群的生态环境污染治理问题,加强了两大城市群在生态环境治理层面的合作。青岛积极推进构建国内国际双循环相互促进的新发展格局,与北京在工业互联网、装备制造、生物制药、信息科技、新材料、文艺创意等方面开展产业协作,打造北京—青岛跨区域产业协作新范式。济南市积极推进产业承接战略转移,与北京在钢铁产业技术和人才培养等领域深度合作,与中关村在电子信息、装备制造、生物制药等领域开展合作,构建"两城多点"合作布局。

---

① 闫曼娇,马学广,娄成武.中国沿海城市带城市职能分工互补性比较研究[J].经济地理,2016,36(1):69-74,88.

四、山东半岛城市群与辽中南城市群的联系与合作

辽中南城市群位于辽宁省中南部,与山东半岛城市群隔渤海相望,两地社会经济联系密切①,拥有广阔的合作空间。两地在集装箱、散杂货等领域有着良好合作基础,山东港口集团与辽宁港口集团签署《建设世界一流港口务实战略合作框架协议》,围绕智慧港口、生产业务、人才交流等领域开展战略合作,实现海洋资源开发利用合理性和有效性,在信息交流通报机制、信息协调机制、业务交流学习机制等方面建立良好合作关系。以环渤海铁路交通网络体系为基础②,两城市群在政企层面强强联合、优势互补,实现人力资源与项目资源的对接与合作。烟台、大连两市签署《大连市与烟台市战略合作框架协议》,在产业协同、基础设施建设、科教文卫和旅游等方面进一步开展合作。青岛、大连两市通过联合开发打造高品质旅游产品,助力山东半岛城市群与辽中南城市群旅游经济合体建设,建立青岛—大连区域旅游合作共同体。济南、沈阳两市签署全面科技合作协议,在共建联合实验室、协同创新中心、联合培养人才等层面开展合作,推动智慧城市建设紧密合作。济南与大连市开展旅游资源与产品对接以加强两地文旅合作交流,大连商品交易所与山东省签署战略合作协议,推动大连与山东省在市场、资源、产业等领域的务实合作。

五、山东半岛城市群与长三角城市群的联系与合作

山东半岛城市群和长三角城市群以各自的区位优势和资源优势等为基础开展广泛合作。山东港口集团与长三角地区两大港口集团深化合作,在优化口岸营商环境,共创世界一流港口,全面推进业务合作,创建智慧港口、绿色港口,

---

① 马学广,闫曼娇.环渤海地区空间多中心测度及时空分异特征研究[J].地理与地理信息科学,2017,33(1):2,102-109.

② 马学广,李鲁奇.基于铁路客运流的环渤海城市空间联系及其网络结构[J].经济地理,2017,37(5):66-73.

加强人才培养等领域深化合作,发挥两大区域南北资源互补性强、优势战略地位的作用,建立更深层次、更宽领域和更加紧密的合作范式。长三角城市群与山东半岛城市群在两地商会、校企等促进下,在人工智能、先进制造、信息技术、生物医药、节能环保、新材料、文化旅游以及科技服务八大领域开展广泛合作。长三角城市群产业升级结构调整,与山东半岛城市群形成互补式合作关系。其中,青岛与上海合作对接现代服务业,上海新要素与青岛既有资源相组合,实现资源的优化配置和区域的协同发展。青岛与南京签署《区域通关合作备忘录》,建立物流快速通道,拉近两区域的经贸合作联系,着眼实现长三角城市群与山东半岛城市群的协同发展。青岛与杭州签署《关于两市加强交流合作促进共同发展的框架协议》,推动跨区域、跨行业开展广泛合作与联系。济南市政府与上海市有关企业开展对接、洽谈合作事宜,签署战略合作协议,助推济南市在新旧动能转换、会展业、人力资源服务业等层面与上海开展广泛合作。济南市政府围绕新旧动能转换等领域加强与南京、杭州、宁波等地合作,在产学研协作、生物医药、智能制造与高端设备、智慧城市建设、城市特色旅游、医疗健康等方面进行深入合作。烟台与上海市举办国际经贸合作恳谈会,涉及贸易采购、生物制药、特色园区、跨境电商以及高端制造等诸多领域,推动深化务实合作。

六、山东半岛城市群与日韩两国联系与合作

　　山东半岛城市群与日韩两国隔海相望,拥有与日韩两国合作的天然区位优势。[①] 近年来,山东省与日本和韩国成功实现了产业对接和在经贸等领域的合作,推动了山东半岛城市群整体区域的发展。山东省和日本在东北亚区域合作一体化背景下,逐渐发展为重要的产业合作伙伴,两地根据地区经济形势和区域合作发展的新动态,在信息产业、节能环保产业、新能源产业、生物工程产业以及新材料产业领域合作[②],助推山东半岛城市群实现产业结构升级与完成新

---

① 张岩,张人广.山东半岛城市群建设中承接日、韩产业转移的相关问题初探[J].城市,2008(8):11-14.
② 王爱华,范振洪.山东与日本高新技术产业合作探析[J].东北亚论坛,2009,18(6):36-41.

旧动能转换;依托东亚海洋建设平台,与日本建立蓝色伙伴战略网络关系,推动山东半岛沿海城市与日本沿海城市建立友好城市关系,组建鲁日港口联盟,在海洋生物医药、海洋海水淡化、海洋食品高质化利用等海洋领域拓展海洋合作维度,提升海洋领域合作力度。山东半岛城市群与韩国隔海相望、往来密切,双方在经济上互补性强、发展潜力大、合作空间广阔。韩国对山东的投资主要集中在青海、烟台、威海等沿海城市,投资领域逐渐转向技术、资本密集型产业[①],双方在新材料、装备制造、新一代信息技术、医养健康和食品加工等领域开展经贸合作,青岛、日照、烟台、威海等港口与韩国釜山港正式签署了《中韩"4+1"港口战略联盟运行章程》,实现在港口建设、港口运输等方面的合作,并将共同打造东北亚国际物流枢纽和航运中心。

第四节　山东半岛城市群存在的问题与对策建议

山东半岛城市群形成了较为规范的城市等级体系以及趋于合理的城市布局,经济、社会、环境等方面的发展趋向于好,但与国际国内发达城市群相比,山东半岛城市群仍存在诸多不足,综合竞争力较弱,依然处于未成熟的阶段。因此,正确认识山东半岛城市群存在的主要问题,并提出相应的治理策略和对策建议,是提高山东半岛城市群区域地位与综合竞争力的必要手段。

一、存在的主要问题

经过近30年的快速发展,山东半岛城市群人口和经济规模持续壮大,已经成为继京津冀、长三角和珠三角城市群之后的重要城市群[②③]。但与上述三大

---

①　张哲.浅析中韩自贸区对山东省经济发展的影响[J].企业导报,2015(18):121,123.

②　姚士谋,李青,武清华,等.我国城市群总体发展趋势与方向初探[J].地理研究,2010,29(8):1345-1354.

③　方创琳,毛其智,倪鹏飞.中国城市群科学选择与分级发展的争鸣及探索[J].地理学报,2015,70(4):515-527.

国家级城市群相比,山东半岛城市群综合竞争力仍不足①,发展的不平衡、不充分问题仍然突出,主要表现为以下四个方面。

第一,核心城市综合实力不强。目前来看,山东半岛城市群的核心城市济南与青岛规模偏小,人口规模、建成区面积、经济总量和城市能级测评等指标在副省级城市中位列中下游,经济、人口辐射带动能力不强,在国家城镇体系网络中地位不高,阻碍城市群在国家层面进一步发挥作用。

第二,整体发展效率仍有提升空间。山东半岛城市群长期以来形成的资源依赖型产业和以高能耗为特征的重化产业仍占据重要地位,"大象经济"仍然突出,发展效率有较大提升空间。此外,山东半岛城市群城市建成区分布零散,发展方式仍显粗放,土地集约利用水平较低②,资源与环境承载力较低,与新型城市化的总体要求有一定差距。

第三,城乡发展差距较为明显。近年来,山东半岛城市群城乡发展差距总体趋于缩小,但从绝对数值上看,城乡区域发展不平衡现象仍然突出,济南和东营两市的城乡收入比仍然维持在2.7∶1以上的高位。位于重要轴带的县(市)发展水平明显好于其他地区,城乡区域统筹发展水平仍有待进一步提升。

第四,区域协调工作不够深入。区域协调机制不健全,各类规划缺乏有效衔接;环境共保、污染共治、设施共建、服务共享的协同协作框架尚不完善;资源要素大多依托行政等级配置;重大基础设施布局缺乏统筹;城市群内城市之间产业互补性不强、产业同构现象突出③。

二、区域空间治理

科学的、合理的组织机构能够为城市群空间治理提供组织保障,能够及时有效地解决在空间治理中遇到的各种问题,保证合作的有序性和持续性。目

① 王成新,李新华,王格芳,等.城市群竞争力评价实证研究:以山东半岛城市群为例[J].地域研究与开发,2012,31(5):50-54.
② 姚士谋,周春山,王德,等.中国城市群新论[M].北京:科学出版社,2016.
③ 仇保兴.关于山东半岛城市群发展战略的几个问题[J].规划师,2004(4):6-9.

前,山东半岛城市群空间治理,只有山东省成立的区域发展推进战略工作领导小组以及青岛和日照成立的日照市接轨青岛、融入半岛城市群工作领导小组,其他城市间的合作还缺乏制度化、规范化的合作组织机构,难以保证城市之间合作的常态化。同时,在城市群空间治理中,形成一定的合作机制能够保证政府间合作的持久性,结合山东半岛城市群空间治理情况,将其合作机制分为制度化合作机制、区域性发展规划以及政府间协议。因此,山东半岛城市群空间治理模式可以划分为以青岛、济南为龙头的"都市圈"合作模式和平级城市间合作模式①,实现城市合作内容多样化,并结合区域实际情况选择合作领域来提高合作的效益,进而促进山东半岛城市群区域资源的最优化配置。

在各城市的共同努力与探索下,山东省半岛城市群空间治理取得了明显效果,但与此同时,城市群治理过程中仍然存在组织机构缺位、政策工具残缺以及参与主体单一、跨政区合作常态化程度低等问题。在下一步山东半岛城市群空间治理中,首先,要健全合作机构,由碎片化走向整体化、完整化,为城市群空间治理提供组织保障;其次,完善城市群空间治理工具,从空白化、简单化转向精密化,健全法律制度建设,从非法治化转向法治化;再次,要扩大城市群空间治理的参与主体,从单一化转向多元化,使非政府组织、私人部门、社区公众共同参与到城市间的空间治理中,加强各领域合作的广度和深度;最后,要通过组织机构的建设以及合作机制的不断健全保证城市群空间治理的常态化。通过山东半岛城市群空间治理的有序进展,促进山东半岛城市群协调发展和区域经济可持续增长。

三、促进城市群一体化高质量发展的对策建议

针对山东半岛城市群发展面临的突出问题和挑战,重点从培育网络节点城市、强化基础设施建设、加快新旧动能转换和深化区域协同等方面提出对策,推

---

① 马学广,孙凯.山东沿海城市带地方政府跨政区合作研究[J].青岛科技大学学报(社会科学版),2015,31(3):7-13.

动城市群高质量发展。

（一）培育节点城市，构建以都市圈为支撑的空间体系

山东半岛城市群核心城市首位度较低，城市群各城市在人口、经济和文化发展方面的缓慢和低水平已经成为制约山东半岛城市群开放竞争水平进一步提升的短板①。应以济南、青岛为核心，协同周边城市，建设济南都市圈和青岛都市圈。完善都市圈内部轨道交通线网，提升水利、能源等基础设施共建共享水平，形成功能互补的基础设施体系。加快产业结构转型，发挥各自优势，加快信息技术产业、服务业和海洋创新产业发展，提升经济吸引力。建立健全都市圈协调机制，强化重要生态空间协同保护和污染协同治理。合理组织都市圈功能空间，构建横向错位发展、纵向分工合作的城镇发展格局，促进都市圈在统筹资源要素和参与区域竞争中发挥更加重要的作用。未来一段时期内，提升济南、青岛两大核心城市能级，增强辐射带动能力，构建以济南、青岛两大都市圈为支撑的空间体系，成为山东半岛城市群发展的当务之急。

（二）强化基础设施建设，推动城市群一体化网络化发展

快速交通的不完善导致城市群内外部交通网络不够成熟②，无法满足经济发展需求，这迫切要求强化设施建设，夯实城市群城乡区域一体化网络化发展支撑。首先，要加快完善城市群快速交通网络。积极推动跨区域高速通道建设，推进跨海通道前期工作，构建与周边城市群快速高效互联互通的交通网络，拓展城市群腹地。构建以高速（城际）铁路和高速公路为主，以普通国省道公路为辅的多种运输方式优势互补的现代交通体系，支撑城市群一体化发展。其次，要在统筹港口建设之下推动布局优化和功能提升，形成以青岛港为龙头的国际化现代化港口群，搭建服务全省、辐射黄河流域的国际航运服务中心和港口综合物流贸易平台，合理规划机场群建设，增强青岛机场、济南机场的辐射带

---

① 刘士林，刘新静.中国城市群发展报告2016［M］.上海：东方出版中心，2016.

② 山东省人民政府.山东省人民政府关于山东半岛城市群发展规划（2016—2030年）的批复［J］.山东省人民政府公报，2017（4）：127.

动作用,提升面向国际和国内主要中心城市的可达性。最后,要协同推进水利、能源、信息等跨区域重大基础设施建设,一是优化水资源配置格局,多角度推进水资源合理利用,二是统筹区域能源基地建设,完善外电、外气入鲁等能源储备运输网络,三是统筹推进"三网融合",加快建设智慧城市群,建设城市群信息共享平台,提升城市群公共服务设施配套水平。

(三)加快新旧动能转换,提升创新驱动和绿色发展水平

新型城市化的一个重要特征就是经济发展由主要依赖要素投入向依靠创新驱动转变[①]。山东半岛城市群已经进入城市化快速发展的中后期阶段,减缓重化工业主导的经济发展方式所带来的资源环境压力、加快推进新旧动能转换,提升创新驱动和绿色发展水平显得尤为重要[②]。一方面,发挥山东半岛城市群海洋科技优势和制造业基础优势,以创新为动力,培育壮大新一代信息技术、高端装备、新能源新材料、现代海洋、医养健康等新兴产业,引导产业结构转型升级,实现价值链向高水平跃升。加快产城融合发展,优化产业园区布局,促进产业发展与资源环境承载力相适应,将山东半岛城市群建成全国重要的先进制造业基地、高新技术产业基地,形成有较强国际竞争力的海洋经济聚集带。另一方面,应立足山东半岛城市群山水林田湖草自然生态特色和历史人文特质,将生态文明理念融入山东半岛城市群发展建设全进程。节约集约利用土地、水、能源等资源,强化环境保护和生态修复,减少对自然的干扰和损害,形成低环境冲击的城市群开发模式,共建宜居城市群。

(四)深化区域协同,增强城市群统筹协调发展能力

提升城市群协同协作水平,始终是城市群建设的重要内容。首先,区域协调在国内外有成熟先例。山东半岛城市群应依托优势地理区位条件,加快体制机制创新,推进城市群生态共保、设施共建、服务共享、市场共育。其次,依托现

代快速交通网络和信息网络,促进与其他城市群在功能定位、产业发展上合作共赢、错位发展,形成陆海、区域、城乡统筹发展格局。再次,合理优化城市群行政区划设置,从消除体制障碍和市场壁垒入手,促进人口、土地、资本等生产要素自由流动和优化配置,共同构建区域统一要素市场。最后,充分发挥区位优势,积极响应国家"一带一路"倡议,逐步形成以国内大循环为主体、国内国际双循环相互促进的山东半岛城市群区域社会经济发展新格局。

本章执笔:马学广(南开大学周恩来政府管理学院教授、博士生导师)

张　钊(中国海洋大学国际事务与公共管理学院硕士研究生)

参考文献:

[1] 贺可强,卢耀如,李关宾,等.山东半岛城市群地区地质资源与环境及其承载力综合分析与评价[M].济南:山东大学出版社,2009.

[2] 李玉江.城市群形成动力机制及综合竞争力提升研究:以山东半岛城市群为例[M].北京:科学出版社,2009.

[3] 牟胜举,曹荣林,魏宗财.山东半岛城镇空间演变研究[J].河南科学,2007(3):503-508.

[4] 王茂军.中国沿海典型省份城市体系演化过程分析:以山东为例[M].北京:科学出版社,2009.

[5] 徐海贤,韦胜,孙中亚,等.都市圈空间范围划定的方法体系研究[J].城乡规划,2019(4):87-93.

[6] 闫曼娇,马学广,娄成武.中国沿海城市带城市职能分工互补性比较研究[J].经济地理,2016,36(1):69-74,88.

[7] 马学广,闫曼娇.环渤海地区空间多中心测度及时空分异特征研究[J].地理与地理信息科学,2017,33(1):2,102-109.

[8] 马学广,李鲁奇.基于铁路客运流的环渤海城市空间联系及其网络结构[J].
经济地理,2017,37(5):66-73.

[9] 张岩,张人广.山东半岛城市群建设中承接日、韩产业转移的相关问题初探
[J].城市,2008(8):11-14.

[10] 王爱华,范振洪.山东与日本高新技术产业合作探析[J].东北亚论坛,
2009,18(6):36-41.

[11] 张哲.浅析中韩自贸区对山东省经济发展的影响[J].企业导报,2015(18):
121,123.

[12] 姚士谋,李青,武清华,等.我国城市群总体发展趋势与方向初探[J].地理
研究,2010,29(8):1345-1354.

[13] 方创琳,毛其智,倪鹏飞.中国城市群科学选择与分级发展的争鸣及探索
[J].地理学报,2015,70(4):515-527.

[14] 王成新,李新华,王格芳,等.城市群竞争力评价实证研究:以山东半岛城市
群为例[J].地域研究与开发,2012,31(5):50-54.

[15] 姚士谋,周春山,王德,等.中国城市群新论[M].北京:科学出版社,2016.

[16] 仇保兴.关于山东半岛城市群发展战略的几个问题[J].规划师,2004(4):
6-9.

[17] 马学广,孙凯.山东沿海城市带地方政府跨政区合作研究[J].青岛科技大
学学报(社会科学版),2015,31(3):7-13.

[18] 刘士林,刘新静.中国城市群发展报告2016[M].上海:东方出版中
心,2016.

[19] 任远.城市化的升级和新型城市化[J].城市规划学刊,2016(2):66-71.

[20] 刘兆德,陈素青.山东半岛城市群可持续发展研究[M].北京:科学出版
社,2010.

[21] 马学广,唐承辉.基于功能性联系的山东半岛城市群空间范围划定实证研

究[J].经济地理,2020,40(5):106-117.

[22] 国家发展改革委.国家发展改革委关于培育发展现代化都市圈的指导意见
[R/OL].(2019-02-21)[2021-03-10].中国政府网.

[23] 山东省人民政府.山东省人民政府关于山东半岛城市群发展规划(2016—
2030年)的批复[J].山东省人民政府公报,2017(4):127.

11

辽中南城市群

辽中南城市群是我国最早以工业化引致城市化而形成和发展的城市群。煤、铁、石油等资源丰富,交通便利、工业技术优良,铸成重化工业发展的良好条件,但是,资源枯竭、技术及设备陈旧,企业历史重负,生产结构老化,管理落后,不适应市场经济发展等,使辽中南城市群出现工业衰退。国家实施东北老工业基地振兴战略,促进资源型城市转型、产业升级、科技创新、优化布局,取得了一定效果。辽中南城市群的空间结构是"两圈一带多点",沈阳和大连是区域的核心,沿哈大交通线构成沈大发展轴,群内各城市致力于加强内外合作,已展现出区域一体化发展趋势。辽中南城市群是我国对接东北亚、沟通欧亚大陆桥的前沿地带,可建立东北亚国际次区域合作机制,通过合作提升经济实力,促进渤海大湾区的形成。

第一节 辽中南城市群的地理位置和发展特征

辽中南城市群位于我国东北地区辽宁中南部,处于东北亚的中心地带,其突出特征是全国最大的重工业基地,城市化水平较高,城市间联系紧密,经济发展水平较高但存在产业结构调整问题,基础设施水平较高但存在局部结构性问题,水资源短缺问题较为突出、生态环境压力较大。辽中南城市群将成为我国面向东北亚陆海双向开放的重要门户,引领东北老工业基地振兴发展,成为东北亚地区具有较强国际竞争力的重要城市群。

一、辽中南城市群的地理位置

辽中南城市群位于辽宁省中南部、东北地区的南部,主要由沿哈大交通线分布的城市组成。它南临黄海和渤海,既是环渤海地区的重要组成部分,也是东北地区的重要出海通道和对外开放的门户,具有连接南北对接东北亚的区位优势,在实施"一带一路"倡议、推进新型城市化和带动东北地区全面振兴中居于重要的地位(图11.1)。

图11.1　辽中南城市群的地理位置

辽中南城市群地处欧亚大陆东岸、中纬度地区,属于温带大陆性季风气候区。境内雨热同季,日照丰富,积温较高,冬长夏暖,春秋季短,四季分明。地势北高南低,从大陆向海洋倾斜,山地丘陵分列于东西两侧,向中部平原倾斜。地貌划分为三大区:东部山地丘陵区,属于长白山脉向西南的延伸部分;西部辽河流域以平原为主,由辽河及其30余条支流冲积而成,面积为3.7万平方千米,占全省面积的25%。平原广阔,海岸线长2 100千米。

辽中南城市群资源要素禀赋较好,其中矿产资源地域组合条件优越。铁矿、菱镁矿、滑石矿、煤矿、石油等资源在全国占据重要地位。西部平原土地开发难度较小、可利用水资源充沛,产业发展和城镇建设受自然条件限制和约束较小;东部丘陵是城市群的重要生态屏障;南部海上资源丰富,水产品种类繁多,近年来生态建设成效显著。青山、碧水、蓝天工程加快推进,辽河流域、大伙房水源保护区、大连市、本溪县被确定为国家生态文明先行示范区。

二、辽中南城市群的基本特征

辽中南城市群的突出特色在于其是全国最早以工业化引致城市化而逐渐形成的现代化城市群。

（一）我国最大的重工业基地

丰富的煤、铁、石油等资源，便利的交通和良好的工业基础成为重化工业发展的有利条件，而雄厚的科学技术力量和资本设备，成为装备原材料工业的发展动力。但是，由于多个资源型城市出现矿产资源枯竭，国有大企业历史包袱沉重，生产设备老化，不适应市场经济发展，辽中南城市群出现了发展衰退。国家从2003年开始实施东北振兴战略，经过解决老工业基地中的问题，初步取得了区域布局更新、产业结构转换、资源型城市转型发展和科技创新的经济振兴绩效。近几年，以辽中南城市群为主体的东北老工业基地，已经将大型水轮机组、大型风电机组、350千米高速动车组、高档数控机床等先进装备率先实现了国产化，其中高档数控机床产量占全国总产量的1/3①。

（二）我国城市化水平较高的区域

辽中南城市群2017年常住人口城市化水平达73.49%，比辽宁省平均水平高6个百分点，比全国同期平均水平高15个百分点。2019年，沈阳、大连、本溪、盘锦城市化水平均超过70%，除铁岭和鞍山城市化水平低于全国平均水平外，抚顺、营口、辽阳城市化水平均高于同期全国平均水平。辽中南城市群各市城市化水平自2000年以来，绝大多数呈上升状态，个别市有降低，主要是因为资源枯竭型城市——鞍山和抚顺的城镇人口向外流动，2019年城市化水平分别比2000年降低8.01%和2.18%。流出人口除了向省外的北、上、广、浙、苏流动

---

① 黄征学.促进辽中南城市群发展研究[J].经济研究参考,2014(33):32-43,84.

外,主要是向本省核心城市和沿海城市流动(表 11.1)。[①]

表 11.1　辽中南城市群各市 2000 年以来的城市化水平

单位:%

城市名称	2000 年城市化水平	2010 年城市化水平	2019 年城市化水平
沈阳	70.33	77.08	81.00
大连	63.37	74.42	78.30
鞍山	61.51	67.17	53.66
抚顺	71.51	71.65	69.33
本溪	68.29	69.34	70.90
营口	48.39	58.86	64.79
辽阳	51.33	55.90	62.41
铁岭	38.70	41.70	43.25
盘锦	58.22	65.96	73.19
辽中南城市群	60.70	67.83	73.10
辽宁	54.23	62.10	68.11
全国	36.50	49.68	60.60

资料来源:辽宁省各市相关年度的国民经济与社会发展统计公报。

(三)城市体系完整,群内各城市经济联系紧密

按 2014 年国家对城市规模的分类标准和市辖区人口,辽中南城市群拥有 1 个特大城市、1 个 Ⅰ 型大城市、3 个 Ⅱ 型大城市、5 个中等城市和 23 个小城市。其中小城镇各具特色,在国家公布的两批特色小镇名单中,有 10 个地处辽中南城市群,占辽宁省国家特色小镇总数的 76.9%。辽中南城市群内的各城市,基本都是因工业化而发展成的不同规模的城市(表 11.2)[②]。

---

① 吕怿南.辽中南城市群发展研究[J].经济研究导刊,2011(10):146-149.
② 王雅莉,张明斗.城市经济学[M].北京:中国财政经济出版社,2017.

表 11.2 辽中南城市群各城市规模等级

(2019 年)

规模等级		划分标准 (城区常住人口)	个数	城市
特大城市		500 万~1 000 万人	1	沈阳市
大城市	Ⅰ型大城市	300 万~500 万人	1	大连市
	Ⅱ型大城市	100 万~300 万人	3	鞍山市、抚顺市、盘锦市
中等城市		50 万~100 万人	5	营口市、本溪市、辽阳市、铁岭市、海城市
小城市	Ⅰ型小城市	20 万~50 万人	10	新民市、瓦房店市、庄河市、盖州市、大石桥市、昌图县城、调兵山市、开原市、法库县城、灯塔市
	Ⅱ型小城市	20 万人以下 (县城)	13	铁岭、康平、台安、岫岩、本溪、桓仁、辽阳、新宾、清原、西丰、盘山、抚顺、长海
镇	重点镇	2 万人以上 (镇区)	55	茨榆坨镇,杨士岗镇;张强镇,郝官屯镇;大孤家子镇,柏家沟镇;前当堡镇,大民屯镇。獐子岛镇;复州城镇,谢屯镇,老虎屯镇;安波镇;青堆镇,大郑镇。黄沙坨镇,高力房镇;偏岭镇;南台镇,腾鳌镇,牛庄镇。后安镇,救兵镇,永陵镇,南杂木镇,红透山镇,草市镇。草河口镇,田师傅镇,二棚甸子镇,华来镇。熊岳镇,九寨镇,双台镇,水源镇,高坎镇,汤池镇。刘二堡镇,寒岭镇,佟二堡镇。田家镇,新兴镇,唐家镇;高升镇,胡家镇。新台子镇,腰堡镇,郜家店镇;八面城镇,宝力镇,下二台镇;晓南镇,庆云堡镇,八宝镇,靠山镇
	特色镇 (这里仅列举10个特色镇,还有58个产业特色镇从略)		10	沈阳市:法库县十间房镇 大连市:瓦房店市谢屯镇、庄河市王家镇 鞍山市:海城市西柳镇 本溪市:桓仁县二棚甸子镇 营口市:鲅鱼圈区熊岳镇 辽阳市:弓长岭区汤河镇、灯塔市佟二堡镇 盘锦市:大洼区赵圈河镇、盘山县胡家镇

资料来源:2019 年辽中南城市群各市社会经济统计公报、《2020 年国务院政府工作报告》和 2018 年辽

宁省政府批复的《辽中南城市群发展规划》。

沈阳和大连作为规模最大的两个城市,与周边城市的联系十分密切。沈阳市在城市群发展中占据非常突出的中心地位。沈阳与鞍山、抚顺的经济联系强度最高,与本溪、铁岭的经济联系比较强,与营口、盘锦、大连也有一定强度的经济联系。大连与周边城市经济联系呈明显的等级特征,与沈阳的经济联系最强①。

(四)经济发展水平较高,但产业结构需要大力调整

辽中南城市群是全国最大的重工业基地,也是中国重要的商品粮生产基地和能源原材料基地。其第二、第三产业占比超过90%,以装备制造、汽车、能源、医药、电子信息等为主体的工业体系十分成熟,对外贸易、国际物流等服务业快速发展,开放型经济体系初步形成。科技创新力度加大,民营经济增加值比重较大。但是,多年形成的传统重化工业的经济技术结构没有得到根本性改变,存在传统产业多、新型产业少,资源依赖性产业多、高科技产业少,耗能产业多、清洁能源产业少的"三多三少"局面。产品结构不合理矛盾比较突出,高附加值产品比重低,而通用、中低档装备产品生产能力过剩。新兴产业和传统产业改造缓慢,高新技术产业规模偏小。企业关系以横向为主,技术含量较低,缺少知识要素部门的配合,产业发展后劲不足。资源型城市转型取得局部成效,需要大力培育支撑经济发展的接续产业②。

(五)基础设施水平较高,仍存在结构性问题

辽中南城市群基础设施配套水平较高,交通、通信、电力、燃气、给排水、垃圾和污水处理等基础设施不断完善,水资源、土地资源、农业基础、生态环境等支撑条件基本能够满足发展需要。交通基础设施齐全,已形成相对完善的立体交通网络体系。城市群内铁路密度居全国第四,仅次于京津沪。有沈阳桃仙国际机场、大连周水子国际机场、丹东浪头机场、鞍山机场4个民用航空机场,其

---

① 王丹丹,郭建科,王绍博.大连与周边城市经济联系强度比较研究[J].资源开发与市场,2015,31(11):1363-1366.

② 顾朝林.中国城镇体系:历史·现状·展望[M].北京:商务印书馆,1992.

中沈阳桃仙国际机场和大连周水子国际机场是中国一流标准的国际机场。以东北亚航运中心大连为前沿,以丹东、营口为两翼的大小商港 10 余处组成港口群,形成 V 字形的国际海洋运输线。以高速和国、省道为骨架的公路干线四通八达,在全国率先实现了全部省辖市用高速公路连接。以大口径输油管道为主体的辽中南城市群内全长 1 400 千米输油管线,含有铁岭站、抚顺和大连输油终端,为中国原油管道勘察设计、工程建设和运行管理奠定了基础。大伙房水库输水一、二期工程建成通水,红沿河核电一期工程等一批重大能源项目竣工投产,城镇综合承载能力不断提高。但是基础设施综合实力仍存在结构性问题。交通基础设施结构方面,城市间还缺乏便捷快速的轨道交通,大多以高速公路相连。港口集疏运系统存在运能与运量间的矛盾,大连枢纽港作用没有得到充分发挥,虽然货物吞吐量位居全国第七,但附加值含量高的集装箱运量不足。各城市的智慧城市基础设施建设尚显不足。

第二节　辽中南城市群的空间结构

沈阳、大连双核作用通过交通等经济要素连接而形成轴向空间,其余地级市和小城镇围绕这个轴向构成城市群的节点城市。沈阳都市圈在这个发展轴的中心位置,大连都市圈由 V 字形海岸带对沈大轴向形成半包围趋势,多个城市和小城镇布局其中,构成了"两圈一带多点"的联系紧密、功能互补的一体化城市群。

一、沈阳及沈阳都市圈

沈阳市是辽宁省省会、副省级市,东北地区的政治、经济、文化中心和交通枢纽中心。沈阳市下辖 10 个区、2 个县,代管 1 个县级市,总面积 12 948 平方千米,城市建成区面积 560 平方千米。截至 2019 年,常住人口 832.2 万人,城市化水平81%。作为国家历史文化名城,沈阳素有"千年古都"之称。中华人民共和国成立后,沈阳成为中国以装备制造业为主的重工业基地,被誉为"共和国装备部",有着"共和国长子"和"东方鲁尔"的美誉。2019年,地区生产总值为6 470.3亿元,一般公共预算收入 730.3 亿元。

沈阳都市圈以沈阳为核心,半径100千米范围内涵盖沈阳、鞍山、抚顺、本溪、营口、阜新、辽阳、铁岭 8 个省辖市,土地面积 7.5 万平方千米,总人口 2 359万人,城市化水平 65%。按照新型工业化"科技含量高、经济效益好、资源消耗低、环境污染少、人力资源得到充分发挥"的要求,将实现五大发展目标:第一,国家新型产业基地重要增长区。建设具有较高国际竞争力的先进装备制造业基地、高加工度原材料工业基地和全国重要的技术研发、转化、创新基地。第二,老工业基地体制机制创新的先导区。针对老工业基地振兴发展中的深层次矛盾和问题,先行先试、率先突破,形成较为完善的综合配套改革政策体系。第三,资源型城市经济转型示范区。针对资源型城市的经济转型方向,大力扶持接续替代产业,培植多元化产业结构。第四,以新型工业化带动现代农业发展的先行区。形成以工促农,以城带乡长效机制,构建城乡经济社会发展一体化发展新格局。第五,节约资源、保护环境、和谐发展的生态文明区。依据高质量发展的要求,节约资源利用,构成循环经济体系,实现资源和生态环境的可持续利用①②。

二、大连及大连都市圈

大连是辽宁省副省级城市、国家计划单列市。全市下辖 7 个区、1 个县,代管 2 个县级市,土地面积 12 573.85 平方千米,其中市区 2 414.96 平方千米。全市海岸线长 2 211 千米,其中大陆岸线长 1 371 千米,岛屿岸线长 840 千米。截至 2019 年,大连城区人口 428.54 万人,城市化水平 72%。大连地处亚欧大陆的

① 王晓玲.辽中南城市群的空间和规模分布[J].青岛科技大学学报(社会科学版),2013,29(3):5-10.
② 李红,张平宇.辽中城市群一体化发展构想:基于新功能主义的视角[J].城市问题,2009(12):23-26.

东岸,辽东半岛南端,黄渤海交界处,与山东半岛隔海相望,是重要的港口、贸易、工业、旅游城市。市域内有河流 200 余条,水资源补给来源主要为大气降水,淡水资源紧张。大连市矿产及生物资源比较丰富,已发现的矿种有 56 种,生物 5 788 种,1953 年 3 月,改中央直辖市,1985 年实行中央计划单列。2019 年,地区生产总值为 7 001.7 亿元,一般公共预算收入 686.4 亿元。从产业来看,大连以航运、金融、贸易、旅游、工业为主,重点发展软件、电子信息、临海装备(含造船)、石化钢铁等产业。大连以主城区、金普新区、瓦房店、庄河为核心,促进主城区人口疏解、产业用地优化、功能布局调整,实现高端服务职能的有序集聚;金普新区在承接主城区产业转移的同时,积极承接东北亚产业转移,通过产业先行实现"产城共融",成为现代生产职能新增长和面向东北亚开放合作的战略高地①。

大连都市圈是以大连为核心,以金普新区、中国(辽宁)自贸区(大连片区和营口片区)为新增长极,以建设自由贸易港为引擎,以港口整合为契机,整合辽宁沿海城市(镇)的海洋经济功能,形成的服务辽宁、辐射东北、影响东北亚的"港口经济圈"。大连都市圈最重要的经济功能是形成国际航运中心的港口群和临港工商业的产业集群。

建设东北亚国际航运中心,取得公认的国际航运中心枢纽地位,是一个功能性综合概念。东北亚国际航运中心是在港口群建设基础上,融发达航运市场、丰沛物流、众多航线航班于一体,集散功能、产业承接转移功能和城市综合服务功能突出,具有国际贸易中心、物流中心、金融结算中心和航运服务中心作用的国际航运枢纽。大连位于环渤海经济圈和东北经济带的交会处,有面向世界最便捷的海上门户,不冻良港加上便捷的航空与陆路交通,使其能够在东北亚经济交流中起到枢纽作用。目前大连东北亚国际航运中心港内已有铁路专线 150 余千米,仓库 30 余万平方米,货物堆场 180 万平方米,各类装卸机械千余

① 王丹丹,郭建科,王绍博.大连与周边城市经济联系强度比较研究[J].资源开发与市场,2015,31(11):1363-1366.

台;拥有集装箱、原油、成品油、粮食、煤炭、散矿、化工产品,客货滚装等 200 个生产性泊位,其中万吨级以上泊位 78 个。港口通过能力 5 亿吨,集装箱通过能力 1 000 万 TEU,初步形成布局合理、层次分明、分工明确的现代化、专业化、集约化港口集群。以大连港为核心,已经形成辽宁沿海港口群,是参与东北亚海洋经济竞争与合作的雄厚物质基础。

以大连为核心沿渤海翼和黄海翼展开的 V 字形沿海城镇带,遵循原材料产地工业和依赖水运的工业向临港地区转移的世界趋势,逐渐形成了四大临港工商业产业集群。一是需要依靠船舶运输原材料和产成品的工业,诸如钢铁、石化、汽车、发电及输变电设备等原材料和装备工业。二是依靠港口深水条件并服务于航运业的工业,诸如造船、修船、海洋工程设备、港口工程等制造业和建筑业。三是依赖海洋资源形成的加工业,包括依赖海底资源的海洋石油、海底矿产采掘业,依赖渔业资源的水产品加工等食品加工业,依赖海水的海水化工业,以及利用海风、海浪、海潮能量的能源工业等。四是为临港工业服务的第三产业,包括物流、金融(结算)、信息、技术、劳务、地产、娱乐、商务等临港服务业。

三、主要城市

辽中南城市群除沈阳、大连两大都市之外,还有鞍山、本溪、辽阳、抚顺、营口、盘锦、铁岭等节点城市,有的在都市圈内,有的在都市圈外。

(一)鞍山

鞍山是辽宁第三大城市,因市区南部一座形似马鞍的山峰而得名,是沈大黄金经济带的重要支点,下辖 4 个区、1 个县、1 个县级市和 1 个自治县,截至 2019 年,土地面积 9 252.35 平方千米,市区面积 792 平方千米,常住人口 359.8 万人,城镇人口 259.99 万人,地区生产总值接近 1 800 亿元。

鞍山是我国著名的钢铁生产基地,已探明的矿产资源有铁矿、菱镁矿、滑石、玉石、大理石、石灰石、花岗岩、硼等 35 种,其中铁矿资源最为丰富。鞍山钢铁集团公司坐落于鞍山,不仅是重要的铁路用钢、无缝钢管、特殊钢等生产基地,还是世界最大的产钒企业、我国最大的钛原料和钛白粉生产基地,名列世界500强。依据鞍钢强大的钢铁产业功能,鞍山被誉为"共和国钢都""中国钢铁工业摇篮"。鞍山还是辽宁中南部商贸物流中心,西柳服装市场是全国三大服装批发市场之一,年交易额200亿元;南台箱包市场是中国北方最大的箱包交易市场,年交易额30亿元。

(二)抚顺

抚顺是有2 000余年历史的古城。1384年,明成祖朱棣谕赐"抚绥边疆,顺导夷民",由此得"抚顺"一名。截至2019年,抚顺下辖4个区、3个县,土地面积11 271平方千米,人口210.7万人。抚顺是多民族居住地区,满族文化浓郁。作为重要的工业基地,已探明的矿产有52种,已开发26种,优势矿产18种。初步形成煤炭、铜、锌、金、铁、菱镁矿等矿业开采格局。抚顺曾有"煤都"之称,煤炭资源趋于枯竭后支柱产业转向石油化工,成为中国重要的能源、原材料生产基地,是最大的成品油、石蜡、润滑油生产基地和著名的精细化工、催化剂生产基地。抚顺木材蓄积量位列辽宁省第一位,是辽宁首位木材生产基地,中国东北地区最大的食用菌、山野菜、中药材生产基地。

(三)本溪

本溪位于辽宁省东南部,是汉族、满族、回族、朝鲜族、蒙古族等26个民族杂居之地。交通便利,地理位置优越。矿藏丰富,已发现铁、铜、锌、石膏、大理石等矿产八大类、45种,被誉为"地质博物馆",素有"中国钢都""中国药都""中国枫叶之都""中国辽砚之都"之称。本溪呈哑铃形,境内多山地。境内有大小河流200余条,有辽中南城市群重要的水源涵养林区和辽东天然次生林区,被称为辽东的"绿色屏障"。

本溪是著名的工业城市,拥有世界上储量最大的大台沟铁矿。辽宁最大省属企业——本溪钢铁(集团)有限责任公司年产值、纳税额约占全市的50%,它集采矿、选矿、烧结、焦化、炼铁、炼钢、轧钢、动力、运输、科研、机械加工制造、房地产开发等产业于一体。近年来,钢铁新材料企业相继落户本溪产业园区,正在建设具备完整钢铁深加工产业链的绿色钢城。本溪作为新兴生物医药产业基地,有大量医药产业项目和药物临床前研究等省级公共服务平台,"中国药都"已成为本溪产业转型升级的重要引擎。

(四)营口

营口是龙文化积淀深厚的千年古城,多民族聚居。土地面积 5 402 平方千米,人口 245 万人,全市下辖 2 个县级市、4 个区。经济总量稳居辽宁省第 4 位。近年来,作为东北腹地最近的出海口,且处于国家"一带一路"蒙俄经济走廊的出海位置,营口被批准为辽宁自贸试验区"一区三片"组成部分,并有 6 个重点产业园区。营口港已发展到 4 个港区,与 50 多个国家和地区的 150 多个港口通航,海铁联运总量居全国第一。沈大高速公路、哈大铁路和哈大高铁纵贯全境,营口机场也已开通上海等多条航线。海、陆、空齐备的立体化交通网络,降低了物流成本,促进了物流、人流的集聚。

(五)辽阳

辽阳古称襄平、辽东城,有 2 400 多年历史。公元前 3 世纪—公元 17 世纪前期,辽阳为中国东北地区的政治、经济、文化中心和交通枢纽、军事重镇。目前,辽阳下辖 5 个区、1 个县、1 个县级市,土地面积 4 743 平方千米,建成区面积139.5 平方千米,常住人口 183.1 万人,城镇人口 114.27 万人,城市化水平62.41%,已发展为以石化产业为主的现代工业城市。辽阳市场经济活跃,民营经济总量占全市的 60%以上,营商环境好。

(六)铁岭

铁岭土地面积 1.3 万平方千米,耕地面积 800 余万亩,总人口 291.6 万人,素有"辽北粮仓"之称,是煤电能源之城、小品艺术和体育冠军之乡。铁岭交通十分方便,有 5 条铁路纵横交错,依托沈阳经济区和沈铁工业走廊,是装备制造与专用车生产基地、新型能源基地、优质农产品生产加工基地、商贸物流基地、金融后台服务基地和职业教育基地,被誉为"新兴能源之城"。

（七）盘锦

盘锦是一座缘油而建、因油而兴的石化之城,1984 年 6 月建市,土地面积4 103平方千米,总人口 140 多万人,下辖 2 个县、2 个区。全市地区生产总值约1 300 亿元。盘锦石油、天然气、井盐等矿产资源丰富,是全国最大的稠油和道路沥青生产基地、东北地区最大的防水卷材和化肥生产基地。

第三节　辽中南城市群的发展趋势

近些年因资源枯竭、企业和设备老化,辽中南城市群出现了工业衰退的现象,同时也出现了产业结构高度化不够、环境容量压力较大、要素流通不畅、人才流失严重等问题。为此,辽中南城市群进行了深入的产业结构调整和空间结构调整。

一、辽中南城市群存在的问题

目前,辽中南城市群尚未完全摆脱老工业基地资源和结构老化带来的各种问题,从发展看,需要精准认识所存问题及其原因以有效应对。

（一）城市群发展质量不高,城市之间存在分治现象

辽中南城市群与国内其他城市群相比,从人均地区生产总值、地均地区生产总值等反映效率和效益的指标来看具有一定优势,但是在人口、要素集聚等发展动力的指标上,与长三角、珠三角城市群有较大差距。2015 年,辽中南城市群人口、地区生产总值占东北三省的比重为 26.29% 和 41.96%,较 2010 年分别下降0.08个百分点和 4.56 个百分点;地区生产总值占全国的比重为 3.54%,较

2010年下降1个百分点。比较突出的是:制造业附加值不高,高技术和服务类经济发展相对滞后,亟须营造高品质的城市创业、居住和商务环境①。

城市群发展质量不高,与长期形成的行政壁垒、地方保护和市场分割有密切关系,产业分工、空间布局、信息资源和其他要素调配不能适应结构和生产力发展的要求。辽中南城市群的自然资源和经济关系,存在十分紧密的产业集聚要求,却一直缺乏相适应的运行体制。因此,应打破行政界线,统一规划,强化沈阳、大连两核心的区域协同,构建一体化的跨区治理机制,以形成聚合辐射力;地、县级城市围绕沈大两核心,形成多圈层、点轴式的城市群一体化区域治理模式,这对辽中南城市群十分必要。

(二)产业集群规模不大,产业结构高度化不够

首先,辽中南城市群过去在国家重视行业规划的情况下,从全国一盘棋出发布局产业,后来形成了从辽宁本地来看的"品"字形产业结构。这种类似"孤岛"的产业关联度很低,且大都是投资大、长周期的重化工业,转型调整十分困难,产业链不可能在短期内建立起来。比如有色金属产业,它自身产业链条从有色金属矿产资源开始,横向排列着采选业、冶炼业和加工业三个序列,每一个序列在纵向上又向其他产业提出需求,可是这些都不能在辽中南城市群本区内实现。形成鲜明对照的是:在珠江三角洲,有全国最大的计算机生产基地,能够在100千米范围内,采购到90%以上的零部件。在高度专业分工的基础上,区域内形成配套体系成为产业集聚最重要的优势。此外,辽中南城市群产业的上游性、原料性和粗加工性与珠三角、长三角地区产业的下游性、终端性和精加工性相比较,其附加值较低,产业链较短,也造成产业调整的困难。由此,辽中南城市群的产业集群规模不大,水平不高②。

其次,辽中南城市群技术进步步伐不够快,产业结构仍停留在钢铁、化工等

---

① 赵映慧,修春亮,姜博.辽中南城市群、哈大齐城市群、吉林中部城市群经济发展比较[J].城市发展研究,2010,17(5):12-14,85.
② 王雅莉.环渤海经济区发展的战略思考[J].城市,2007(8):3-8.

原材料加工等资源密集型产业和装备、交通运输设备、电子通信设备等附加值较低、资本密集度较高的制造业上。这些产业强烈的资产专用性和巨额沉淀成本,使产业路径依赖很高,增加了转型难度。因此辽中南城市群产业结构高度化不够①。

(三)环境压力较大,资源短缺和综合利用效率有待提升

辽中南城市群跨流域污染和冬季大气污染问题较为突出,生态治理任务艰巨。一些地区环境容量相对不足,局部主要污染物排放超过环境承载力。工业和城市密集地区污染物排放量接近或者超过环境容量标准,整体环境质量不容乐观。

作为国家老工业基地,辽中南城市群的国土开发强度已经较高,扣除必须保护的耕地和已有建设用地,今后可用于工业化、城市化开发的建设用地后备资源相对不足。矿产资源日益减少,亟须产业转型。建成区面积高于城镇人口的增长速度,部分地区过度推进新城新区建设,致使土地利用较为粗放,土地闲置问题较为严重。

(四)要素流通不畅,人才流失严重

要素流通是指土地、劳动力、资本、技术和信息等在一定区域内多级分层空间中的配置和扩展。辽中南城市群各城市因区位和发展水平不同,要素存量和增量差异较大,城市间的要素流动和互补显得非常重要。但是目前仍然存在要素市场化配置范围相对有限、要素流通体制机制障碍、要素价格形成机制不健全等不利于要素顺畅流动的现象。土地管理灵活性不足,土地要素市场尚不健全,有碍于城乡融合发展;劳务要素市场不畅,落户和职称评审渠道不甚畅通,不利于劳动力和人才在城市间的流动;资本市场活跃度不足,仍然存在一些不适应发展的行政管制;技术市场的产权制度亟待改革完善,疏通科技成果转化渠道。要素市场最突出的不利表现就是辽中南城市群人才大量流失。沈阳、大

---

① 马延吉.辽中南城市群产业集聚发展与格局[J].经济地理,2010,30(8):1294-1298.

连原有的大量技术人才"孔雀东南飞",流向深、沪、穗、京、杭等发达城市,而辽宁省各地级市的人才流向大连、沈阳补空,致使各地级市人才大量流失牵引到人口大量流失。以鞍山为例,2010 年总人口 364 万人,2017 年总人口降为 344 万人,扣除本地 7 年新出生总人口 20 万余人,流失的人口达 40 万余人,年均流失近 6 万人,每年流失人口约占总人口的 14.7%。[①]

二、辽中南城市群产业结构调整

促进产业创新发展,以科技创新推动传统产业转型升级,构建现代产业集群体系,提升产业结构高度化,完善产业创新平台,是重塑辽中南城市群产业竞争优势的基本任务。

(一)构建现代产业体系

引导制造业向效益提升、分工细化、协作紧密方向发展。要增强现代服务业对制造业升级的支撑作用,促进互联网广泛应用,培育经济增长新动能。第一,推进装备制造业提档升级,包括研制高档数控机床及智能化制造生产线,建设智能装备与机器人制造及检测评定中心,提升汽车及零部件、船舶和海洋工程装备、航空航天装备、轨道交通装备以及重大成套装备的成套化水平和市场化水平。第二,调整和优化原材料产业,依托优势资源延伸产业链,提高资源精深加工比重,严控高耗能产能和过剩产能。第三,冶金工业重点发展高速铁路用钢、高强度轿车用钢、高档电力用钢等关键钢材品种和高端钢材产品,引导有色金属产业向新型合金、新型功能材料等精深加工环节延伸,大力发展大型高性能铝合金材料、高强高导新型钢带合金材料等精深加工产品。第四,建材工业要推广城市生活垃圾和工业废弃物新技术生产线,发展太阳能、超薄基板玻璃和高性能玻璃纤维、无铬耐火材料、玄武岩纤维等具有节能环保、保温隔热、

---

① 苏飞,张平宇.辽中南城市群人口分布的时空演变特征[J].地理科学进展,2010,29(1):96-102.

隔音、防水等功能的新型墙体材料和装饰装修材料。①

（二）积极发展新兴产业和新型业态

发展新一代信息技术、生物医学、节能环保、新能源、新材料、新能源汽车等战略性新兴产业，是辽中南城市群产业转型的基本目标。促进社会各类资源集聚在产业转型，使之成为城市群经济增长的新支柱。一要推进工业软件、高性能集成电路、IC装备、下一代互联网、数字视听、下一代通信网络与设备、云计算与大数据、物联网、卫星导航与位置服务等产业的规模化、产业化。二要加快发展彩色超声诊断、磁共振成像等生物医学产业，推进基因工程药物、新型疫苗等创新药物，推进血管支架、新型诊断试剂及生物芯片等产品的市场化产业化。同时积极开发生物农药、生物肥料、全降解农用薄膜、生物基高分子材料。三要鼓励开发并网电站及分布式光伏电站应用等新能源产业，重点支持新型太阳能电池组产品产业化，推进大功率光伏并网逆变器、储能电池及系统的开发及应用，支持油页岩开发综合利用技术。四要重点发展高性能玻璃纤维及制品、高品质人工晶体材料、特种合成橡胶、氟材料、膜材料等新材料产业；推进高端模具钢、高性能轴承钢等关键冶金基础新材料的开发与应用；积极发展新型墙体材料和装饰装修材料产品，大力发展化工新材料和高端专用化学品。五要推进动力电池技术创新，加强新能源汽车关键零部件研发，重点支持纯电动汽车、插电式（含增程式）混合动力汽车等新能源汽车设计制造。六要在节能环保产业方面，重点发展余热余压利用、电机能效提升、能量系统优化、水体污染防治、大气污染治理、固废资源化、特有资源综合开发利用、噪声与振动控制等技术装备与环保材料、药剂，推广激光修复再制造技术。在推进新兴产业发展中，各市要认真评估本地资源优势，积极发展本地特色产业，并以新的产业组织形式，如互联网、电子商务、供应链物流等新型业态，将不同城市的不同产业联结成整个城市群的特色产业集群。

---

① 马延吉.辽中南城市群产业集聚发展与格局[J].经济地理,2010,30(8):1294-1298.

（三）增强工业轻型化，增大消费品生产规模

辽中南城市群的轻工业属于欠发达的短板，目前群内各地企业，正在省、市政府政策引导下，将轻工短板拉长，出现了一批初具竞争力的轻工消费品。第一，农产品加工业正在深度开发绿色食品、有机食品、营养强化食品、营养搭配合理的新型产品，促进规模化、产业化、特色化、精细化和绿色化。同时，通过增强创新能力，加快调整产品结构，盘活现有产能，延伸产业链条，打造农产品精深加工、现代中药等特色产业集群。第二，积极发展高档复合非织造布、高技术功能性过滤等新型材料，使传统纺织服装加工业得到改造提升。第三，重点开发高阻隔性、多功能性的软塑材料，提升农产品保鲜包装技术水平，使纸及纸制品成为环保型产品。第四，大力发展满足市场需求的日用化工产品，发展家具、陶瓷、泳装、袜业、旅游用品等轻工业，提升辽中南城市群轻工业的竞争力。

（四）促进服务业优质高效发展

无论是生活性服务业还是生产性服务业，在辽中南城市群都比较薄弱。因此要大力发展服务业，实现其优质高效发展。一是促进生产性服务业专业化。以工业转型需求为导向，推动生产性服务业细化专业分工、提高创新能力、增强服务功能，向价值链高端延伸，促进产业高级化。二是推动制造业服务化转型。鼓励工业企业发展产品研发设计、系统总承包、整体解决方案设计等高端服务和远程维护、质量诊断等在线增值服务，实现从生产制造型向生产服务型转变。三是提升生活性服务业品质。以改革创新增加生活性服务业有效供给，推进传统商贸服务业转型升级，培育旅游、养老、文化、体育等新消费增长点，并向精细化、高品质消费转变。商贸服务业要推进城市大型综合体差异化发展，引导商贸、餐饮、住宿等传统商业企业"线上线下"融合，推广大众化餐饮、连锁等现代经营方式。旅游业要强化旅游基础设施建设，大力发展生态、工业文化和滨海旅游，打造精品旅游线路和特色旅游品牌，积极拓展旅游市场，促进旅游消费升级。养老产业要加强敬老院、康复中心、社区托老所等养老设施建设，鼓励社会

资本兴办养老服务机构。文化产业要积极发展地域特色文化,鼓励发展网络视听、移动多媒体等新兴产业,推进文化业态创新,扩大和引导文化消费。体育产业要积极通过体育竞赛和表演市场,发展体育用品、体育中介和场馆运营等服务,促进体育传媒等体育衍生品新型业态发展。

三、辽中南城市群空间布局调整

辽中南城市群较长时期表现为沈阳和大连两个核心城市突出发展而其他城市相对落后的局面。沈阳和大连长期以来各自独立发展,没有形成区域合力,丢失了城市互补互促的聚合发展效应;与此同时,沈阳和大连在各自发展中,没有关注周边其他城市的发展要求。党的十八大、十九大以来,辽宁省政府发现了这些问题,于 2018 年批准实施《辽中南城市群发展规划》,从城市群聚合角度对空间布局进行调整,使辽中南城市群展现出一个新的空间结构。

在沈大轴线上,北从昌图起,南到旅顺,约为 500 千米长,轴线两侧 50 千米左右的区域内分布着 31 个各级别的城市,各城市间平均距离约为 30 千米,明显地表现出轴线和网络特征,形成辽中南城市群都市圈同城化、沿海城市协同化、节点城市错位化和小城镇卫星化的空间结构演变趋势。

第四节　关于加强城市群内外合作的建议

全面提升辽中南城市群的城市化水平,必须通过城市群内外全方位的合作,这需要建设和完善区域内系统性的矩阵网络式互动机制。城市群的一体化包括市场一体化、交通一体化、社会一体化等。辽中南城市群在通过合理安排城市之间的分工与合作推进一体化发展的同时,还需要与山东半岛和京津冀合作,加强与东北亚国际次区域的合作。

一、城市之间的分工与合作

首先,沈阳和大连要由过去的竞争转向合作。深化沈大合作交流,要坚持陆海联动,依托四通八达的海陆空立体交通网,建立"海港+空港+路港"多港联动的物流贸易和经贸交流大通道,让"沈大经济走廊"活跃起来,不断提高经济集聚度和区域连接性,共同带动整个城市群构筑面向东北亚开放合作的新"高地"。其次是不同圈层城市之间的合作。沈阳都市圈签署了9项区域一体化发展合作协议,涉及信用、土地、旅游、教育、金融、环保、债券融资、通信、公交等领域。这些协议突出了资源要素共享和公共服务均等化,标志着8个城市向着更宽领域、更高层次和更大空间的合作迈进。大连与沿海各城市加快了一体化进程,是以全面建成"产业结构优化先导区和经济社会发展先行区"为引领,面向渤海和黄海两翼落实"东北亚国际航运中心、国际物流中心、区域性金融中心"的建设要求,在整个沿海区域内打造"开放创新之都、浪漫海湾名城"。最后是各地级市的卫星城依托产业链与其他城市形成合作关系,推动特色产业不断做大,努力形成科学合理、富有竞争力的区域产业协作体系①②。

二、与山东半岛和京津冀城市群的合作

辽中南城市群与山东半岛城市群的关系主要是通过海运建立起来的。在不远的未来,旅顺到烟台的海底隧道打通之后,火车、汽车等快速交通将会极大地增强二者的联系密度。目前,山东半岛城市群的经济实力强于辽中南城市群,但辽中南城市群的城市间经济联系程度和中心性特征明显强于山东半岛城市群③。过去二者的联系和交流较弱,市场开放程度小,区域合作水平低。环渤

---

① 李崇峰.辽中南城市群城市功能定位研究:基于区域协调发展的视角[M].沈阳:东北大学出版社,2017.
② 唐勇,王祖强.城市群一体化协调模式与合作机制:以长三角城市群为例[J].当代经济,2011(17):10-11.
③ 翟涛.山东半岛与辽中南城市群经济联系强度比较[J].合作经济与科技,2016(10):8-11.

海地区要实现一体化发展,山东和辽东两大半岛应建设环渤海铁路和公路通道,构筑一体化的交通体系;建设渤海海峡跨海通道,打通辽宁和东北南下的快速通道,加快辽中南城市群融入环渤海经济圈的进程。同时,与山东半岛形成紧密联系的高水平空间经济网络,再通过交通经济、通信经济、电商经济和物流经济的贯通交流,促进两个半岛城市群次区域大市场的形成,以大大提升环渤海的社会经济效率。

辽中南城市群与京津冀城市群合作,要先融入京津冀协同发展的强力影响中,即要参与推进渤海湾大湾区协同发展。京津冀协同发展与未来渤海湾大湾区经济发展有着本质必然的联系,环渤海湾大湾区将成为未来中国的重要战略引擎之一。辽中南城市群作为渤海大湾区建设的重点区域之一,应主动与京津冀实现多种合作。

三、东北亚国际次区域合作

东北亚国际次区域合作包括中国、俄罗斯、日本、韩国、朝鲜和蒙古国六个国家的合作,因地缘政治的复杂性,推进起来困难很大。辽中南城市群应主动参与东北亚国际次区域合作[1],即与相邻国家、相邻地区的合作。辽中南城市群与日韩产业具有梯阶序列性关系,与俄罗斯远东地区产业具有互补性关系,与朝鲜和蒙古的产业具有转移性和扩散性关系,与太平洋沿岸国家的产业具有协调性关系。因此,可以广泛开展国际次区域合作。辽中南城市群作为全国最大的综合性重工业基地,东北和内蒙古东部经济、交通、文化和信息中心,拥有东北地区最大的港口城市和对外贸易口岸及出海大通道,是我国对接东北亚、沟通欧亚大陆桥的前沿地带。建立和形成促进国际次区域合作的机制,建立国际次区域合作的平台很有必要。应进一步调整和完善区域合作机制,搭建更为广

---

① 肖金成.促进国际次区域合作 加快边境地区发展[J].宏观经济管理,2012(10):11-13.

阔的合作平台。同时,注意完善利益协调机制,解决合作中出现的矛盾和问题,达到互利共赢。

本章执笔:王雅莉(东北财经大学国民经济管理研究所所长、教授、博士生导师)

参考文献:

[1] 黄征学.促进辽中南城市群发展研究[J].经济研究参考,2014(33):32-43,84.

[2] 王丹丹,郭建科,王绍博.大连与周边城市经济联系强度比较研究[J].资源开发与市场,2015,31(11):1363-1366.

[3] 王晓玲.辽中南城市群的空间和规模分布[J].青岛科技大学学报(社会科学版),2013,29(3):5-10.

[4] 李崇峰.辽中南城市群城市功能定位研究:基于区域协调发展的视角[M].沈阳:东北大学出版社,2017.

[5] 李红,张平宇.辽中城市群一体化发展构想:基于新功能主义的视角[J].城市问题,2009(12):23-26.

[6] 唐勇,王祖强.城市群一体化协调模式与合作机制:以长三角城市群为例[J].当代经济,2011(17):10-11.

[7] 翟涛.山东半岛与辽中南城市群经济联系强度比较[J].合作经济与科技,2016(10):8-11.

[8] 刘良忠,柳新华,徐清照.环渤海区域经济一体化发展创新模式:山东和辽东半岛次区域优先发展带动战略探讨[J].兰州商学院学报,2009,25(4):43-50.

[9] 肖金成.促进国际次区域合作 加快边境地区发展[J].宏观经济管理,2012(10):11-13.

［10］马延吉.辽中南城市群产业集聚发展与格局［J］.经济地理,2010,30(8)：1294-1298.

［11］公安部治安管理局.中华人民共和国全国分县市人口统计资料(2010年)［M］.北京:群众出版社,2011.

［12］吕怿南.辽中南城市群发展研究［J］.经济研究导刊,2011(10):146-149.

［13］苏飞,张平宇.辽中南城市群人口分布的时空演变特征［J］.地理科学进展,2010,29(1):96-102.

［14］顾朝林.中国城镇体系:历史·现状·展望［M］.北京:商务印书馆,1992.

［15］王雅莉,张明斗.城市经济学［M］.北京:中国财政经济出版社,2017.

［16］王雅莉.环渤海经济区发展的战略思考［J］.城市,2007(8):3-8.

［17］赵映慧,修春亮,姜博.辽中南城市群、哈大齐城市群、吉林中部城市群经济发展比较［J］.城市发展研究,2010,17(5):12-14,85.

12

海峡西岸城市群

依托海峡西岸经济区的规划和建设,海峡西岸城市群逐渐形成为具有较大影响和较好前景的城市群。一方面,海峡西岸城市群区位和政策的优势较为明显,另一方面,经济总量、居民收入、产业结构和投资环境等经济社会因素也在逐年改善。目前已形成了以福州为核心的福州都市圈和以厦门为核心的厦门都市圈;与中国台湾地区的经贸联系和合作是海峡西岸城市群的突出特点,不仅取得了丰硕的成果,而且为构建海峡经济区打下了良好的基础。虽然面临诸多挑战和问题,但通过促进城市群产业链和创新链融合发展以及推进公共服务一体化等举措,可以有效提升海峡西岸城市群的竞争力。

第一节　海峡西岸城市群概况

海峡西岸城市群位于我国东南沿海地区,东临台湾海峡,西接我国广大的内陆腹地,南北分别与珠三角和长三角两大城市群相接。海峡西岸城市群的发展有利于完善国家区域发展格局,促进海峡两岸交流合作和共同繁荣,推动福建实现高质量、跨越式发展。

一、海峡西岸城市群的优势地位

海峡西岸城市群具有显著的区位优势,位于我国东南沿海,与台湾隔海相邻,是海峡两岸交流的前沿,地处长三角和珠三角城市群之间,对于承南启北、贯通东西起着极为重要的纽带作用。

海峡西岸城市群的发展具有良好的历史基础,是我国古代海上丝绸之路的重要起点和发祥地,也是我国改革开放后实施沿海经济优先发展的重要推动力量。1980年10月,根据邓小平的建议,中央在厦门设立经济特区,实施特殊政策和灵活措施,给予地方更多的主动权,使之成为对外开放的窗口与前沿阵地。

此后,1984 年 2 月,厦门特区范围由最初的湖里区 2.5 平方千米扩大为全岛,即包括鼓浪屿在内的 131 平方千米,逐渐实行自由港的一些政策。1984 年 5 月,福州成为 14 个第一批沿海开放城市之一。1985 年 2 月,中共中央、国务院同意了《长江、珠江三角洲和闽南厦漳泉三角地区座谈会纪要》,提出将长江三角洲、珠江三角洲、闽南厦漳泉三角地区开辟为沿海经济开放区。1992 年 1 月,邓小平发表南方谈话,这成为福建进一步解放思想和深化开放的一大机遇。同年 10 月底,福建省把加快闽东南地区开放开发战略重点具体化,指出加快福建发展步伐,在"战略布局上必须突出闽东南,以厦门经济特区为龙头,加快闽南三角区、闽江口和湄洲湾地区的开放开发,逐步形成海峡西岸经济繁荣带"。此后,福建通过对外开放以经济特区、经济技术开发区、沿海开放城市为先导,形成福建沿海、沿江、沿边、沿交通干线和内地山区联动开放开发的格局,海峡西岸城市群内部城市的联动发展逐步加强。

海峡西岸城市群与一水相隔的台湾地区,具有"五缘"优势,即地缘相近、血缘相亲、文缘相承、商缘相连、法缘相循。其通过积极践行先行先试,推进区域合作试点,不断探索新的合作方式,进一步发挥作为两岸事务重要协商地的作用。近年来,海峡西岸城市群着重以创造适宜台胞生活和投资的环境为目标,建设成为"两岸交流合作的前沿平台",为开创两岸关系和平发展新局面做出了应有贡献。

2019 年,海峡西岸城市群的地区生产总值为 42 395 亿元,增长率为 7.6%;人均地区生产总值从 2018 年的 98 542 元增长到 107 139 元,增长了 8.7%;外商直接投资金额为 160.5 亿元,同比增加 0.85%;对外直接投资额为 175.7 亿美元(2018 年);大数据、云计算等基础建设为高质量发展打下坚实基础(表 12.1)。

表 12.1　海峡西岸城市群各市生产总值、人口与面积(2019 年)

地区	地区生产总值/亿元	人均地区生产总值/元	年末常住人口/万人	土地面积/平方千米
福州	9 392.3	120 879	780	11 968
厦门	5 995.04	142 739	429	1 700.61
莆田	2 595.39	89 342	291	4 200
三明	2 601.56	100 641	259	22 965
泉州	9 946.66	114 067	874	11 014.78
漳州	4 741.83	92 074	516	12 600
南平	1 991.57	74 036	269	26 300
龙岩	2 678.96	101 476	264	19 027
宁德	2 451.7	84 251	291	13 452
全省	**42 395**	**107 139**	**3 973**	**124 000**

资料来源:福建省统计局,国家统计局福建调查总队.福建统计年鉴 2020[M].北京:中国统计出版社,2020.

　　海峡西岸城市群在政策方面具有一定的优势,主要表现在 21 世纪海上丝绸之路核心区、自贸试验区建设的特有政策。

　　2015 年,国家发展改革委、外交部、商务部联合发布《推动共建丝绸之路经济带和 21 世纪海上丝绸之路的愿景与行动》,明确提出支持福建建设 21 世纪海上丝绸之路核心区,并强调充分发挥福建平潭等开放合作区的作用,深化与台湾合作,建设好福建海峡蓝色经济试验区,充分发挥福州、厦门、泉州联系海外的作用。此后,中共中央、国务院发布了《关于构建开放型经济新体制的若干意见》,进一步明确了促进海峡两岸经济关系正常化、制度化、自由化,逐步健全两岸经济合作机制。海峡西岸城市群拥有作为海上丝绸之路起点、连接台湾海峡东西岸的重要通道和太平洋西岸航线南北通衢必经之地的优势,依托核心区的政策制度优势,通过先行先试,深化两岸产业合作、加强双向贸易、加快投资便利化方面合作,将海峡西岸城市群建设成为两岸合作的战略支点。①

海峡西岸城市群的自贸区以其沿海近台的独特优势不断发展壮大,先后推出 30 多项对台贸易便利化措施,率先推出卡式台胞证,率先设立 8 个海峡两岸"三创"基地等。在自贸区建设的积极探索过程中,对台湾各个领域的人才"先行先试",相继出台了惠台政策 31 条,自贸区建设的政策性优势日益凸显,在深化闽台两地长远合作、深入合作方面产生了巨大的效应,成为海峡两岸经济交流的重要媒介。

二、海峡西岸城市群发展现状

2006 年由建设部(现已更名为住房和城乡建设部)与福建省政府联合编制《海峡西岸城市群发展规划》。2010 年,该规划经福建省委、省政府及住房和城乡建设部同意,并经福建省十一届人大常委会第十六次会议审议、印发实施。根据规划,海峡西岸城市群是指以福建为主体,涵盖周边区域的海峡西岸经济区城市群体。根据省级政府调控区域发展的事权,规划范围界定为福建省全境,陆域面积 12.40 万平方千米,海域面积 13.63 万平方千米。

(一)经济总量持续提高

海峡西岸城市群的地区生产总值和人均地区生产总值均呈现明显的上升趋势。2019 年,地区生产总值达 42 395 亿元,人均地区生产总值达 107 139 元,较上年同期增长 8.7%,相较于过去十年,增长速度有所放缓,表明海峡西岸城市群经济发展逐步进入结构调整、动能转换的阶段,经济发展的目标由高速增长转向高质量发展(表 12.2)。

---

① 中共中央,国务院.中共中央 国务院关于构建开放型经济新体制的若干意见[EB/OL].(2015-09-17)[2021-03-10].中国政府网.

表 12.2　海峡西岸城市群经济发展主要指标(2008—2019 年)

年份	地区生产总值/亿元	地区生产总值增长率/%	第一产业比重/%	第二产业比重/%	第三产业比重/%	进出口总额/亿元	人均地区生产总值/元
2008	10 931.8	12.9	10	49.3	40.7	5 890.9	30 153
2009	12 418.09	12.3	8.9	49.4	41.7	5 440.85	33 999
2010	15 002.51	13.9	8.5	51.4	40.2	7 363.88	40 773
2011	17 917.7	12.3	8.3	52.0	39.7	9 269.83	48 341
2012	20 190.73	11.5	8.1	52.1	39.8	9 843.58	54 073
2013	22 503.84	11.0	7.8	52.5	39.8	10 486.43	59 835
2014	24 942.07	9.9	7.4	52.8	39.8	10 897.33	65 810
2015	26 819.46	8.9	7.2	51.2	41.6	10 478.39	70 162
2016	29 609.43	8.4	7.2	49.6	43.2	10 344.96	76 778
2017	33 842.44	8.1	6.5	48.1	45.3	11 590.98	86 943
2018	38 687.77	8.3	6.1	48.7	45.2	12 357.29	98 542
2019	42 395.00	7.6	6.1	48.6	45.3	13 307.35	107 139

资料来源:福建省统计局,国家统计局福建调查总队.福建统计年鉴 2020[M].北京:中国统计出版社,2020.

(二)城乡居民收入增长较快

近年来,海峡西岸城市群城乡居民收入逐年攀升。2019 年,城乡居民人均可支配收入为 35 616 元,较往年同期名义增长速度为 9.1%,增速有小幅度提升。虽然城镇居民人均可支配收入和农村居民人均可支配收入实现了增长,但农村居民人均可支配收入增长速度不及城镇居民人均可支配收入的增长,二者之间的差距仍在不断拉大,城乡协调发展的目标实现仍需一定时日。

(三)产业结构优化与对外经贸发展加快

海峡西岸城市群的三次产业结构不断优化,第二、第三产业对经济的贡献日益突出。第一产业所占的比值不断减少,第三产业蓬勃发展,第二产业始终维持在较高水平。

　　海峡西岸城市群对外贸易活动活跃,主要源于其得天独厚的地理优势,9 个城市中有 6 个在沿海地带,拥有良好的港口运输和对外贸易的天然优势。2019 年年末,进出口总额为 13 307.35 亿元,较上年同期增加 7.69%。各市之间存在较大差别,对外经贸主要集中在沿海 6 个城市。厦门、福州和泉州的进出口总额居前三,合计占比高达 71%,而非沿海的龙岩、南平和三明占比仅为 2%、1% 和 1%。

（四）投资环境和营商环境改善

　　海峡西岸城市群的外商直接投资和对外直接投资总量逐年递增,体现出海峡西岸城市群良好的国际投资环境。在营商环境方面,不断深化"放管服"改革,全力推动重大项目"物流通、资金通、人员通、政策通"等。2020 年 7 月,国务院办公厅发布《关于进一步优化营商环境更好服务市场主体的实施意见》,为继续优化营商环境,激发市场活力,提出要持续提升投资建设便利度,进一步简化企业生产经营审批和条件,优化外贸外资企业经营环境,完善优化营商环境长效机制等多项建议。除政策扶持以及减税降费对市场活力的刺激外,信息化和智能化建设也为优化营商环境提供了有力支撑,多种因素共同促进海峡西岸城市群的投资与营商环境的持续改善和优化。

第二节　都市圈与主要城市

　　海峡西岸城市群根据发展定位、已有合作基础与地理邻近关系等,形成了以福州为核心的福州都市圈和以厦门为核心的厦门都市圈。

一、福州都市圈与主要城市

　　狭义的福州都市圈是指福州市行政辖区范围内所构建的都市圈,广义上是指福州、宁德、莆田三市共建的都市圈,三市总面积为 29 620 平方千米。

　　2019 年年底,福州、宁德、莆田三个市常住人口为 1 362 万人,占海峡西岸城市群总人口的 34.28%;地区生产总值分别为 9 392.3 亿元、2 451.7 亿元和 2 595.39 亿元,合计占海峡西岸城市群的 34.06%。福州的地区生产总值占福州都市圈的 45.41%,是带动闽东北地区经济发展的核心城市,对推动都市圈的繁荣发展、提升区域参与国内外竞争和两岸合作的能力和打造海峡西岸城市群核心区具有重要作用。

　　福州作为福建省省会和海峡西岸城市群的核心之一,担负着带动海峡西岸城市群发展的重大使命。福州市建成区面积为 293 平方千米,2019 年,地区生产总值与人均地区生产总值分别为 9 392.3 亿元和 120 879 元,同比增长 7.9% 和 6.9%。集成电路及 LED 等产业逐渐成为福州发展的重点,福州通过培育产业集群,做大做强电子信息、高端装备制造、纺织化纤、高端冶金建材、精细化工、生命健康六大产业,促进闽东北产业发展。

　　宁德市海岸线长达 1 046 千米,海洋资源丰富,是海峡西岸城市群重要的港口城市,建成区面积为 39 平方千米,在 9 个城市中建成区面积最小。2019 年,地区生产总值与人均地区生产总值分别为 2 451.70 亿元和 84 251 元,同比增长 9.2% 和 9.1%。宁德发展依赖于新能源电池、新能源汽车、不锈钢新材料、铜材料四大主导产业,通过加强产业间协调与融合,为宁德坚持高质量发展落实赶超激发更加强劲的动能。

　　莆田市位于福州市南部,是福建省辖地级市,下辖 1 个县、4 个区,土地面积 4 200 平方千米,湄洲湾港为深水良港,可建万吨级泊位 150 多个,福厦铁路、向莆铁路贯穿全市,城市建成区面积 98 平方千米。2019 年,常住人口 291 万人,地区生产总值与人均地区生产总值分别为 2 595.39 亿元和 89 342 元,同比增长 6.6% 和 6.4%。莆田拥有服装、工艺美术、食品三个传统产业,通过做强新型功能材料、电子信息、高端装备、新能源四个战略性新兴产业和加快培育数字经济、平台经济、生命健康等产业,实现产业转型升级和经济发展。通过不断优化营商环境和推动工业园区转型,莆田逐步成为促进福州都市圈经济发展的重要增长点。

二、厦门都市圈与主要城市

厦门都市圈以厦门为核心,涵盖泉州、厦门、漳州三个城市及所辖县区,总面积为 25 315.39 平方千米,占海峡西岸城市群总面积的 20%。截至 2019 年,厦门、漳州、泉州三个城市年末常住人口为 1 819 万人,占海峡西岸城市群的 45.78%;地区生产总值 20 683.53 亿元,占海峡西岸城市群地区生产总值的 48.79%。厦门都市圈对闽东南经济发展、深化海峡两岸交流合作具有重大意义。

厦门市是经济特区,城市建成区面积 389 平方千米,2019 年,地区生产总值与人均地区生产总值分别为 5 995.04 亿元和 142 739 元,同比增长 7.9% 和 4.3%。产业逐渐从传统工业、五金和机械等转变为平板显示、光电、计算机与通信设备、集成电路、新材料和生物医药等高附加值产业,尤其是人工智能、生物与新医药和新材料等领域处于全国前列,这些产业的发展对产业转型升级、带动都市圈乃至整个海峡西岸城市群的产业进步具有突出作用。

漳州市位于福建省最南部,厦门西南部,福建省辖地级市,陆地面积 12 607 平方千米,海域面积略大于陆域面积。城市建成区面积为 67 平方千米,2019 年,常住人口为 516 万人,地区生产总值与人均地区生产总值分别为 4 741.83 亿元和 92 074 元,同比增长 6.5% 和 5.8%。经济发展依托于制造业,2019 年,漳州全市规模以上工业增加值增长 9.1%,增速居海峡西岸城市群前三,涉及食品、新材料电子设备制造等诸多领域,对引领建设千亿产业集群和百亿龙头企业发挥着重要作用。

泉州市位于厦门北部,福建省辖地级市,城市建成区面积为 244 平方千米,2019 年,地区生产总值与人均地区生产总值分别为 9 946.66 亿元和 114 067 元,同比增长 8.0% 和 7.4%。泉州重点发展制造业,主要任务是加速制造业转型升级,优先发展智能机械、化工、电子信息和集成电路产业。2011 年,安溪开始建设泉州光电产业园;2016 年,晋江全力推动福建省(晋江)集成电路产业园区建设;2017 年,三安高端半导体项目在南安高新技术产业园区开工建设;2017

年 12 月,泉州整合上述三个园区,设立省级高新技术产业园区,大力发展半导体这一战略新兴产业。除此之外,石化、鞋服产业在海峡西岸城市群中占据重要地位,以制造业的转型升级引领泉州产业结构的优化与动能的转换,支撑厦门都市圈发展。

第三节　海峡西岸城市群与周边地区的合作

根据福建省政府颁布的《海峡西岸城市群发展规划》,海峡西岸城市群的发展应充分发挥福建省比较优势,优化空间布局,联动周边省区,推进两岸合作交流,逐步形成两岸一体化发展的国际性城市群——“海峡城市群”,构筑我国区域经济发展的重要“增长区域”。海峡西岸经济区与中国台湾地区一水相隔,北承长三角,南接珠三角,西与江西的广大内陆腹地贯通,具有很好的区位优势和重要的战略地位,既可以向广大内陆延伸从而带动内陆向纵深发展,又可以作为长三角和珠三角经济区的连接枢纽,实现整个东南沿海的联动发展。

一、与长三角和珠三角地区的经济联系与合作

长三角、珠三角与海峡西岸城市群之间已经形成了持续稳定的跨区域经济关联,而且这一联系随着交通基础设施的改善、产业的融合发展以及市场一体化的推进等而越加密切;海峡西岸城市群更倾向于从长三角、珠三角城市群中获得经济辐射,而对长三角和珠三角城市群的影响则相对较弱;长三角城市群的上海、杭州和绍兴以及珠三角城市群的广州、深圳和东莞与海峡西岸城市群的经济联系度较高。

海峡西岸城市群与长三角城市群的功能互补网络紧密度呈增加趋势,但福州、厦门、泉州与长三角城市群的功能互补水平仍然较低,而与珠三角城市群的功能互补网络亦越来越松散。海峡西岸城市群在电子产业及部分传统轻工行

业中具有相对优势,长三角城市群在机械工业集群和产业链构建上优势明显,珠三角城市群积极致力于培育高端智能装备、新能源及节能环保、新材料、新一代信息技术、生物医药等万亿级制造业新兴支柱产业。

总体来看,无论是经济网络强度还是经济网络联系复杂程度,海峡西岸城市群与长三角城市群的网络联系要明显强于珠三角城市群。近现代以来,上海凭借其位于"T"字形航运主骨架的交汇点的独特地理优势,逐步发展成为对外贸易中心、商业金融中心、工业中心和国际性城市,是长三角城市群的核心和枢纽,在沪宁—沪杭—杭甬干线上形成了紧密的纵向经济关联。近年来,海峡西岸城市群之间的高速铁路建设进入了快速发展期,福建成为全国第一个"市市通高铁"的省份。随着公共出行服务体系和现代交通物流服务体系的不断完善,海峡西岸城市群与长三角城市群之间的综合交通枢纽和战略通道将打通。①

近年来,福建与长三角地区不断加强各个领域的合作。2017 年 6 月,福建省科技厅与上海市科委签订《上海市—福建省科技创新合作框架协议》。福建省将组织优势力量参与和支持上海的科技创新中心建设;上海市在科技创新中心建设中,鼓励综合性国家科学中心等机构向福建省延伸服务。两省市将加强产业技术创新联盟交流合作,鼓励两地高校、科研院所和科技企业建立长效合作机制,重点促进两地新材料领域专业科研机构的合作,推动福建省能源原材料国家级科技创新平台的创建。同时,海峡西岸城市群与珠三角城市群的合作也日益密切。广东与福建地缘相近、人缘相亲,近年来多领域交流合作日益密切。一是加大力度推进交通基础设施互联互通,加快在建跨省交通项目建设进度,谋划建设更多跨省快速通道,共同构建粤闽跨省大交通网络。二是加强产业对接合作,充分发挥各自优势,共同打造创新产业高地,加强旅游资源开发合作,实现强强联合、优势互补。三是抓住"一带一路"倡议、粤港澳大湾区等重大历史机遇,深化自贸区建设经验交流,在形成全面开放新格局上加强互动合作。

四是完善交流合作机制,建立高效对接平台,加快合作项目落地落实,促进粤闽合作不断取得新的更大实效。在新的起点上,两省要以互联互通为方向,加大基础设施对接力度;以协同创新为抓手,推进产业链上下游深度合作;以深化改革为动力,共同探索构建开放型经济新体制;以文化交流为纽带,进一步深化文化旅游合作;以流域补偿为重点,持续推进生态协同保护,促进闽粤共同发展。

二、与中国台湾地区的经济联系与合作

构建以闽台合作为核心、台湾海峡东西合作为基础的海峡经济区,是新时期福建省产业结构重组和区域合作的重要目标。近年来,闽台合作呈现良好发展态势。

福建历来是两岸交流合作的前沿,近年来力推闽台经贸深度融合,向大产业、大市场、大城市集中发展,选资与引智并重,产业逐步融合发展。2017年,闽台贸易额达774.6亿元,同比增长18.3%。即使在受疫情影响的2020年,1—9月,全省实际利用台资超过10亿元,同比增长超过100%;2020年1—8月,对台贸易520多亿元,同比增长8%,大大高于全省进出口贸易平均增幅。尤其是闽台金融合作持续推进,两岸首家全牌照合资证券公司"金圆统一证券"落户厦门;同时,台资企业建霖家居、厦门银行先后获批在A股上市。

福建积极创造条件与台湾百大企业对接,促进双方在石化、信息产业、医疗、小型农机、精密机械制造等领域深化合作。福建省银监局还出台了3个方面的6条金融政策,促进台企台胞在闽生活便利化。例如,建设银行、中国银行、平安银行在福建自贸试验区内设立对台金融服务中心,形成"机构+中心"的对台金融服务架构;台湾统一证券集团成为台湾首家经核准赴大陆参股投资闽台合资证券公司的券商;中国出口信用保险公司福建分公司与台新银行签订合作协议,首次约定海峡两岸仲裁中心作为双方合作的仲裁服务机构。

首先,福建着重从金融、信用担保、资金等方面帮扶台企。福建省已在六和机械、东南汽车等台企设立省级企业技术中心,在东南汽车、建霖等台企设立省

级工业设计中心。在台资新型金融组织方面,福建已在龙岩市设立龙台融资担保有限公司等。在台企申请担保融资方面,福建省海峡股权交易中心推出台企板块,挂牌展示交易台企 354 家,为台企实现融资 21.34 亿元。在台企同等利用出口信用保险工具方面,福建省出口信用保险公司为台企累计提供近百亿美元出口业务风险保障。

其次,福建省积极规范货品通关与行业标准,助力台企质量提升。福建已有 15 家台湾食品生产企业取得"源头管理、口岸验放"实施资质,并通过该模式累计入境货物 14 391 吨、5 074 万美元。在两岸行业标准制修订方面,福建已对 1.3 万项现行有效的台湾地区标准进行分类归档,为标准使用者提供便捷高效的快速检索服务。

最后,福建省还为台胞在工作生活等方面提供多种便利。福建各地市均已落实凭台胞证可直接购房的政策。2019 年,福建全省已有 762 人次台胞在闽购买商品房,203 户台胞家庭申请公租房并入住。福建还实施更灵活、更开放的高职院校招收台生政策,在闽高中就读的台胞子女(含应往届台生)可参加福建省普通高考和高职院校入学考试。2018 年以来,福建省已向 383 名在闽高校就读的优秀台生颁发奖学金,奖学金总额达 240 万元。

福建自贸试验区对台开放不断扩大,平潭两岸同胞共同家园建设进程加快,厦门综合配套改革试验对台合作稳步推进。近年来,福建借力平潭综合实验区、中国(福建)自由贸易试验区、"21 世纪海上丝绸之路"核心区、福州新区、福厦泉国家自主创新示范区、国家生态文明试验区"六区"叠加优势,全面推进闽台区域合作。2014 年设立的中国(福建)自由贸易试验区,对台自由贸易是其最大特色。2017 年,福建自贸试验区内新增台资企业数、合同台资分别占全省同期的 45.6%、70.4%。

近年来,福建扎实推进自贸试验区建设,具有福建特色、对台先行的制度创新体系基本形成:台资企业在自贸试验区股比、经营范围、投资领域等方面的限制大幅减少,台商投资融资租赁、电子商务、旅行社等服务行业的资质、门槛要求已可比照大陆企业办理;采认台湾地区专业领域从业资格,已有 800 多名台湾专业人士备案执业;实施台湾商品最便捷通关模式,吸引台湾商品从福建自贸试验区口岸入境。

同时,福建充分发挥平潭综合实验区、自贸试验区和国际旅游岛的政策叠加优势,坚持综合实验、先行先试,探索试验"一岛两标",对台开放开发取得新进展。继续推行人货往来便利化举措,福建于 2017 年开通了平潭至台湾万吨级"台北快轮"高速货运滚装航线,率先开通"台陆通"公共信息服务平台及台胞在台湾地区的信用报告查询业务;探索试验两岸社区管理融合模式。目前,平潭基础设施网络逐步构建,城市配套功能加快完善,产城融合加快推进,累计注册台资企业 858 家①。

第四节 促进海峡西岸城市群一体化发展的对策建议

海峡西岸城市群的发展既有机遇,也有挑战,必须依托有利条件,积极增强核心城市的辐射带动能力,进一步扩大腹地规模,进而通过中心城市和腹地相互促进,逐步提升海峡西岸城市群在全国城市化格局中的地位。同时,需要加强城市群内部交通设施网络化和空间结构合理化,推进城市群一体化发展,强化城市群内部功能整合,提升城市群的整体竞争力。

一、海峡西岸城市群存在的问题

与国内较为成熟和发达的城市群相比,海峡西岸城市群的发展还存在诸多的不足。由于存在自然环境、交通要素、文化等差异,以及缺乏有效的协调和空间配置机制,海峡西岸城市群发展的协调性和整体性不强,因此,在促进海峡西

---

① 薛志伟.福建充分发挥区位优势,推进对台合作开放:闽台经济社会融合发展持续深化[N].经济日报,2018-06-05(4).

岸城市群一体化发展的过程中,必须正视其存在的各类问题,进而提出有针对性的对策。

(一)区域经济与创新发展不平衡

海峡西岸城市群内部存在着一定的空间异质性。2019 年,海峡西岸城市群地区生产总值为 42 395 亿元,福州、厦门和泉州分别占 22.15%、14.14% 和 23.46%,合计占经济总量的 59.75%,而非沿海的三明、南平和龙岩合计仅占 17.15%(图 12.1)。

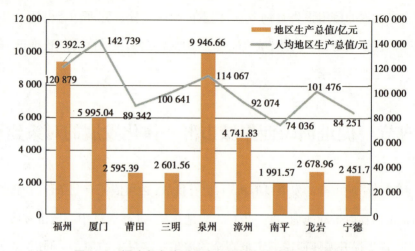

图 12.1　福建各市地区生产总值与人均地区生产总值

每万人发明专利、技术市场成交额、R&D 内外部经费支出和人员数均呈现出向东部沿海集聚的趋势。技术市场成交额和地方财政科技支出表现得尤为突出,科技研发与科技成果转化主要集中在福州、厦门和泉州,区域创新发展存在较为显著的差异。

(二)城市群融合发展尚处于探索阶段

城市群的融合发展是海峡西岸城市群面临的难题之一,主要原因在于不同行政主体有着不同的职责和价值取向,在经济、社会发展过程中发生不同行政主体的利益博弈。部门间利益平衡和旧有职责边界的限制短时间无法破除,各行政主体和一体化的共同目标尚未达成一致,需要各市各部门协同发展理念、默契规划和完善合作共赢机制,加强沟通对话、增强自身的竞争力和吸引力,打破行政壁垒,实现城市群的融合与协同发展。

(三)城市职能分工有待明确

历史基础、资源结构、社会文化、市场基础、地方制度等因素共同导致了产业在海峡西岸城市群各城市之间的"重合",特别是制造业结构雷同的问题较突出,同质竞争现象明显。各城市产业结构趋同性高,导致城市间产业的竞争性大于互补性,背离了社会劳动地域分工规律和客观要求,损害了地区间的合理产业分工,牺牲了区际比较利益,成为产业合作的重大障碍。这种弊端造成了城市间产业链条短小,各城市产业关联效应不尽如人意,难以形成资源整合效应和互动发展效应,影响城市群建设和竞争力提升。

(四)创新潜力有待挖掘

在创新驱动发展的战略影响下,我国各区域对创新发展均给予了较多关注,然而与海峡西岸城市群同属沿海地区的广东、浙江和江苏比较而言,海峡西岸城市群的创新投入与产出均显不足,创新潜力有待挖掘。

二、促进海峡西岸城市群的一体化发展的思路

重点推进产业链融合。在都市圈内,核心城市的地位和作用决定了都市圈的地位和影响。通过积极提升核心城市功能,核心城市与周边城市通过产业链的联系、通过创新形成与转化,形成一个高度联系的有机整体。具体来说,福州和厦门要集聚产业链的上游和下游环节以及创新要素,宁德、莆田、泉州和漳州集聚产业链的中游环节以及承接创新转化要素,通过产业链的联系和创新的转换,促进都市圈内经济一体化与布局合理化。

聚焦创新链融合发展。完善城市群制造业创新体系和产业协作体系,改造提升现有制造业集聚区,推进新型产业示范基地建设,增强制造业核心竞争力。以产业转型升级需求为导向,联合开展产业链(群)核心关键技术攻关。实施科

技创新链和产业链精准对接工程,健全成果转化的市场体系和服务体系。鼓励龙头企业牵头组建产学研创新战略联盟,联动开展核心技术攻关和创新研究。加强知识产权交易运营合作,促进高端知识产权服务协同发展。

推进城市群公共服务一体化。公共服务一体化有利于打破都市圈内部的有形隔离,促进生产要素朝最能发挥其价值的空间流动,进而形成产业的合理布局。公共服务一体化主要包括交通一体化、社会服务一体化。交通一体化即路网、场站、枢纽等交通设施统一规划、统一布局、统一建设、统一管理,实施交通一卡通,促进福州市、宁德、莆田和厦门、漳州、泉州的同城化。社会服务一体化包括科技、教育、医疗卫生等社会服务共享,引导人员合理流动。未来的经济和社会发展,人才是关键。海峡西岸城市群内部应着重建立健全人才交流共享机制。建立关系不转、身份不变、双向选择、能进能出的柔性人才流动机制;同时,推动建立统一开放的高层次创业创新人才库、人力资源公共服务信息平台和管理服务平台,实现人力资源信息共建共享。

三、促进海峡西岸城市群一体化发展的对策

城市群是以若干城市合力来带动区域发展的,其辐射半径远远超过一个都市的辐射范围。因此,要顺应经济带、城市群和经济区相互耦合的趋势,发挥城市群对周边区域的辐射力和带动力。

(一)加快出台跨省规则

2009 年,《海峡西岸城市群协调发展规划》被正式批复,海峡西岸城市群成为继京津冀城市群出台相关协调发展规划之后的又一出台协调发展规划的国家级城市群。海峡西岸城市群广义范围包含福建省九地市,浙江省的温州、丽水、衢州三个城市,江西省的上饶、鹰潭、抚州、赣州四个城市以及广东省的汕头、潮州、揭阳、梅州四个城市,一共 20 个城市。其中确定了福州、泉州、厦门、温州和汕头为海峡西岸城市群的核心城市。从 2009 年海峡西岸城市群概念的提出已有 12 年。2017 年国家发改委曾表示《海峡西岸城市群跨省区规划》将

会在当年完成编制,但是到目前为止尚未正式公布。这导致城市群内除福建省九地市以外的其他城市都逐渐转向了其他城市群,如长三角城市群、粤港澳大湾区城市群和环鄱阳湖城市群。

海峡西岸城市群目前尚缺乏整体协调发展的条件和动力,同时,由于涉及四个省份,政策层面面临较大的协调难度,比如公积金、医疗保险账户互通,以及户口等问题对省际的人员流动存在较大的阻碍作用等。另外城市群中福建的几个城市没有一个特别突出的核心城市能引领整个城市群。此外,除了福建省内的城市,温州到泉州、厦门、汕头的距离较远,而汕头到福州、温州的距离同样也较远,未来应该加快建设沿海城市的高铁,除了已经在建的福厦高铁,还应加速温福高铁和厦汕高铁的开工,拉近海峡西岸城市群各城市间的距离。

(二)规划建设海峡经济区

福建和台湾有着"地缘近、血缘亲、文缘深、商缘广、法缘久"的"五缘"关系,这决定了福建在发展两岸关系中的独特地位和作用。福建是我国东部沿海地区发展最快的省份,因众所周知的原因,海峡两岸的这两个省融合度还不是很高。2019 年,台湾地区生产总值达 42 181 亿元,福建省地区生产总值达 42 395亿元,总量84 576亿元,和京津冀相差无几。2019 年,海峡经济区人均地区生产总值为 13.4 万元,超过江苏省,位居全国第一。纵观海峡两岸,福州对应台北,都是省会城市,厦门对应高雄,都是两省重要的港口枢纽城市,海峡中部的泉州对应台南,都是两省历史文化名城。两岸在历史、文化、民风等方面高度融合,只要两岸统一,经贸及产业互补,闽台两地将逐渐融为海峡经济区,将可能成为国内新的增长高地。

本章执笔:黄阳平(经济学博士,集美大学财经学院院长、集美大学产业与区域经济研究中心主任、教授)

施晓丽(经济学博士,集美大学财经学院副教授)

马明申(经济学博士,集美大学财经学院讲师)

参考文献：

[1] 中共中央,国务院.中共中央 国务院关于构建开放型经济新体制的若干意见[EB/OL].(2015-09-17)[2021-03-10].中国政府网.

[2] 郑蔚,许文璐,陈越.跨区域城市群经济网络的动态演化:基于海西、长三角、珠三角城市群分析[J].经济地理,2019,39(7):58-66,75.

[3] 薛志伟.福建充分发挥区位优势,推进对台合作开放:闽台经济社会融合发展持续深化[N].经济日报,2018-06-05(4).

[4] 施晓丽.海峡西岸经济区城市联盟建设研究[J].兰州学刊,2010(3):55-57,88.

[5] 黄茂兴,林寿富.海西区与长三角、珠三角区域经济竞争力比较与联动机制探讨[J].东南学术,2012(2):95-110.

[6] 关松立,林淑伟.区域合作、产业结构重组及对闽台一体化的影响[J].西安电子科技大学学报(社会科学版),2020,30(1):44-51.

[7] 洪建设,蔡勇志.探求闽台经济产业融合的着力点[J].银行家,2018(3):49-51.

[8] 肖金成,黄征学.未来20年中国区域发展新战略[J].财经智库,2017,2(5):41-67,142-143.

[9] 徐慧华.福建自贸区驱动闽台区域经济增长研究[J].重庆科技学院学报(社会科学版),2019(4):48-51.

[10] 许燕婷,冯建喜,刘兴诏.基于经济联系度的台湾海峡西岸城市群产业地域分工空间格局[J].西北师范大学学报(自然科学版),2020,56(2):108-116.

[11] 彭白丽,黄阳平.海峡西岸城市群产业协调发展研究[J].金融经济,2018(12):28-31.

13

关中城市群

以关中地区为依托的关中城市群,在国家现代化建设大局和全方位开放格局中具有独特的战略地位。以西安为核心形成了西安都市圈。本章阐述了关中地区的人口特征、经济总量以及城市化水平,并从主要城市的规模、社会民生、产业发展、人文历史的现状进行了分析,概述了西安都市圈对关中城市群的支撑作用,最后对关中城市群的发展提出了建议。未来,应发挥西安"龙头"城市的引领辐射作用,从交通、生态、商务、卫建、文旅、工信六个重点领域,大力推进关中城市群实现高质量发展。

第一节　关中地区概况

关中地区是古华夏文化的集中地。华夏的文明是以关中平原为圆心向四方传播,同时吸收各民族的文化得以发扬光大,从而形成了绵延五千年灿烂辉煌的民族文明(图 13.1)。

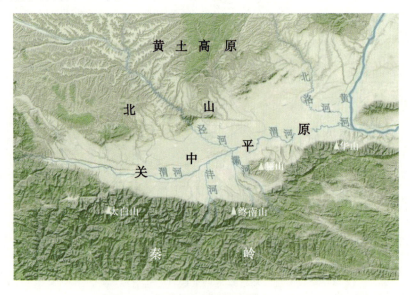

图 13.1　关中地形图

一、地理环境

关中是指"四关"之内,即东潼关、西散关、南武关、北萧关,位于陕西省中部。东西长 300 千米,平均海拔约 500 米。宽窄不一,西窄东宽,东部最宽达100 千米,西安附近宽约 75 千米,眉县一带仅宽 20 千米,至宝鸡逐渐闭合成峡谷,形似"新月"。土地面积 3.4 万平方千米,号称"八百里秦川",有着"金城千里,天府之国"的美誉。

关中盆地夹持于陕北高原与秦岭山脉之间,为喜马拉雅运动时期形成的巨型断陷带。盆地两侧均为高角度正断层。南北两侧山脉沿断层线不断上升,盆地徐徐下降,形成地垒式构造平原。

关中断陷盆地南依秦岭,北连黄土高原,为西狭东阔的新生代断陷盆地,渭河横贯其中。盆地基底构造复杂,具有南深北浅、东深西浅的特点。盆地两侧地形向渭河倾斜,由洪积倾斜平原、黄土台塬、冲积平原组成,呈阶梯状地貌景观。

渭河平原形成后,黄土堆积其间,被渭河及其两侧支流携带大量泥沙填充淤积其中,第四纪松散沉积,最大厚度达 7 000 余米。因地壳间歇性变动和河流下切而形成高度不等的阶地。渭河由西向东横贯关中平原,渭河干流及支流泾河、北洛河等均有灌溉之利,中国古代著名水利工程如郑国渠、白渠、漕渠、成国渠、龙首渠都引自这些河流。

关中平原属温带季风性气候,年均温度 6 ~ 13 ℃,冬季最冷月出现在 1 月,均温为-5 ℃,夏季最热月一般出现在 7 月份,月均温度 30 ℃。年降水量为500 ~ 800 毫米,其中 6 ~ 9 月份占 60%,多为短时暴雨,冬春降水较少,具有夏季高温多雨、冬季温和少雨的气候特点,春旱频繁。

二、经济情况

关中地区是新亚欧大陆桥、中国—中亚—西亚、中蒙俄等"一带一路"三大国际经济合作走廊的重要节点,是新一轮西部大开发的前沿,经济基础较好、发展潜力较大。"十二五"以来,按照省委、省政府统一部署,关中地区着力实施创新发展战略,经济综合实力稳步提升,结构不断优化,经济总量在全省"挑大梁"。

(一)综合实力持续增强

近年来,关中地区经济总量不断扩大,从 2010 年的 6 352.7 亿元,提升至 2019 年的 16 090.29 亿元。关中地区人均地区生产总值逐年上升,稳步增长,其中西安仍处于领先地位,在 2019 年高达 91 352 元。杨凌示范区增速较快,人均地区生产总值仅次于西安,为 78 553 元,高于关中地区平均水平的 65 431 元。从产业结构特点看,2019 年关中地区第一、第二、第三产业结构比例为 8.2∶43.3∶48.5,第一产业占比较低,第二、第三产业占比较接近,整体呈现"一小两大"的结构,而且逐渐演变为"三、二、一"的结构序列,产业结构逐渐优化(图 13.2)。

图 13.2　2010—2018 年关中地区产业结构

(二)城市化水平逐年提升

城乡居民收入水平与经济发展水平高度相关,整体上关中地区居民人均可支配收入在全省处于较高水平,并呈现稳中有升的趋势。在 2019 年全体居民人均可支配收入方面,西安处于领先地位,为 34 064 元,杨凌示范区紧随其后,为 27 864 元。2018—2019 年城乡居民收入水平略有下降,其中农村居民人均可支配收入下降幅度大于城镇居民人均可支配收入。

(三)经济发展困境

城市"抱团"发展基础弱。关中地区"五市一区"的发展目前存在诸多困难,地区整体优势难以形成。一是核心城市辐射带动能力不够;二是城市经济梯度大;三是产业关联不紧密;四是县域经济发展差距大。① 经济发展水平较低,经济金融融合度有待提升。

可持续发展环境约束多。关中地区在经济发展步入快车道的同时,经济社会发展和资源环境的矛盾日益突出,资源承载力和环境容量压力加大,经济发展受水资源、能源、环境等约束,客观上需要在更大范围内利用资源、提高规模效益,谋求可持续发展。

(四)经济发展亮点

高效特色农业。关中地区是全省主要的农业生产基地和全国重要的商品粮基地。近年来,关中地区积极发展现代高效农业,加快转变农业发展方式,提高农业生产专业化水平,粮食产量稳占全省的"半壁江山"。

雄厚的科技资源。关中地区聚集了全省 80% 的科技资源,是全省高科技产业的聚集地。关中地区创新资源富集,建立了一批科技研发平台,搭建了一批孵化平台,为全面创新驱动提供了活力和动力。

经济外向度提升。关中地区在对外贸易方面相对于陕北、陕南两大经济区域具有"一览众山小"的优势。"一带一路"、西部大开发、全面创新改革试验区等机遇多重叠加,为陕西外贸发展带来新契机。

市场主体日益壮大。随着商事制度改革,营商环境改善,关中地区市场主体"井喷式"涌现,以西安为代表领跑全省。

---

① 章红,李超,党红斌,等.关中平原城市群经济金融发展情况研究[J].西部金融,2018(4):19-26.

（五）经济发展契机

"一带一路"搭建新平台。"一带一路"倡议使陕西由对外开放的"大后方"转变为最前沿,有利于关中地区发挥交通区位、产业基础、历史文化和科教资源等综合优势,在更大范围内统筹国内外"两种资源、两个市场"。

"两个规划"擘绘新蓝图,推动关中地区发展迈向更高层次,真正承担起引领全省、辐射西北的重任。加强西咸新区、西安高新区国家自主创新示范区、西安国家级经济技术开发区等建设,强化面向西北地区的综合服务和对外交往门户功能。

第二节　关中城市群与西安都市圈

关中城市群西起天水市武山县,东至临汾市浮山县,南接秦岭山地,北接临汾霍州市,是西部地区面向东中部地区的重要门户,贯通西部地区的南北通道和新亚欧大陆桥在此交会,以西安为中心的"米"字形高速铁路网、高速公路网将加快人口、经济要素向关中城市群和西安都市圈集聚。

一、关中城市群基本情况

关中城市群的规划范围很大,但城市群内各城市经济联系并不太紧密。关中城市群在经济发展方面,各个城市的经济状况差异巨大,城市内部城乡发展差距不容忽视。2019 年,西安市地区生产总值为 9 321.19 亿元,居于关中城市群之首,且人均地区生产总值、人均收入排名也是第一。年度地区生产总值方面,宝鸡市以 2 223.81 亿元位列第二,咸阳市以 2 195.33 亿元排名第三(表13.1)。

表 13.1　各城市经济概况表

市(区)	地区生产总值/亿元	人均地区生产总值/元	人均收入/元	
			城镇居民	农村居民
西安	9 321.19	92 256	41 850	14 588
咸阳	2 195.33	50 338	36 187	11 918
宝鸡	2 223.81	59 050	34 446	13 094
渭南	1 828.47	34 481	33 674	12 774
杨凌示范区	166.77	79 115	37 994	13 570
商洛	837.21	35 190.2	25 503	10 025
铜川	354.72	44 135.87	32 504	10 229
天水	632.67	18 819	28 708	8 439
庆阳	742.94	32 602.24	29 646	8 862
平凉	445.5	20 961.75	29 699	9 092
运城	1 562.9	29 126	31 241	11 997
临汾	1 452.6	32 250	32 895	12 809

资料来源:各市统计年鉴。

从 2019 年各城市建成区面积的数据比较来看,西安市建成区面积遥遥领先,高达 818.9 平方千米,咸阳市位居第二。同时,宝鸡的建成区面积排名也比较靠前。但其他城市的建成区面积均未超过 100 平方千米。建成区面积在一定程度上也反映了城市化发展水平。结合城市化水平指标来看,西安的城市化水平也是最高的,为 74.61%,同时,商洛的建成区面积最小,城市化水平排名也靠后。并且,建成区面积的扩展也会对经济的发展产生积极影响。因此,各城市在发展过程中应该引导建成区有序增长和结构优化(图 13.3)。

建成区面积/平方千米

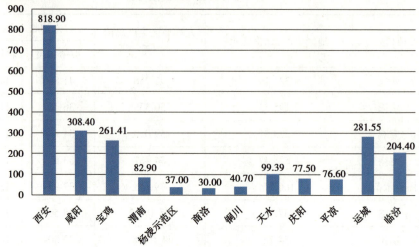

图 13.3　各城市建成区概况图

二、关中城市群主要城市

关中城市群中,西安常住人口为 1 020.35 万人,且西安城镇人口占比最大。运城、渭南、临汾、咸阳、宝鸡等市位于其后。在人口自然增长率方面,西安也位居首位,而杨凌作为中国第一个农业高新技术产业示范区,虽然人口基数小,但其人口自然增长率为 5.52‰,仅次于西安,且其城镇人口为 14.03 万人,城市化水平较高。

(一)西安

西安,简称"镐",古称长安、镐京,地处关中平原中部,是中华文明和中华民族重要发祥地之一;是陕西省的省会城市、关中城市群核心城市,国务院批复确定的中国西部地区重要的中心城市,是国家重要的科研、教育、工业基地。西安的国防科技资源位居全国第二。

2020 年,西安全市常住人口为 1 070.78 万人,其中城镇人口 850.67 万人,农村人口 220.11 万人。全市共有 53 个民族。西安地区生产总值为 10 020.39 亿元,人均可支配收入为 35 783 元,城镇居民人均可支配收入为 43 713 元,农村居民人均可支配收入为 15 749 元;全市构建"一城、一轴、一环、多中心"的城镇空间布局体系,形成了包含主城区、中心城镇和镇的三级城镇体系,稳步推进城市化,逐步改变城乡二元结构。

(二)咸阳

咸阳位于八百里秦川腹地,是一座有着 2 000 多年悠久历史的城市,素以"秦都""汉陵"闻名于世,"秦皇汉武"在此创造了"秦强汉盛"的辉煌历史,形成了著名的"秦汉文化"。在经济发展方面,咸阳一直坚持稳中求进的发展方针,以供给侧结构性改革为主线,不断优化产业结构,逐渐壮大电子信息产业、旅游服务业和现代化农业,助力全市经济高质量发展。自西咸一体化实施以来,咸阳经济发展迅速,地区生产总值从 2010 年的 997.82 亿元提升至 2019 年的 2 195.33亿元。咸阳致力于打造新型智慧城市,充分利用已有建设成果和自身发展优势,力求打破数据壁垒,不断促进城市建设过程中各层级数据的汇聚和融合,大大提升了信息化建设水平和大数据支撑能力[1]。

(三)宝鸡

宝鸡是周秦王朝的发祥地。唐至德二年(公元 757 年),因市区东南鸡峰山有"石鸡啼鸣"之祥兆而改称宝鸡。这里是佛、儒、道三家文化的汇集地,以出土佛骨舍利而闻名于世的法门寺在盛唐时期已成为皇家寺院和世界佛教文化的中心。近年来,宝鸡实施综合交通运输体系建设,全国性交通枢纽地位已初步显现。宝鸡还是我国西部工业重镇,具有重要的战略地位[2]。截至 2019 年,宝鸡地区生产总值为 2 223.81 亿元,较上年增长 3.5%,三次产业结构为 8.0∶57.3∶34.7。全市常住人口 376.10 万人,城镇人口比重为 54.26%,全市人均地区生产总值为 59 050 元。[3]

① 这里是陕西.咸阳市新型智慧城市建设位列全省示范城市[EB/OL].(2020-10-29)[2021-03-10].搜狐网.
② 贾婷.建设宝鸡市宜居宜业美丽幸福城市的对策及建议[J].中国商论,2020(20):173-175.
③ 宝鸡市统计局,国家统计局宝鸡调查队.2019 年宝鸡市国民经济和社会发展统计公报[EB/OL].(2020-04-01)[2021-03-10].宝鸡市统计局官网.

（四）铜川

铜川位于陕西省的腹地,处于关中平原向陕北黄土高原的过渡地带,是关中经济带的重要组成部分,是通往人文初祖黄帝陵及革命圣地延安的必经之地,西安至黄陵高速公路穿境而过,咸铜、梅七两条支线铁路与陇海大动脉相连。2018年年末,全市常住人口80.37万人,城市化水平65.9%,下辖宜君县、王益区、印台区、耀州区和省级经济技术开发区,面积3 882平方千米①。2020年全市实现地区生产总值381.75亿元,按可比价格计算,同比增长5.0%,增速排名全省第二。②

（五）渭南

渭南地处关中平原东部,总面积1.3万平方千米,总人口560万人。渭南是中东部地区进入西北门户的交通要道和新亚欧大陆桥的重要地段,也是丝绸之路经济带起点段的关键组成部分。渭南作为人杰地灵的历史名城,历史悠久、底蕴深厚的华夏文明在此生长并传承,素有华夏之根、文化之源、将相之乡美誉。现有国家级非物质文化遗产华阴老腔等12项,省级非物质文化遗产潼关万盛园酱菜制作技艺等84项,名列陕西乃至中国前列。渭南加快培育现代产业体系,初步构建起精细化工、装备制造、食品医药、新能源材料、航空制造五大产业集群,是中国国家授时中心所在地,也是中国重要的商品农业基地,工业以电力、煤矿、木材为支柱,矿产资源丰富,其中钼矿储量位居中国第二。

（六）杨凌

杨凌地处陕西省关中平原中部偏西,位于渭河北岸,地势北高南低,杨凌区水资源丰富、水利条件优越。境内土壤肥沃,适宜多种农作物生长。早在4 000多年前,我国历史上最早的农官——后稷,就在杨凌"教民稼穑,树艺五谷",开

---

① 市委党史研究室(市地方志研究室).概况[EB/OL].(2020-12-04)[2021-03-10].铜川市人民政府官网.
② 段海洲,郭颖.2020年铜川经济运行呈现稳中有升稳中提质稳中育优良好态势[N].铜川日报,2021-01-27(A02).

创了中华农耕文明的先河。杨凌因农业科教资源富集,被誉为中国的"农科城"。2020 年,地区生产总值 151.71 亿元,三次产业结构为 6.43∶40.94∶52.63。

(七)商洛

商洛地连秦楚,南北文化交汇,经过数百年的变迁依然保留了其传统特色,文艺形式丰富多彩。长江文化与黄河文化交汇于此,形成独特的地方艺术,这里的剧种有秦腔、花鼓、道情、二黄(汉剧)、豫剧,以及民间的山歌、号子等数种。现有商洛花鼓、商洛道清、洛南静板书、仓颉造字四个国家级非物质文化遗产,36 项省级非物质文化遗产。2019 年全市地区生产总值为 837.21 亿元;全市人均可支配收入为 15 933 元;近年来随着交通、电力、通信等基础设施的逐步改善,商洛已融入西安一小时经济圈,良好的生态环境,优越的资源条件,潜在的区位优势,让这座城市充满着突破发展的生机和活力。

(八)天水

天水,古称秦州、上邽,地处中国西部地区、甘肃省东南部、秦岭西段、渭水中游,是全国老工业基地和重要的装备制造业基地之一,下辖 2 个区、5 个县,总面积 1.43 万平方千米。2019 年,全市常住人口 336.89 万人,城镇人口 142.46 万人①,全年实现地区生产总值 632.67 亿元,按常住人口计算,人均地区生产总值为 18 819 元。

(九)庆阳

庆阳人文历史悠久,文化积淀厚重,是中华民族发源地之一。近几年来,庆阳市人口数量也逐年上升,2019 年年末,全市常住人口 227.88 万人,其中城镇人口 90.98 万人,占常住人口的比重(常住人口城市化率)为 39.92%。2020 年,全市地区生产总值为 754.73 亿元。

(十)平凉

平凉是甘肃省下辖地级市,是陕甘宁接壤区重要的交通枢纽、古丝绸之路

---

① 王国先.政府工作报告[N].天水日报,2021-02-06(1).

必经重镇,曾一直被称为屏障三秦、控驭五原的文化重镇,是历代兵家必争之地。下辖1个区、1个市、5个县,土地面积1.1万平方千米。2020年,平凉全市地区生产总值476.16亿元。平凉机场、平庆快速铁路、宝中铁路增建二线前期工作取得积极进展。

三、西安都市圈

西安都市圈主要集中在陕西省中部的关中地区平原腹地,南部依傍秦岭,北部接壤渭河平原,由西安市域、咸阳市大部分地区、西咸新区、渭南市部分地区、杨凌区共同组成,东西长约100千米,南北宽约70千米,土地面积1.76万平方千米①。

西安都市圈是西北地区实力最强的都市圈,是关中城市群的中心,是西北五省经济发展的龙头,坐拥中国几何中心的区位优势,向东接长江经济带与沿海经济带,是中国东西交接的重要节点②。此外,西安都市圈也是西北沿亚欧大陆桥对外联通的中心。2018年,西安都市圈的地区生产总值为10 757.15亿元。西安都市圈非农业人口总数为1 023.18万人,其中城区常住人口超过500万人的仅有西安市区,超过100万人的有渭南市区及西咸新区,其余城市城区常住人口都不足100万人(表13.2)。

表13.2 西安都市圈城镇概况

城镇	常住人口/万人	城镇人口/万人	城市化水平/%
西安市区	887.28	705.71	79.53
渭南市区	123.02	58.42	47.49
铜川市区	80.37	52.96	65.9
咸阳市区	56.41	54.05	95.81

---

① 孙飞.西安都市圈空间界定的定量研究[J].城市发展研究,2012,19(10):43-47.
② 贺觉渊.六年积累 大西安都市圈终迎绽放时[EB/OL].(2020-08-18)[2021-03-10].和讯网.

续表

城镇	常住人口/万人	城镇人口/万人	城市化水平/%
兴平市	53.61	23.93	44.64
三原县	41.71	22.46	53.86
武功县	41.74	15.91	38.11
泾阳县	31.48	9.2	29.24
礼泉县	45.58	17.37	38.1
周至县	59.41	16.41	33.95
乾县	50.61	31.5	62.25
蓝田县	53.68	18.25	34
杨凌区	20.64	13.23	64.09
西咸新区	102.32	67.08	65.56

随着西银高铁 2020 年年底通车,关中城际、西延高铁、西康高铁、西十高铁等多条交通基础设施的开工,"米"字形高铁逐渐完善,西安都市圈未来将以西安主城区、西咸新区、咸阳城区为核心,临潼、阎良、兴平、鄠邑、蓝田为二圈层,纳入三原、富平、礼泉、乾州、耀州等,并积极推进西铜(川)、西渭(南)、西商(洛)、西杨(凌)一体化。

在建设具有国际影响力的城市群过程中,西安都市圈的引领作用将进一步凸显,通过强化交通、商贸、科技等领域的合作,构建全方位开放格局,加快人口、资本、科技等发展要素集聚,助力关中城市群的跨越发展。不仅能够激发关中城市群的发展活力,更有助于发挥其承东启西、连接南北的区位优势,使"城市群"的整体效应进一步凸显。

第三节　促进关中城市群高质量发展的建议

近年来,城市群的快速发展带动区域经济发展,增强区域竞争实力,城市群已成为国家参与全球竞争和国际分工的基本形态。今后五到十年,都市圈和城市群加快发展是中国经济增长最大的结构性潜能,是中国经济增长的"新风口"。应积极发挥西安"龙头"城市的引领辐射作用,推进关中城市群实现高质量协调创新发展。

一、锐意进取，抢占城市群建设新高地

我国的区域发展将在"十三五"的基础上继续朝着区域高质量协调创新发展的方向前进。关中城市群发展基础较好、发展潜力较大,在国家现代化建设大局和全方位开放格局中具有独特战略地位。"十四五"时期要进一步加大西安核心城市的引领作用,辐射带动周围中小城市快速发展,优化人口和经济空间结构,形成产业协调发展新格局,在"双循环"格局下,推进要素自由流动、加快区域一体化发展的步伐。根据不同城市的地理位置与发展特点,结合城市群规划要求和自身优势特色,共同推进区域协同创新发展。

二、砥砺奋行，探索城市群发展新路径

从承东启西的枢纽中心,到十三朝古都的文化高地,再到创新放大"西"引力的硬科技之都,近年来西安不断吸引人才带来新"西"望。作为关中城市群的核心城市,西安通过城内大循环、城内城外双循环,有效推进西安都市圈引领其他节点城市加快发展。西安依托发达的交通、通信等基础设施实现要素由周边

城市流向核心城市的回流效应,以及核心城市流向周边的滴涓效应①。

(一)构建智慧化、国际化、高端化的产业支撑体系

核心城市应进行清晰的产业发展定位,优化产业结构与布局,制定重点产业发展规划,推动产业分工与协作、错位和共生发展②。现代商业、服务业在核心城市集聚,制造业扩散至外围地区。核心区的近郊区可主要瞄准高新技术产业、战略性新兴产业。远郊区域可集中发展现代农业、仓储物流产业。西咸新区,通过西部创新港、中俄丝路创新园,以及宝能汽车、霍尼韦尔西区总部等重大平台和项目的落地,让"新"区变"强"区。通过合理疏解和重组中心城区,打造与核心城市一体化发展的西安都市圈咸阳模式。

(二)构建科技创新链、人才支撑链、全民创业链"三链融合"的创新体系

西安围绕产业发展重大需求,支持 5G、人工智能、云计算的新技术研究与应用,实现跨界融合发展,吸引海内外顶尖实验室、研究所入驻西安。加强区域联合,创新管理体制、投融资体制、利益分享机制,构建跨区域产业协同一体化发展协调机构,促进要素自由流通和产业紧密结合③。

(三)都市圈一体化立体综合交通体系

立足西安都市圈整体空间布局,打造"丝绸之路对外交往中心"。加强与沿线国家和地区的直航联系,探索一条以航线促开放、以开放促发展的市场新路④。按照网络化布局、智能化管理、一体化服务、绿色化发展的要求,构建以轨道交通为骨干的多节点、网格状、全覆盖的交通网络,强化各类运输方式之间的衔接,达到客运"零距离换乘"、货运"无缝衔接",实现交通运输一体化发展。形成中心城区以地铁为主导的出行方式,构建轨道交通、城际铁路、高铁三个层

---

① 曹小曙,郑慧玲,李涛,等.高铁对关中平原城市群可达性影响的多尺度分析[J].经济地理,2018,38(12):60-67.

② 王钦.高扬关中城市群龙头加快区域协同高质量发展[J].陕西发展和改革,2018(3):21-23.

③ 张燕.高质量发展关中平原城市群建言一 创新驱动 协同发展 全面建设[J].西部大开发,2018(3):76-77.

④ 王亚玲.数字丝绸之路构想下关中平原智慧城市群发展研究[J].合作经济与科技,2017(22):16-19.

次的出行圈层。加快高速大环线建设,强化西咸、阎良和富平的交通路网布局,增设高速公路出入口和服务区,尽快提升城市道路网密度,小区内部道路提升为城市级步行道路,完善城市二级支路,提升快速通达能力。

(四)构建自然之美、绿色低碳的城市文旅体系

通过行业发展高峰论坛、项目洽谈、信息技术交流等方式,深化丝路联盟合作,积极推进文化遗产保护与传承,打造文化视听品牌,讲好西安故事①。例如,统一西安实景演出的品牌,整合优势,形成系列产品,统一管控质量。根据不同演出场所打造剧院版、园区版、街区版等具有延伸效应的产品,增强文化创意产品的生命周期。此外,打造历史文化和特色文化街区,考虑将三线遗址建设为"怀旧风"产品。充分利用航空产业优势和秦岭地理优势,开发滑翔、动力伞等空中玩乐项目。在不同城市空间有意识地构建西安现代气息的小吃集散地,吸引民间各类美食入驻,给予政策优惠,进行差异化经营。引导企业和市民践行绿色生产、生活和消费方式,在都市圈内形成崇尚节约、绿色低碳的文旅新风尚。

三、交通先行,增强城市群集聚效应

交通运输是国民经济发展的基础和纽带,是经济社会迈向现代化发展阶段的战略支撑和先行引领。"十四五"期间,我国交通基础设施将向高质量发展迈进,而西部地区是建设重点。近年来,国家相关部门批复了多个文件,以建设人民满意交通为目标,进一步完善综合交通运输体系,加强关中城市群内外部的联系,带动、促进沿线经济发展,以形成区域竞争新优势。

(一)加大交通投资力度,实现交通先行

拓宽投融资渠道,加快市场开放化步伐,强化局部重点路段通行保障能力,通过市场调节优化投资环境,完善投资机制,为私营经济进入交通基础设施领域提供一定的发展空间,实现投资主体的多元化,扩大交通基础设施建设规模;

---

① 魏刚.提升关中平原城市群竞争力的几点认识[J].社科纵横,2016,31(4):31-33.

在交通落后地区设立专项资金,尤其是对于经济基础比较薄弱的偏远城镇,采用持续、稳定的政策倾向,使投资向不发达地区倾斜,打通"断头路"、实现"最后一公里"畅行。

(二)构建以西安为核心,内通外畅的双循环交通网络

根据陕西省发展改革委印发的《2019 年推进关中平原城市群建设行动计划》,陕西省要继续推进关中平原"米"字形高铁网、铁路网、公路网建设,山西推进运城"K"字形高铁网建设,进一步提高关中平原城市群各城市间的快速通达能力;推进多式联运信息平台互联互通,打造"公空联运"卡车航班示范线路,推广"公空多式联运"服务模式,实现城市群内交通"一卡通",达到客运"零距离换乘"、货运"无缝衔接",实现城内城间不同性质轨道交通网之间的零换乘理想;加快综合交通物流枢纽建设,建设中欧班列(西安)全国集结中心,推动建成西安国际港务区、西咸新区空港新城枢纽建设,推进中欧班列"长安号"创新发展,加大货源组织力度,打造新亚欧大陆桥和中蒙俄经济走廊衔接互动的重要平台,实现国内国外双循环。

(三)创新交通设施建设,打造轨道上的城市群

首先,发展低碳节能交通技术,提升生态交通方式的出行比例,实现节能减排,在燃料方面使用替代能源、生物能源,如电力、天然气、生物燃料等,在铁路上采用新型高效电力机车等;其次,实施以公共交通为导向的开发模式,打破城市交通分区管理的藩篱,以提高居间和外围地区对中心城区公共服务的可得性,协调城市群发展过程中产生的交通拥堵和用地不足的矛盾,增加其对人口和产业的吸引力;再次,尝试构建基于 PPP 视角的建管体系,提高轨道交通供给效率,为解决准公共产品资金短缺和效率不足的问题[1];最后,探索城市群交通管理体制改革,构建关中城市群"一体化"立体综合大交通体系。

---

① 郝伟亚,丁慧平.城市轨道交通 PPP 项目权益资本结构研究:市场化准量模型分析[J].北京交通大学学报(社会科学版),2021,20(1):65-75.

四、生态为基，推动城市群绿色发展

生态环境是城市发展的基础,绿色发展是关中城市群建设的内在要求。在即将到来的"十四五"时期,要高举生态文明旗帜,践行新发展理念,实现高质量发展,构建新发展格局。城市群的经济发展要以良好的生态环境为依托,只有建立在良好的生态环境基础上的发展,才是真正的发展。

(一)加强秦岭生态环境保护,优化黄河流域生态保护机制

秦岭是我国重要生态保护屏障。为深入贯彻习近平总书记提出的"绿水青山就是金山银山"的发展理念,必须建立严格的制度保护秦岭的和谐与美丽。要大力加强秦岭生态廊道的建设,努力将秦岭打造成为国家级绿色可持续发展生态保护典范区[①];黄河流域治理与发展必须予以重视,要充分发挥自身文化特色优势打造黄河文旅圈,讲好黄河故事。建立黄河流域区域协同发展机制,加强黄河流域区域间合作交流,优化黄河流域水资源配置管理机制,完善生态补偿机制,推动黄河流域各地区经济高质量协同发展,将黄河打造成造福人民的幸福河[②]。

(二)加快构建区域生态安全格局,完善高效生态质量监测体系

从保障区域生态安全、优化城市空间结构、保障地区多样性多维度出发,综合考虑水资源安全、生物多样性安全和居民对生态环境的需求,推进生态一体化建设。根据城市群发展要求及规划,建立符合城市群生态环境的生态质量检测平台和高效科学的环境监测体系[③],将评价结果及时予以反馈,便于生态安全的实时监测和监管制度的及时修正与完善。

---

① 梁宏贤.全面贯彻习近平生态文明思想 以立法保障秦岭宁静和谐美丽:修订《陕西省秦岭生态环境保护条例》的几点体会[J].中国人大,2019(24):51-52.

② 牛玉国,张金鹏.对黄河流域生态保护和高质量发展国家战略的几点思考[J].人民黄河,2020,42(11):1-4,10.

③ 陈善荣,董贵华,于洋,等.面向生态监管的国家生态质量监测网络构建框架[J].中国环境监测,2020,36(5):1-7.

（三）建立跨区域环保联防联治机制，推动城市群绿色可持续发展

近些年来，随着社会进步和产业的急速发展，生态环境面临的压力逐年攀升，走绿色生态发展之路，是打造可持续发展的关中城市群的必然趋势。

首先，要加强大气污染防治。陕西省宝鸡、铜川等资源型城市，要控制其能源消费总量，支持低碳产业和可再生能源发展。要继续深入开展工业企业污染深度治理，大力推动可再生能源的使用，改善城市输气线路，积极改善目前散煤治理效果，鼓励企业开展低碳低排放改造，共同推进大气污染防治重点工程，打赢"蓝天保卫战"。

其次，要加强相关流域水污染防治工作，全面推进"三江三河"等重点流域水污染防治和渭河生态区建设。在黄河干流、渭河、泾河、马莲河等流域组织实施重点水污染治理工程基础上，完善污水管网建设，保护地下水不受污染，改善城市群水环境质量，打赢"碧水保卫战"①。

最后，要加强推进土壤污染防治，应加大对耕地的保护力度，严格控制建设用地准入标准，强化监管未利用地的开发。应以大型石油、煤矿、耕地土壤污染区为重点，加快被污染土壤的修复。在综合治理各方面污染的同时，积极使用新能源，加强垃圾分类项目建设，加快优美绿色生态环境的建设步伐，打赢"净土保卫战"。

五、商务升级，促进经济增长转型

近年来，关中城市群各市在商务协同创新发展方面取得了一定成效，高质量发展迈出了新步伐，但还存在抓项目不平衡、协同创新不够、投资强度和效益不高等问题。应深入贯彻习近平总书记的重要讲话和十九届五中全会精神，通过实际行动，找差距、补短板，坚定信心、主动作为，大力推进关中城市群商务升

---

① 中国城市规划学会,沈阳市人民政府.规划 60 年:成就与挑战——2016 中国城市规划年会论文集(07 城市生态规划)[C].北京:中国建筑工业出版社,2016.

级,促进经济增长转型,从而推动关中城市群经济社会高质量发展。

（一）推进产业转型升级，做实做强做优实体经济

要大力发展战略性新兴产业,提高生态环境保护和土地等资源集约利用水平,不断提升发展的质量和效益。商务升级是推动可持续发展、加快创新驱动发展、构建现代化产业体系、推进协同创新、实现富民强市的关键,因此要增强抓高质量发展、抓产业项目的自觉性、坚定性,坚持龙头带动和产业链配套相协同,招引落地一批重大项目,打通产业链堵点断点,着力推动产业集群化发展。

（二）坚持人才引领，营造人尽其才、才尽其用的良好氛围

要坚持人才引领,提高政策含金量,实施更加宽容、更为灵活的人才引进机制,支持在陕高校、科研院所、企业延揽人才,培育一批高水平的创新创业人才,营造人尽其才、才尽其用的良好氛围。各市在人才交流、人才引进和派遣、人才培训、高校毕业生就业、信息服务和网络建设等方面开展广泛合作,推动关中城市群经济高质量协调发展。

（三）坚持创新驱动和资源环境倒逼相协同，着力构建创新业态系统

要坚持创新驱动和资源环境倒逼相协同,加大创新要素投入,强化资源环境底线约束,着力加快转型升级步伐。坚持平台打造和政策创新相协同,加快科技成果孵化转化产业化,着力构建创新业态系统。坚持有效市场和有为政府相协同,深化"放管服"改革,优化规划和政策供给,健全要素市场化配置机制,着力改善发展环境①。

六、卫健惠民，打造区域协同医疗体系

立足于国家战略,结合"十四五"规划,系统建构城市群"互联网+医疗健康"协同发展机制,打造"互联网+医疗健康"平台,通过优化组织协调机制,抓

---

① 李国军,宋俊海,王建利,等.宝鸡建设副中心城市的战略思考[J].陕西发展和改革,2018(6):32-38.

好政府、市场两双手①,在区域协同中构建多元主体参与机制。结合资源特色,实现关中城市群医疗资源共治、共建、共享。

(一)推动便民惠民服务进一步拓展深化

全面推进信息化便民惠民一体化建设,加强与实体医院基层医疗卫生机构等多类型多层级的机构合作,不断提升公共服务均等化、服务化、便利化水平。大力发展互联网医疗、智慧健康养老、数字化健康管理、智能中医等新业态。以互联网、物联网为纽带,以5G技术为手段,以关中城市群各市为节点,建设"互联网+医疗健康"平台②,充分发挥核心城市的辐射作用,实现分诊治疗,充分加速形成健康医疗数据要素市场。各地卫健委可以建立一体化医疗平台,建立区域医疗云,连接卫健局和医院,实现全区域医疗信息和数据共享以及平台系统共享。

(二)推动府际进一步合作,抓好政府、市场两只手

首先运用政府"看得见的手"消除中心城区"补贴隐形",再由市场"看不见的手"驱动主体在城市空间合理配置资源。成立关中城市群卫健协调机制小组,打破关中城市群行政壁垒,减弱核心城市的资源吸附效应,建设卫健系统协调机制,打造城市群互联互通网络平台,加速优质医疗资源整合,合理分配区域内各成员之间的利益,为区域医疗协同的可持续发展提供坚实基础。

七、文旅整合,重塑城市群文化魅力

作为丝绸之路上的关键节点,关中城市群要积极挖掘丝路文化内涵,将文化资源转换为文化经济消费,将文化吸引力转换为文化影响,推动中华文化传承创新,提升中华文化的魅力和国际影响力,建设自然山水和历史人文交相辉映的世界级旅游目的地。

---

① 李潇,魏双林,刘伟军,等.陕西省各级医疗机构高值医疗设备配置现状调查与分析[J].医疗卫生装备,2020,41(9):83-86,100.

② 李磊,晏志阳,马韶君.城市群"互联网+医疗健康"的内涵解析与路径构建:基于新区域主义视角的分析[J].北京行政学院学报,2020(4):1-9.

关中地区拥有秦岭黄河、周秦汉唐等具有中国元素的自然历史资源,但利用程度明显不足,各市之间联系互动不足。基于当前问题,可以率先以文旅一体化为突破口①②,努力打造关中城市群文旅圈。西安、咸阳等城市拥有丰富的历史文化遗产和丰富的自然资源③④,城市之间文化同源、人缘相亲,在此基础上,可以打造"访古探今"专项主题旅游:一是建设以"华夏始祖"为主题的寻根祭祖远古文化长廊,开辟中华民族血脉寻根之旅,进行产业共享、互补、延伸和挖掘。打造一个以陕西黄帝陵、半坡遗址博物馆、宝鸡炎帝陵、北首岭遗址博物馆、天水伏羲庙、卦台山、大地湾遗址博物馆为依托的"三皇故里"寻根祭祖远古文化长廊。二是建设以周秦文化为主题的周秦文化长廊,以汉代遗址为主的汉文化长廊,以三国古迹为主线的三国文化长廊,以宗教文化为主题的佛教文化长廊、道教文化长廊。将文化遗产景点与文化遗产线路相结合,重点挖掘、恢复和打造丝绸之路文化旅游精品线路。

八、工信融合,助力"两化"新发展

"十四五"时期,是我国由全面建成小康社会向基本实现社会主义现代化迈进的关键时期,是加快制造强国建设和经济高质量发展的攻坚期。应大力推动工业化与信息化在更广范围、更深程度、更高水平上融合发展。"两化"的有机融合有利于城市群内部城市功能定位、产业发展格局、基础设施统筹安排,对促进产业集群发展具有重要意义。区域经济和信息化、工业化的融合程度有直接关系,为缩小差异,应促进西部地区经济平稳运行和高质量发展,深度融合中西部地区信息化与工业化。在我国工业化走向中后期的进程中,面对关中城市群

---

① 陆路,秦升.文旅融合背景下的公共数字文化服务创新发展:以陕西省图书馆"智能文化云地标"的建设实践为例[J].国家图书馆学刊,2020,29(2):32-40.
② 丁乙.中国城市群建设中的文脉延续与跨区域文化融合[J].人民论坛·学术前沿,2020(6):58-61.
③ 贾文山,石俊.中国城市文化竞争力评价体系的构建:兼论西安文化价值的开发[J].西安交通大学学报(社会科学版),2019,39(5):139-145.
④ 苏静,刘克成.基于文化线路理念建构关陇先秦秦文化遗址保护体系[J].人文杂志,2018(11):85-90.

"两化"融合的实际情况,提出以下有针对性的优化路径。

（一）发展信息技术，增强科技实力

均衡布局新一代信息技术产业,形成雄厚的现代电子信息产业基础,加大信息资源的利用程度和人才引进的力度,快速推进"两化"融合。对于经济欠发达地区,借助数字经济建设,以现代信息技术以及由其引致的技术创新、制度创新和社会创新,实现各智慧城市之间、智慧城市子系统之间互联互通和一体化发展,提升关中城市群竞争力。因此,要缩小关中城市群之间工业、信息联系、经济水平的差距,重点是提升科技实力,大力发展高新产业。

（二）打造智慧工业，实现"两化"深融合

当务之急是提高工业自动化应用水平和信息资源开发利用能力,促使关中城市群产业结构、行业结构升级换代。在国家对 5G、物联网、人工智能、工业互联网等新型基建的大力推动下,要充分运用网络化、自动化、智能化和数字化的先进信息技术,培育智能制造业、改造传统制造业,促进工业领域信息链、价值链以及产业链的智能协作。结合地方特点、特色产业优势带动智慧制造,提升生产活动的智能化水平。加大技改力度的同时提升生产过程中的智能化水平,积极开展互联网与物联网的融合,加快发展大数据、云计算等相关业务。应投入更多力量提高企业信息化能力,在较高的起点上推动工业智慧化、信息化[①]。

九、笃行致远，铸就城市群发展新境界

关中城市群在"十四五"时期即将开启第二个百年奋斗目标新征程之际,应发挥承东启西、联结南北的区位优势,推动全国经济增长和市场空间由东向西、由南向北拓展,引领和支撑西北地区开发开放,推进西部大开发,向纵深推进

---

① 李刚,岳悦.中西部地区信息化与工业化融合水平评价及路径优化[J].重庆师范大学学报(社会科学版),2020(1):97-105.

"一带一路"建设,加快建设经济充满活力、生活品质优良、生态环境优美、彰显中华文化,具有国际影响力的城市群。

本章执笔:兰　峰(西安建筑科技大学管理学院副院长、教授、博士生导师)

参考文献:

[1] 章红,李超,党红斌,等.关中平原城市群经济金融发展情况研究[J].西部金融,2018(4):19-26.

[2] 这里是陕西.咸阳市新型智慧城市建设位列全省示范城市[EB/OL].(2020-10-29)[2021-03-10].搜狐网.

[3] 贾婷.建设宝鸡市宜居宜业美丽幸福城市的对策及建议[J].中国商论,2020(20):173-175.

[4] 宝鸡市统计局,国家统计局宝鸡调查队.2019年宝鸡市国民经济和社会发展统计公报[EB/OL].(2020-04-01)[2021-03-10].宝鸡市统计局官网.

[5] 市委党史研究室(市地方志研究室).概况[EB/OL].(2020-12-04)[2021-03-10].铜川市人民政府官网.

[6] 段海洲,郭颖.2020年铜川经济运行呈现稳中有升稳中提质稳中育优良好态势[N].铜川日报,2021-01-27(A02).

[7] 王国先.政府工作报告[N].天水日报,2021-02-06(1).

[8] 孙飞.西安都市圈空间界定的定量研究[J].城市发展研究,2012,19(10):43-47.

[9] 贺觉渊.六年积累 大西安都市圈终迎绽放时[EB/OL].(2020-08-18)[2021-03-10].和讯网.

[10] 曹小曙,郑慧玲,李涛,等.高铁对关中平原城市群可达性影响的多尺度分析[J].经济地理,2018,38(12):60-67.

[11] 王钦.高扬关中城市群龙头加快区域协同高质量发展[J].陕西发展和改

革,2018(3):21-23.

[12] 张燕.高质量发展关中平原城市群建言一 创新驱动 协同发展 全面建设
[J].西部大开发,2018(3):76-77.

[13] 王亚玲.数字丝绸之路构想下关中平原智慧城市群发展研究[J].合作经济
与科技,2017(22):16-19.

[14] 魏刚.提升关中平原城市群竞争力的几点认识[J].社科纵横,2016,31(4):
31-33.

[15] 郝伟亚,丁慧平.城市轨道交通 PPP 项目权益资本结构研究:市场化准量
模型分析[J].北京交通大学学报(社会科学版),2021,20(1):65-75.

[16] 梁宏贤.全面贯彻习近平生态文明思想 以立法保障秦岭宁静和谐美丽:修
订《陕西省秦岭生态环境保护条例》的几点体会[J].中国人大,2019(24):
51-52.

[17] 牛玉国,张金鹏.对黄河流域生态保护和高质量发展国家战略的几点思考
[J].人民黄河,2020,42(11):1-4,10.

[18] 陈善荣,董贵华,于洋,等.面向生态监管的国家生态质量监测网络构建框
架[J].中国环境监测,2020,36(5):1-7.

[19] 中国城市规划学会,沈阳市人民政府.规划 60 年:成就与挑战——2016 中
国城市规划年会论文集(07 城市生态规划)[C].北京:中国建筑工业出版
社,2016.

[20] 李国军,宋俊海,王建利,等.宝鸡建设副中心城市的战略思考[J].陕西发
展和改革,2018(6):32-38.

[21] 李潇,魏双林,刘伟军,等.陕西省各级医疗机构高值医疗设备配置现状调
查与分析[J].医疗卫生装备,2020,41(9):83-86,100.

[22] 李磊,晏志阳,马韶君.城市群"互联网+医疗健康"的内涵解析与路径构
建:基于新区域主义视角的分析[J].北京行政学院学报,2020(4):1-9.

[23] 陆路,秦升.文旅融合背景下的公共数字文化服务创新发展:以陕西省图书

馆"智能文化云地标"的建设实践为例[J].国家图书馆学刊,2020,29(2):
32-40.

[24] 丁乙.中国城市群建设中的文脉延续与跨区域文化融合[J].人民论坛·学术前沿,2020(6):58-61.

[25] 贾文山,石俊.中国城市文化竞争力评价体系的构建:兼论西安文化价值的开发[J].西安交通大学学报(社会科学版),2019,39(5):139-145.

[26] 苏静,刘克成.基于文化线路理念建构关陇先秦秦文化遗址保护体系[J].人文杂志,2018(11):85-90.

[27] 李刚,岳悦.中西部地区信息化与工业化融合水平评价及路径优化[J].重庆师范大学学报(社会科学版),2020(1):97-105.

第十四章

14

北部湾城市群

本章分析了北部湾的自然地理以及在"一带一路"建设中的位置、北部湾城市规划的演进,从市区人口、经济规模、建成区面积等方面,对北部湾城市群各主要城市进行对比分析,认为城市发展已初具规模,为城市群的发展奠定了良好的基础,但经济发展水平不高,核心城市辐射带动作用不强,都市圈发育慢。未来,随着粤港澳大湾区城市群、海南自由贸易港、西部陆海新通道等的推进,北部湾城市群将面临更多的机遇与挑战,应深化城市群内部合作,加强社会经济联系,规划建设现代化都市圈,促进城市群一体化高质量发展。

第一节　北部湾概况

北部湾地区背靠祖国大西南、毗邻粤港澳大湾区、面向东南亚,位于全国城市化战略格局中沿海纵轴最南端,是我国沿海沿边开放的交汇地区,具有东承西联、沿海沿边的独特地缘与区位优势,在我国与东盟开放合作的大格局中具有重要战略地位。

一、地理位置

根据《中华人民共和国和越南社会主义共和国关于两国在北部湾领海、专属经济区和大陆架的划界协定》(以下简称《划界协定》),"北部湾"就海域而言,是指北面为中国和越南两国陆地领土海岸、东面为中国雷州半岛和海南岛海岸、西面为越南大陆海岸所环抱的半封闭海湾,其南部界限是自地理坐标为北纬18度30分19秒、东经108度41分17秒的中国海南岛莺歌嘴最外缘突出点经越南昏果岛至越南海岸上地理坐标为北纬16度57分40秒、东经107度08分42秒的一点之间的直线连线。相关海域面积为12.8万平方千米,是我国南部最大海湾。根据《划界协定》,中越在北部湾的领海、专属经济区和大陆架的分界线共由21个坐标点相续连接而成,北自中越界河北仑河的入海口,南至北部湾的南口,全长约 500 千米,双方海域面积相当。

就陆域而言,中越两国毗邻北部湾的区域就是北部湾地区,或称"环北部湾区域",其中,中方部分主要包括广西南部、广东西南部以及海南岛西部等地。20 世纪 90 年代初期,中国科学院《中国环北部湾地区总体开发与协调发展研究》提出,中国环北部湾地区包括广西壮族自治区的南宁、北海、钦州、防城港四市,广东省的湛江、茂名等地以及海南全省,陆域面积约 8.7 万平方千米。[①] 并认为该区地处大东南亚轴心部位,面向南中国海,是大西南的主要出海通道和近年来世界经济增长最快的地区之一,未来经济发展具有巨大潜力,在促进内地开发及对外开放中发挥着十分重要的作用。

二、自然资源

北部湾地处热带和亚热带,属热带季风气候。常年温暖、降雨充足的气候特征及优良的海水水质,使北部湾拥有丰富的珍稀植物及鱼虾资源,包括我国最大的滩涂红树林基地及 50 余种具有经济价值的鱼、虾、贝类。海底石油、天然气资源可观。夏季多台风也是该地区气候的一个特征。

北部湾三面多为平原、丘陵与山地,有南流江及红河等多条江河注入其中。广阔的滩涂和浅海与弯曲的海岸线形成了多个天然良港,如洋浦港、湛江港、防城港、钦州港和北海港等中国海港及边水、海防等越南海港。发达的水运,使多个城市因港而兴。

三、经济社会发展水平

历史上,以今广西合浦和广东徐闻为代表的丝绸之路始发港,在我国对外开放和交流中起着重要作用。进入近代,琼州(海口)口岸于 1858 年、合浦于 1877 年开埠通商,其他北部湾地区的城市也相继开埠,逐渐汇聚成我国西南、中

---

① 孙尚志. 中国环北部湾地区总体开发与协调发展研究 [M]. 北京:气象出版社,1997.

南及华南的出海大通道。目前,我国北部湾地区已经成为较发达的海运、铁路、公路、航空口岸,成为"21 世纪海上丝绸之路"的重要节点区域。

北部湾城市群的经济增速近年来持续保持在全国平均水平以上,海洋经济、休闲旅游等特色产业和临港型工业集群正逐步形成,创新创业活力不断涌现,人力资源较为丰富,经济综合实力不断增强。截至 2018 年,共有常住人口 4 225 万人,占全国总人口的 2.8%;地区生产总值 1.9 万亿元,约占全国总量的 2.1%。其中,南宁市已发展成为 300 万人以上的大城市,海口、湛江等城市的引领作用逐步增强,南(宁)北(海)钦(州)防(城港)、湛(江)茂(名)阳(江)、海(口)澄(迈)文(昌)等地区城镇较为密集,其他中小城市和小城镇发育加快,且热带、亚热带城市风貌特征明显,基础设施日益完善,为城市群的发展奠定了良好的基础(表 14.1)。

表 14.1　北部湾 22 市土地面积与人口一览表

(2018 年)

城市	面积/平方千米			人口/万人					城市级层
	市区	城区	建成区	市区常住	市区户籍	市区暂住	城区户籍	城区暂住	
南宁市	9 947	865	317	442	387	138	232	129	Ⅰ型大城市
北海市	957	957	82	74	69	11	39	11	Ⅰ型小城市
防城港市	2 816	238	49	57	59	7	19	6	Ⅱ型小城市
东兴市	549	130	12	16	15	2	8	2	Ⅱ型小城市
钦州市	4 767	354	91	130	152	6	32	5	Ⅰ型小城市
玉林市	1 251	302	75	114	114	20	58	18	中等城市
北流市	2 457	135	28	121	154	4	21	2	Ⅱ型小城市
崇左市	2 951	50	35	35	38	1	18	2	Ⅱ型小城市
凭祥市	650	40	13	12	12	1	7	1	Ⅱ型小城市
湛江市	1 703	116	111	170	168	10	92	—	中等城市
廉江市	2 835	49	39	151	185	20	27	3	Ⅰ型小城市
雷州市	3 459	39	29	149	185	14	23	11	Ⅰ型小城市

续表

城市	面积/平方千米			人口/万人					城市级层
	市区	城区	建成区	市区常住	市区户籍	市区暂住	城区户籍	城区暂住	
吴川市	859	37	26	97	122	0	27	0	Ⅰ型小城市
茂名市	2 606	134	119	258	318	3	83	2	中等城市
高州市	3 276	165	37	141	186	8	30	6	Ⅰ型小城市
化州市	2 357	268	36	130	177	0	30	0	Ⅰ型小城市
信宜市	3 081	64	27	101	149	5	26	4	Ⅰ型小城市
阳江市	1 240	426	72	119	123	10	44	7	Ⅰ型小城市
阳春市	4 102	320	33	89	122	1	22	0	Ⅰ型小城市
海口市	2 315	562	183	230	178	99	120	94	Ⅱ型大城市
儋州市	3 400	194	36	100	99	7	22	2	Ⅰ型小城市
东方市	2 273	98	29	43	43	3	9	—	Ⅱ型小城市

资料来源:根据《2018 年城市建设统计年鉴》和各城市国民经济和社会发展统计公报整理所得。

开放合作方面,以北部湾港口群为起点的海上开放通道和以边境口岸为支撑的陆上开放通道加快形成,中国—东盟博览会、海南国际旅游岛、重点开发开放试验区、边境经济合作区、中马"两国双园"等开放平台建设有序推进,开放合作领域不断拓展,开放型经济初具规模。2018 年,北部湾进出口总额为 4 280 亿元,占全国进出口贸易总额的 1.4%。

北部湾存在的突出问题是,经济发展水平总体不高,缺乏辐射带动作用强的中心城市,城市数量少且分布稀疏,海港间无序竞争且空港航线不畅,产业结构趋同且新旧动能转换困难,城际交通网络不健全,海洋环境污染风险加大等。

总体而言,东承西联、沿海沿边的独特区位优势为北部湾地区的发展带来动能,涵盖桂南、粤西及海南等北部湾周边地区的城市群已在发育之中①。该地区的经济发展有利于深化中国—东盟战略合作、促进"一带一路"建设,有利于

---

① 张学良. 2015 中国区域经济发展报告:中国城市群可持续发展[M].北京:人民出版社,2016.

拓展区域发展新空间、促进东中西部地区协调发展,有利于推进海洋生态文明建设和维护国家安全。

第二节 北部湾地区的规划过程

2000 年年末,中华人民共和国和越南社会主义共和国签署《关于两国在北部湾领海、专属经济区和大陆架的划界协定》及《北部湾渔业合作协定》。2004年6月,这两个协定生效后,两国开始探讨建立以昆明和南宁至河内及海防的交通线为主干的两条经济走廊,以及包容越北、桂南与粤西等地沿海的环北部湾经济圈(即"两廊一圈")。此后,一年一度的中国—东盟博览会及相关的泛北部湾区域合作论坛、大湄公河次区域合作等,都推动北部湾区域经济合作深化与拓展。与此同时,北部湾沿岸城市发起的"北部湾旅游合作""北部湾经济合作组织"等也在不断充实。

2008 年,《广西北部湾经济区发展规划》由国家发展改革委颁布实施,规划了南宁、北海、钦州、防城港等北部湾城市的发展与功能定位。2010 年,《全国主体功能区规划》将北部湾列入国家重点开发区,计划推进形成区域性的城市群。《全国海洋功能区划(2011—2020 年)》和 2015 年的《全国海洋主体功能区规划》等,将北部湾与海南岛附近海域等列入全国优化开发区域。2016 年发布的《中华人民共和国国民经济和社会发展第十三个五年规划纲要》进一步提出要规划引导北部湾城市群的发展。

2017 年 1 月 20 日,国务院批复《北部湾城市群发展规划》,以作为近期培育发展北部湾城市群的指导性、约束性文件。规划范围包括广西南宁市、北海市、钦州市、防城港市、玉林市、崇左市,广东湛江市、茂名市、阳江市和海南省海口市、儋州市、东方市、澄迈县、临高县、昌江县,陆域面积 11.66 万平方千米,海岸线4 234千米,以及相应海域。2015 年年末,北部湾城市群常住人口 4 141 万人,地区生产总值 16 295 亿元,分别占全国总量的 3.01% 和 2.25%。所规范的范围跟 2004 年中越"两廊一圈"中方计划的环北部湾地区有相近之处。

截至 2018 年,北部湾城市群建成区面积共 1 479 平方千米,市区常住人口 2 779 万人,共包含 I 型大城市 1 个(南宁),II 型大城市 1 个(海口),中等城市 3 个(玉林、茂名、湛江),I 型小城市 11 个(北海、钦州、廉江、雷州、吴川、高州、化州、信宜、阳江、阳春、儋州),II 型小城市 6 个(防城港、北流、崇左、凭祥、东兴、东方),共 22 个城市(表 14.1)。(2021 年 2 月,广西横县撤县设市,成为北部湾城市的第 23 个城市)。

第三节　南宁都市圈与城市群主要城市

《北部湾城市群发展规划》提出打造"一湾双轴、一核两极"的城市群框架,其中:"一湾"指环北部湾沿海地区,主要包含北海、湛江及海口等沿海城市;"双轴"指南北钦防、湛茂阳城镇发展轴;"一核"指广西首府——南宁;"两极"指以海口和湛江为中心的两个增长极。

一、南宁及南宁都市圈

南宁 1958 年 3 月成为广西壮族自治区首府,是广西政治、经济、文化、教育、科技和金融中心,距钦州港 104 千米、防城港 172 千米、北海港 204 千米,距中越边境 200 千米,具有近海、近边,沿江、沿线"两近两沿"的特点,是中国距离东盟国家最近的省会城市和中国—东盟博览会永久举办地。作为北部湾城市群的核心,市区人口与经济规模在北部湾城市群各设区市中均居首位。

南宁人口以壮族为主体,有壮、汉、瑶、苗、侗等多个民族。2019 年全市户籍人口 782 万人,其中市辖区人口 400 万人,城区人口 333 万人。市辖区三次产业单位就业人员比为 0.5∶39.8∶59.7。全市户籍与常住人口的城市化水平分别为 45%、63%。按 2018 年数据计算,南宁全市及市辖区户籍人口在北部湾城市群

10 个地级市中的比重分别是 16.8%、24.4%,分别列第 3 位和第 1 位。

全市现辖兴宁、江南、青秀、西乡塘、邕宁、良庆、武鸣 7 个区和横州、宾阳、上林、马山、隆安 5 个县市以及南宁高新技术产业开发区、南宁经济技术开发区、广西—东盟经济技术开发区 3 个国家级开发区,共 84 个镇、15 个乡、3 个民族乡、22 个街道。2018 年全市、市辖区及建成区的面积分别是 22 101 平方千米、9 947 平方千米和 317 平方千米,在全国设区市中分别排在第 56 位、第 11 位和第 31 位(表 14.2),在北部湾城市群 10 个设区市中的比重分别是 20.3%、30.9% 和 28%,均为北部湾各市之首。

经济总量方面,2018 年全市地区生产总值 4 027 亿元,在全国设区市中列第 55 位,居北部湾城市群各市之首(占 21.4%),占广西全区地区生产总值的 20%,三次产业比重为 10.5∶30.4∶59.1。2019 年,全市地区生产总值 4 507 亿元,按常住人口计算,全市人均地区生产总值 61 738 元;外贸进出口总值 748 亿元,占地区生产总值的 16.6%。

表 14.2 南宁主要经济指标

(2000 年、2018 年)

	2000 年		2018 年	
	全市	市辖区	全市	市辖区
年末户籍人口/万人	291[168]	136[58]	771[38]	387[21]
常住人口/万人	—	—	720	442
行政区域土地面积/平方千米	10 029[146]	1 834[84]	22 244[56]	9 947[11]
建成区面积/平方千米	—	100[43]	—	317[31]
地区生产总值/亿元	294[93]	215[50]	4 027[55]	3 290[37]
人均地区生产总值/元	10 099	15 867	55 901	75 172
地均地区生产总值/万元	293	1 173	1 180	3 307

续表

	2000 年		2018 年	
	全市	市辖区	全市	市辖区
三次产业占地区生产总值的比重/%	16.5∶30.3∶53.2	4.9∶30.1∶65.0	10.5∶30.4∶59.1	6.9∶30.1∶62.0
年末金融机构人民币各项存款余额/亿元	—	—	10 093	9 280
当年实际使用外资金额/亿美元	0.8	0.8	1.4	1.4
社会消费品零售总额/亿元	268	250	2 215	1 813
第一产业单位就业人数/万人	3.2	1.0	0.8	0.5
第二产业单位就业人数/万人	18.7	16.8	38.1	35.9
第三产业单位就业人数/万人	22.3	18.2	62.1	53.8

资料来源：根据《中国城市统计年鉴 2001》和《中国城市统计年鉴 2019》数据计算而得。

注：“[ ]”内数值为在当年全国设区市中的排名。“—”表示无数据可用。

根据 2011 年 10 月国务院正式批复的《南宁市城市总体规划（2011—2020）》，作为北部湾经济区中心城市和我国西南地区连接出海通道的综合交通枢纽，南宁主导的发展方向为：以邕江为轴线，西建东扩，完善江北，提升江南，重点向南发展。推进五象新区开发的城市建设策略，使南宁的城市框架不断拓展，中心城市的辐射带动力得到增强。

南宁都市圈目前处于“发育期”①。市区外缘 75 千米范围内没有其他城市相连。除了扶绥县城，其他北部湾城市到南宁市区的公路车程都在 1 小时以

① 安树伟. 都市圈内中小城市功能提升[M].北京:科学出版社,2020.

上。高铁 1 小时以内车程到达南宁的周边城市主要有钦州和防城港市,以及不在北部湾城市群范围内的贵港、来宾及柳州等市。与北海、钦州、玉林等市的日同行列车为 35 班、33 班和 15 班,以南宁为核心的广西北部湾城市群同城化效应正逐步显现。

《南宁市加快打造北部湾城市群核心城市实施方案》与《南宁市推进新型城市化和城乡融合发展重点工作方案》提出,在近期常住人口和户籍人口城市化水平要分别达到65%以上和46%以上的同时,提升南宁核心城市综合功能和集聚辐射带动北部湾城市群的能力,高标准规划和建设南宁都市圈。交通方面推进南宁经玉林至深圳高铁、贵阳至南宁铁路、南宁至崇左城际铁路、南宁至玉林城际铁路等重要交通基础设施项目,柳州经合山至南宁、南宁吴圩至上思、平果至南宁等高速公路等。产业方面培育特色与优势,健全北部湾城市群市际合作机制;加强南宁与"北钦防"在电子信息、生物医药、装备制造等领域合作;推进北部湾经济区同城化、公共服务共建共享和生态环境联建联防联治,共同建设"南宁—北钦防"城镇发展轴,促进"北钦防"融入南宁都市圈。

二、湛江

湛江位于中国大陆最南端、广东省西南部,包括整个雷州半岛及半岛北局部。东濒南海,南隔琼州海峡与海南省相望,西临北部湾,西北与广西合浦、博白、陆川县毗邻,东北与茂名市的茂南区和电白区、化州市相接。海岸线总长 2 024千米,其中大陆海岸线 1 244 千米。湛江是广东省域副中心城市,粤西和北部湾城市群中心城市、全国首批沿海开放以及"一带一路"海上合作支点城市,是中国西南与中南的重要出海口岸。

2018 年,全市常住人口 733 万人,户籍人口 848 万人,城市化率43.0%;有壮、苗、瑶等少数民族 44 个,约 4 万人。土地面积 13 263 平方千米。下辖赤坎、霞山、坡头、麻章 4 个区,吴川、廉江、雷州 3 个市,徐闻、遂溪 2 个县,82 个镇,2 个乡,37 个街道,307 个居委会,1 636 个村委会,以及湛江经济技术开发区(国家高新技术产业开发区)和奋勇高新区、南三岛滨海旅游示范区、海东新区3个功能区。城市建成区面积111平方千米,位列全国城市第113位,在北部湾城市居第4位。

经济规模与产业结构方面,2018年全市地区生产总值3 008亿元,2019年全市地区生产总值3 065亿元①,人均地区生产总值41 720元,三次产业结构比为19.1∶34.4∶46.5。全年外贸进出口总额414亿元,占地区生产总值的13.8%(表14.3)。

表14.3　湛江市主要经济指标

(2000年、2018年)

	2000年		2018年	
	全市	市辖区	全市	市辖区
年末户籍人口/万人	695[36]	140[51]	848[27]	168[81]
常住人口/万人	—	—	732	170
行政区域土地面积/平方千米	12 471[111]	1 460[110]	13 263[132]	1 705[187]
建成区面积/平方千米	—	61[74]	—	111[113]
地区生产总值/亿元	408[65]	204[52]	3 008[80]	1 338[78]
人均地区生产总值/元	5 870	14 594	41 107	79 032
地均地区生产总值/万元	327	1 399	2 268	7 849
三次产业占地区生产总值的比重/%	26.6∶38.0∶35.4	8.3∶55.1∶36.5	17.8∶36.1∶46.1	5.1∶42.5∶52.4
年末金融机构人民币各项存款余额/亿元	—	—	3 344	1 891
当年实际使用外资金额/亿美元	0.9	0.8	0.9	0.5

---

① 湛江市人民政府. 湛江概况[EB/OL].(2020-08-10)[2021-03-10].湛江市人民政府官网.

续表

	2000 年		2018 年	
	全市	市辖区	全市	市辖区
社会消费品零售总额/亿元	119	64	1 697	975
第一产业单位就业人数/万人	200.1	27.5	1.4	0.2
第二产业单位就业人数/万人	56.7	17.4	21.4	7.6
第三产业单位就业人数/万人	52.9	20.3	30.7	16.0

资料来源:根据《中国城市统计年鉴 2001》和《中国城市统计年鉴 2019》数据计算所得。

注:"[ ]"内数值为在当年全国设区市中的排名。"—"表示无数据可用。

交通方面,黎湛铁路、河茂铁路、粤海铁路、洛湛铁路、深湛铁路在湛江交会。2018 年 6 月,深圳—湛江高铁建成开通,湛江进入高铁时代。但湛江与海南和广西之间的高铁还有待建设。湛江拥有天然深水良港——湛江港,2018 年港口吞吐量达 3 亿吨,居广东省第 2 位、北部湾地区首位。

三、海口

海口地处海南岛北部,1988 年海南建省,海口成为海南省省会,是海南省政治、经济、科技、文化中心和最大的交通枢纽,以及海南自由贸易港核心城市。市区人口与经济规模在北部湾城市群各设区市中分别居第 3 位和第 4 位。土地面积 3 119 平方千米,其中陆地和海域面积分别为 2 289 平方千米和 830 平方千米。2018 年,城市建成区面积 183 平方千米,在北部湾城市中位居第 2 位。2018 年年底,全市常住人口 230 万人,占海南省人口总数的 24.6%,户籍人口 177.61 万人。有汉族、黎族、苗族等 51 个民族,其中汉族人口占 97.7%,少数民族人口占 2.3%。现下辖 4 个区、21 个街道、22 个镇、211 个社区和 248 个行政村。

经济总量方面,海口 2019 年地区生产总值为 1 672 亿元,三次产业结构占比为 4.3∶16.5∶79.2,人均地区生产总值为 72 218 元,社会消费品零售总额和进出口总额分别为 786 亿元和 331 亿元[1],分别占地区生产总值的 47% 和 20%,内需拉动经济的力度较强(表 14.4)。

表 14.4　海口市主要经济指标

(2000 年、2018 年)

	2000 年		2018 年	
	全市	市辖区	全市	市辖区
年末户籍人口/万人	57.34[259]	57.34[174]	178[241]	178[71]
常住人口/万人	—	—	230	230
行政区域土地面积/平方千米	236[264]	236[240]	2 289[285]	2 289[139]
建成区面积/平方千米	—	34[166]	—	183[60]
地区生产总值/亿元	134[201]	134[79]	1 511[164]	1 511[71]
人均地区生产总值/元	23 302	23 302	66 042	66 042
地均地区生产总值/万元	5 662	5 662	6 599	6 599
三次产业占地区生产总值的比重/%	2.4∶25.9∶71.7	2.4∶25.9∶71.7	4.2∶18.3∶77.5	4.2∶18.3∶77.5
年末金融机构人民币各项存款余额/亿元	—	—	4 843	4 843
当年实际使用外资金额/亿美元	3.5	3.5	2.5	2.5

① 海口市统计局.2019 年海口市国民经济和社会发展统计公报[EB/OL].(2020-03-18)[2021-03-10]. 海口市统计局官网.

续表

	2000 年		2018 年	
	全市	市辖区	全市	市辖区
社会消费品零售总额/亿元	107	107	758	758
第一产业从业人数/万人	2.9	2.9	2.5	2.5
第二产业从业人数/万人	10.0	10.0	9.2	9.2
第三产业从业人数/万人	22.1	22.1	38.9	38.9

资料来源:根据《中国城市统计年鉴2001》和《中国城市统计年鉴2019》数据计算而得。

注:"[ ]"内数值为在当年全国设区市中的排名。"—"表示无数据可用。

第四节 北部湾城市群的未来展望

随着粤港澳大湾区城市群、海南自由贸易港以及西部陆海新通道等建设的推进,北部湾城市群的发展面临更多的机遇与挑战。为此,需要城市群内部深化合作,强化社会经济联系,同时,规划建设南宁现代化都市圈。

"一带一路"通道建设的带动及其效应有望增强。2019年8月国家发展改革委发布《西部陆海新通道总体规划》,提出西部地区应进一步发挥毗邻北部湾港的区位优势,提升与东南亚等地区的互联互通水平,扩大对外开放,推动区域经济高质量发展。规划建设自重庆经贵阳、南宁至北部湾出海口(北部湾港、洋浦港),自重庆经怀化、柳州至北部湾出海口,以及自成都经泸州(宜宾)、百色至北部湾出海口的三条铁路,共同形成西部陆海新通道。跨境交通基础设施、铁海联运和多式联运、跨境运输与便利化以及物流枢纽分工等更加完善,更好引领区域协调发展和对外开放新格局。

城市群内部融合发展机制有待创新。为推进城市化和城乡融合,首先,需要提高北部湾城市群内农业转移人口市民化的数量与质量,包括推进户籍制度改革,提高农民工随迁子女平等接受教育的保障和农民工就业创业服务水平,扩大农民工参加社会保险覆盖面,提高农业转移人口住房保障。其次,优化北部湾城镇空间格局,提升核心城市的集聚与辐射带动力,发展特色小镇,推进行政区划调整。再次,提升城镇功能和宜居程度,包括加强城市基础设施和公用设施建设,推进城市更新,改进城市治理方式,推进产城融合发展和生态环境保护。最后,推进北部湾城市群城乡融合发展,包括引导入乡创业,促进乡村经济多元化,建立农村集体经营性建设用地入市制度,推进农村土地制度、产权流转交易机制和农村金融服务改革,实现城乡基础设施一体化和基本公共服务普惠共享。总之,打破行政边界是北部湾城市群未来发展的大势所趋。

本章执笔:李　红(广西大学商学院教授、博士生导师)

王心雨(广西大学商学院国际商务管理硕士研究生)

参考文献:

[1] 安树伟. 都市圈内中小城市功能提升[M].北京:科学出版社,2020.

[2] 陈林杰,张家寿,赵禹骅. 广西北部湾经济区产业布局优化研究[M].北京:人民出版社,2011.

[3] 范祚军. 区域开发与金融支撑:以环北部湾经济区开发为例[M].北京:人民出版社,2011.

[4] 广西壮族自治区北部湾经济区和东盟开放合作办公室,广西社会科学院,广西北部湾发展研究院. 广西北部湾经济区开放开发报告(2014—2015)[M].北京:社会科学文献出版社,2016.

[5] 胡宝清,覃开贤,陈波,等. 北部湾科学数据共享平台构建与决策支持系统

研发及应用[M].北京:科学出版社,2016.

[6] 孙尚志.中国环北部湾地区总体开发与协调发展研究[M].北京:气象出版社,1997.

[7] 韦海鸣.广西北部湾经济区经济整合研究[M].北京:中国经济出版社,2009.

[8] 叶大凤,王天维.广西北部湾经济区政策创新研究[M].北京:经济管理出版社,2015.

[9] 张协奎,等.广西北部湾经济区城市群可持续发展研究[M].北京:中国财政经济出版社,2010.

[10] 张协奎,等.广西北部湾经济区协同创新研究[M].北京:中国社会科学出版社,2017.

[11] 张学良.2015中国区域经济发展报告:中国城市群可持续发展[M].北京:人民出版社,2016.

[12] 中共广西壮族自治区委员会宣传部.泛北部湾经济合作读本[M].桂林:广西师范大学出版社,2007.

[13] YANG X J, JIANG S J. Challenges towards ecological sustainability in China: An interdisciplinary perspective[M].Switzerland:Springer,2019.

[14] 湛江市人民政府.湛江概况[EB/OL].(2020-08-10)[2021-03-10].湛江市人民政府官网.

[15] 海口市统计局.2019年海口市国民经济和社会发展统计公报[EB/OL].(2020-03-18)[2021-03-10].海口市统计局官网.

15

长株潭城市群

长株潭城市群位于湖南省东北部,由长沙、株洲、湘潭三市与周边的岳阳、常德、益阳、娄底及衡阳五市构成,是湖南经济发展的核心地域,在长江经济带建设、中部崛起等国家重大战略中起着重要作用。长株潭城市群依托优良的自然环境条件、坚实的社会经济基础与鲜明的地域文化特征,不断探索交通、产业、信息、生态建设一体化发展的制度体系与路径模式,城市群区域空间治理与跨区域合作成效显著。按照建设"高质量、可持续、现代化生态型城市群"的发展目标与战略定位,本章构建了城市群一体化发展框架,并从组织保障、规划保障、平台保障和政策保障四个方面提出了加快长株潭城市群一体化发展的对策建议。

第一节　长株潭城市群的范围及主要城市

长株潭城市群位于中部地区的湖南省东北部,核心城市包括长沙、株洲、湘潭,三个城市呈"品"字形分布于湘江下游,城市中心直线距离分别为:长沙与湘潭、株洲相距 40 千米,湘潭与株洲相距 20 千米[①],以长株潭三市为核心,1.5 小时为通勤半径,外围拓展至岳阳、常德、益阳、娄底、衡阳五个地级市市域范围。

一、长株潭城市群空间范围界定

城市群范围的界定是长株潭城市群研究的重要内容,对指导城市群规划与整体发展具有重要意义,多位学者从不同的角度对长株潭城市群范围的界定进行了深入研究。湖南省社科院原副院长、经济学家张萍于 1982 年以提案形式提出长株潭经济区概念,其空间范围由长沙、株洲、湘潭三市组成[②]。秦尊文提

---

① 邓勇. 城市区域协作组织法治保障研究[M].北京:首都经济贸易大学出版社,2016.
② 张萍."长、株、潭"经济区的总体战略构想[J].经济地理,1988(2):94.

出了湘东北城市群的概念,指出在继续抓好长株潭一体化的同时,要以此为突破口,使岳阳、益阳和常德与长株潭整体推进,组建湘东北城市群。[①] 2007 年,肖金成等在长株潭党政联席会上的报告提出长株潭城市群的空间范围以长株潭为核心,包括岳阳、常德、益阳、娄底、衡阳、萍乡等城市,即"3+6"城市群。[②]中国宏观经济学会则提出长沙都市圈概念,其范围以长沙为中心,包括株洲、湘潭、衡阳、常德、益阳、娄底、萍乡等城市。[③] 朱有志等认为长株潭城市群实质上是"两群"并存,一个是"1+2"(长沙、株洲、湘潭)城市群,另一个是"3+5+1"城市群(长株潭三市,岳阳、常德、益阳、娄底、衡阳以及江西萍乡市)。

　　目前,对长株潭城市群的空间范围界定已形成三种主流观点,一是直接采用长沙、株洲、湘潭三市范围,总面积约 2.8 万平方千米。二是采用《长株潭城市群区域规划(2008—2020)》(2014 年调整)的规划范围,即长沙、株洲、湘潭、衡阳、岳阳、常德、益阳、娄底 8 市行政辖区,总面积约 9.68 万平方千米。三是基于信息流、经济流与人流等虚拟与实体要素流联系强度,在长株潭"3+5"城市群的基础上突破省际边界,将江西萍乡市纳入长株潭城市群空间范围。[④] 但不同省份管辖下的跨区域联合发展往往会因制度、政策差异而形成空间分割,行政约束较强,城市群区域一体化发展将受到阻碍,基于当前城市群区域社会经济发展程度与城市群发展近、远期目标及可操作性考量,长株潭城市群的空间范围可界定为以长株潭三市为核心,辐射周边岳阳、常德、益阳、衡阳、娄底五市的区域,即长株潭"3+5"城市群,总面积 9.68 万平方千米(图 15.1)。

①　秦尊文. 长江中游经济区的建立与发展[J].江汉论坛,2003(12):20-22.
②　肖金成,欧阳慧. 优化我国空间开发格局的设想[J].人民论坛·学术前沿,2012(3):64-75.
③　杨靖. 长株潭"3+5"城市群空间组织研究[D].长沙:中南大学,2010.
④　王圣云,宋雅宁,张玉,等. 交通运输成本视角下长江中游城市群城市网络空间关联机制[J].经济地理,2020,40(6):87-97.

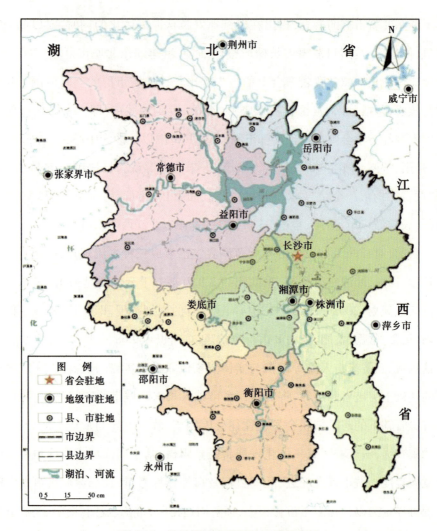

图 15.1　长株潭城市群行政区划示意图

二、长株潭城市群的主要城市

长沙市为湖南省会,是全省政治、经济、文化、科教和商贸中心,为全国"两型社会"建设综合配套改革试验区核心城市。长沙古称潭州,别名"星城",历经 3 000 多年城名、城址不变,素有"屈贾之乡""楚汉名城"之称,为国务院首批公布的 24 个历史文化名城之一。长沙地形以丘陵、岗地和冲积平原为主,属亚热带季风气候。长沙现辖芙蓉、天心、开福、雨花、岳麓、望城6个区，以及长沙县、浏阳市和宁乡市，土地面积11 819平方千米。2019年年末，常住人口839.45万人，地区生产总值11 574.22亿元，经济总量上升至全国第11位，城市规模迅速扩大，综合实力显著增强。长沙交通枢纽、主干道、过江通道建设较快，有轨电车、磁悬浮、城际铁路建设加速推进，与国内外的联系显著增强。产业发展方面，长沙的工程机械、文化产业已发展成为具有全国意义的支柱产业，并获评世界"媒体艺术之都"，中国—非洲经贸博览会也长期落户长沙，科技创新驱动具有引领示范意义，智慧长沙建设取得明显进步。

株洲位于湖南省东部偏北，地处湘江下游，古称建宁，是炎黄文化的重要发祥地。现辖天元、芦淞、荷塘、石峰、渌口5个区，以及攸县、茶陵县、炎陵县3个县，代管县级醴陵市，另设云龙示范区，全市总面积11 262平方千米。2019年年末，常住人口402.85万人，地区生产总值3 003.13亿元。株洲区位优越，京广、浙赣、湘黔三大铁路干线在株洲交会，是我国南方重要的铁路枢纽。株洲既是全国的老工业基地，又是新兴的工业城市，冶金、机械、化工等传统支柱产业发展强劲，航空装备、汽车制造、新能源等产业蓬勃发展，是亚洲最大的有色金属冶炼基地、硬质合金研制基地、电动汽车研制基地。轨道交通装备制造业产值实现从百亿到千亿的重大突破，拥有株洲高新区、株洲中国动力谷自主创新园等园区，被誉为"中国电力机车之都"。

湘潭位于湘中偏东，地处湘江中游，是长株潭城市群的重要组成部分，地形以平原、丘陵为主，地势西高东低，属亚热带季风性湿润气候，内辖岳塘区、雨湖区、湘潭县、湘乡市和韶山市，土地面积5 006平方千米。2019年年末，常住人口288.15万人，地区生产总值2 257.63亿元。湘潭是历史文化名城，为湖湘文化主要的发源地，涌现出毛泽东、彭德怀、齐白石等著名人物，也是湖南重要的旅游城市，拥有以韶山风景区为代表的众多旅游资源。市内有京广线、湘黔线、沪昆高铁、京港澳高速、沪昆高速等干线经过，交通条件优越。作为老工业基地，湘潭的电机制造、风力发电、新材料和一部分军工产品在全国占据领先位置。

岳阳位于湖南东北部,东倚幕阜山,西临洞庭湖,北接长江,是长株潭城市群北大门,素称"湘北门户"。岳阳古称巴陵,又名岳州,拥有2 500多年的悠久历史,是湘楚文化的重要发源地,AAAAA级景区岳阳楼—君山岛享誉盛名,获批优秀旅游城市与国家历史文化名城。现辖岳阳楼、君山、云溪3个区,岳阳县、华容县、湘阴县、平江县4个县,代管临湘、汨罗2个县级市,土地面积15 020平方千米。2019年年末,常住人口577.13万人,地区生产总值3 780.41亿元,在省内仅次于长沙。岳阳拥有长163千米的长江岸线,是湖南唯一的长江口岸城市,城陵矶综合保税区、启运港退税政策试点港和中国(湖南)自贸区岳阳片区相继获批,长江中游重要港口城市和航运物流中心的地位日益凸显。岳阳还是长江中游重要的工业基地,石化、电力、造纸等传统产业加快发展,装备制造、生物医药、电子信息、节能环保等新兴产业持续壮大,现已形成石化、食品加工两大千亿产业集群和11个省级以上工业园区。

常德位于湘鄂省际交界、洞庭湖区与武陵山片区"接合部",是湘西北中心城市,现辖武陵、鼎城2个区,安乡、汉寿、桃源、临澧、石门、澧县6个县和津市市,土地面积18 190平方千米,以中心城区、津澧融城区为核心。2019年年末,常住人口577.15万人,地区生产总值3 624.20亿元。常德的粮食、棉花、油料、生猪、蚕茧和水产品产量均居湖南之首,是全国重要的商品粮、棉、油、猪和鱼的生产基地。在工业方面,常德形成了以食品、纺织、机电、化工、建材为支撑的工业体系,重点培育烟草、生物科技与健康食品、现代装备制造、有色金属及新材料四个支柱产业[①],是湘西北重要的工业基地。此外,常德拥有桃花源、柳叶湖等著名景点,旅游产业得到大力发展。

益阳位于洞庭湖南岸,地处湖南省北部,是南洞庭湖中心城市,现辖安化、桃江、南县3个县,沅江市与资阳、赫山2个区,土地面积12 144平方千米。2019年年末,全市常住人口442.07万人,地区生产总值1 792.46亿元。益阳滨湖平原由河湖冲积而成,土质肥沃,苎麻产量居全国首位,此外,益阳是现代新型工业城市、湖南省重要的能源基地,轨道交通、工程机械、新材料、生物医药、

---

① 朱翔.湖南空间发展新谋略[M].长沙:湖南教育出版社,2019.

装配式建筑、农业机械、新能源、电子信息、船舶制造等产业链逐渐形成。旅游发展方面,茶马古道、洞庭湖湿地等旅游资源丰富,宜居山水生态旅游城市建设进程加快。

娄底位于湘中,是长株潭城市群承东启西的重要城市、湘中地区的核心城市。地势西高东低,呈阶梯状倾斜,主要河流有湘江支流涟水、资水。现辖娄星区、涟源市、冷水江市、新化县、双峰县,土地面积 8 117 平方千米。2019 年年末,全市常住人口 394.13 万人,地区生产总值 1 640.58 亿元。作为湖南省几何中心,沪昆高速、二广高速、沪昆线、洛湛线等多条公路、铁路贯穿市域,交通便利,区位优越,是湖南重要的铁路枢纽。娄底还是湖南的能源、矿产和化工基地,特色装备与先进制造业基地。娄底风光旖旎,是湖湘文化重要发源地,拥有曾国藩故居、紫鹊界秦人梯田等旅游名胜。

衡阳位于湘中南,雅称"雁城",现辖雁峰、石鼓、珠晖、蒸湘、南岳 5 个区,衡阳、衡南、衡山、衡东、祁东 5 个县,代管耒阳、常宁 2 个县级市,土地面积15 310平方千米。2019 年年末,全市常住人口 730.06 万人,地区生产总值 3 624.20 亿元。地势南高北低,大体呈盆地状,主要河流有湘江、耒水、蒸水、洣水等。交通区位优越,京港澳高速、泉南高速、京广线、湘桂线等多条重要公路、铁路干线在此交会,衡阳港为湖南重要港口。衡阳是重要的工业城市、全国加工贸易重点承接地、国家服务业综合改革试点城市,以机械、冶金、化工、纺织、食品加工等产业为支柱,拥有湖南第一家综合保税区,是湘南承接产业示范区的重要组成部分。衡阳是湖湘文化重要的发源地和湖南省历史文化名城,境内的衡山是中国五岳之一,衡山现为国家 AAAAA 级旅游景区。

第二节　长株潭城市群的现状特征

长株潭城市群作为我国区域一体化发展、"两型社会"建设、创新驱动发展的重要试验场,城市群内部各城市不断打破藩篱,不断探索基础设施、产业、生态建设和规划管治一体化发展的制度体系与路径模式,并日益成为我国实施促进中部崛起战略、创新驱动发展、生态文明建设、深化改革开放、推进新型城市化和城乡融合发展的重点区域,为全国城市群一体化发展提供示范。

一、长株潭城市群的形成与发展

在历史上多数时期,长株潭三地同属于大长沙,同根同源,联系紧密,长株潭城市群发展整体可分为三个阶段(图 15.2)。1950—2006 年为发展起步阶段:中华人民共和国成立初期,有城市规划工作者提出将长沙、株洲、湘潭三市合并组建"毛泽东城"的构想①;1982 年,湖南省社科院原副院长、经济学家张萍提出建立"长株潭经济区";2000 年,世界银行把长株潭作为在华首批试点,开展长株潭城市发展战略研究(CDS);2006 年,长株潭城市群被国家列为促进中部崛起重点发展的城市群之一,同年 11 月,湖南省第九次党代会上首次提出了"3+5"城市群战略,将岳阳、常德、益阳、娄底、衡阳 5 个城市纳入城市群范围。2007—2014 年为发展加速阶段:2007 年 12 月,经国务院同意,国家发展改革委行文批准长株潭城市群为"全国资源节约型和环境友好型社会建设综合配套改革试验区";2011 年 6 月,《湖南省国民经济和社会发展第十二个五年规划纲要》出台,首次提出"环长株潭城市群"新概念;2014 年 8 月,长株潭国家自主创新示范区获批。2015 年至今为提质发展阶段:2015 年 4 月,国务院正式批复同意在长株潭城市群设立中国第 12 个、中部地区首个国家级新区——湘江新区;2016 年 11 月,国家工信部正式批复同意长株潭开展"中国制造 2025"试点示范城市群建设②;2018 年 10 月,长株潭城市群一体化发展首届联席会议在长沙召开,审议并签署了一系列合作项目及行动计划;2019 年 11 月,长株潭三市签署了《长株潭城市群一体化发展行动计划(2019—2020 年)》,从规划、交通、产业、

---

① 胡德池,夏昕. 一个崭新的发展时代向我们走来:访湖南省社科院研究员张萍[J].新湘评论,2008(1):20-22.

② 周国华,陈炉,唐承丽,等.长株潭城市群研究进展与展望[J].经济地理,2018,38(6):52-61.

民生及环境等方面推进合作；2020 年 10 月，《长株潭区域一体化发展规划纲要》发布，为推动长株潭区域高质量一体化发展指明了方向。

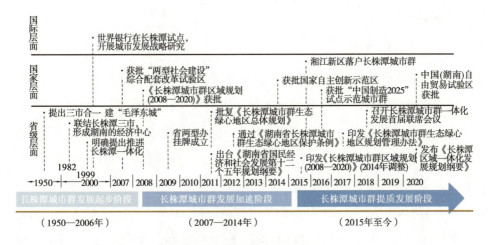

图 15.2　长株潭城市群发展历程概览

二、长株潭城市群现状特征

长株潭城市群具有良好的生态本底，区位优势明显，空间联系密切，城镇等级清晰，职能分工明确，地域文化特色鲜明，经过多年发展，长株潭城市群已成为湖南省经济发展的核心增长极及长江中游城市群的重要组成部分。

（一）地理环境

长株潭城市群自然地理条件较为优越。气候方面，城市群区域地处亚热带季风湿润气候区，光热充足，降水丰沛，4—6 月为多雨季节，四季分明。土地资源方面，长株潭城市群地处湘江中下游区域，区内以丘陵岗地与盆地为主，盆地之间经湘江干支流相互连通，由此沿江阶地发育形成，受长期河流冲积与堆积的影响，沿岸河谷平原多为冲积土，其土层深厚，有机质含量较高，土地质量较好。水资源方面，长株潭地区降水丰富，有着较为发达的水系，河网密集，水系纵横交错，拥有湘江、澧水、沅水、资水、涟水和洞庭湖等水资源，"一江一湖四水"生态优势凸显。矿产资源方面，长株潭城市群矿产种类繁多，以非金属矿独具特色,已发现的矿产资源主要有铁、锰、钒、铜、铅、锌、煤、高岭土、石灰、硫、磷、重金石、石英砂等 50 余种,还有全国独一无二的菊花石以及储量居全国首位的海泡石。

(二)城镇体系

依据 2014 年印发的《国务院关于调整城镇规模划分标准的通知》,基于长株潭城市群内各城市 2019 年城区人口规模可知,城市群整体呈现"金字塔"式的城镇等级结构特征,即大城市数量较少,小城市数量较多(表 15.1),城镇等级体系的中心化特征明显①。具体而言,人口规模大于 300 万人的 I 型大城市仅有长沙市,100 万~300 万人的 II 型大城市仅有株洲市,50 万~100 万人的中等城市有衡阳市、岳阳市、湘潭市、常德市与益阳市,20 万~50 万人的 I 型小城市有娄底市、宁乡市、耒阳市、醴陵市、湘乡市及临湘市,人口规模小于 20 万人的有浏阳市、冷水江市、沅江市、常宁市、涟源市、汨罗市、津市市与韶山市,为 II 型小城市。

表 15.1 长株潭城市群城镇等级结构

规模等级	人口规模	数量/个	城市名称
I 型大城市	300 万~500 万人	1	长沙市
II 型大城市	100 万~300 万人	1	株洲市
中等城市	50 万~100 万人	5	衡阳市、岳阳市、湘潭市、常德市、益阳市
I 型小城市	20 万~50 万人	6	娄底市、宁乡市、耒阳市、醴陵市、湘乡市、临湘市
II 型小城市	<20 万人	8	浏阳市、冷水江市、沅江市、常宁市、涟源市、汨罗市、津市市、韶山市

资料来源:中华人民共和国住房和城乡建设部.2019 年城市建设统计年鉴[R/OL].(2020-12-31)[2021-03-10].中华人民共和国住房和城乡建设部官网.

---

① 周国华,朱翔,唐承亮.长株潭城镇等级体系优化研究[J].长江流域资源与环境,2001(3):193-198.

（三）经济社会发展

长株潭城市群已成为带动湖南经济发展的核心地域,人口流动活跃,2019年,长株潭城市群常住人口 4 250.99 万人,占湖南省总人口的 61.4%,其中城镇人口 2 610.28 万人,城市化率为 61.4%(表 15.2),新型城市化建设不断推进。2019 年,长株潭城市群实现地区生产总值 31 045.30 亿元,比上年增长 7.9%,占全省地区生产总值的 76.7%;地方一般公共预算收入 1 922.15 亿元,占全省总额的 63.9%;社会消费品零售总额 12 612.95 亿元,占全省总额的 75.6%;居民人均可支配收入 32 215 元,增长 9.3%;进出口总额 514.09 亿美元,占全省总额的 81.8%;实际利用外资金额 140.55 亿美元,与 200 多个国家和地区建立经贸合作关系,中国—非洲经贸博览会长期落户长沙。

表 15.2　长株潭城市群人口分布情况

（2019 年）

区域	年末常住总人口/万人	城镇人口/万人	农村人口/万人	城市化率/%
长沙市	839.45	667.83	171.62	79.56
株洲市	402.85	273.59	129.26	67.91
湘潭市	288.15	183.88	104.27	63.81
岳阳市	577.13	341.66	235.47	59.20
常德市	577.15	314.24	262.91	54.45
益阳市	442.07	233.98	208.09	52.93
娄底市	394.13	194.11	200.02	49.25
衡阳市	730.06	400.99	329.07	54.93
长株潭城市群	4 250.99	2 610.28	1 640.71	61.40
湖南省	6 918.38	3 958.70	2 959.68	57.22

资料来源:湖南省统计局,国家统计局湖南调查总队.湖南统计年鉴 2020[M].北京:中国统计出版社,2020.

产业发展方面,2019 年,长株潭城市群第一产业产值 2 336.45 亿元,第二产业产值 12 387.45 亿元,第三产业产值 16 321.40 亿元。三次产业结构为 7.53：39.90：52.57,第二、第三产业比重总体上升,产业结构不断优化,现已形成以机械、电子、冶金、轻纺、食品、化工、制药、印刷为支柱的综合工业体系。特别是长株潭三市已聚集 9 个国家级园区、19 个省级园区,形成 3 个万亿级产业、11 个千亿级产业和 20 条工业新兴优势产业链,岳阳、衡阳、常德先进制造业发达,益阳新材料产业独具特色,娄底重化工产业基础雄厚。以三一重工、中联重科、山河智能等为代表企业的工程机械产业规模稳居全国第一,主营业务收入占全国的1/4以上;以中车株机为代表企业的轨道交通装备产业规模位列全国首位,电力机车产品市场份额居全球第一;以马栏山视频文创产业园为基地的"电视湘军""出版湘军""动漫湘军"享誉全球,长沙因而获评世界"媒体艺术之都";电子信息、生物医药、节能环保、新材料、人工智能、大数据等战略新兴产业正蓬勃发展。

科教创新方面,长株潭城市群教育科技实力雄厚,创新动能日趋强劲,是我国重要的智力资源密集区。资本、技术及人才等高端发展要素加速聚集,仅长株潭三市就汇聚了全省 60% 以上的创业平台、70% 以上的高新技术企业、80% 以上的高校科研机构、85% 以上的科研成果,2019 年高新技术产业增加值比上年增长 8.8%,R&D 经费占地区生产总值的比重达 2.5%。超级计算机、超级杂交稻、磁悬浮技术、"海牛号"深海钻机等一批世界先进科技成果先后涌现,长沙麓谷创新谷、株洲中国动力谷、湘潭智造谷、常德现代装备制造基地、益阳津澧先进制造业、岳阳军民融合装备制造基地、娄底先进制造集中区、衡阳老工业基地转型升级示范区等成为中国制造新名片。

（四）区域合作

长株潭城市群与邻近省份也开展了多种形式的跨区域合作,如与湖北省进行航运合作,开通武汉新港—岳阳港—九江港集装箱公共班轮航线,共同推动口岸通关与航运一体化进程,携手推进长江经济带建设;共同推进洞庭湖生态经济区建设、重点河湖环境综合整治工程,推动两省生态环境同治,共谋长江经济带"大保护"战略;共同推进武陵山片区区域发展与扶贫攻坚,不断健全跨省扶贫工作协调机制,推动两省公共服务共享。与江西省共建包括赣西新余、宜春与萍乡城镇群在内的湘赣开放合作试验区,其中萍乡市分别与株洲市、长沙市签订《共建湘赣开放合作试验区战略合作框架协议》①,湖南省内也出台《湖南省推进湘赣边区域合作示范区建设三年行动计划(2020—2022年)》,共同推动交通网络互联互通、湘赣边区域红色旅游合作、跨区域流域联动治理等。与广东省在基础设施互联、产业对接、科技创新等方面展开深入合作,积极吸纳珠三角项目投资及产业转移,与粤港澳大湾区共同探索建设跨区域金融合作示范区,在先进制造业、公共服务等领域不断推进长株潭城市群与粤港澳大湾区联动发展。与广西壮族自治区签署了《关于进一步深化桂湘合作框架协议》,依托中国—非洲经贸博览会、中国—东盟博览会、泛珠三角区域合作等,打造临海产业"飞地经济",共同推进西部陆海新通道建设,加强了长株潭城市群与北部湾港口联动发展,携手开拓"一带一路"沿线市场。与贵州省在大数据领域展开深度合作,稳步增强两地政企之间大数据交流,合力推动数据资源化、资产化、资本化;通过电商扶贫、旅游扶贫等途径联袂构建武陵山片区扶贫合作开放新格局;积极开展污染联防联治与生态保护技术攻坚,不断加深两省生态保护领域的合作与交流等,深入推进"大扶贫、大数据、大生态"三大战略行动。与重庆市签署了《关于加强湘渝战略合作框架协议》②,不断加强区域战略协作、基础设施建设、产业联动发展、科技人才交流、环境保护合作、社会管理合作,不断完善合作机制。

随着中部崛起战略的深入推进,湖南省逐渐形成以长株潭区域为中心,以岳阳为湘北门户,以郴州为湘南门户,以怀化为湘西核心,以京广线为纵轴、沪昆线为横轴的空间开发格局。在省域层面,长株潭城市群对内对外合作不断深化,联系日益紧密,在产业协同发展方面,持续推进株潭娄国家产业转型升级示范区、湘南湘西承接产业转移示范区建设,积极谋划转型升级,逐步打造了轨道交通、先进装备制造等千亿元以上的特色产业集群,在产业高端化、集聚化、智能化升级方面取得了突破;在综合交通建设方面,长株潭城市群以岳阳为口岸,依托岳阳城陵矶综合保税区等平台,推动城市群与城陵矶港产业协同发展,同时,长益高速公路扩容工程正式通车,常益长高铁也已动工,郴州北湖机场、湘西民用机场等重点项目不断推进,长株潭城市群与省内周边区域多层次立体交通格局基本形成;在科技创新方面,充分利用长株潭国家自主创新示范区、中国(湖南)自由贸易试验区、岳麓山国家大学科技城等平台优势,与各市州合作共建园区,加大科技成果转化,发展了诸多新技术、新产业、新业态、新模式。未来,长株潭城市群还将围绕重点领域展开省内跨区域深入合作,发挥区域比较优势,实现区域优势互补,推动城市群向更可持续、更高质量发展。

三、存在的主要问题

长株潭城市群作为我国首个自主进行区域经济一体化试验的城市群,在对内空间治理与对外跨区域合作等方面取得了显著成效,但随着城市群一体化发展进入提质阶段,多元主体协同治理架构不完善、规划定位与实施延续性不强、中心城市辐射带动能力不足、区域壁垒与冲突依然存在、对外开放程度偏弱等问题凸显,制约了城市群一体化进程的推进,亟待进一步解决。

(一)多元主体协同治理架构欠缺

尽管目前长株潭城市群各市跨区域合作取得了一定的进展,也建立了城市群一体化发展市长联席会议制度,但多元主体协同治理架构有待健全。一方面,随着区域一体化不断深入,政府之间的协同联动架构与机制仍然不够完善,各市之间对于整体发展目标框架与行动策略缺乏有效沟通,系统性、制度化的议事与决策机制尚不成熟,各自为政问题依然突出。另一方面,在长株潭城市群一体化发展过程中政府一直扮演着重要的角色,而市场的自组织作用发挥有限,政府在决策过程中应充分遵循市场规律,各大企业、社会组织以及公众在区域一体化发展过程中的参与度也有待进一步提高。

(二)规划定位与实施延续性偏弱

长株潭城市群在建设过程中地方政府编制的各级、各类、各阶段规划很多,但是规划之间的衔接性与延续性有待进一步加强。首先,从历版城市群区域发展规划编制情况来看,长株潭城市群的空间范围以及核心区范围不断发生变化,由长株潭三市扩容到包含岳阳、衡阳、益阳、常德、娄底五市的"3+5"城市群,核心区由长株潭绿心及周边地区变为长沙市或长株潭三市,且同一范围在不同规划或政策文件中的表述有待规范,如"3+5"城市群、"环长株潭城市群"、"泛长株潭城市群"等。同时城市群发展战略也在不断调整,集中体现为长株潭城市群向长株潭都市圈再到"大长沙"都市圈。其次,从历版城市群区域发展规划实施情况来看,《长株潭城市群区域规划(2008—2020)》《长株潭城市群土地利用规划(2008—2020年)》等在引导城市群发展过程中虽然起到了重要作用,但由于其法定性不够,缺乏稳定有效的规划实施成效评估与监督机制,规划实施与执行力度有限。最后,历次区域规划、土地利用规划、城市规划等各类规划在时间、内容、方案等方面缺乏充分衔接,尤其是省与市、市与市之间的规划编制协调机制不完善,影响了相关规划的可实施性与指导性。

(三)中心城市辐射带动能力不足

长沙作为长株潭城市群的中心城市,其主要社会经济指标遥遥领先,但其总量偏小,人口、经济集聚能力相对有限,对外辐射带动能力、对内服务与支撑能力均有待增强。2019年长沙市地区生产总值为11 574.22亿元,占湖南省地区生产总值的29.12%,明显低于武汉、南京与郑州等城市的地区生产总值占比;2019年长沙市人口规模为839.45万人,占湖南省总人口的12.13%,明显低于西安、成都和武汉等城市的人口占比;此外,虽然2019年长沙市城市化率达到了79.56%,但长株潭城市群的整体城市化率仅为61.40%,而国外一些发达城市群的城市化率已普遍达80%以上,国内珠三角、长三角地区已达75%以上,由此表明长沙及其他次中心城市的辐射带动能力整体有限,未来有待加强长株潭城市群社会、经济外向广度与深度。

(四)区域壁垒与冲突仍然存在

各市之间的竞合机制不完善,区域壁垒依然存在,各类冲突时有发生。一是受地方保护主义影响,行政壁垒尚未完全打破,生产要素的跨区域流通额外成本依然存在,如交通壁垒、贸易壁垒与绿色壁垒等;二是在产业发展过程中,区域产业经济布局与战略的统筹引领作用发挥不充分,各地方政府为追求经济效益,对投资企业的主动选择与协调不够,往往导致城市群内部恶性竞争,也造成了一些资源消耗型产业的重复建设,不利于区域整体竞争力的提升,例如紧邻中心城市长沙、株洲与湘潭的跨区域昭山示范区因行政壁垒、生态绿心和利益博弈等导致跨界组团内部难以共建共享公共基础设施①;三是在资源开发与要素空间组织过程中,各地市常常忽略城市群层面的统筹全局安排,使国土空间开发与利用效率不高,如长株潭三市结合部空间资源过度开发、湘江流域跨界污染转移等问题尚未完全解决②。

(五)对外开放程度有待提高

近年来,长株潭城市群积极强化对外开放的力度和广度,尤其是中国—非洲经贸博览会长期落户长沙以来,对外交流频率与贸易规模迅速增长,已成为吸引外商投资的热点区域。但从城市群进出口总额来看,2019 年长株潭城市群进出口总额为 514.09 亿美元,虽占全省的比重为 81.8%,但仅为郑州市的 80.24%、广州市的 35.47%、杭州市的 59.35%;从城市群外资吸引能力来看,累计引进世界 500 强企业数量远少于京津冀、长三角、珠三角等发达城市群,其中长沙市截至 2020 年累计引进世界 500 强企业 173 家,也明显落后于武汉市与郑州市。由此表明,长株潭城市群的对外开放程度依然不够,对外资的吸引力仍然偏低,随着

---

① 熊鹰,徐亚丹,孙维筠,等.城市群空间结构效益评价与优化研究:以长株潭城市群与环洞庭湖城市群为例[J].地理科学,2019,39(10):1561-1569.

② 杜微.湘江流域跨界水污染府际协同治理机制存在的问题及对策[D].湘潭:湘潭大学,2016.

中国(湖南)自贸试验区获批,长株潭城市群将进一步强化对外开放广度与深度,打造内陆地区对外开放新高地。

第三节　促进长株潭城市群高质量发展的对策建议

为突破长株潭城市群一体化发展瓶颈,探索高质量、可持续发展新模式,实现全国城市群一体化发展示范区和全国生态文明建设先行区的发展目标,需要以空间布局、功能定位、产业发展、设施建设与生态治理一体化为重点构建长株潭城市群高质量一体化发展框架,并从组织保障、规划保障、平台保障和政策保障等方面制定长株潭城市群一体化发展的相应措施与政策制度。

一、促进长株潭城市群一体化发展

全面贯彻党的十九大精神,统筹推进"五位一体"总体布局和协调推进"四个全面"战略布局,面向现代化目标,坚持新发展理念,以《中华人民共和国国民经济和社会发展第十四个五年规划和2035年远景目标纲要》《中共湖南省委关于制定湖南省国民经济和社会发展第十四个五年规划和二○三五年远景目标的建议》《国家发展改革委关于培育发展现代化都市圈的指导意见》等文件精神为指导,以空间布局一体化、功能定位一体化、产业发展一体化、基础设施建设一体化和生态治理一体化为重点构建长株潭城市群一体化发展框架。

空间布局一体化。以优化区域空间组织结构、提升中心城市辐射能力为目标,立足全域统筹、城乡一体,围绕长株潭城市群中心区打造若干重要功能组团,重视跨区域生态景观廊道与斑块保护,发挥交通对人口、产业集聚与要素流动的引导与支撑作用,使经济廊道与生态廊道交织串联,加快城市群空间紧密融通与同城化。统筹生态、生产、生活空间,化解空间冲突①,把生态空间保护放在优先位置,科学合理地划定"三区三线",促进城乡空间融合发展,建设功能完善、生态宜居、开放包容、具有韧性的城乡社区。

功能定位一体化。促进功能联系与合理分工,客观认识各城市之间的发展差异,准确定位各级城市功能,巩固长沙中心城市地位,做大做强都市圈,积极促进株洲市、湘潭市融城发展,形成长株潭核心增长极,带动"3+5"城市群发展。大力培育岳阳、衡阳两个副中心城市,支持岳阳建设长江经济带绿色发展示范区,支持衡阳建设现代产业强市,推动长株潭极核、副中心城市与周边区域交通、信息网络等的连接和产业分工协作,鼓励飞地经济、合作共建等各种形式的区域合作,强化中心城市对周边地区的辐射带动作用。积极发挥小城镇节点效应,以多样化、专业化和特色化为方向,每个县培育多个重点小城镇,打造一批工业强镇、商贸重镇、旅游名镇,构建大、中、小城市功能联系网络。通过城市功能辐射为乡村发展注入新的活力,实体网点建设与虚拟平台建设相结合,完善乡村教育、医疗、商贸等公共服务功能。

产业发展一体化。以产业链为抓手,以产业园区为依托,以企业和企业家为主体,以政策协同为保障,围绕优势产业集群,共同推动制造业高质量发展,加强创新与产业经济的深度融合,引导产业合理布局,实现产业集群、产业园区与城市群互动发展。② 充分利用长株潭国家级自主创新示范区、国家级湘江新区等国家级战略平台,通过有序建链、强链、延链、补链,重点培育和发展先进装备制造、新材料、文化创意、电子信息、生物产业、新能源、节能环保等产业集群,促进产业链条的纵向延伸和产业的横向联动发展,形成城市之间和开发区之间产业分工有序、梯度合理、错位融合、特色鲜明的一体化发展模式。加强各地市

① 周国华,彭佳捷.空间冲突的演变特征及影响效应:以长株潭城市群为例[J].地理科学进展,2012,31(6):717-723.
② 唐承丽,吴艳,周国华.城市群、产业集群与开发区互动发展研究:以长株潭城市群为例[J].地理研究,2018,37(2):292-306.

产业发展规划衔接,确保转移企业顺利落地与发展,以协调各地市利益分配为出发点,建立长株潭城市群产业转移 GDP 分计机制和产业转移新增利益分享机制。

基础设施一体化。完善基础设施网络,提升基础设施的互联互通水平,统筹"新基建"项目,突出智能化与信息化,形成现代化基础设施网络体系。建构跨区域立体化交通出行模式,提升市际公路通达能力,完善长株潭城市群高速公路网络,加快醴娄高速扩容工程以及宁韶、江杉等高速公路建设进程,进一步加密长株潭环线高速公路,研究建设京珠高速长株潭段扩容工程,加快城际快速干道建设。以交通廊道为纽带,将长株潭极核打造为全国性枢纽,把衡阳、岳阳、常德、益阳、娄底等城市建设为区域性枢纽,同时推进城际干道和城市道路的一体化衔接,优化完善城市内部道路的结构,确保内畅外联,快进快出。优化配置公共服务资源,营造共建共享、公平包容的社会环境,实现基本公共服务的标准化、均等化、普惠化、便捷化。

生态治理一体化。加强对以罗霄山余脉大围山—连云山—神农峰山脉为构架,以洞庭湖、湘江及其支流为脉络的生态安全区的水源涵养、水土保持、生物多样性保护,协同保护生态绿心,构筑区域生态安全体系。严格遵循生态保护红线、环境质量底线、资源利用上线和生态环境准入清单的"三线一单"管控要求,强化生态红线保护和生态修复,严控能耗总量和强度、环境准入,保护长株潭城市群可持续发展生命线。坚持生态保护优先,构建"山、水、林、田、湖、草生命共同体",全要素统筹管理,突出对大型景观的保护,不断提升生态产品供给能力,建立环境污染联防联治机制与生态环境协同监管体系,完善生态保护共保联治网络,实现生态共保联治。

二、构建科学高效的城市群治理体系

优化长株潭城市群一体化发展领导小组,成立长株潭城市群一体化发展办公室,巩固完善联席会议制度,成立长株潭专家咨询与规划委员会,调动政府、协会、民众等多方力量,形成高效、多元的区域协调组织框架。

加强城市群高质量发展的顶层规划设计。从规划编制与规划实施两个过程对城市群一体化发展做顶层设计与行动计划,强化发展规划、国土空间规划对城市群一体化发展的引导作用,编制区域规划与其他专项规划,构建规划传导体系,以重大项目带动城市群一体化发展,并督促规划落实。

推进城市群联动发展的技术平台建设。基于互联网与数字信息等新技术,建立一体化大数据信息平台、一体化规划管控平台、一体化政务服务平台、一体化招商引资平台、一体化监管与公众参与平台、应急指挥联动中心等协同合作与治理平台,努力提升长株潭城市群信息化与智慧化协同发展水平。

三、创新城市群一体化发展的体制机制

逐步破除城市群一体化发展机制中存在的突出问题,统筹好城市群发展战略与定位,消除阻碍要素自由流动的行政壁垒和体制机制障碍,优化创新协同机制,建立健全合作共赢、高度一体化的市场机制,同时深入推进基础设施互联互通、基本公共服务均等共享、生态环境联防联治、重大风险监测预警,完善城市群发展利益分配机制与监督一体化机制,实现城市群一体化发展体制机制改革与创新。

四、完善城市群一体化发展的政策制度保障

从人口、土地、产业、投融资、财税、环境、项目审批等方面制定专项政策条例,形成集激励性、协调性与约束性政策的政策工具,使城市群政策协同、连贯。具体来说,人口政策方面,实施人口集聚、公共服务均等共享、户口通迁、居住证互认及"两低一高"的人口(才)政策;土地政策方面,推进多渠道土地供给改革,允许土地功能混合利用,允许以出让、租赁、作价出资(入股)等方式利用农村集体建设用地,探索创新产业用地竞价方式,整合建设用地审批、规划许可、

规划核实、竣工验收和不动产登记等业务;产业政策方面,制定统一的产业结构调整指导目录与限制清单,开展针对特定产业可以实现双向并购的试点,实行统一的扶持基金、税收、房产优惠及补助等产业优惠政策,建立城市群区域产业一体化发展投资基金;投融资政策方面,统筹安排财政资金投入、政府投资、地方政府债券发行,大力盘活存量优质资产,支持发行有利于住房租赁产业发展的房地产投资信托基金等金融产品,规范统一区域内市场主体的准入条件、标准、程序和服务;财税政策方面,实施差别化的财政投入和税收政策,适度开征部分地方性税种(物业税、环境税),推进税收凭证的互认,减少异地经营企业税收清算环节;环境政策方面,建立统一的生态环境标准与监控体系,建立跨区域的环境监察执法体系,着力推动生态补偿提标扩面,建立环境治理专项基金,积极开发生态产品;项目审批政策方面,使项目审批政策制度系统化,用"一张蓝图"统筹项目实施,统筹协调各部门项目建设条件,以"一个系统"实施统一管理,探索"一站式"服务和电子政务。

本章执笔:周国华(湖南师范大学地理科学学院副院长、教授、博士生导师)
　　　　　崔树强(湖南师范大学人文地理专业博士研究生)

参考文献:

[1] 邓勇. 城市区域协作组织法治保障研究[M].北京:首都经济贸易大学出版社,2016.

[2] 张萍. "长、株、潭"经济区的总体战略构想[J].经济地理,1988(2):94.

[3] 秦尊文. 长江中游经济区的建立与发展[J].江汉论坛,2003(12):20-22.

[4] 肖金成,欧阳慧. 优化我国空间开发格局的设想[J].人民论坛·学术前沿,2012(3):64-75.

[5] 杨靖. 长株潭"3+5"城市群空间组织研究[D].长沙:中南大学,2010.

[6] 王圣云,宋雅宁,张玉,等. 交通运输成本视角下长江中游城市群城市网络

空间关联机制[J].经济地理,2020,40(6):87-97.

[7] 朱翔.湖南空间发展新谋略[M].长沙:湖南教育出版社,2019.

[8] 胡德池,夏昕.一个崭新的发展时代向我们走来:访湖南省社科院研究员张萍[J].新湘评论,2008(1):20-22.

[9] 周国华,陈炉,唐承丽,等.长株潭城市群研究进展与展望[J].经济地理,2018,38(6):52-61.

[10] 周国华,朱翔,唐承亮.长株潭城镇等级体系优化研究[J].长江流域资源与环境,2001(3):193-198.

[11] 赖永峰.赣湘共建开放合作试验区[N].经济日报,2015-04-21(14).

[12] 唐婷.深化湘渝交流合作 携手打造区域协同发展升级版[N].湖南日报,2016-05-26(1).

[13] 熊鹰,徐亚丹,孙维筠,等.城市群空间结构效益评价与优化研究:以长株潭城市群与环洞庭湖城市群为例[J].地理科学,2019,39(10):1561-1569.

[14] 杜微.湘江流域跨界水污染府际协同治理机制存在的问题及对策[D].湘潭:湘潭大学,2016.

[15] 周国华,彭佳捷.空间冲突的演变特征及影响效应:以长株潭城市群为例[J].地理科学进展,2012,31(6):717-723.

[16] 唐承丽,吴艳,周国华.城市群、产业集群与开发区互动发展研究:以长株潭城市群为例[J].地理研究,2018,37(2):292-306.

16

江淮城市群

江淮城市群在皖江城市带和沿淮城市带的基础上发展形成,主要包括合肥市、六安市、淮南市、蚌埠市、滁州市、马鞍山市、芜湖市、铜陵市、池州市、安庆市、宣城市 11 个城市。历史悠久,自然条件较好,但经济总量与珠三角城市群、长三角城市群和京津冀城市群等相比,还有较大的提升空间。近年来,江淮城市群的发展对内主要表现为集聚效应,成为引领安徽省经济发展、加速中部崛起的火车头;对外主要是为长三角城市群发展提供人力、物力支持,为西部开发提供"桥梁"和"纽带"。因此,江淮城市群应成为宜居、宜业、宜游,进而高效、可持续的城市群。

第一节　自然地理和人文

安徽省位于我国东南部,与山东、江苏、浙江、江西、湖北、河南六省接壤。其地处华东,沿江近海,承东启西,连南接北,以两大水系最引人注目,长江流经安徽 200 余千米,有"皖江"之称,淮河横贯安徽北部,省内全长 150 余千米。淮河与长江将安徽分成风貌迥异的三大板块,江淮城市群位于江淮之间。随着城市化进程的不断推进,各城市逐渐摆脱彼此孤立发展的状态,相互间不断进行交流与合作,形成具有一定结构和功能的城市群。江淮城市群包括合肥市、六安市、淮南市、蚌埠市、滁州市、马鞍山市、芜湖市、铜陵市、池州市、安庆市、巢湖市,并以沿海、沿江城市为两翼,有效辐射范围包含安徽北部和南部,在安徽的城市化和工业化进程中占有十分重要的地位。

一、自然条件

长江、淮河横贯省境,将全省划分为淮北平原、江淮丘陵和皖南山区三大自然区域,划出平原、丘陵、山地相间排列的格局。淮河以北,地势坦荡辽阔,为华北平原的一部分;江淮之间西耸崇山,东绵丘陵,山地岗丘逶迤曲折;长江两岸地势低平,河湖交错,平畴沃野,属于长江中下游平原;皖南山区层峦叠嶂,峰奇岭峻,以山地丘陵为主。境内黄山、九华山逶迤于南缘,大别山脉雄峙于西部,最高峰黄山莲花峰海拔1 860米,形成地势西高东低、南高北低的特点。

江淮城市群地貌以平原、丘陵和低山为主,相间排列,各占全区面积的1/3,湖沼洼地占8%。地势南高北低,从南至北为皖南山地、长江沿岸平原、江淮平原。江淮城市群土地面积占安徽省总土地面积的61.93%。

江淮城市群横跨中国南北分界线的淮河,这样的地理位置基本决定了其南北迥异、四季分明、有明显南北过渡特征的气候条件,淮河以北为暖温带半湿润季风气候,淮河以南为亚热带湿润季风气候,气温南高北低。春暖多变,夏雨集中,秋高气爽,冬季寒冷。全省各地平均气温为14~17 ℃,淮北和大别山区在15 ℃以下,沿江和皖南南部在16 ℃以上。各地平均降水量为773~1 670毫米,南多北少,山区多,平原丘陵少。

江淮地区有着充沛的光、热、水资源,有利于农、林、牧、渔业的发展。动植物资源丰富,种类齐全,粮食作物主要有水稻、小麦、山芋、大豆、玉米、高粱、大麦等;经济作物主要有棉花、油料、烟草、茶叶、药材等。

二、历史人文

江淮城市群所处区域历史文化源远流长,是中国史前文明的重要发祥地,在繁昌县人字洞发现距今约250万年前的人类活动遗址,在和县龙潭洞发掘出距今三四十万年前旧石器时代的"和县猿人"遗址。产生于淮河流域的老庄道家学派,与儒家学说一起构成我国传统文化两大支柱;徽州文化是明清时期最有影响力的文化流派,徽学与藏学、敦煌学并称当代中国三大地方学;徽剧是京剧的主要源流之一,黄梅戏是中国四大戏曲门类之一;淮河两岸流行的花鼓灯被誉为"东方芭蕾"。

著名的徽商萌芽于东晋,成长于宋唐,兴盛于明清,清朝道光年间逐渐衰落。徽商以资本雄厚、活动范围广、经营项目多、兴盛时间长且崇尚文化为特点,成为过去最大、最有影响力的商帮之一。其商业活动遍布全国,主要经营盐、米、丝、茶、纸、墨、木材等,其中典当商徽商故里最为著名,颇具垄断之势。徽商经营行业以盐、典当、茶、木最著名,其次为米、谷、棉布、丝绸、纸、墨、瓷器等。其中婺源人多茶、木商,歙县人多盐商,绩溪人多菜馆业,休宁人多典当商,祁门、黟县人以经营布匹、杂货为多。徽商讲究商业道德,提倡以诚待人,以信接物,义利兼顾,以勤奋和吃苦耐劳而著称。

三、经济状况

2020 年,安徽省全年地区生产总值(GDP)38 680.6 亿元,居全国第 11 位。江淮城市群 GDP 占比近 80%,其中省会城市合肥以及芜湖、滁州分别居于前三位(表 16.1)。

表 16.1　江淮城市群各市 GDP 排行榜

(2020 年)

序号	城市	GDP/亿元	增速/%
1	合肥市	9 409.4	7.6
2	芜湖市	3 618.26	8.2
3	滁州市	2 909.1	9.7
4	安庆市	2 380.5	7.0
5	马鞍山市	2 111	8.0
6	蚌埠市	2 057.2	2.1
7	六安市	1 620.1	8.4
8	宣城市	1 561.3	7.8
9	淮南市	1 296.2	5.2
10	铜陵市	960.2	-1.7
11	池州市	831.7	7.9

第二节　城市群空间结构

城市群是城市发展到较高阶段的空间表现形式,其发展水平在一定程度上可以反映一个国家或地区的综合实力。因此,各地都积极引导城市群发展,以促进区域协调,提升本地区的综合实力。江淮城市群是在皖江城市带和沿淮城市带的基础上形成的城市群。江淮城市群内各城市之间的人口、经济和资源条件的差异导致了非均质的空间结构。

一、城市首位分布特征

2010 年,安徽省 2 位城市指数(S2)、4 位城市指数(S4)和 11 位城市指数(S11)低于理论值 2、1 和 1,反映出其处在经济发展水平较低的时期,经济活动空间表现为低水平均衡状态,经济集聚程度低、城市首位度低。2010—2019 年安徽省 2 位城市指数(S2)、4 位城市指数(S4)和 11 位城市指数(S11)都呈上升趋势,反映了经济快速发展阶段增长极的极化作用导致城市首位度不断提高。2019 年安徽省 2 位城市指数(S2)远大于 2,4 位城市指数(S4)大于 1,但 11 位城市指数(S11)仍远小于 1。11 位城市指数(S11)小于 1 表明首位城市相对整个城市体系来说规模仍比较小,2 位城市指数(S2)远大于 2 和 4 位城市指数(S4)大于 1 表明安徽省第 2、3、4 位城市规模增长相对于首位城市增长较慢,第2、3、4 位具有较大的规模提升潜力(表 16.2)。

表 16.2　安徽省城市首位度指数

城市首位度	2010 年	2015 年	2019 年
2 位城市指数(S2)	1.736	2.089	2.745
4 位城市指数(S4)	0.635	0.797	1.111
11 位城市指数(S11)	0.530	0.624	0.858

二、城市位序规模分布

利用城市位序与规模之间的双对数线性模型,实证分析江淮城市群 22 个县级及以上城市 2010—2019 年城市位序规模分布特征及变动趋势。结果表明,2010—2019 年,安徽省城市规模与其位序高度相关,方程回归系数在 0.9 以上,城市人口规模分布符合位序规模分布规律。这表明安徽省城市规模分布比较均衡,城市体系发展尚未成熟,城市规模等级系统处在向理想的帕累托状态演变阶段。

将安徽省与江苏省的城镇规模等级体系进行比较,可以发现:合肥与长三角副中心城市南京相比,城市规模远小于南京;安徽省第 2、3、4 位城市规模发展不足,导致安徽省缺少规模较大的 II 型大城市;安徽省 I 型小城市主要为地级市,而江苏省 I 型小城市都是县级市,安徽省县级市主要为 II 型小城市。与江苏省相比,安徽省各等级城市规模还具有很大的上升空间。《安徽省城镇体系规划(2011—2030 年)》提出 2030 年建设城镇人口规模 500 万人以上的城市 1 个,300 万~500 万人的城市 1 个,200 万~300 万人的城市 4 个,100 万~200 万人的城市 8 个,50 万~100 万人的城市 3 个,20 万~50 万人的城市 5 个;规划 20 万~50 万人的县城 40 个,10 万~20 万人的县城 7 个,5 万~10 万人的县城 6 个,以及 700 个左右的镇。目前,安徽省各等级城市规模与安徽省 2030 年城镇规模发展目标具有很大的上升空间。

三、江淮城市群城市经济联系

随着城市化进程的不断推进,各城市之间不再孤立存在,城市间相互影响、相互联系逐步加强。为了保障生产经营和文化生活的正常运行,城市之间、城市和区域之间总是不断地进行着物质、能量、人员和信息等的交换,这种空间上的交换称为空间交互作用,正是在这种作用下,各城市逐渐摆脱彼此孤立发展的状态,相互间不断进行交流与合作,形成具有一定结构和功能的有机整体。城市群作为城市化发展到成熟阶段的空间组织形式,本质上属于跨城市—区域系统,由地域上集中分布的若干规模不一的城市共同构成。从发展趋势来看,不同区域间经济发展的竞争已经由单一城市间的竞争演变为区域不同城市群之间的竞争。城市群的发展在一定程度上直接反映了我国的经济发展状况和综合竞争力水平,城市群相关研究已经成为我国现代化发展过程中的热门问题。

城市经济联系涵盖城市间多个方面。从各城市综合质量值来看,合肥和芜湖两市的综合实力较强,其中合肥的综合质量得分最高,从而在经验分析中印证了合肥作为江淮城市群的核心地位,其次是芜湖综合质量位居第二,马鞍山、六安、淮南、蚌埠、安庆则成为区域内第二梯队城市。滁州、池州和铜陵相对落后。从总体来看,除合肥和芜湖以外,其他城市之间的综合质量及影响力水平差距较小。

总体来看,经济联系提升较快的是芜湖和滁州、蚌埠和铜陵、马鞍山和滁州、铜陵和滁州、安庆和滁州、蚌埠和滁州、池州和六安,其中 2019 年蚌埠和滁州的经济联系程度在 2010 年基础上提升了 113.66%,在江淮城市群中提升速度最快。同时,合肥和淮南、合肥和池州、淮南和池州、芜湖和淮南、合肥和马鞍山、合肥和安庆、合肥和六安提升幅度相对较小,其中,合肥和淮南、合肥和池州分别提升了 46.26% 和 49.12%,在城市群经济联系中提升幅度最小。梳理发现,合肥作为城市群的核心城市与其他城市经济联系的绝对值较高,但提升速度相对较慢,而蚌埠和滁州近年来与其他城市交流合作较为频繁,提升速度相对较快,平均提升幅度分别达 91.45% 和 90.17%。芜湖与其他城市的经济联系平均幅度为 75.03%,比合肥提升平均速度 60.05% 高出近 15 个百分点,但联系强度的绝对值差距仍较大。

江淮城市群内部城市联系强度存在显著的等级差异,联系强度较高的主要集中在合肥和蚌埠、合肥和淮南、合肥和六安、马鞍山和芜湖等城市之间,其他城市间联系强度次之。我们注意到地区经济发展水平较高的地区往往与其他城市的联系强度更高,例如合肥和芜湖,表明城市与其他地区的联系水平与其自身的经济发展状况具有密切关系,一个地区经济发展水平越高,其经济资源的跨区域流动越强。

采取聚类分析发现,江淮城市群经济联系强度在空间分布上存在严重的等级差异,可以分为三大类别。第一类:合肥,代表较高的经济联系强度水平,相较于其他城市在经济社会发展各方面都具有显著优势,与其他城市之间的联系强度也较其他城市间更强。第二类:芜湖,代表次高的经济联系强度。第三类:蚌埠、六安、铜陵、滁州、安庆、马鞍山、池州和淮南。总体来看,除了中心城市和次中心城市与其他城市的经济联系较为紧密以外,城市群其他城市经济联系水平不高,且联系强度偏弱。由此我们发现,自身经济发展较好的城市与其他城市的经济联系也相对更紧密,相反,经济发展水平较低的城市与其他城市的经济联系也相对不足,从而表明,与其他城市联系越密切越有助于城市自身的经济发展。

江淮城市群产业结构合理度空间特征与经济发展水平、产业结构高级度的空间特征明显不同,具体表现为"一圈一带"的分布特征。在江淮城市群内,马鞍山、芜湖、铜陵虽然经济发展水平和产业结构高度均处于最高层次,但是产业结构却是最不合理的,说明这三个地市的产业发展存在着一定的问题,提高产业结构合理度是这些地区今后产业发展过程中的关键;安庆和蚌埠的经济发展水平、产业结构高级度以及产业结构合理度均不尽如人意,今后的发展将面临提高经济发展水平、产业结构层次和产业结构合理度的三重压力;滁州则正好相反,虽然经济水平和产业结构高度处于第三层级,但是产业结构处于最合理的水平,提高经济发展水平、加快产业结构升级才是滁州产业发展的重中之重;合肥经济发展水平较高且拥有相对合理和较高水平的产业结构,理所当然地成为江淮城市群的核心区和示范区。

第三节　江淮城市群的优势、挑战与发展思路

《国家新型城镇化规划(2014—2020年)》中明确指出,以合肥为核心城市的江淮城市群作为长江与淮河之间唯一的城市群,是连接东部长三角城市群和中西部长江中游城市群的重要桥梁,是实现长江经济带一体化发展的关键区域。江淮城市群是安徽省结合省域经济发展和中部崛起战略的实际而提出的区域经济发展新思路。江淮城市群是沿海地区与内陆地区交汇的重要平台。江淮城市群的发展对内主要是产生集聚效应,形成规模经济、范围经济,引领安徽省经济发展、加速中部崛起;对外要为长三角城市群提供人力、物力支持,为西部开发提供"桥梁"和"纽带"。因此,江淮城市群还应成为宜居、宜业、宜游,进而高效、可持续的城市群。

一、江淮城市群的优势分析

江淮城市群城市之间交通便利,联系渐趋密切,已形成较为紧凑而又合理的蛛网状空间结构,江淮城市群位于连接东西部的重要战略位置,区位优势非常明显,随着合肥都市圈、皖江城市带和沿淮城市带这三大区域的展开,江淮城市群凭借众多自身优势,综合实力越来越强。

(一)独特的地理位置

江淮城市群位于我国的中部地区,承东启西、连接南北,地理位置优越,往东靠近江浙沪地区,有利于加强与东部地区的联系,承接江浙沪的产业转移,借鉴先进的管理经验和技术,促进江淮城市群与东部联动发展;往西连接河南、湖北等地区,经济腹地范围广;南北交通便利,有贯穿中国南北的京九、京广铁路线,北接北京,南至广州,江淮城市群是中国重要的物流、交易等集散中心,南来北往,四通八达,是我国重要的交通铁路线枢纽,优越的地理位置促进了交通发展。

（二）丰富的自然资源

江淮城市群地跨淮河和长江两大流域,地貌类型多样,地形以平原、丘陵为主,在自然资源方面有着独特的优势,江淮城市群是安徽省经济发展水平最高和城市最为集中的地区,其丰富的土地资源、矿产资源、水资源等为其快速发展提供了资源方面的保障。

一是土地资源。江淮城市群包括安徽省的 11 个城市,所占安徽省的土地面积是非常广阔的,这就为工农业的发展提供了空间上的支持,继而可以为第三产业的发展提供必要的保障;江淮城市群区域有着不同的地形,地貌呈现多样性。

二是矿产资源。江淮城市群资源丰富,淮南、淮北有非常丰富的煤炭资源,马鞍山富含铁矿,是我国的十大钢铁基地之一,铜陵素有"中国古铜都,当代铜基地"之称,城市内的铜矿资源储量尤为庞大,这为江淮城市群的第二产业发展提供了充足的资源动力。

三是水资源。江淮城市群内河流交错,长江、淮河横贯全境,内有五大淡水湖之一的巢湖,城市群位于中国中部地区,属于亚热带季风气候,气候温和,全年降水较多,雨水丰沛。

（三）良好的经济基础

江淮城市群地处安徽省中部,东临长三角城市群,主动承接沿海地区产业转移,是长三角向西辐射的"腹地",也是中部地区和东部地区相连的门户。江淮城市群以合肥为核心,向其他城市辐射,无论是农业、工业还是第三产业发展都有着非常良好的基础。

（四）巨大的人文潜力

丰富的自然和人文资源滋养了淮河文化、皖江文化和新安文化,三种文化底蕴深厚、影响深远。江淮地带拥有丰富的旅游资源、自然景观和人文景观,既有小桥流水人家的古镇水乡,又有历久弥新的千年名刹,湖光山色烟波浩渺,帝王陵寝规模宏大,都城遗址雄伟壮观。江淮城市群有众多世界级文化遗产,山多秀丽、水兼江河湖,人文历史悠久,自然景观诸多。

（五）开放的市场环境

江淮城市群各城市投资环境良好,招商引资日益发展。合肥、马鞍山、铜陵、池州、芜湖等市都备受外来投资者的青睐。开放的投资环境和积极的招商引资,极大地推动了区域经济的发展,加快了与长三角城市对接的步伐,与皖江城市的协作进一步加强。

（六）雄厚的科技人力资源

江淮城市群有着雄厚的人才资源,高校类型齐备,其中合肥是国家重要的科研教育基地、世界科技城市联盟会员城市、国家科技创新型试点城市、中国综合性国家科学中心,拥有各类高等院校 60 所(中国科学技术大学、合肥工业大学、安徽大学等),省部级以上重点实验室和工程实验室 151 个,其中国家重点(工程)实验室 13 个。

二、江淮城市群的挑战

随着安徽经济"爆发式增长",安徽省省会城市合肥的发展也十分迅猛,以合肥为核心的江淮城市群已初现雏形。江淮城市群一直在努力寻找自身发展新的功能定位,虽然自身优势对推动江淮城市群的发展起到了强大的推动作用,但一些问题也随之出现,如区域发展不平衡、核心城市综合竞争力有待提高、区内协作联动不够紧密、区域影响力不够显著等,这些劣势阻碍了江淮城市群的发展,亟待解决。

（一）区域发展不平衡

江淮城市群各市差异较大,经济发展不平衡,对一体化、同城化诉求的先后顺序也不一致,导致沟通、协商、合作费时较多。同时城乡居民收入差距过大,造成居民的工资、消费、社会福利、企业投资等经济发展潜力方面的差距,严重制约着江淮城市群的发展。

（二）核心城市综合竞争力有待提高

目前江淮城市群以合肥为核心，但合肥的辐射力度略显不足，主要依靠外部经济强市的辐射。合肥作为安徽的政治中心，近几年的经济发展取得了一定效果，多数指标数据在省内领先。但合肥作为江淮城市群的核心，相对于一些比较成熟的城市群的核心城市来说，合肥的一些指标仍然有较大的上升空间，其相对落后的综合竞争力对核心城市的辐射力、带动力产生了消极的影响。

合肥在配套总量、密度和人均消费水平等方面相对落后。在配套总量和密度方面，将沪宁高铁线上的 5 个重点城市基本配套情况与江淮城市群的配套发展情况对比，明显可见外部配套优于江淮城市群内部，江淮都市群核心城市合肥在配套总量上落后于上海、苏州、南京，而密度上低于所有沪宁线上的重点城市。作为省会城市，其发展情况甚至落后于苏州、南京，其他城市的配套总量则相对于这 5 个城市来看不在同一量级。从人均消费水平方面来看，消费水平最高的合肥人均消费为 36 元，与无锡、常州基本持平，比上海和南京分别低了 21元和 14 元，六安、池州等平均消费更低的城市，餐饮类人均消费不足上海的1/2。

（三）区内经济联系不够紧密

城市群从表面上看是城市的融合，但实质上是产业的融合，区域内城市联系紧密，进行职能分工是提高整体竞争力的关键所在，在区内协作联动不够紧密的情况下，区域发展不平衡会存在继续加重的可能。目前江淮城市群各市合作共建动力不足，各市的主动性不强，且各自为政，容易产生地方保护主义，制约江淮城市群的发展。同时，一体化政策支撑体系尚不完善，城市间融合度不够，协作联动还不紧密，特别是在基础设施、产业配套、要素市场等方面，各地容易相互争夺资源，急需强化资源整合力度。行政级别和经济地位不对等加大了江淮城市群自发协调的难度，江淮城市群缺乏一种有效的区际合作与利益协调机制,区域合作陷入了"共识多、行动少"的状态,对江淮城市群的协同发展构成了严重障碍。

三、江淮城市群发展思路

江淮城市群是制造业集聚区、科教集中区和创新基地,将承担起工业型、科技型、创新型的主体功能。对国家来说,江淮城市群依靠独特的区位优势及良好的资源条件积极承接长三角城市群的产业转移,发展成为中部地区的重要制造业基地。同时其地处南北过渡和东西接壤的优越地理位置,随着高速公路、铁路网的日益完善,将来有望发展成为我国东、中西部过渡带的城市群。要以城市为极点、以产业为支撑、以交通为纽带,努力壮大江淮城市群规模,充分发挥江淮城市群在要素配置、产业集聚、技术创新等方面的重要作用,使之成为安徽省对内带动区域经济加速发展、对外参与经济竞争合作的核心区域。以中心城市为重要内容、以特色产业链为纽带,多主体互动、多层次布局、多空间拓展把江淮城市群打造成支撑安徽经济发展的重要支点。

(一)树立城市群发展意识

安徽的区域经济发展战略一直是以合肥经济圈、皖江城市带、沿淮城市群这三大经济带为主线,经济带之间产业同构现象较为严重。树立江淮城市群发展意识能够有效弱化产业同构现象,一旦各市均围绕江淮城市群这个战略规划来发展,那么将在全省范围内形成分工协调、发展层次错落有致的产业布局,从而打破各经济带独自发展的僵局。江淮城市群要发展,必须以江淮城市群整体为发展对象,打破群内行政、贸易壁垒,实行统一的规则制度,并走上法治化的道路。借助国家的发展政策,将江淮城市群和皖江城市带有机结合,有效推动区域经济一体化发展,从而与周边地区的城市群形成良性竞争与合作关系,为推动中部地区的经济发展做贡献。江淮城市群应建立统一的开发招商互动平台,实现从单个城市的开发招商向联合开发招商形式转变,系统整合产业招商项目,进一步深化与长三角城市群的分工合作,推动与长三角城市群、山东半岛城市群、中原城市群和长江中游城市群的区域互动,密切与珠三角、京津冀城市群的经济往来,努力拓展与境外企业或机构的合作方式,积极建设境外资源开发基地、加工生产基地等,不断将江淮城市群产业推向国际化,提升其高效、可持续发展能力。

(二)加强区域合作

要做好规划,使区域内大城市和中、小城市协调发展。大城市要努力发展其产业,增强自身的集聚效应,更好地发挥"领头羊"的作用。大城市和中等城市要按照城市功能分别定位,明确产业发展方向,加强城市间的产业分工与合作,积极发展地方性优势产业,提升城市整体经济实力,不断增强区域的辐射带动能力。中小城市在城市群发展过程中的目标不在于做大,而在于做精、做巧,重点是在城市的特色化和专业化分工基础上实现城市现代化。中小城市应因地制宜地积极发展具有比较优势的特色产业,并利用核心城市的辐射带动效应,发展配套产业,避免重复建设,并将产业结构优化升级。推行产业的"异质同构",在城市间形成相互促进的良性循环,以此推进区域经济一体化的进程。城市群合作将是未来区域合作的重要形式。江淮城市群紧邻长三角城市群,与长三角城市群的经济联系非常紧密,对接进而融入长三角城市群,能获得更大的规模经济和范围经济效益,弥补江淮城市群在产业发展方面的不足。

(三)优化产业结构

要加强城市间的产业调整,大力发展高技术含量和高附加值的先进制造业和高新技术产业,明确各市的发展方向、避免重复竞争,在产业发展上形成优势互补、相互促进、共同进步。按照"龙头引领、创新驱动、集聚发展"的原则,以市场为导向,使产业园区集聚,形成规模效应,以期进一步形成合理分工的产业发展格局。增加合肥、芜湖两市的工业多样性,以发挥其作为城市群核心的产业集聚和辐射带动作用;合肥、芜湖、马鞍山作为安徽汽车产业的三大基地,应加强经济联系,在人才、资源、技术等方面实现错位互补发展,加大汽车品牌的经营力度;淮南是资源型城市,合肥和芜湖是制造业强市,安庆是文化大市,在城市功能分工上本来就具有明显的错位发展效应。

提升第一产业质量。建立现代化农业,提倡农业规模化、集约化生产,提高农业产业化水平,建设绿色、有机农产品生产基地,优化农产品结构,实现农业生产现代化。深挖第二产业潜能。以大型化、精细化为方向,加强高新技术研发与应用,提高资源利用效率,在技术、生产装备、产品等方面加快技术改造和升级换代步伐,引导企业向高科技方向发展,着力发展高技术含量、高附加值的精深加工产品,拓宽产业链、扩大发展规模并产生集聚效应。加速第三产业发展。第三产业决定着城市群发展层次,并直接反映经济发展质量的高低,因此要重点发展现代服务业、信息业和商贸业等。优先发展高新技术产业,以电子信息技术、生物工程技术、新材料技术为重点,大力推进自主创新,如整合现有物流资源、深化传统物流体制改革、优化物流网络布局。

(四)完善城市空间布局

江淮城市群各城市之间应当错位选择发展优势产业,根据区位、市场、资源等方面的自身优势,选择和培育各自的主导产业,避免产业同构现象发生,使群内形成分工明确、协调互补的良好发展模式。以省会城市合肥为核心,芜湖、蚌埠为次中心,其他城市为节点,注重发挥核心城市的引领、辐射和集聚作用和中小城市的特色,避免产业结构和产品功能的趋同化,使大、中、小城市协调发展。江淮城市群各城市都应发展各自的优势产业:合肥的家用电器和工程机械产业,芜湖的汽车制造业,淮南的煤炭采掘业,蚌埠的新材料和医药化工业,马鞍山的食品工业,六安的旅游业,滁州的装备制造业和农副产品加工业,池州的旅游业和文化产业,铜陵的有色、电子、化工等产业,安庆的化工、纺织、机械产业。横轴方向,可以依托长江水道和沿江公路及铁路,完善以水路、公路和铁路等干线为主的综合交通网络体系,由马鞍山、芜湖、铜陵、安庆、池州等城市构成产业承接转移发展轴,加快综合交通运输枢纽建设,推进皖江城市带承接产业转移示范区建设。纵轴方向,可以依托"合芜蚌"自主创新科技基础和高速公路、铁路等综合交通运输体系,构建蚌埠—合肥—芜湖—宣城科教创新发展轴,形成以合肥为中心,蚌埠、芜湖为次中心的科教集中区,重点提高自主创新能力,以科技创新促进区域经济创新发展。

(五)加强基础设施建设

基础设施是城市流得以流动的物质基础。加强群内城市的基础设施建设,提高各市的综合服务能力,保障城市流的快速流动,迅速提升城市流强度。构建区域交通运输框架,以现有的交通网为基础,大力发展群区各市之间的城际交通网络,注重群区内的专线与快速交通通道建设,以此保障资源能在群区各市间快速流动。加强江淮城市群与周边地区的路网建设,推动数字交通、智能交通发展。建立城市群统一的信息交流平台,实现各城市间的信息共享。降低区内的物流成本。物流成本主要是运输费用,影响着城市流强度。因此,要逐步降低和取消各市间的高速公路收费,提高物流业的服务水平,促进人流、物流在群区各市间的自由流动。加快信息化基础设施建设,在群区内实现信息共享。信息化基础设施建设能够弱化目前群区内各市协作联动不紧密这一发展劣势,促进人才、技术、资金等资源流动。通过鼓励各市政务、教育、交通等信息资源上网,强化群区信息资源共享,将有效提高城市的综合服务能力,从而强化群区的城市流强度。因此,下一步要从城市群总体布局发展角度出发,完善交通运输网络,加强基础设施建设。

(六)重视生态环境保护

良好的自然环境也是江淮城市群的核心竞争力,环境的好坏已逐渐成为影响一个地区核心竞争力提升的重要因素。如果一个地区的环境问题长期得不到有效解决,将严重制约该地区的长远发展,进而导致大量的人才、机遇流失,削弱地区竞争力。这就需要群区各市加强环境保护的意识,从长远利益来看,要以大局发展为重,密切合作、统筹规划,处理好各市经济发展与环境保护的关系,如建立和完善环境质量检测和预警信息系统,做好随时应对突发性环境灾难的准备工作,打造舒适的人居环境,为江淮城市群良好、可持续发展奠定坚实的基础。城市群是资源集中消耗区,必须科学规划并提高各类能源的综合开发利用率。首先,不仅要科学规划煤电等传统资源的开发布局,淘汰高能耗、高排放和高污染的企业,还要鼓励企业节能减排,提高资源利用率,大力发展核能、太阳能、风能等可再生资源。其次,不仅要提高水、矿产资源的开发利用率,还要加强土地资源管理,严守"土地红线",严格控制防范土地过度使用,将城市用地规范化、法治化,促进节约集约用地,防止城市化建设过程中的不合理用地和非法用地。最后,不仅要加强污染物源头控制和排放总量控制,还要强化环境保护和环境预警。除积极推进排污权制度综合改革外,尤其要创新生态补偿机制,针对不同环境破坏情况,采用多样化的科学生态补偿方式,实现生态环境保护与经济发展的共同进步。

(七)助推新型城市化

以城市群为主体构建大中小城市和小城镇协调发展的城镇格局,是破解我国不平衡、不充分的发展问题的一剂良方,从而促进区域平衡、城乡平衡。以城市群引领新型城市化,江淮城市群大有可为。依托江淮城市群发展,积极探索特色乡镇建设,并鼓励其先行先试、大胆探索。在中心城市驱动下,江淮城市群产业分工协作日益增强,劳动人口有了更多的就业机会。城市智能管理逐步向周边中小城市、小城镇外溢和转移,与周边城镇的产业发展与分工协作水平逐步提升,对周边中小城市、小城镇的辐射带动能力进一步增强,有助于新型城市化建设。产业发展"多点开花",城乡公共服务日趋均等化,助推安徽省城市化水平稳步提高。在江淮城市群的发展过程中,要有系统的乡村振兴计划,切实保护好农民的利益。以产兴城,产城融合,谋求新突破。

(八)打造智慧城市群

智慧城市群的建设需要在综合平台上实现互联互通,通过对各个子系统的信息衔接减少重复建设,提高城市运行效率,让市民享受智慧城市的体验效果。江淮城市群各市的云计算、大数据等基础信息平台要实现分建共享,非涉密数据在城市之间实现共享交换,交通、教育、行政等领域要实现系统对接和协同工作,助推江淮城市群发展成为中部地区重要的经济中心。推动电子政务平台在群区内横向对接和数据共享,建立城市群政务信息共享和业务协同机制。加强政府与基础电信企业、互联网企业合作,充分整合数据资源,提升城市间协同运用大数据水平。积极推进城市群内地理信息高精度数据全域覆盖和交换共享,建立统一的地理信息公共服务平台。要突出发展重点,坚持民生优先,在智慧交通、智慧社区、智慧政务平台等方面进一步加快建设步伐,同时加快江淮城市群成为智慧城市群的建设步伐。智慧城管、智慧环保、智慧气象使人居环境更安全,应构建城市治理应用新体系,精细、高效地管理城市。加强城市间应急、气象、安全预警等信息系统对接和信息资源共享,实现对区域内重大事件的动态监控和应急联动,将江淮城市群早日打造成智慧城市群。

本章执笔:周加来(安徽财经大学副校长、教授、博士生导师)

李 刚(安徽财经大学教授、博士生导师)

参考文献:

[1] 李小建,李国平,曾刚,等.经济地理学[M].3版.北京:高等教育出版社,2018.

[2] 胡盈,张津,刘转花,等.基于引力模型和城市流的长江中游城市群空间联系研究[J].现代城市研究.2016(1):52-57.

[3] 黄俊,李军,周恒,等.基于城市联系度的武汉城市圈动态发展研究[J].规划

师,2017,33(1):85-92.

[4] 高新才,杨芳.丝绸之路经济带城市经济联系的时空变化分析:基于城市流强度的视角[J].兰州大学学报(社会科学版),2015,43(1):9-18.

[5] 吴大明,薛献伟,张明珠.基于引力模型的皖江城市带旅游经济联系测度分析[J].安徽师范大学学报(自然科学版),2013,36(1):69-71.

[6] 方超,盛旗锋,李少付.基于引力模型的皖北城市经济联系研究[J].地域研究与开发,2018,37(2):25-28,35.

[7] 孙久文,罗标强.基于修正引力模型的京津冀城市经济联系研究[J].经济问题探索,2016(8):71-75.

[8] 邹琳,曾刚,曹贤忠,等.长江经济带的经济联系网络空间特征分析[J].经济地理,2015,35(6):1-7.

[9] 唐晓灵,谭珊.基于修正引力模型的关中城市群经济联系研究[J].企业经济,2016(8):155-160.

[10] 孟德友,陆玉麒.基于引力模型的江苏区域经济联系强度与方向[J].地理科学进展,2009,28(5):697-704.

[11] 鄢小兵,徐艳兰,高谦.武汉城市圈经济空间关联研究[J].地域研究与开发,2015,34(5):47-52,57.

[12] 韩艳红,陆玉麒.南京都市圈可达性与经济联系格局演化研究[J].长江流域资源与环境,2014,23(12):1641-1648.

[13] 鲁金萍,杨振武,刘玉.京津冀城市群经济联系网络研究[J].经济问题探索,2015(5):117-122.

[14] 劳昕,沈体雁,杨洋,等.长江中游城市群经济联系测度研究:基于引力模型的社会网络分析[J].城市发展研究,2016,23(7):91-98.

[15] 曹炜威,杨斐,官雨娴,等.成渝经济圈城市群的经济联系网络结构[J].技术经济,2016,35(7):52-57,128.

[16] 许学强,周一星,宁越敏.城市地理学[M].2 版.北京:高等教育出版社,2019.

　　哈长城市群地处我国东北核心区域,在引领东北地区全面振兴全方位振兴、推动东北亚开放合作、增强国家综合实力方面发挥着重要作用,同时也在我国区域协调发展中具有重要的战略地位。推动哈长城市群高质量发展,需要依托既有发展基础,紧跟国内外发展形势,牢牢把握国家政策方向,哈尔滨都市圈和长春都市圈应发挥各自比较优势,推动分工协作,形成发展合力,筑牢城市群发展的坚实基础;还需要在产业分工合作、深化开发开放、推进城市治理等方面加快完善相关政策,形成哈长城市群发展水平整体提升的有效支撑。

第一节　哈长城市群概况

　　哈长城市群是我国东北地区发展水平最高、发展潜力最大的区域之一,是国家推进新型城市化重点培育的城市群,是引领东北地区加快发展、提升内陆开放水平、增强国家综合实力的重要支撑,处于全国"两横三纵"城市化战略格局——京哈京广通道纵轴北端,在推进新型城市化建设、拓展区域发展新空间中具有重要地位。综合运用中心城市圈域半径[①]、最短公路里程和通行时间以及经济联系强度模型三种定量分析方法对哈长城市群的范围进行界定,结合哈长城市群的具体情况,将哈长城市群划分为核心区和拓展区,核心区包括黑龙江省的哈尔滨、大庆、齐齐哈尔、绥化和吉林省的长春、吉林、四平、松原、辽源九地市,吉林省的延边州和黑龙江省的牡丹江市一并构成哈长城市群的拓展区[②]。

一、基础条件

　　哈长城市群所在地区有着悠久的历史,距今 2 000 多年前是北方肃慎族生

---

①　高汝熹,罗明义.城市圈域经济论[M].昆明:云南大学出版社,1998.
②　肖金成,李爱民,等.哈长城市群规划研究[M].北京:经济科学出版社,2020.

活区域,汉唐以来受中央政府的管辖,得到较大程度的开发。新中国成立后,哈尔滨、齐齐哈尔、长春和吉林都成为新中国重要的工业基地,苏联援建的156项重点建设工程,有20项落户在该区域。该区域为满族文化发源地,是承载东北文化的主要区域。清朝时期,中原地区百姓闯关东来到东北,促进了汉民族与当地民族的融合。自东北振兴战略实施,特别是党的十九大以来,哈长城市群转型发展迈出新步伐,形成了一定的发展基础,且依托深厚的历史渊源和合作交流的便利条件,形成了一体化发展的坚实基础。

(一)区位优势独特

哈长城市群地处中、日、韩、朝、俄、蒙六国组成的东北亚腹心地带,是东北亚国际次区域的重要组成部分。哈长城市群东与俄罗斯、韩国、朝鲜接壤,与日本隔海相望;北与俄罗斯远东地区通过黑龙江和乌苏里江相望;西与中蒙大通道连接,通向中亚、欧洲。作为第一欧亚大陆桥的重要组成部分,哈长城市群是沟通东北亚、中亚和欧洲货物流通的重要通道和交通节点枢纽,可以充分利用自己得天独厚的区位优势和与周边国家在资源禀赋及产业结构等方面互补的特点,扩大对外开放,强化区域协作联系,在东北亚经济圈经贸合作中发挥积极作用。此外,哈长城市群位于东北交通大动脉哈大主轴线北端,处于东北松嫩平原,南依辽中南城市群,与环渤海经济区相呼应,是国家振兴东北老工业基地的重要支点,也是中国面向东北亚地区合作的前沿阵地。

(二)经济基础较好

哈长城市群所处区域土地肥沃、土层深厚,且集中连片,土质均匀,是我国重要的粮食生产基地;工业初步形成了以装备制造、运输设备制造、石油化工、食品加工等为主体的产业体系,电子信息、边境贸易、国际物流和生态、冰雪、边境旅游等现代服务业快速发展。每个地级市都有自身的产业强项:食品工业、装备制造、石化和医药是哈尔滨的四大工业;长春是著名的汽车城、电影城,制造出中国第一辆解放牌卡车的中国第一汽车集团公司就位于长春市,新中国第一家电影制片厂——长春电影制片厂也位于此;大庆是以石油和石化为支柱产业的工业城市;吉林是著名的化工城市,松花江流经吉林市,水量充沛,为吉林市发展化工企业提供足够用水;四平和绥化是全国重要的粮食基地;松原是新兴的工业城市,主导产业为石油化工和农畜产品深加工;齐齐哈尔是以装备制造业为主的重工业基地。哈长城市群主要城市的主导产业各异,产业配置比较合理,相互竞争小,城市功能互补性较强。

(三)城市化稳步推进

以哈尔滨、长春为引领,形成了一批各具特色的中小城市和小城镇,空间聚合形态较好,城镇综合承载能力全面提升,覆盖城乡的综合交通网络基本形成,城市市政基础设施条件明显改善。

(四)合作交流便利

哈长城市群交通设施互联互通,文化习俗相近,民俗民情相通,对内合作交流便利,特别是东北等老工业基地振兴战略实施后,两省省际、省会城市间政治、经济、文化、教育、科技交流更加频繁。哈长城市群边境线总长 968.25 千米,具有突出的国际交流优势。黑龙江省有 15 个口岸,吉林省有 11 个口岸,其中 18 个为国家一类口岸,边境地区有绥芬河、东宁、珲春、图们等 10 多个互市贸易区,具有优良的开展边贸合作的优势条件。依托沿海近边条件和各类开放平台,与德国、日本、美国、匈牙利、俄罗斯、澳大利亚、韩国等国的贸易往来密切。

二、存在的主要问题

哈长城市群还处于较低的发展阶段,突出表现在核心城市对区域带动作用不强,各城市间没有形成较强的分工协作关系,需要通过政策支持加以培育。

(一)中小城市发育不足,缺少 50 万~100 万人口规模的城市

区域内拥有哈尔滨 1 个特大城市,长春 1 个 I 型大城市,大庆、齐齐哈尔、吉林、延边 4 个 II 型大城市,绥化、牡丹江、松原、四平 4 个中等城市,肇州、五

常、榆树、德惠等 32 个小城市,各具特色的中小城镇星罗棋布,城市化水平达 56.5%,中等城市数量相对较少(图 17.1)。

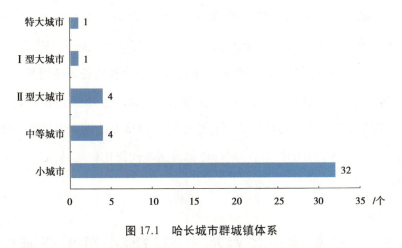

图 17.1　哈长城市群城镇体系

(二)中心城市的竞争优势减弱,新兴城市实力尚未形成

新中国成立以后至改革开放前,东北地区的主要城市在全国地位突出,沈阳、大连、长春、哈尔滨的经济体量长期排在全国 4~8 位。改革开放以后,沈阳、大连、长春、哈尔滨的位次不断被其他城市超越。1978 年,长春、哈尔滨、沈阳、大连的 GDP 在我国地级市中分列第 5、6、7、9 位,四市 GDP 加总超过了北京和天津市 GDP 之和,而 1990 年分别为第 25、18、12、13 位,位列整体下滑。与此同时,新兴城市实力尚未形成,人口增长较为缓慢甚至负增长,区域城市人口呈极化加强态势,人口的集聚仍将是城市规模演化的主要趋势。

哈长城市群产业结构偏"重",传统支柱产业增长乏力,发展速度日渐下滑,经济下行压力较大。城市功能不突出,低水平同质化竞争严重。哈长城市群重点城市人均 GDP、地均 GDP 与国内其他城市群相比差距明显。国家提出稳步建设哈长城市群将有助于打破行政区划限制,进行资源上的整合和再分配。城市群将过去分散的中小城市紧密联系起来,使中小城市获得发展机遇。

(三)开放平台初步建立,但开放环境急需优化

对外开放平台有序建设,哈大齐工业走廊、长吉图开发开放先导区开放步

伐加快,各类开放平台建设有序推进。哈长城市群依托传统的开放通道,以及黑吉两省沿边地区的口岸,具有优良的开展边贸合作的优势条件。依托沿边近海优势,不断扩大经贸和人员往来,加强了对俄、蒙、朝、韩、日等国的资源开发利用,推进中德双边合作。在能源、矿产、制造业等领域实施了多项合作,扩大了进出口贸易,承接了日韩的产业和技术转移。充分利用各级各类开发区转型发展,重点建设了中朝罗先经贸区、珲春国际合作示范区、长春兴隆保税区等开发区。围绕"借港出海"与俄罗斯合作建设扎鲁比诺万能港。但受制于周边国家政治、经济等多方面的因素,一些合作的推进步伐仍比较缓慢,我方在对外开放政策上仍有进一步完善的空间。

第二节　哈尔滨、长春都市圈与城市群主要城市

哈长城市群以哈尔滨、长春两市为核心,双核的发展格局决定了推动哈长城市群高质量发展,必须以《国家发展改革委关于培育发展现代化都市圈的指导意见》为指引,推动哈尔滨、长春都市圈高质量发展,切实发挥哈尔滨、长春两大中心城市对城市群其他地区的辐射带动作用,形成大中小城市协调发展的城镇体系。

一、哈尔滨与哈尔滨都市圈

哈尔滨地处中国东北地区、东北亚中心地带,是中国东北北部政治、经济、文化中心 ,被誉为欧亚大陆桥的明珠,是第一条欧亚大陆桥和空中走廊的重要枢纽,哈大齐工业走廊的起点,国家战略定位的沿边开发开放中心城市、东北亚区域中心城市以及"对俄合作中心城市"。全市总面积 53 100 平方千米,建成区面积 493.77 平方千米,常住人口 1 076.3 万人,城镇人口 709.3 万人,城市化率 65.9%。哈尔滨都市圈是以哈尔滨市主城区为中心,一小时通勤圈(100 千米

左右)为半径,主要包括哈尔滨主城区、绥化市区及周边的阿城区、双城区、五常市、尚志市、宾县、肇东市6个县、市、区,总面积34 284平方千米,总人口842万人。

哈尔滨都市圈的发展要适应建设国家对俄及东北亚开放桥头堡和枢纽站的要求,发挥地缘优势,传承历史文化,构筑对俄贸易交易中心,企业总部基地和文化、教育科技合作交流中心,打造东北亚具有重要影响的现代化城市和哈长城市群核心城市。加快地铁、综合交通枢纽等工程建设,形成地上地下连接、江南江北贯通的便捷高效的综合立体交通体系。加强地下管廊、大型集中供热等基础设施建设,形成先进可靠、环境保护标准较高的供电、供热、供气、供水系统和稳定安全的污水、垃圾处理系统。着力提升医疗、教育、养老等公共服务保障能力,使重点医疗机构的部分专科达到国内领先水平,大幅提升哈尔滨工业大学、哈尔滨工程大学、东北农业大学、东北林业大学等骨干院校在国内外的影响力,打造一批知名的养生养老基地。坚持城市建设的历史感与时代性相结合、建筑风貌的独特性和时尚性相结合,深入刻画漂亮、洋气的城市历史文化风格,彰显城市历史文化底蕴;依托松花江贯穿中心城区、拥有全国最大城市湿地和冬季冰雪风光的自然条件,坚持生态化与现代性的统一,统筹湿地保护和城市园林、绿地建设,构筑冰城夏都,提升城市品位、现代化水准和宜居性,增强对国内外高端人才的吸引力。

二、长春与长春都市圈

长春位于东北的地理中心,为东北亚经济圈中心城市,是国务院批复确定的中国东北地区中心城市之一和重要的工业基地,是新中国最早的汽车工业基地和电影制作基地,有"东方底特律"和"东方好莱坞"之称,同时还是新中国轨道客车、光电技术、应用化学、生物制品等产业发展的摇篮。截至2020年,全市总面积24 662平方千米,户籍人口854.4万人,城镇人口445.1万人,城市化率59%。长春都市圈以长春市为核心,包括周边的吉林市市区、四平市市区、辽源市市区、松原市市区、公主岭市、伊通县、永吉县和前郭县,面积 43 742.5 平方千米,经济总量约 9 603 亿元,人口约 1 413 万人,是吉林省经济发展最活跃地区。

　　未来长春都市圈的发展要充分发挥长春作为东北亚几何中心的区位优势、丰富的科教文化资源优势和坚实的产业基础优势,强化在城市群内创新引领、产业支撑和要素集散等综合功能,全面提升城市引领、带动和辐射能力,规划建设长春新区。延伸长春对外辐射半径,打造榆树、农安、德惠、九台一级城镇带,促进长吉一体化发展,加快长春与四平、松原、辽源等周边城市联动发展,提升核心城市集聚力和辐射力。推动汽车、轨道客车、农产品加工及战略性新兴产业、现代服务业集群布局,打造城市群区域内人口和要素集聚的核心平台,将长春建设为国家创新型城市、国家高端制造业集聚区、东北亚区域性服务业中心城市和国家绿色宜居森林城市。

三、哈长城市群主要城市

　　结合自身特点和发展条件,提升区域服务能力,分担核心城市功能,强化区域辐射带动作用,联合推动区域一体化发展。将大庆、齐齐哈尔打造为哈大齐牡发展带区域性中心城市和辐射西北的重要门户城市;将绥化打造为哈长发展轴北部重要节点城市;将牡丹江及绥芬河地区打造为东北地区重要的商贸物流中心和对俄合作示范城市;将吉林打造为城市群中部和长吉图发展带区域性中心城市;将松原打造为哈长城市群西部门户城市;将四平、辽源打造为哈长城市群向南开放的桥头堡和南部重要节点城市;将延边打造为哈长城市群和图们江区域合作开发桥头堡。

　　齐齐哈尔:全市共辖 7 个市辖区、1 个县级市、8 个县,总面积 42 469 平方千米,总人口 559 万人,是国家重要重型装备制造基地、绿色食品产业基地和新兴电子信息产业基地,也是全省西部物流枢纽、生态旅游城市、历史文化名城。

　　大庆:全市共辖 5 个市辖区、3 个县、1 个自治县,总面积 22 161 平方千米,常住人口 320 万人,户籍人口 272 万人,常住人口城市化率 57.7%,户籍人口城市化率52.8%,是国家重要石油生产基地、石化产品及精深加工基地、石油石化装备制造基地、新材料和新能源基地、农副产品生产及加工基地、国家服务外包示范基地,也是著名自然生态和旅游城市。

绥化市:全市共辖3个市、6个县、1个区,面积3.5万平方千米,地貌特征为"二山一水七分田",截至2019年,绥化市总人口521.7万人。应以产城融合为牵动,推动老城区与产业园区延伸发展,培育新城区,完善综合服务和产业承载能力。重点发展绿色食品、生物医药、硅基新材料、林木加工、商贸、物流等产业。重点建设昊天玉米深加工、欧亚国际光电产业园、对俄服装产业园。

吉林市:全市共辖4个区、1个县,代管4个县级市,总面积27 120平方千米,建成区面积189.04平方千米,户籍人口411.6万人,城镇人口218.1万人,城市化率53%。应按照省域副中心城市发展定位,推进形成沿江布局多中心、内外连接多组团的城市空间格局,加快建设南部新城和高新南区、高新北区、经济技术开发区等重点产业功能区。充分发挥制造业中心和旅游资源优势,着力打造石化、新材料两大国家级产业基地,做大做强化工、汽车、冶金、旅游等支柱产业,大力培育碳纤维、先进装备制造、新一代信息技术、生物技术等战略性新兴产业,加快发展物流、金融和创意文化等现代服务业。充分发挥综合型特大城市的辐射带动作用,推进形成吉林市半小时经济圈。强化其在长吉图经济区和中蒙俄经济走廊的支点作用,大力提升对外开放功能,建设全国重要的先进制造业基地、面向东北亚的休闲型旅游目的地以及国内知名的生态宜居城市。

辽源市:位于吉林省中南部,全市共辖2个区、2个县,总面积5 140.45平方千米,城市建成区面积46平方千米,总人口117.24万人。应加快老城区拓展和改造提升,构建南部新城,推进城市产业整体跃升,延伸装备制造、冶金建材、轻工纺织产业链条,加快发展新材料、新能源、新医药产业,建设高精铝加工、冶金铸造、纺织袜业、汽车零部件、医药健康、矿山装备、建筑机械、软件等产业基地。

松原市:位于吉林省中西部,全市共辖1个区、4个县(市),总面积22 000平方千米,总人口286万人。应实施松(原)前(郭)同城化,加快提升中心城区功能,构建江南新区,加快油气开采、化工、农产品加工、食品、商贸等重点产业发展,推进油页岩资源开发利用,建设民俗、冰雪、生态旅游产业基地。

四平市:地处松辽平原中部腹地,共辖 3 个县(市)、2 个区、1 个国家级经济技术开发区、6 个省级经济开发区,全市面积 1.03 万平方千米,人口 216 万人。未来应实施四(平)梨(树)同城化,推进长春、四平相向延伸发展,培育长平经济走廊。调整优化老城区功能空间,构建东南生态新城,大力发展绿色农产品加工和机械加工制造配套产业,提升能源、化工、冶金等优势产业,做大做强食品产业和装备制造产业两个国家级新型工业化示范基地。通过四平崛起有效避免哈大发展轴中部塌陷,将四平建设成为东北地区重要的交通枢纽城市、哈长城市群向南开放的桥头堡和蒙辽吉区域合作示范区。

第三节　哈长城市群与周边地区的合作

区域合作是区域经济发展的主题,哈长城市群必须秉持区域合作的理念,依托独特的地理区位,加强与辽中南城市群等东北其他区域的协调,突出与环渤海区域的交流合作,以及深化与长三角、珠三角等地的合作,在合作共赢中实现带动东北振兴的目标和要求。

一、加强与东北其他区域的协调发展

立足于东北地区核心区域的优势,哈长城市群首先要加强与东北其他区域的合作,通过与辽中南城市群的融合带动整个东北地区一体化发展,通过与沿边地区的合作提升哈长城市群的对外开放水平,并进一步强化对周边地区的辐射带动作用。

(一)加强与辽中南城市群的融合发展

强化哈长城市群对黑龙江省东部城市、内蒙古东部地区的辐射带动作用,加快哈尔滨—佳木斯快速铁路、滨洲铁路电气化改造项目建设,推进牡丹江—佳木斯快速铁路和阿尔山—乔巴山跨境铁路前期工作,与辽中南地区协调联动,共同建设以哈(尔滨)大(连)铁路、绥(芬河)满(洲里)铁路、哈(尔滨)佳(木斯)同(江)抚(远)铁路、珲春至阿尔山铁路和东北东部铁路、黑龙江省沿边铁路为"一纵两横一环"轴线的东部陆海丝绸之路经济带,推动区域经济一体化发展。

(二)加强与东北其他沿边地区的合作

借助沿边重点城市的开放支撑作用,进一步增强沿边重点城市的发展水平,增强对周边地区的辐射力。构筑多元外向型产业体系,突出发展国际贸易和物流、出口加工、进口资源落地加工、跨境旅游等特色产业,建设出口加工基地,打造跨境产业链条,扩大当地产品对周边国家的出口。完善商贸物流体系,建设一批物流园区、节点和配送中心,培育一批国际化大型贸易、物流集团和专业物流企业。发展跨境电子商务,创建开放的跨境电子商务综合服务平台。积极参与周边国家的资源合作开发,如农业生产和深加工、金融、物流、跨境电子商务等领域的合作开发,扩大建筑工程承包和劳务合作。扩大与周边国家的科技、人文、社会、生态等方面的交流合作。优化口岸布局,完善口岸功能,加强通关、检验检疫、仓储、物流等基础设施建设,提高口岸通关便利化水平。在具备条件的地区建设综合保税区和跨境经济合作区。

(三)加强对周边地区的辐射带动

强化对黑龙江、吉林两省其他地区、内蒙古东部地区的辐射带动作用,加快在基础设施建设、产业协同发展、生态环境保护等方面的合作。积极吸纳周边地区劳动力转移就业,带动周边地区特色产业发展。

二、突出与环渤海区域的交流合作

依托与东北其他区域的协作,形成发展合力,哈长城市群还要深入展开与环渤海区域的交流合作,通过与京津冀、山东半岛、内蒙古西部区域的合作,全面融入国家发展大局。

（一）加强与京津冀的合作

积极引进北京高端优质要素,支持中关村等在哈长城市群设立分区分园,引导北京金融、科技、创新资源向东北地区外溢辐射,支持北京科研机构、金融机构开展面向哈长地区的研究课题和业务设计,促进哈长城市群产业结构升级。发挥北京科研、教育、医疗等资源优势,在其非首都功能疏解过程中,可以在更大的空间范围内,考虑优势要素资源向哈长城市群扩散,以提升完善东北地区老工业基地的城市功能,增强对人才的吸引能力和产业的支撑能力。京津冀区域在相当长时期内仍是东北地区经济社会对外联系的主通道,因此,在与京津冀协同发展过程中,要充分考虑哈长城市群货物外运的需要,优化京津冀与哈长城市群物流通道建设,在京津冀与哈长城市群连接地带统筹规划重要物流枢纽,服务东北地区产品的对外运输。

（二）加强与山东半岛的合作

加强山东半岛与哈长城市群在面向日韩方面的产业合作,积极共同参与中韩自贸区建设,支持山东半岛较为成熟的日韩资及其他外资产业新增产能向哈长城市群转移,形成成熟完善的外向型经济网络。促进山东半岛部分产业依托既有社会关系网络向哈长城市群转移,带动东北欠发达地区发展的同时,促进山东半岛腾笼换鸟。加快推进渤海跨海通道工程前期工作,缩短哈长城市群与山东半岛经济和人文交流的时空距离,降低运输成本,促进各类要素和市场合作,促进哈大发展轴向山东半岛延伸对接,共筑腹地广阔、支撑力强、跨海联动、合作密切的经济区,形成支撑我国北方地区重要的制造业密集带。

（三）加强与内蒙古西部区域的合作

加强与内蒙古西部地区在能源、旅游资源等方面的开发合作,构建哈长城市群与内蒙古西部地区旅游合作大市场,共享游客资源,积极吸引内蒙古西部地区的游客到哈长城市群旅游,深化旅游企业与景区之间的合作,完善旅游合作机制。共同开展"一带一路"北部通道的建设,加强与满洲里重点开发开放试验区的合作,积极扩大哈长城市群与蒙古、俄罗斯的商贸物流合作。

三、深化与国内其他区域的合作

通过哈长城市群交通运输体系的纵向通道和陆海联运通道,深化与我国南方各省的联系,进一步加强面向长三角、珠三角等东部沿海地区的招商引资和市场开拓,拓展合作领域,创新合作形式,提升合作层次,建立承接技术密集型和劳动密集型的产业园区,合理承接沿海发达经济圈的产业,吸引研发、设计、服务、营销等产业环节转移,承接先进制造业、现代服务业。加强与港澳台地区的合作交流,发挥双方在绿色食品、文化产业、旅游产业、金融业、时尚产业等方面的互补优势,搭建面向东北亚和俄罗斯合作的重要桥梁。

第四节　哈长城市群发展对策

依托哈长城市群发展的基础条件,结合国家培育发展现代化都市圈的政策支持,哈长城市群要以哈尔滨、长春都市圈建设为契机,推动与周边地区的合作交流,通过产业开放、城市治理等,进一步提升哈长城市群整体发展水平,构筑东北地区全面振兴全方位振兴的坚实基础。

一、提升哈长城市群整体发展水平

围绕国家全面推进"一带一路"建设和深入实施东北振兴、创新驱动、生态文明建设等重大战略,充分考虑哈长城市群的地理区位、发展基础、比较优势等,按照国家对哈长城市群作为东北振兴的北方开放门户的定位要求,围绕面向以东北亚为核心的对外开放责任、支撑带动东北转型发展的历史使命、全面推进创新发展和生态文明建设等重点任务导向,持续提升哈长城市群的发展水平,切实提高哈长城市群在国家改革开放全局中的战略地位。特别是,哈长城市群应借助"一带一路"建设,明确自身特色,加强国际贸易与综合服务功能的培育,建立开放的经济合作载体与全球化平台,尤其是针对东北亚国家的载体与平台及功能的培育。哈长城市群要依托口岸建设,进一步整合黑龙江、吉林两省资源,突破发展瓶颈,寻找新的发展契机。通过与俄罗斯、韩国等国家的合作,搭建"一带一路"东北亚沿线各城市的合作交流平台、航空物流铁路交通设施与管理的合作对接平台、投融资平台与电子商务平台等,提升整个城市群的开放发展水平。

二、推动形成产业协同发展格局

建立健全产业转移推进机制和利益协调机制,逐步统一城市群土地、资本、金融、人才、环保等方面的政策,充分发挥行业协会、商会的桥梁和纽带作用,搭建城市群产业合作平台。实行统一的市场准入制度,促进城市群市场主体登记注册一体化,探索建立城市群企业信用信息互通共享机制,实现组织机构代码、企业登记、信贷、纳税、合同履约、产品质量监管等信用信息共享,支持资本市场诚信数据库建设。加强汽车、飞机、石化、生物医药、新能源、新材料等产业重大关键性核心技术与共性技术的研发,发展"产、学、研"相结合的城市群技术创新联盟。引导和促进城市群创新要素的集聚和整合。突出强化企业在技术创新中的主体地位,建设一批研发中心和工程(技术)研究中心。推动大学和科研机构技术成果的转化应用,建设科技成果转化平台和多层次科研成果交易市场,完善科技成果产业化的政策法律体系,落实知识产权保护制度,提升在重大技术领域的研发与成果转化能力。

三、完善哈长城市群开放型政策体系

大力发展电子商务等现代化交易方式,创建开放的跨境电子商务综合服务平台。建立区域内口岸与沿海发达地区口岸、周边国家口岸大通关合作机制，搭建集口岸通关执法管理和相关物流商务服务于一体的大通关统一信息平台，实现"一站式"通关服务。营造招商引资的良好环境，进一步完善城市的服务功能，为投资者创造良好的市场、政策、法治和生活环境。创新进出口管理体制，进一步下放外贸经营权，逐步放松对进出口经营权的限制，将目前审批制逐步改为按规定的条件、经过登记自动获得认可，减少进出口配额和许可证的管理环节，按效率、公正、公开的原则改进发证办法。

四、构建多层次协同发展的城市群区域治理机制

区域治理是在基于一定的经济、政治、社会、文化和自然等因素而紧密联系在一起的地理空间内，依托政府、非政府组织、私人部门、公民及其他利益相关者等各种组织化的网络体系，通过整合各主体关系并充分发挥各主体的作用，有效协调区域内部不同行政主体关系，共同解决区域发展所面临的问题，对区域公共事务进行协调和自主治理的过程。区域治理包含多元化的行为主体，包括政府部门、企业及社会组织，并且这些主体共同形成一个相互合作与分工的网络，承担不同的区域治理任务。由于目前哈长城市群内各主体之间协作程度不高，因此从黑吉两省、各地方政府以及各类社会组织、企业等多主体角度加快构建区域合作治理机制非常必要。通过区域协同治理机制，共同研究解决城市群发展的重大问题，促进城市间、产业间、企业间合作共赢。

本章执笔：李爱民（中国人民大学经济学博士，国家发展和改革委员会国土开发与地区经济研究所城镇发展研究室副主任、副研究员）

参考文献：

[1] 陈玉光.城市群形成的条件、特点和动力机制[J].城市问题,2009(1):18-22,34.

［2］高汝熹,罗明义.城市圈域经济论［M］.昆明:云南大学出版社,1998.

［3］黄征学.城市群界定的标准研究［J］.经济问题探索,2014(8):156-164.

［4］鲁金萍,孙久文,刘玉.京津冀城市群经济联系动态变化研究:基于城市流的视角［J］.经济问题探索,2014(12):99-104.

［5］汪阳红.区域治理理论与实践研究［M］.北京:中国市场出版社,2014.

［6］汪阳红,张燕.加快"哈大经济支撑带"建设研究［J］.区域经济评论,2017(1):60-67.

［7］魏后凯.大都市区新型产业分工与冲突管理:基于产业链分工的视角［J］.中国工业经济,2007(2):28-34.

［8］魏后凯.构建面向城市群的新型产业分工格局［J］.区域经济评论,2013(2):41-43.

［9］肖金成,李爱民,等.哈长城市群规划研究［M］.北京:经济科学出版社,2020.

［10］肖金成,欧阳慧,等.优化国土空间开发格局研究［M］.北京:中国计划出版社,2015.

18

第十八章

天山北坡城市群

天山北坡城市群是位于中国最西端的城市群,作为新疆社会经济发展最具活力和最具潜力的核心区域,城市间距离较近、资源环境承载能力较强、工业发展基础良好、产业优势明显、人力资源集聚,其核心城市是乌鲁木齐。要促进天山北坡城市群高质量发展,需要促进乌鲁木齐都市圈同城化发展,不断优化城镇格局,构建合理的城市体系;完善城市间功能分工和产业协同发展机制;坚持生态优先,实现绿色可持续发展。

第一节　天山北坡城市群概况

天山北坡城市群区位优势明显,历史文化底蕴丰厚,自然地理条件优越,是新疆社会经济发展最具活力和最具潜力的核心区域,也是新疆经济、人口、科技等发展要素高度聚集的区域。

一、地理区位

天山北坡城市群的范围包括乌鲁木齐市、昌吉市、吐鲁番市、石河子市、奎屯市、克拉玛依市和五家渠市。天山北坡城市群地处亚欧大陆腹地,位于新疆准噶尔盆地南缘天山北坡中段,形成了新疆天山北麓洪积冲积扇的条带状绿洲城镇经济带[1],是新疆维吾尔自治区城市化发展速度最快的地区[2](图18.1)。

天山北坡城市群是随着新疆天山北坡经济带经济的快速发展、依托便利的交通条件和优惠的政策支持发展起来的,是中国西北地区重要的城市群之一[3]。2011年该区域被定位为全国重点开发区域,位于国家"两横三纵"城市化战略格局中陆桥通道横轴的西端。该区域区位条件优越、自然资源丰富、经济发展

① 王爱辉.天山北坡城市群经济、社会与环境协调发展与对策[J].水土保持研究,2014,21(2):316-322.
② 方创琳,宋吉涛,张蔷,等.中国城市群结构体系的组成与空间分异格局[J].地理学报,2005(5):827-840.
③ 段祖亮,张小雷,雷军,等.天山北坡城市群城市多维生态位研究[J].中国科学院大学学报,2014,31(4):506-516.

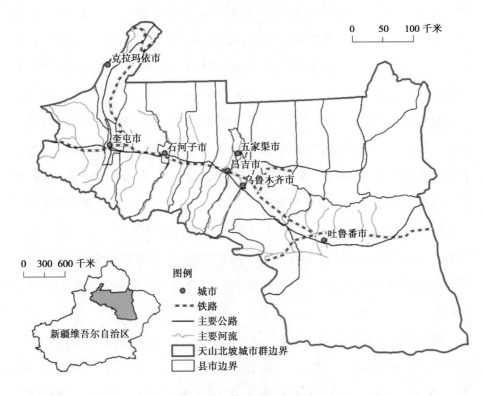

图 18.1　天山北坡城市群

基础较好、基础设施完备、绿洲城镇分布集中、城市化水平较高、城市间的相互联系密切,是新疆社会经济发展最具活力和最具潜力的核心区域①,也是新疆经济、人口、科技等发展要素高度聚集的区域。

二、历史人文

公元前 60 年,汉宣帝设立西域都护府于乌垒城(今新疆轮台东北),自此新疆便以西域之名正式纳入中国版图。三山夹两盆的自然地理格局,使新疆习惯上被分为南疆、东疆和北疆。基于复杂的空间地形以及与内地的交往、交融,新疆的经济、政治、文化的核心区域开始形成,但天山北坡的优势最初并不明显。

① 王爱辉.天山北坡城市群经济、社会与环境协调发展与对策[J].水土保持研究,2014,21(2):316-322.

而当时塔里木河流域水量充沛,下游湖河纵横,使得南疆地区才是与中央政府和中东部往来最为紧密的地区。两汉政权设立的西域都护府(初设于公元前60年,后于公元91年迁至龟兹,即今库车县)所统辖的西域三十六国也主要分布于南疆和东疆地区①。

魏晋、隋唐在保持两汉对西域管辖的基础上,进一步管辖东疆和北疆地区。唐贞观初年,设立伊州、西州以及庭州,分别位于今天的哈密市、吐鲁番市和昌吉州吉木萨尔县。东疆地区在地理位置上最占据优势,因为其与华夏文明的核心区域相距最近,于唐贞观十四年(公元640年)在西州交河城设置安西都护府以管辖西域,此后陆续在龟兹、疏勒、于阗和焉耆设立安西四镇,分别位于今天的库车县、喀什市、和田市和焉耆县②。由于安西都护府主要管辖天山以南的大片疆土,为便于管理,周长安二年(公元702年)在庭州设立北庭都护府,与安西都护府分治天山南北。

西辽政权建立后,把对新疆的统治中心放在了自然地理条件最好的伊犁河流域。这里水草丰茂,气候宜人,由此带来的经济实力使西辽政权在此得以稳固。元朝时,新疆主要为元政府管辖下的察合台汗国领地,其官署也设在伊犁河谷。延续至明代的东察合台汗国的都城依旧位于亦力把里即今伊犁州境内。

清乾隆二十七年(1762年),清政府在伊犁设立"总统伊犁等处将军",作为当时新疆最高行政和军事长官,统辖天山南北各路驻防城镇。然而一个世纪之后,1864年《中俄勘分西北界约记》的签订使中国失去了伊犁河下游七河地区的广大战略缓冲地带,伊犁已成边陲,难以再做新疆的军政中心。与此同时,在天山北麓,乌鲁木齐作为清政府在新疆最早推行府县制的地区之一,屯垦与商贸使其日趋繁荣。清光绪十年(1884年),清政府正式设置新疆省,省会为迪化。此后迪化城不断扩大,不仅成为新疆的政治中心,也逐渐成为天山北坡的核心区域。纪晓岚在《乌鲁木齐杂诗之物产》中写道"种出东陵子母瓜,伊州佳

① 余太山.新疆各族历史文化词典[M].北京:中华书局,1996.
② 同①.

种莫相夸""夜深宝气满山头,玛纳斯南半紫缪""西到宁边东阜康,狐踪处处认微茫""昌吉新鱼贯柳条,笭箵入市乱相招",足可见哈密、玛纳斯、阜康、昌吉等地自清代中期起农业蓬勃发展,物产丰富,贸易频繁,已有融入天山北坡城市群的经济基础①。

新中国成立以后,中央人民政府政务院将迪化恢复其原名乌鲁木齐,并继续成为自治区的首府。改革开放以来,乌鲁木齐带动天山北坡城市群城市快速发展,在新疆响应国家"一带一路"建设中更发挥着举足轻重、不可替代的作用。

三、自然地理

我国境内的天山,即东天山,横亘新疆维吾尔自治区全境,西起中国与吉尔吉斯斯坦共和国边界,东至哈密市以东的星星峡戈壁,东西绵延 1 700 千米,占天山山系总长度的2/3,山势雄伟壮观,山地平均海拔 4 000 米,将新疆分为南北两半。在现代,天山被看作荒漠地面上的一个山地自然地理综合体,包括山地、山间盆地以及山前倾斜平原。山区降水量丰富,冰川发育,为准噶尔盆地南缘与塔里木盆地北缘众多河流、湖泊的发源地②。

受水资源制约,天山北坡城市多坐落于接近山地系统的集水区,即河流冲洪积扇的上部。这些地区具有较高的水源保证率,地表径流补给较多,植被和土壤条件好,易于开发,是城市发展的良好场所。受天山北麓特有的水资源及水系分布特征影响,天山北坡城市群发育与发展均以河流及其支流(包括引水干渠)为主轴分布,个体城市的空间扩张也是沿流域方向,城市形态呈现长条形,长度大于宽度③④⑤。

① 李忠智.纪晓岚与四库全书·纪晓岚乌鲁木齐杂诗详注[M].北京:现代教育出版社,2010.
② 胡汝骥.中国天山自然地理[M].北京:中国环境科学出版社,2004.
③ 程维明,周成虎,李建新.新疆玛纳斯湖景观演化及其生态环境效应[J].第四纪研究,2001(6):560-565,577-578.
④ 方创琳,孙心亮.基于水资源约束的西北干旱区城镇体系形成机制及空间组织:以河西走廊为例[J].中国沙漠,2006(5):860-867.
⑤ 陈曦.中国干旱区自然地理[M].北京:科学出版社,2020.

天山北坡区域的生态环境是立体型结构,山地、绿洲、荒漠共同构成了天山北坡相互依存和相互作用的完整生态系统,而维护这个生态系统的相对稳定对于维护绿洲的生态平衡和实现社会经济的可持续发展具有不可估量的作用①。

四、人口分布

干旱区的人类活动几乎都集中在绿洲。在绿洲分布零散的地方难以集聚起众多的人口,经济难以发展,城镇规模较小,分散且封闭,表现出传统绿洲城镇的特点,只有在绿洲规模较大或经人类改造的连片人工绿洲群上才有条件发育大城市。由于绿洲的封闭性,绿洲群上的城市之间的内生性联系密切,与外部其他绿洲上城镇的外向性联系弱,这样就容易集结成大城市,从而带动整片绿洲的区域发展。因此干旱地区城镇体系或城市群发展的一个显著特点是大城市首位度高,中小城市规模小、数量多。这种现象不仅在我国,而且在美国西部、澳大利亚以及中东的干旱地区也都有体现。天北城市群由 7 个城市构成,其中 100 万人口以上的大城市只有乌鲁木齐 1 个,人口在 50 万人以上的中等城市为石河子市和吐鲁番市,其余 4 个城市——昌吉市、奎屯市、克拉玛依市和五家渠市都是人口不足 50 万人的小城市。人口的聚居带来产业的繁荣,使乌鲁木齐在天北城市群具有绝对核心地位(表 18.1)。

表 18.1　2015—2019 年年末人口及年增长率

	2015 年 /万人	2016 年 /万人	2017 年 /万人	2018 年 /万人	年增长率 /%
乌鲁木齐市	266.83	267.87	222.62	222.26	-5.91
昌吉市	37.14	37.75	38.36	38.8	1.47
吐鲁番市	63.2	63.3	63.73	63.34	0.07
石河子市	63.26	57.38	59.25	59.3	-2.13

---

① 李杨,刘艳,马丽云,等.天山北坡气候因子对植被影响的空间分异性研究[J].干旱区资源与环境, 2011,25(7):91-95.

续表

	2015 年 /万人	2016 年 /万人	2017 年 /万人	2018 年 /万人	年增长率 /%
奎屯市	28.94	15.87	29.36	29.1	0.18
克拉玛依市	29.97	41.78	30.74	30.77	0.88
五家渠市	9.31	12.65	9.61	9.68	1.31
天北城市群	498.65	496.6	453.67	453.25	−0.09
新疆	2 359.73	2 398.08	2 444.67	2 486.76	1.76

资料来源:新疆维吾尔自治区统计局,国家统计局新疆调查总队.新疆统计年鉴 2019[M].北京:中国统
计出版社,2019.

　　1950 年新疆解放以后,乌鲁木齐人口呈现持续增长的态势。20 世纪 50—
60 年代,人口迅速增长,归因于知识青年响应国家"到边疆去、到最艰苦的地方
去"的号召,这一批支边青年成为早期建设新疆的中流砥柱,也为天山北坡城市
群的形成打下了坚实基础。20 世纪 60—70 年代,人口增长缓慢,年均增长率不
足 1%。20 世纪 70 年代以后,人口开始持续稳定地增长,直至突破 200 万人,成
为Ⅱ型大城市。近几年,随着东西部人员流动性增加,人口数量有小幅度的波
动,但从总体规模来看,目前户籍人口在 220 万人以上,常住人口为 350 万人
左右。

　　天山北坡城市群是一个多民族聚居的城市群。除汉族以外,世居的还有维
吾尔族、回族、哈萨克族、满族、锡伯族、蒙古族、柯尔克孜族、塔吉克族、塔塔尔
族、乌孜别克族、俄罗斯族、达斡尔族 12 个少数民族。从人口的民族结构来看,
除了吐鲁番市少数民族人口占比为 83.16% 以外,城市群中其他各市少数民族
人口比重在 30%以下。石河子市和五家渠市是新疆生产建设兵团师市合一的
城市,屯垦戍边的历史造就了城市人口的民族分布格局,少数民族人口比重在
10%以下。与新疆整体人口民族结构相比,天山北坡城市群的汉族人口比例
更高。

五、经济发展

天山北坡城市群是新疆社会生产力最为集中、经济活动最为活跃、城市及城市人口最为密集的区域,对新疆经济社会发展具有重要影响。统计数据显示,2018 年其地区生产总值占全疆比重的 45.17%,人口占全疆比重的 18.23%,是新疆经济增长的核心,除吐鲁番市以外的城市人均地区生产总值均高于新疆平均水平,甚至数倍于新疆平均水平(表 18.2)。

表 18.2　天山北坡城市群基本情况

城市	地区生产总值/亿元	年末总人口/万人	人口自然增长率/‰	城市化率/%	市区面积/平方千米	建成区面积/平方千米	行政区划
乌鲁木齐市	3 099.77	222.26	3.36	90.15	13 787.9	458.36	地级市,下辖 7 个区、1 个县
昌吉市	406.25	38.80	5.28	63.92	7 971.0	63.39	县级市,下辖 8 个镇、2 个乡、6 个街道
吐鲁番市	310.59	63.34	1.61	36.19	15 729.2	21.85	地级市,下辖 1 个区、2 个县
石河子市	359.61	59.30	-6.72	80.23	460.0	49.11	县级市,下辖 2 个镇、5 个街道
奎屯市	141.55	29.10	0.22	69.69	1 109.9	30.67	县级市,下辖 5 个街道、1 个农业乡
克拉玛依市	898.14	30.77	5.78	99.13	7 735.2	75.78	地级市,下辖 4 个区
五家渠市	293.94	9.68	2.86	86.35	761.1	33.22	县级市,下辖 3 个街道、2 个镇

资料来源:新疆维吾尔自治区统计局,国家统计局新疆调查总队.新疆统计年鉴 2019[M].北京:中国统计出版社,2019.

西部大开发战略实施以来,天山北坡城市群各市依托良好的能源资源、人才技术、市场环境、交通运输等区位条件,实现了工业化和城市化快速发展。2018年,天山北坡城市群三次产业比重为2.42∶42.38∶55.20,工业化程度超前于新疆整体水平(13.87∶40.36∶45.77),第三产业比重显著高于新疆整体水平。天山北坡城市群三次产业结构不断向高级化方向演进:克拉玛依工业化水平较高,处于大规模工业化时期;乌鲁木齐第三产业较发达,已进入后工业化向服务经济过渡的阶段;其余城市已处于工业化中期。

第二节　乌鲁木齐都市圈与主要城市

乌鲁木齐都市圈是天山北坡经济带的核心区域,都市圈范围包括以乌鲁木齐为核心辐射带动的区域。

一、都市圈的形成与发展

2000年西部大开发战略促进了天山北坡经济发展和区域经济合作。乌鲁木齐市与周边的昌吉市、米泉市(后并入乌鲁木齐市米东区)、阜康市、五家渠市、石河子市、吐鲁番市、玛纳斯县、呼图壁县,在地理空间上集聚发展形成了都市圈的雏形①。2003年6月25日,由乌鲁木齐市、昌吉市、阜康市、米泉市、石河子市、吐鲁番市和五家渠市发起成立开放性区域经济合作组织——乌鲁木齐城市经济圈协作委员会,《乌鲁木齐城市经济圈经济合作协议》和《乌鲁木齐城市经济圈旅游合作协议》相继签署。

2004年3月国务院批复的《新疆维吾尔自治区城镇体系规划(2004—2020)》中明确提出"优先建设乌鲁木齐市都市圈"(范围包括乌鲁木齐市及其

---

① 乔旭宁,杨德刚,毛汉英,等.基于经济联系强度的乌鲁木齐都市圈空间结构研究[J].地理科学进展,2007(6):86-95.

临近的昌吉市、五家渠市、米泉市和阜康市等）。2004 年,乌昌经济一体化战略把昌吉州的奇台县、吉木萨尔县和木垒哈萨克自治县纳入乌昌一体化的范围。乌昌城市布局规划使城市群空间布局规划、城市交通网络规划、生态环境规划、基础设施等专项规划的衔接进一步加强①。

从"十二五"开始,随着基础设施的投资规模加大、增长速度加快和综合运输网络格局的形成,产业集聚明显提升,产业集群初步形成。城市间联系更加密切,核心城市具有一定的对外辐射和区际意义,都市圈及城市群形成了以乌鲁木齐为强核心的单中心结构,城市对外经济联系具有显著的规模等级差异②,根据未来发展态势,这种结构特征将继续加强(表 18.3)。

表 18.3 天山北坡城市群对外联系能力的等级结构

城市对外联系能力等级	城市流强度/亿元	中心城市	城市作用
一级中心	>125	乌鲁木齐	核心城市
二级中心	10~125	克拉玛依市、石河子市、昌吉市	区域副中心
三级中心	<10	阜康市、奎屯市、五家渠市、乌苏市	地方市域中心

"十三五"时期,乌鲁木齐都市圈进入了发展的新阶段。根据《新疆维吾尔自治区城镇体系规划(2012—2030)》,乌鲁木齐都市圈将建设成为我国面向中亚、西亚、南亚地区的国际性商贸中心、文化交流中心和区域联络中心,我国西北地区重要的能源综合利用基地、新型工业基地、旅游集散中心,新疆区域经济和科技创新中心。

乌鲁木齐都市圈发展的总体目标是打造国际性都市圈,成为区域性国际商贸中心、金融中心和文化交流中心。同时,充分发挥其作为我国西部桥头堡的区位优势,强化在欧亚大陆桥中的中继站和枢纽作用,强化"丝绸之路经济带"

---

① 姬肃林.从乌昌一体化到乌鲁木齐都市圈[J].实事求是,2013(5):38-42.
② 高超,雷军.天山北坡城市群经济联系分析[J].干旱区资源与环境,2011,25(6):24-30.

核心区的作用,立足自身生态和资源承载能力,整合都市圈优势资源,加快区域性职能培育,强化内部分工协作,构筑充满活力、持续安全、高效集约、和谐稳定的都市圈(表 18.4)。

表 18.4 乌鲁木齐都市圈各市县地区生产总值构成

(2018 年) 单位:%

地区	地区生产总值	第一产业	第二产业	第三产业	工业	建筑业	交通运输、仓储和邮政业	批发和零售业
乌鲁木齐市	100	0.8	30.6	68.6	23.8	7.0	15.3	8.8
五家渠市	100	18.0	50.0	32.0	—	—	—	—
石河子市	100	3.1	54.6	42.3	44.0	10.6	5.8	6.1
吐鲁番市	100	16.0	50.6	33.4	40.6	12.3	5.0	2.5
昌吉市	100	7.0	48.3	44.7	35.1	13.3	7.5	5.1
阜康市	100	14.6	62.7	22.7	49.8	12.8	2.5	4.5
呼图壁县	100	29.5	32.4	38.1	16.8	15.6	6.1	8.2
玛纳斯县	100	28.8	41.2	30.0	33.9	7.3	2.9	5.4
奇台县	100	25.9	41.7	32.4	27.8	13.9	4.3	5.9
吉木萨尔县	100	7.0	79.1	13.9	75.8	3.3	0.9	2.4
木垒哈萨克自治县	100	34.4	22.0	43.6	7.8	14.2	3.4	6.9

资料来源:新疆维吾尔自治区统计局,国家统计局新疆调查总队.新疆统计年鉴 2019[M].北京:中国统计出版社,2019.

注:五家渠市部分数据缺失。

按照各个城市在都市圈的作用及与区域的联系,可划分为三个不同的组织层次:核心圈层包括乌鲁木齐市和昌吉市,中间圈层为五家渠市、阜康市、呼图壁县,外围圈层为石河子市、玛纳斯县、吐鲁番市、奇台县、吉木萨尔县、木垒县。

二、天山北坡城市群主要城市

乌鲁木齐市的政治与经济职能不断强化,现代化交通建设不断加强,综合性交通枢纽地位基本构筑,现代服务业和战略性新兴产业、高新技术产业快速发展。作为都市圈的核心,乌鲁木齐将发展成为丝绸之路经济带核心区中交通枢纽、商贸物流、金融服务、文化科教、医疗服务"五大中心",多民族和谐宜居城市,天山绿洲生态园林城市。城北新区重点发展国际商贸、外事交流、空港商务、保税物流、行政办公五大核心功能;高铁新区结合高铁综合枢纽,打造中国西北地区门户枢纽,重点发展商务办公、研发咨询、高端零售和居住等功能;西山新区重点发展教育培训、科技研发、高新技术和现代物流等相关服务业;老城区重点推进行政办公、商业金融、旅游休闲、文化创意、体育、大学教育等服务功能;米东区重点打造石化基地,发展成为居住、商贸、文化教育、旅游休闲度假区相结合的现代城区。

石河子市是都市圈外圈层的副中心、兵团和农八师师部所在城市、兵团科教文卫基地和都市圈轻工业基地。石河子市重点发展纺织、食品、化工、现代农业机械、新材料和新能源等产业,定位为中国军垦名城、新型工业基地、科教新城、生态园林城市和天山北坡区域中心城市。

吐鲁番市是全国重点旅游城市、国际旅游名城和国家历史文化名城。作为都市圈外圈层的副中心,其是都市圈旅游目的地城市和特色农副产品种植加工基地(第二产业所占比重为都市圈中最高)。重点建设特色农产品加工与贸易基地、新能源示范区和新能源基地,建成阳光宜居城市、重要交通枢纽。

昌吉市是乌鲁木齐都市圈的副中心、乌昌都市区的重要组成部分。其定位为新疆重要的装备制造业基地、农副产品生产加工基地、农业科研基地和生态宜居的现代化城市。以工业发展带动全市发展,老城区是行政、居住、社会服务(如教育、医疗、卫生)齐备的中心城区,新区为行政、商贸服务中心。

五家渠市为兵团农六师师部所在城市,是乌昌都市区重要组成部分。其定位为乌鲁木齐都市圈休闲度假和健康疗养基地、区域国际合作功能的拓展区、清洁工业基地、承接乌鲁木齐人口疏解的重要地区、水系保护和生态建设的重要示范地区、科教创新文化突出的现代化城市。

阜康市位于都市圈外圈层,是以旅游为先导(依托天池景区),以石油、煤炭、镍冶炼三大基地打造的富有特色的旅游城市。其定位为天山绿洲中的现代宜居城市、区域性的综合旅游服务中心、具有特色的历史文化名城。

呼图壁县为乌鲁木齐市和昌吉市的农副产品、蔬菜、乳制品供应基地,都市圈轻工业原料基地。玛纳斯县为乌鲁木齐市、石河子市双重辐射和吸引的种植业、特色农产品原料基地。奇台县为准东国家级煤电煤化能源基地的配套服务基地和乌鲁木齐都市圈东部次中心城市,重点发展农产品加工、旅游和商贸物流业。吉木萨尔县以休闲观光旅游为主线,结合蔬菜产业发展,全力打造瓜菜种植、良种繁育、特色农产品种植三大基地。木垒县重点发展全域旅游、特色农业、新能源产业,建设生态城、旅游城、休闲城。

第三节 促进天山北坡城市群高质量发展的对策

自古以来,新疆就是丝绸之路的必经之地,而沿边地区又是连接内外的重要纽带和节点。当前,天山北坡城市群地区已成为吸引内外资、发展外向型经济的重要载体,区域性国际商贸中心、出口商品加工基地、物流通道等建设初具规模,该区域的良好发展态势势必会引领丝绸之路经济带核心区的基础建设。"丝绸之路经济带"作为国家重大战略构想,需要以新疆天山北坡城市群建设为契机和重要抓手。

一、促进乌鲁木齐都市圈一体化发展

在天山北坡城市群的建设中,要发展一批中心城市,强化区域服务功能。

乌鲁木齐要加快提高国际化水平,强化与周边昌吉、石河子高效一体发展,促进形成都市圈。推动乌鲁木齐都市圈城市发展由外延扩张式向内涵提升式转变。推进一体化建设,提升贸易枢纽功能和制造业功能,建设西北地区重要的国际商贸中心、制造业中心、出口商品加工基地,将乌鲁木齐都市圈打造为天山北坡城市群中新型城市化和新型工业化的核心载体。发展壮大克拉玛依、奎屯、博乐、伊宁、五家渠、阜康、吐鲁番、哈密等天山北坡其他节点城市。

二、不断优化城镇格局,构建合理的城市规模和结构

习近平总书记在党的十九大报告中指出:"以城市群为主体构建大中小城市和小城镇协调发展的城镇格局。"城市群是城市化的主体形态,以较少的国土空间聚集了较多的人口和要素,形成了较大的产出,是空间资源利用效率最高的地区,也是最具创新活力和国际竞争力的地区。通过城市群的科学规划,合理布局,更好地发挥城市群内部不同城市和小城镇相对密集分布、规模经济和范围经济显著、分工协作关系紧密的优势,形成大中小城市和小城镇协调发展的城镇格局。

不断完善城镇格局,把乌鲁木齐建设成为国家对外开放重要的国际城市;把乌昌都市区、喀什、伊宁—霍尔果斯、库尔勒、克拉玛依、奎屯—独山子—乌苏、哈密、阿克苏等培育成为新疆重要增长极;建设一批 50 万人口以上的中等城市,使中小城市和小城镇发展水平不断提升。健全城市规模结构,适度扩大城市规模,尽快形成辐射带动能力强的中心城市,促进大中小城市和小城镇协调发展,推动形成分工协作、优势互补、集约高效的城镇格局。

三、完善城市间合理的产业协同发展机制

形成合理的城市间分工协作关系要求在优化并发挥好核心城市辐射功能的同时,把核心城市的非核心功能疏解到其他城市或小城镇,形成功能互补的

协作关系,更好地发挥城市群内部城市和小城镇的协同效应。天山北坡城市群经济的协同度还比较低,要实现城市群协同发展还存在较大空间。天山北坡城市群应该建立统一的区域协调发展机制,明确各城市产业分工,缩小城市差距,并充分利用交通、区位和政策优势,实现城市群协同发展。建议成立产业协同发展领导小组,建立产业协同发展机制。同时,还要促进产业结构优化,明确城市分工,促进各产业协调发展升级。

乌鲁木齐产业门类齐全,应加快发展科技含量高和服务型较强的优势行业,加强石油加工等高耗能产业优化升级,培育发展新能源、新材料、信息软件等战略性新兴产业。克拉玛依作为石油石化产业的聚集区,石油资源丰富,应积极发展天然气化工等产业,开辟高端化、精细化的石油化工道路,逐步发展成为“一带一路”建设上重要的油气化工聚集地。石河子和昌吉的化学制造业和有色金属加工业都具有比较优势,其中昌吉应重点发展有色金属加工,石河子则应侧重于化学制造业。石河子是世界最大的彩棉基地,应利用资源大力发展纺织和服装等产业。昌吉形成了具有一定规模和知名度的食品加工业农产品品牌,应加快发展特色农副产品精深加工,同时作为新疆装备制造业基地,应加强先进制造业发展,提高科技智能水平[①]。

四、坚持生态优先,实现绿色可持续发展

天山北坡城市群无论是水资源还是资源类产品开发,都存在保护观念不强等问题,要高效利用水资源,保护水环境,提高水质量。根据水资源的承载能力,合理确定城市经济结构和产业布局。加强流域水资源的管理,合理配置和利用水资源,大力发展高效节水农业,降低农业用水定额。在缺水地区严禁建设高耗水、重污染的工业项目。加强企业节水技术改造,实现冷却水循环利用,并按照环境保护标准排放。加大城镇生活污水再生水回用设施建设力度,提高

---

① 龚晓菊,申亚杰.“一带一路”背景下天山北坡城市群的产业发展研究[J].当代经济,2017,39(11):79-84.

再生水利用率。必须事先做好生态环境、基本农田保护规划,减少工业化、城市化对生态环境的影响。按照循环经济的要求,规划、建设和改造各类产业园区,大力提高清洁生产水平,从源头上减少废弃物产生和排放,努力减少对生态环境的影响。

本章执笔:高志刚(新疆财经大学副校长、教授)

　　　　刘雅轩(新疆财经大学副教授)

　　　　雷　军(中国科学院新疆生态与地理研究所研究员)

　　　　陈　静(新疆财经大学讲师)

　　　　朱　磊(新疆农业大学副教授)

参考文献:

[1] 王爱辉.天山北坡城市群经济、社会与环境协调发展与对策[J].水土保持研究,2014,21(2):316-322.

[2] 方创琳,宋吉涛,张蔷,等.中国城市群结构体系的组成与空间分异格局[J].地理学报,2005(5):827-840.

[3] 杜宏茹,张小雷.近年来新疆城镇空间集聚变化研究[J].地理科学,2005(3):3268-3273.

[4] 陈怀录,姚致祥,苏芳.中国西部生态环境重建与城市化关系研究[J].中国沙漠,2005,25(3):356-363.

[5] 陈曦. 中国干旱区土地利用与土地覆被变化[M].北京:科学出版社,2008.

[6] 段祖亮,张小雷,雷军,等.天山北坡城市群城市多维生态位研究[J].中国科学院大学学报,2014,31(4):506-516.

[7] 余太山. 新疆各族历史文化词典[M].北京:中华书局,1996.

[8] 李忠智. 纪晓岚与四库全书·纪晓岚乌鲁木齐杂诗详注[M].北京:现代教育出版社,2010.

［9］胡汝骥.中国天山自然地理［M］.北京:中国环境科学出版社,2004.

［10］程维明,周成虎,李建新.新疆玛纳斯湖景观演化及其生态环境效应［J］.第四纪研究,2001(6):560-565,577-578.

［11］方创琳,孙心亮.基于水资源约束的西北干旱区城镇体系形成机制及空间组织:以河西走廊为例［J］.中国沙漠,2006(5):860-867.

［12］李杨,刘艳,马丽云,等.天山北坡气候因子对植被影响的空间分异性研究［J］.干旱区资源与环境,2011,25(7):91-95.

［13］乔旭宁,杨德刚,毛汉英,等.基于经济联系强度的乌鲁木齐都市圈空间结构研究［J］.地理科学进展,2007(6):86-95.

［14］姬肃林.从乌昌一体化到乌鲁木齐都市圈［J］.实事求是,2013(5):38-42.

［15］高超,雷军.新疆天山北坡城市群经济联系分析［J］.干旱区资源与环境,2011,25(6):24-30.

［16］龚晓菊,申亚杰."一带一路"背景下天山北坡城市群的产业发展研究［J］.当代经济管理,2017,39(11):79-84.

［17］陈曦.中国干旱区自然地理［M］.北京:科学出版社,2020.

19

兰西城市群

兰州—西宁城市群位于我国西部腹地,是我国西部重要的跨省区城市群,战略地位突出,自古以来就是国家安全的战略要地。培育发展兰州—西宁城市群(以下简称"兰西城市群"),有利于保障国家生态安全,有利于维护国土安全和促进国土均衡开发,有利于促进"一带一路"建设和长江经济带发展互动,有利于带动西北地区实现"两个一百年"奋斗目标。本章对兰西城市群经济社会发展现状进行分析,并以兰州市为核心提出兰州都市圈发展脉络,从绿色转型、全面开放和高质量发展等方面提出兰西城市群高质量发展对策与思路。

第一节　兰西城市群概况

兰西城市群位于甘肃和青海交界,水土资源条件相对较好,自古以来就是国家安全的战略要地,在维护我国国土安全和生态安全大局中具有不可替代的独特作用。兰西城市群包括甘肃省兰州市,白银市白银区、平川区、靖远县、景泰县,定西市安定区、陇西县、渭源县、临洮县,临夏回族自治州临夏市、东乡族自治县、永靖县、积石山保安族东乡族撒拉族自治县,以及青海省西宁市,海东市,海北藏族自治州海晏县,海南藏族自治州共和县、贵德县、贵南县,黄南藏族自治州同仁县、尖扎县。总面积9.75万平方千米,2018年地区生产总值4 547.22亿元,常住人口1 193万人,以7.41%的土地承载着甘青两省52.8%的地区生产总值和44.36%的人口。

一、自然地理

兰西城市群地处青藏高原与黄土高原过渡地带,北靠祁连山余脉,中部是河湟谷地,山地、丘陵、盆地河谷交错分布,整体呈西高东低的地形,海拔最低约1 300米,最高有5 000多米,周围广布国家生态屏障。西部大部分属于青藏高原,海拔较高,东部以低海拔的河谷地貌为主,低山丘陵相间分布。兰西城市群所在的河湟谷地地势较低,气候温和,用水便利,灌溉农业发达,能源资源富集,经济基础良好,人口和城镇相对密集。其中,位于黄河之滨的兰州处于西北地区中心地带,是西北地区最大的综合运输枢纽,是内地通往青海、西藏、新疆等省区的交通要冲;位于湟水河畔的西宁,是青藏高原的重要门户和交通枢纽、内地联系青藏高原乃至南疆地区的"桥头堡"。两市相距仅 216 千米,且有兰新高铁、兰青铁路、109 国道、高速公路、空中航线、输气管道构成的立体快速交通运输体系和兰西拉国家光缆主干线相连,交通便捷,通信畅通。地域上的邻近性和交通上的通达性,使河湟谷地形成了以黄河、湟水为纽带,以兰州、西宁为中心,包括地区行政中心、县城和独立工矿点在内的城镇相对密集地区,成为西部地区唯一具有流域特点且相对完整的地理单元。

二、社会经济

兰西城市群以黄河和湟水为纽带,以兰州和西宁为中心,是具有流域特色且相对完整的地理单元。区位优势明显,连接我国西北地区与中、东部地区,同时是我国古丝绸之路的必经之地,战略地位突出。以陇海、兰青、兰新、宝兰和包兰 5 条铁路干线为骨架,连接甘肃、青海、新疆、西藏、宁夏等省区的铁路交通网络,初步形成了以兰州、西宁为核心的放射状综合通道,具有座中四联的枢纽地位。资源禀赋优良,有色金属、非金属等矿产资源和水能、太阳能、风能等能源资源集聚。

兰西城市群人均地区生产总值较高的地区主要分布在兰州市、西宁市、白银市和海晏县,低值区主要分布在湟源县、化隆县、民和县、循化县、东乡县、积石山县、安定区、临洮县、渭源县、陇西县、靖远县。2018 年,第一产业增加值为 281.84 亿元,第二产业增加值为 1 886.51 亿元,第三产业增加值为 2 378.62 亿元,所占比重分别为 7.52%、40.49% 和 51.99%。产业结构形成了"三、二、一"模式。兰西城市群经济发展水平差异较大,经济总量较高的地区主要集中在兰州市、白银市、西宁市和海东市等地,经济总量较低的主要有东乡县、贵南县、同仁县等地。

兰西城市群是甘肃、青海两省人口最稠密的区域,2018 年,总人口为 1 463.72 万人,人口密度为 117.57 人/平方千米,远远高于甘肃、青海两省(27.12 人/平方千米)和西部(54.05 人/平方千米)的平均值。兰西城市群以甘青两省约 9.7%的面积承载了两省 43.5%的人口,人口集聚程度较高。2018 年,两大核心城市兰州、西宁的常住人口分别为 369.31 万人和 231.08 万人,城市化水平分别为 81%和 69%,在甘肃、青海两省辐射能力较强。兰西城市群整体城市化水平为 51.53%,分别比甘肃、青海两省城市化水平高出 8 个百分点和 1 个百分点,但仍低于全国平均水平 7.59 个百分点,更低于发达地区的城市群城市化水平,整体城市化水平不高(表 19.1)。

表 19.1　兰西城市群各县区经济人口数据

(2018 年)

市(州)	县(区)	地区生产总值/亿元	人口/万人	人均地区生产总值/元
兰州市	城关区	1 020.91	131.91	77 394
	七里河区	480.85	57.77	83 235
	西固区	448.53	36.9	121 553
	安宁区	179.88	28.48	63 160
	红古区	110.72	14.23	77 807
	永登县	108.31	34.87	31 061
	皋兰县	65.92	10.95	60 201
	榆中县	148.33	44.63	33 235
白银市	白银区	237.77	30.38	78 265
	平川区	74.95	19.65	38 142
	靖远县	75.65	46.33	16 329
	景泰县	54.97	22.67	24 248
定西市	安定区	82.12	43.25	18 987
	陇西县	68.78	46.51	14 788
	渭源县	33.17	33.27	9 970
	临洮县	68.22	52.04	13 109

续表

市(州)	县(区)	地区生产总值/亿元	人口/万人	人均地区生产总值/元
临夏州	临夏市	75.21	29.19	25 766
	永靖县	39.78	18.66	21 318
	东乡县	22.2	30.53	7 272
	积石山县	16.39	24.67	6 644
西宁市	城东区	237.42	25.95	91 491
	城中区	213.78	24.82	86 132
	城西区	252.2	25.24	99 921
	城北区	214.26	23.47	91 291
	大通县	104.49	46.74	22 356
	湟中县	160.95	48.17	33 413
	湟源县	25.46	12.96	19 645
海东市	乐都区	66.79	28.8	23 191
	平安区	72.96	12.74	57 268
	民和县	84.7	43.85	19 316
	互助县	104.76	40.16	26 086
	化隆县	54.23	30.7	17 664
	循化县	28.38	16.36	17 347
海北州	海晏县	48.67	3.57	136 331
海南州	共和县	45.93	13.24	34 690
	贵德县	64.93	11.13	58 338
	贵南县	31.36	8.12	38 621
黄南州	同仁县	26.99	9.84	27 429
	尖扎县	22.15	6.18	35 841

兰西城市群整体竞争能力不高。一是总体经济发展水平不高。人均地区生产总值低于西部及全国平均水平,与我国西部其他城市群相比差距更大。在

经济总量、财政收入、工业产值、固定资产投资、社会消费品零售总额等方面,均与西部其他城市群有较大差距。二是产业发展层次不高。工业结构中仍以劳动密集型产业和传统产业为主,能源原材料工业占据较大比重,技术密集型产业和高技术产业比重较低,产品技术含量和附加值不高,生产性服务业发展相对滞后,市场竞争力不强。

兰州、西宁在兰西城市群中具有绝对优势,成为要素聚集高地,对城市群内其他城市具有一定的辐射能力,中心城市发展基础较好。但是,兰州、西宁两市均处于极化发展阶段,城市功能和综合承载能力不足,"城市病"日益凸显,辐射作用有限。同时,相比西部其他省会城市而言,两大城市的总体实力较低,城市发展空间受限,辐射能力仅局限在本省范围内,这在一定程度上影响了兰州、西宁作为兰西城市群核心城市的辐射带动能力。

第二节　兰州都市圈与城市群主要城市

兰州具有悠久的历史文化,历来是西北地区的交通、贸易和军事要地,古丝绸之路上的交通要道和商贸重镇;西宁也曾是东西方商业往来和文化交流的重要通道、古代"丝绸辅道"和"唐蕃古道"的必经之地、汉藏地区间的交通和贸易枢纽。自西汉起,两市同属一个行政管辖范围,区内藏、回、土、满、东乡、撒拉、蒙古等少数民族与汉族长期共同生活,繁衍生息,直到1928年,国民政府中央政治会议通过决议,新建青海省,治所设西宁,自此兰州和西宁分属不同的行政区管辖。尽管如此,两地间居民相似的生活方式、相近的宗教信仰和稳定的地缘和亲缘关系,使民间交往从未间断,历史文化一脉相承,逐渐形成了以藏传佛教文化、伊斯兰文化和汉族儒释道文化为主体的多元文化交融区,成为西部文化多元性体现得最为集中的地区之一。

一、兰州都市圈

兰州都市圈位于甘肃省中部,包括兰州市 5 区 3 县(城关区、七里河区、安宁区、西固区、红古区、永登县、皋兰县、榆中县),白银市 2 区 3 县(白银区、平川区、靖远县、会宁县、景泰县),定西市 1 区 1 县(安定区、临洮县),临夏州 1 市 7 县(临夏市、永靖县、东乡自治县、广河县、康乐县、和政县、临夏县、积石山县),武威市 1 县(天祝县)(图 19.1)。土地面积约 54 440 平方千米,占全省土地总面积的 12.79%。

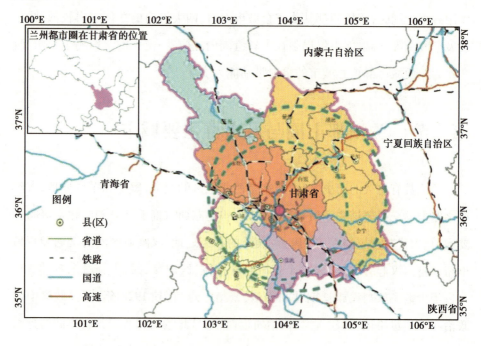

图 19.1 兰州都市圈空间范围

兰州都市圈是甘肃省重要的经济圈,在甘肃省占有重要的位置。2018 年,兰州都市圈在甘肃省 12.79% 的土地面积上,集聚了 852.3 万人口,约占甘肃省总人口的 32.3%;同时创造了 3 530.9 亿元的地区生产总值,约占甘肃省地区生产总值的 42.8%,成为甘肃省区域经济发展的核心组成部分。兰州在都市圈的核心地位尤为突出,对都市圈周边县(区)具有较强的辐射带动作用(表 19.2)。

表 19.2 兰州都市圈基本情况比较(2018 年)

类型	土地面积/平方千米	人口/万人	地区生产总值/亿元	人均地区生产总值/元
兰州市	13 100	375.4	2 732.9	73 042
兰州都市圈	54 440	852.3	3 530.9	41 432
甘肃省	425 800	2 637.3	8 246.1	31 267
都市圈占甘肃省比例/%	12.79	32.3	42.8	—
兰州市区占都市圈比例/%	24.06	44.1	77.4	—

资料来源:甘肃省统计局,国家统计局甘肃调查总队.甘肃发展年鉴 2019[M].北京:中国统计出版社,2019.

兰州都市圈的建设是推进新型城市化建设的重要抓手,是顺应区域经济一体化发展的需要,是甘肃有效融入"一带一路"倡议的重要载体,培育建设兰州都市圈,有助于整合、优化组合都市圈内各类资源、发挥积聚规模效益、增强区域经济内生增长能力,从而有效地推动区域经济协调发展以及促进西部大开发形成新格局。

二、兰州都市圈空间结构

兰州都市圈"承东启西,座中四联",地处中国重要的经济发展轴线和交通发展轴线的融合点,是我国现代化建设向西部推进的前沿地区,东、中部与西部经济文化交流的过渡区域,具有战略性的枢纽地位。兰州都市圈地处黄河上游,基础产业实力雄厚,科教优势明显,文化底蕴深厚,是西北地区最大的综合交通枢纽、电力生产和输配中心、石油化工基地、有色金属冶炼加工基地、新材料基地、生物医药基地、特色农畜产品开发加工基地;黄河上游地区最重要的商贸流通、物流供应、制造业和科教文化中心;西部重要的创新基地,国家重要的新能源研发、培训和石油储备基地。

（一）核心圈层

核心圈层以现状建成区为主,包括城关区、七里河区、安宁区、西固区;内核是兰州都市圈的核心区域,都市圈绝大部分的经济活动、行政事业机构、高等教育与科研机构,金融服务以及生产服务性产业都集中在此。

但目前该圈层产业的规模级别还比较低,在城区中的分布比较分散,集聚效益较低。核心圈层除了目前的兰州都市圈和甘肃省的省域中心城市外,未来还将承担以下四项更为重要的区域性中心城市所应具有的城市职能:一是地区经济活动的管理和控制中心;二是金融以及各项为生产提供服务的机构集中地;三是包括新兴服务产业在内的生产及创新基地;四是产品和创新市场。

（二）近域拓展圈层

近域拓展圈层以兰州市区的外围小城镇为主,包括榆中、和平、什川、河口、皋兰、永登、永靖、中川等。近域拓展圈层的小城镇与内核有着密切的联系,有些小城镇是兰州中心城区近郊工业点。为满足中心城区用地扩张的需要,近域拓展圈层利用其紧靠中心城区以及中心城区有产业分工的历史基础等有利条件,接纳中心城区置换出来的传统城市功能,将成为中心城区产业疏散的承接地。在与中心城区的关系上,中心城区是研究开发中心,而近域拓展圈层则是策应研究开发的生产、制造和装配基地。

（三）外围圈层

外围圈层指 100 千米半径左右区域的主要城市,包括白银、临洮、定西、临夏等,是兰州都市圈对外经济联系的延伸,未来都市圈将会有一部分功能转移至这些次级节点城市,因此该圈层要做好接受中心城区产业扩散的准备。同时圈层本身还必须以自身实力辐射本地区,充分发挥自身不可替代的生产、生活功能以及吸纳城市产业和人口扩散的作用,以自身资源优势,发展现代化、大规模、产业化的农业,吸引中心城区外迁的工业,开发以周末、节假日短期旅游为主要特色的旅游资源,与都市区紧密联系,互相协作,共同发展。

　　兰州都市圈构建了以兰州为核心,以核心城市与主要节点中心城市(白银、定西、临夏、临洮等)的联系方向为放射轴,以核心城市功能扩散地域为圈层的"单核心多节点放射状"都市圈空间发展模式。

三、城市群主要城市

(一)兰州

　　兰州是甘肃省省会,地处中国陆域版图的几何中心,是西北地区重要的中心城市、工业基地和综合交通枢纽,也是丝绸之路经济带的核心节点城市,现辖城关、七里河、西固、安宁、红古5个区和永登、榆中、皋兰3个县,以及兰州新区、兰州高新技术产业开发区、兰州经济技术开发区3个国家级开发区,地域总面积1.31万平方千米,市区面积1 631.6平方千米,常住人口413.4万人。近年来,兰州坚持以习近平新时代中国特色社会主义思想为指导,深入学习贯彻习近平总书记对甘肃重要讲话和指示精神,积极抢抓"一带一路"建设、新时代推进西部大开发形成新格局、黄河流域生态保护和高质量发展、兰西城市群建设等重大战略机遇,发挥综合比较优势,全力打造"都会城市、精致兰州",保持了经济持续健康发展和社会大局稳定的良好局面。2019年,全市历史性地实现区域性整体脱贫,实现地区生产总值2 837.36亿元,增长6%,其中第一产业增加值51.68亿元,增长5.5%,第二产业增加值945.38亿元,增长1.9%,规模以上工业增加值增长2%,第三产业增加值1 840.3亿元,增长8.4%。社会消费品零售总额1 454.94亿元,增长7.6%。城乡居民人均可支配收入分别达38 095元和13 605元,分别增长8.8%和10%。

(二)西宁

　　西宁是青海省省会,地处青藏高原东北部,是全省政治、经济、科技、文化、交通、医疗中心。西宁总面积7 660平方千米,市区面积380平方千米,建成区面积120平方千米,下辖5个区、2个县及西宁(国家级)经济技术开发区,常住人口 238.7 万人,城市化率 72.9%,是青藏高原唯一人口超过百万人的中心城市,也是"三江之源"和"中华水塔"国家生态安全屏障建设的服务基地和大后方。市区生态良好、环境宜人,空气质量连续五年位居西北省会前列,成为全国首个入选"无废城市"试点的省会城市。近年来,西宁经济快速发展、民生日益改善、生态持续向好、社会不断进步,已成为中国西部发展势头迅猛、发展潜力巨大的城市之一。2019 年,全市实现地区生产总值增长 7.5%,市属固定资产投资增长 12.4%,社会消费品零售总额增长 5%,全体居民人均可支配收入增长 8.1%,地方公共财政预算收入增长 9.5%,经济运行呈现稳中有进、稳中向好的良好态势。

(三)白银

白银地处黄河上游、甘肃中部,位于陕甘宁青四省交会处,是全国唯一一个以贵金属命名的城市,素以"铜城"闻名遐迩,现辖白银、平川 2 个区和会宁、靖远、景泰 3 个县,区域总面积 2.12 万平方千米,人口 181.2 万人,是丝绸之路的枢纽要地,距省会兰州 69 千米,距中川机场 46 千米,包兰、干武铁路、中兰客专穿城而过,京藏、青兰、定武高速及国道 109、247 等公路纵横交错。作为国家主体功能区兰西城市群的重点开发区,白银是大兰州经济区的核心区和兰白都市圈的副核心,是国家循环经济示范城市、全国科技进步先进城市、国家知识产权试点城市、全国文明城市提名城市。近年来,白银充分发挥区位交通的突出优势、黄河流经 258 千米的独特资源优势、大工业大农业的雄厚基础优势等"三大优势",倾力打造"两区四基地",即黄河上游生态环境综合治理创新试验区、现代丝路寒旱农业综合示范区,循环化工产业基地、生物医药产业基地、特色新材料产业基地、煤炭储运交易转化基地。2019 年,全市实现地区生产总值 486.33 亿元,同比增长 6.2%,社会消费品零售总额增长 8.1%,一般公共预算收入增长 7.92%,固定资产投资增长 13.07%,城镇和农村居民人均可支配收入分别达 31 769元和 9 927 元,分别增长 7.8%和 9.6%。

（四）定西

定西位于甘肃中部,地处黄土高原、青藏高原和西秦岭交会地带,通称"陇中",座中联七,总面积 1.96 万平方千米,总耕地 1 210 万亩,总人口 304 万人,现辖安定区及通渭县、陇西县、渭源县、临洮县、漳县、岷县。定西物产丰富,产业发展潜力巨大,依托中药材种子种苗、马铃薯种薯、高原夏菜、特色牧草、优良畜种、苗木花卉等种子基础,种子产业稳妥起步。定西加快实施工业强市战略,十大生态产业稳步发展,中医药、马铃薯、牧草精深加工,有色冶金,新型建材,装备制造等工业主导产业已步入依托现有企业孵化新产业、沿着产业链条上项目、围绕资源搞开发的发展新阶段。2019 年,全市实现地区生产总值 415 亿元,同比增长 6%,其中第一、第二、第三产业增加值分别增长 6.5%、4.6%和6.2%,固定资产投资增长 15%,社会消费品零售总额 141 亿元,增长 7.5%,城乡居民人均可支配收入分别达 26 367 元和 8 241 元,分别增长 8.5%和 10%。

第三节　兰西城市群发展思路

发展兰西城市群,应围绕区域使命和总体定位,统筹国土开发和生态保护,统筹经济增长和民生改善、社会稳定,统筹区域发展和融入国家战略,遵循城市群发展客观规律,走出一条新的城市群发展之路。

一、指导思想

要全面贯彻党的十九大精神,以习近平新时代中国特色社会主义思想为指导,统筹推进"五位一体"总体布局和协调推进"四个全面"战略布局,坚持以人民为中心的发展思想,牢固树立和贯彻落实新发展理念,坚持稳中求进工作总基调,以供给侧结构性改革为主线,解放思想、实事求是,尽力而为、量力而行,着力优化城镇空间布局,着力加强生态建设和环境保护,着力补齐基础设施和公共服务短板,着力推进产业优化升级和功能配套,着力融入"一带一路"建设,积极推动高质量、特色化发展,把兰西城市群培育发展成为支撑国土安全和生态安全格局、维护西北地区繁荣稳定的重要城市群。

二、基本原则

(一)生态文明,绿色发展

兰西城市群的建设过程中应树立和践行"绿水青山就是金山银山"的理念,将生态文明建设放在首要位置并全面融入城市群建设全过程,以理顺资源开发关系为突破口,推进生态环境保护收益共享、成本共担,建立健全生态文明制度体系,共守黄河上游生态安全。坚持保护优先、自然恢复,推进重点区域和重要生态系统保护与修复,实施以环青海湖地区、青海东部干旱山区、共和盆地、环祁连山地区、沿黄河地区和环甘南高原地区为重点的"六大生态治理区"山水林田湖草生态保护和修复工程。

(二)改革引领,开放带动

要加快市场化进程,强化体制机制创新,优化营商环境,激发和释放市场主体活力。找准定位,主动融入"一带一路"建设,构建开放型经济体系。共建对外开放大通道,充分发挥沟通西南西北交通枢纽优势,打造兰州—西宁全国性综合开放门户。深化经贸合作交流,促进文化合作交流。

(三)优势互补,协同发展

强化兰州、西宁的带动作用,提升辐射周边中小城市功能,体现各城市特色,强化大中小城市和小城镇产业协作协同,逐步形成横向错位发展、纵向分工协作的发展格局,促进城乡区域协调发展。深化与周边地区交流合作,深化与关中、成渝等城市群合作,共同打造飞地园区,积极承接科技创新成果转移。以交通、旅游、扶贫、生态为重点,加强与宁夏沿黄地区、陕甘宁革命老区间的区域合作。

（四）市场主体，政府引导

充分发挥市场在城市群形成发展中的决定性作用，更好发挥政府在空间规划、基础设施、体制机制建设等方面的作用，促进资源要素充分流动和高效配置，有效加快城市群建设进程。提升开放平台层次和水平，打造多元开放平台，加快建设兰州新区综合保税区，支持青海符合条件的地区按程序申请设立综合保税区。建立一体化市场秩序，全面清理和废除妨碍统一市场形成和公平竞争的各种地方性法规和政策，加快构建统一开放、竞争有序、充满活力的区域市场体系。加快区域要素交易市场建设，推进区域要素市场发展，逐步实现资金、劳动力、技术等生产要素自由流动和高效配置。深入推进公共资源交易平台整合共享，探索开展资源性产品使用权跨省交易。

三、发展设想

兰西城市群应依托自身良好的发展基础，正确看待发展短板，着力提升打造自身优势，弥补前期发展劣势，紧抓其在维护国土安全、生态安全、"一带一路"、区域协调发展和新型城市化建设中的发展机遇，着眼国家安全，立足西北内陆，面向中亚、西亚，培育发展具有重大战略价值和鲜明地域特色的新型城市群，成为维护国家生态安全的战略支撑，优化国土开发格局的重要平台，促进我国向西开放的重要支点，支撑西北地区发展的重要增长极，沟通西北西南、连接欧亚大陆的重要枢纽。

围绕支撑青藏高原生态屏障和北方防沙带建设，引导人口向城市群适度集聚，建立稳固的生态建设服务基地，形成城市群集约高效开发、大区域整体有效保护的大格局。统筹推进山水林田湖草综合治理，努力改善生态环境质量，切实维护黄河上游生态安全。

走经济社会可持续的健康发展之路，合理布局建设一批特色鲜明、集聚能力较强的城镇，增强综合承载力和提升公共服务保障水平，积极推动人口经济格局优化,着力推动国土均衡开发,进一步发挥维护国土安全和生态安全的重要作用。

依托沟通沿海内地、联通西部边疆和欧亚大陆的地缘优势,提升参与"一带一路"建设的能力和水平,重点面向中西亚和东南亚的广阔市场,强化国际产能合作和经贸文化交流,打造高层次开放平台,加快发展外向型经济,不断提高对外开放水平。

发挥老工业基地产业基础优势,加快技术进步和体制机制创新,完善市场环境,发展特色产业。强化与关中平原、天山北坡、宁夏沿黄等城市群的协调互动,为西北地区现代化建设提供更强的支撑作用。

不断发挥区位优势,推进陆桥通道的功能性调整和结构性补缺,加快建设沟通川渝滇黔桂的综合性通道,积极推进铁路国际班列物流平台建设,强化兰州、西宁的综合枢纽功能,完善综合交通运输体系,加快提升内通外联能力。

四、发展目标

到 2035 年,兰西城市群协同发展格局基本形成,各领域发展取得长足进步,发展质量明显提升,在全国区域协调发展战略格局中的地位更加巩固。

生态环境根本好转。以主体功能区为基础的国土空间开发保护格局形成,生态空间不断扩大,黄河、湟水河、渭河等流域综合治理取得重大突破。绿色宜居城镇和森林城镇建设取得显著成效,空气质量优良天数比例达 85% 以上,土壤环境风险得到全面管控。城市群内外生态建设联动格局基本形成,对青藏高原生态屏障和北方防沙带建设的支撑作用明显增强。

人口集聚能力和经济发展活力明显提升。供给侧结构性改革取得重要进展,经济发展和人口集聚的短板和瓶颈制约得到有效缓解,创新活力、创新实力进一步提升,市场主体活力增强,特色产业体系有效构建,人口吸纳能力进一步增强,人口总量和经济密度稳步提升。

强中心、多节点的城镇格局基本形成。兰州作为西北地区商贸物流、科技创新、综合服务中心和交通枢纽的功能得到加强。西宁辐射服务西藏新疆、连接川滇的战略支点功能更加突出,具有一定影响力的现代化区域中心城市基本建成。中小城市数量明显增加,城镇密度逐步提升,对周边地区的支撑和服务功能不断加强。

对内对外开放水平显著提升。城市群开放平台作用进一步发挥,与周边区域的协同合作能力持续增强,深度融入"一带一路"建设,开放型经济向更广领域、更深层次、更高水平迈进,文化影响力显著提升,基本建成面向中西亚、东南亚的商贸物流枢纽、重要产业和人文交流基地。

区域协调发展机制建立健全。阻碍生产要素自由流动的行政壁垒和体制机制障碍基本消除,区域市场一体化步伐加快,交通基础设施互联互通,公共服务设施共建共享,生态环境联防联控联治,创新资源高效配置机制不断完善,城市群成本共担和利益共享机制不断创新,一体化发展格局基本形成。

第四节　促进兰西城市群高质量发展的对策

兰西城市群处于第一阶梯地形向第二阶梯地形的过渡带,北仗祁连余脉,中拥河湟谷地,南享草原之益,周边有国家生态屏障,具有良好的生态地位。且兰西城市群是一个汉、回、藏等多民族聚居区,城市群的发展将有助于促进城市群内各民族的团结,对加强民族团结和稳定西北、西南地区具有十分重大和深远的意义。然而,当前兰西城市群的发展水平总体不高,经济总量偏小,人均水平偏低,传统产业比重高,产业链条短,产品层次低,市场竞争力不强,人才支撑不足。而且,兰州、西宁两个城市综合承载力差,"城市病"等一系列问题逐渐显现,小城镇发展动力不足。结合兰西城市群发展基础、资源禀赋及未来发展趋势,对兰西城市群提出以下对策。

一、积极推动发展方式绿色化转型，保障国家生态安全

兰西城市群具有无可替代的生态资源和地位。一是深入学习、贯彻落实习近平总书记在视察甘肃、青海两省时的重要讲话精神,以"八个着力"（着力转变经济发展方式,推进经济结构战略性调整;着力推进科技进步和创新,增强经济整体素质和竞争力;着力发展现代农业,增强农产品供给保障能力;着力推进扶贫开发,尽快改变贫困地区面貌;着力加强生态环境保护,提高生态文明水平;着力保障和改善民生,努力让人民过上更好的生活;着力加强社会管理,维护社会和谐稳定;着力改进干部作风,提高党和政府公信力）和"四个扎扎实实"（扎扎实实推进经济持续健康发展,扎扎实实推进生态环境保护,扎扎实实保障和改善民生,扎扎实实加强规范党内政治生活）为引领,发挥城市群比较优势,把"人与自然和谐共生"的生态文明理念深度融入城市群建设,构建城市群生态环境保护合作机制,形成绿色协调发展的政策体系和保障机制。二是转变城市群发展动力,以绿色技术创新改造传统工业产业,实现节能环保、清洁能源集约化、高值化发展,推动传统产业的绿色化转型和新兴绿色产业发展。培育壮大循环农业、中药材、生态旅游等特色绿色产业发展。三是大力推行绿色生活方式,加大对垃圾分类、生活污水、废弃物、消费方式、出行方式、居住方式等的宣传力度,在群众中牢固树立"绿色生活、绿色消费"的观念,培育生产系统与生活系统绿色协调、循环可持续的发展模式,为国家生态安全提供全方位保障支撑。

二、积极融入"一带一路"建设，构建全面开放格局

"一带一路"倡议是新时代我国构建全方位对外开放经济格局的总抓手。兰西城市群地处西北腹地,丝绸之路的咽喉要道,是"一带一路"建设的重要节点,积极融入"一带一路"建设,构建城市群全面开放型发展格局至关重要。一是依托新亚欧大陆桥国际经济合作走廊区位优势,持续扩大对外贸易范围。聚

集兰州、西宁贸易资源,集合开放要素,做大体量、做强实力、做响品牌,向西重点加强与中亚、中东及东欧国家在能源矿产、高端装备制造、绿色食品及农业综合开发等领域的交流合作。依托国家及兰州跨境电子商务综合试验区,培育建设兰州西宁区域电商交易消费市场、农(牧)产品批发市场和商贸物流集散市场。二是不断加强城市群各节点城市基础设施的互联互通。依托重大交通干线、强化大能力运输通道建设,依托南亚通道建设,支持企业设立境外营销网点,建设尼泊尔加德满都市兰州西宁特色商品营销中心。充分发挥龙海—兰新通道作用,加快完善环兰铁路网、公路网,优化兰州中川机场航线结构,开拓面向中西亚的国际航线,强化航空枢纽功能。

三、大力发展多元产业,拓展经济发展业态

产业发展以绿色生态、清洁低碳为目标,加快传统优势产业改造升级,大力培育优势特色产业,做好产业转移平台建设,培育壮大绿色新兴产业,促进产业集聚发展、创新发展,实现绿色崛起。一是延伸石油化工、有色金属产业链,鼓励生产高端产品,提高产品附加值和市场竞争力,打造国内重要的有色金属产业集群。从资源优势出发,发展壮大农产品、民族用品加工等重点轻工业产业。着力发展现代生态农业,以旱作农业、设施农业等特色农业为基础推进建立现代农业产业体系。二是依托黄河文化、丝路文化、民族文化,发挥历史、人文、自然资源等优势禀赋,大力发展文化旅游产业。打造兰西旅游精品路线、青藏旅游线、丝绸之路旅游线、黄河风情旅游线等精品旅游,深入挖掘兰西城市群链接地带的丹霞文化、土司文化、历史文化,打造民族文化体验游项目。三是立足兰州、西宁两地原材料产业基础,加快技术创新,打造国家重点新材料产业基地。依托城市群风能、光能等资源优势,打造新能源基地和国家重要的光伏光热设备制造基地。同时依托产业资源和东西部对口扶贫帮扶机制,打造一批产业转移平台。

四、全面深化体制机制改革，营造良好发展环境

围绕城市群一体化发展，不断深化体制机制改革，强化协同机制建设，坚决落实国家和两省经济发展的各项措施，不断完善城市群市场机制，共同构建统一开放、竞争有序的市场体系，逐步推进城市群内公共服务共享机制，营造良好的发展环境，协力打造共享发展的"丝绸之路经济带双城记"。一是不断完善市场机制，打造一体化市场体系。推动兰州、西宁两地市场监管、食药监管、安全监管、人力资源、知识产权、创新成果的信息共享、资质互认、品牌互认、执法互助，共同打破区域市场壁垒，促进要素在城市群内自由有序流动，扩大市场配置资源的比重。深入推进公共资源交易平台整合共享，探索开展资源型产品使用权跨省交易，促进区域要素市场一体化。加强社会信用体系建设，强化行政执法信息的公开共享，培育发展区域信用服务市场。二是从教育、医疗、社会保障、公共事务等多渠道综合发力，构建协同治理的公共服务共享机制。推进城市群内教育资源共享，尤其是高等教育，加强兰州、西宁两地高等院校、科研院所的交流学习，鼓励校企合作，发展远程视频名师讲学。加快推进城市群内社会保险关系转移接续，推进基本医疗保险异地就医联网结算，建立省际医疗机构合作机制。在重点区域、重点行业、重大基础设施建设领域，建立城市群内应急管理联动机制，推动城市群协同治理。

本章执笔：郭爱君（兰州大学经济学院院长、教授）

参考文献：

［1］方创琳,祁巍锋,宋吉涛. 中国城市群紧凑度的综合测度分析［J］.地理学报,2008(10):1011-1021.

［2］朱喜钢. 城市空间集中与分散论［M］.北京:中国建筑工业出版社,2002.

［3］郝伟伟,高红岩,刘宗庆. 城际轨道交通对城市群紧凑发展及其经济效率的

影响研究:基于中国十大城市群面板数据的实证分析[J].宏观经济研究,
2019(10):144-156.

[4] 狄保忻.中国西北地区城市群内城市及城市群紧凑度研究[D].兰州:西北
师范大学,2013.

[5] 陈琼.长三角两翼城市群紧凑度与发育程度的耦合协调关系研究[D].宁
波:宁波大学,2013.

[6] 王月英,文雯.关中城市群县域层面经济紧凑度分析[J].城市发展研究,
2016,23(8):22-28.

[7] 焦世泰,石培基,王世金.兰州—西宁城市区域结构优化研究[J].干旱区资
源与环境,2008(5):11-14.

[8] 赵睿琪.兰州—西宁城镇密集区经济空间结构研究[D].兰州:西北师范大
学,2010.

[9] 冯骁,曾俊伟,钱勇生,等.西部城市群交通网络结构分析和实证研究:以兰
西城市群为例[J].物流技术,2017,36(1):6-11.

[10] 贾卓.中国西部城市群产业演变及优化路径研究:以兰西城市群为例[D].
兰州:兰州大学,2013.

[11] 贾卓,陈兴鹏,李晨曦,等.兰州—西宁城市群人口集聚格局及影响因素
[J].兰州大学学报(自然科学版),2019,55(4):436-442.

[12] 匡海波,陈树文.基于熵权 TOPSIS 的港口综合竞争力评价模型研究与实
证[J].科学学与科学技术管理,2007(10):157-162.

[13] 郭显光.改进的熵值法及其在经济效益评价中的应用[J].系统工程理论
与实践,1998(12):99-103.